# BIBLIOTECA DE DERECHO ADMINISTRATIVO

Luigi Garofalo
**(Director)**

Carlos Antonio Agurto Gonzáles
Sonia Lidia Quequejana Mamani
Benigno Choque Cuenca
**(Coordinadores Generales)**

COLECCIÓN
Allan R. Brewer-Carías

LUCIANO PAREJO ALFONSO
Catedrático Emérito de Derecho Administrativo
Universidad Carlos III de Madrid

# EL CONCEPTO DE
# DERECHO ADMINISTRATIVO

Tercera Edición

Presentación
**Allan R. Brewer-Carías**
Profesor Emérito de la Universidad Central de Venezuela

Edición al cuidado de
**Carlos Antonio Agurto Gonzáles**
**Sonia Lidia Quequejana Mamani**
**Benigno Choque Cuenca**

editorial jurídica venezolana

Ediciones Olejnik

Título: El concepto de Derecho Administrativo

© Luciano Parejo Alonso.

Primera edición: *El concepto del derecho administrativo*, Colección Estudios Jurídicos n.° 23, Caracas, 1984.
Segunda edición: *El concepto del derecho administrativo*, Serie Derecho Administrativo n.° 1, Universidad Externado de Colombia, Bogotá 2009

ISBN: 978-956-392-519-7

Diseño de carátula: Ena Zuñiga

Diagramación: Hayden Méndez, yiset_mendez@hotmail.com

2019    Reimpresión en coedición entre Ediciones Olejnik y
        Editorial Jurídica Venezolana

        Avda. Francisco Solano López, Torre Oasis, P.B.,
        Local 4, Sabana Grande, Caracas, 1015, Venezuela,
        por Lightning Source, an INGRAM Content company,
        para Editorial Jurídica Venezolana International Inc.
        Panamá, República de Panamá.

# ÍNDICE

7

9

11

## SOBRE LOS PRINCIPIOS FUNDAMENTALES DEL DERECHO ADMINISTRATIVO

*Esta obra salió publicada inicialmente en Caracas en 1984, en una edición a cargo de la Editorial Jurídica Venezolana; y luego fue objeto de una segunda edición en 2009, por parte de la Universidad Externado de Colombia, bajo los auspicios del profesor Jaime Orlando Santofimio cuando dirigía el Departamento de derecho Administrativo de esa prestigiosa Universidad.*

*La obra es el texto de la Memoria elaborada por el profesor Luciano Parejo Alfonso, mi querido y admirado amigo de hace tantos años, para su concurso de Cátedra en Derecho Administrativo en España, en la cual abordó el difícil tema del concepto del derecho administrativo desde una perspectiva histórica comparada en las diversas realidades sociopolíticas europeas, pasando revista, con verdadero dominio, a cuantas doctrinas o criterios se habían esbozado en la historia de nuestra disciplina, para definirla.*

*El profesor Parejo accedió gustosamente a mi petición de que su obra se editara por primera vez en América por la Editorial Jurídica Venezolana, lo que no era de extrañar, ya que para aquélla época él era el catedrático español que más se había adentrado hacia las entrañas de América Latina, era el que más había enseñado en nuestras Universidades, quién más había publicado en las Revistas y obras colectivas de nuestros países y quién más había abierto las puertas a los latinoamericanos en el mundo académico de España. A él, los profesores latinoamericanos de derecho administrativo le debemos mucho, por lo que reeditar de nuevo una de sus obras en nuestro Continente es también una manifestación de agradecimiento y amistad.*

*Más de treinta y cinco años han pasado desde que tuve el privilegio de conocer a este extraordinario amigo y académico que es Luciano Parejo, quien desde que salió la primera edición de su libro no ha hecho otra cosa sino seguir su fructífera y exitosa carrera académica y profesional. Hay que recordarlo para saber bien de quien se trata, ya que desde que salió la primera edición en 1984 fue, hasta 1989, sucesivamente, Secretario del Ministerio de Administración Territorial, Subsecretario del Ministerio para las Administraciones Públicas, y Presidente del importante Instituto Nacional de Administración Pública de España, desde donde desarrolló una intensa labor hacia los países latinoamericanos; y en la academia, después de su actividad en las Canarias y en la Universidad de Alcalá, desde que asumió como Catedrático en la Universidad Carlos III de Madrid en 1990, en la misma fue, sucesivamente hasta 2006, además, Decano de la Facultad de Ciencias Sociales y Jurídicas; Secretario General y Vicerrector de Profesorado y Departamentos, y Vicerrector de Coordinación, habiendo dejado en esa su Casa de Estudios una impronta indeleble de gestión y dedicación académicas y de ampliación de las relaciones de la Universidad hacia América Latina. Entre*

2005 y 2006, además, fue Rector de la afamada Universidad Internacional Menéndez Pelayo. Actualmente, ya retirado de la carga académica universitaria cotidiana, es Director académico de la importante Fundación Ortega y Gasset-Marañon.

Durante los últimos lustros, además, su obra escrita se ha multiplicado profundamente, habiendo publicado, además de decenas de escritos en Obras Colectivas y Revistas especializadas, libros como Derecho Básico de la Administración Local; Constitución y Valores del Ordenamiento; Crisis y Renovación del Derecho Público; Administración y Juzgar: Dos funciones constitucionales distintas y complementarias; Eficacia y Administración. Tres Estudios; Derecho Urbanístico Valenciano; La potestad normativa local; Seguridad pública y policía administrativa de seguridad; Organización y poder de organización; Transformación y ¿reforma? del Derecho Administrativo en España; La construcción del espacio. Una introducción a la ordenación territorial y urbanística; La vigilancia y la supervisión administrativas. Un ensayo de su construcción como relación jurídica; Estado y Derecho en proceso de cambios. Las nuevas funciones de regulación y garantía del Estado social de soberanía limitada; y sus Lecciones de Derecho Administrativo, producto de tantos años de docencia.

Para esta tercera edición de Ediciones Olejnik, al igual que para la segunda edición publicada por la Universidad Externado de Colombia, el texto del Prólogo que preparé para la primera edición hace 35 años, al igual que el libro, ha quedado con la redacción original, dedicando estas notas de Presentación, al igual que hice con la que precedió a la segunda edición de Bogotá, a insistir en el tema central de la obra, pero relacionándolo con el marco constitucional del derecho administrativo,[1] para lo cual, como es natural, he de hacer referencia particular a Venezuela, partiendo del supuesto de que uno de los signos más característicos del derecho administrativo en el mundo contemporáneo es el de su progresiva constitucionalización, así como a la vez, uno de los signos actuales del derecho constitucional, es el de la superación en las Constituciones de su tradicional contenido orgánico / dogmático relativo a la organización básica del Estado y al régimen de los derechos y garantías constitucionales, habiéndose incorporado en sus textos, cada vez con mayor frecuencia, los principios básicos de la organización y funcionamiento de la Administración Pública y de la actividad administrativa del Estado, que sirven de soporte para cualquier definición de nuestra disciplina.

Dicho marco constitucional del derecho administrativo – y aclaro que si me refiero al derecho venezolano solo lo hago desde el punto de vista de su marco teórico constitucional, pues estoy más que consciente de que, por supuesto, en la práctica política desarrollada durante los 20 años de vigencia de la Constitución de 1999,[2] dicho marco y la Constitución misma no llegaron a aplicar por la progresión del régimen autoritario –,[3] se conforma por los siguientes principios fundamentales insertos en dicho

---

1     En esto seguimos lo que expusimos en Allan R. Brewer-Carías, "El marco constitucional del derecho administrativo en Venezuela", en Estudios de Derecho Administrativo 2005-2007, Caracas 2007, pp.15-82.

2     V. sobre la Constitucion, Allan R. Brewer-carías, La Constitucion de 1999. Derecho Constitucional venezolano, 2 vols, Editorial Jurídica Venezolana, Caracas 2004.

3     V. en general sobre la carencia de aplicación efectiva de la Constitución de 1999 en Venezuela, lo que hemos expuesto en: Allan R. Brewer-Carías, Golpe de Estado y proceso constituyente en Venezuela, Universidad Nacional Autónoma de México, México 2002; Cons-

*texto, los cuales, cuando se reconstruya la democracia en el país, tendrán que ser los pilares que servirán para el restablecimiento del Estado de derecho:*[4] *en primer lugar, el principio de la legalidad que, en particular, se fundamenta en la supremacía constitucional, y los principios de la formación del derecho por grados y la sumisión de la Administración Pública al ordenamiento jurídico; en segundo lugar, los principios relativos a la organización del Estado, a la distribución vertical del Poder Público y los que rigen las personas jurídicas estatales; en tercer lugar, los principios de la separación orgánica (horizontal) del Poder Público y el carácter inter-orgánico de la Administración Pública; en cuarto lugar, los principios relativos a las funciones del Estado, a su ejercicio inter-orgánico y a la función administrativa; en quinto lugar, los principios relativos al carácter inter-funcional de los actos estatales, y a los actos administrativos; y en sexto lugar, el principio del control de la Administración Pública y la responsabilidad administrativa. Es sobre estos aspectos que queremos insistir en este Prólogo.*

## I. El principio de la legalidad: la supremacía constitucional, la formación del derecho por grados, y la sumisión de la Administración Pública al ordenamiento jurídico

*El derecho administrativo está montado sobre el principio de legalidad, de manera que puede hablarse de tal derecho administrativo cuando los órganos del Estado que conforman la Administración Pública están sometidos al derecho y, particularmente, al derecho desarrollado para normar sus actuaciones.*

---

titución, democracia y control del poder, Centro Iberoamericano de Estudios Provinciales y Locales (CIEPROL), Universidad de Los Andes/Editorial Jurídica Venezolana, Mérida 2004; *Estudios sobre el Estado constitucional (2005-2006)*, Editorial Jurídica Venezolana, Caracas 2007; *Reforma constitucional y fraude a la Constitución (1999-2009)*, Academia de Ciencias Políticas y Sociales, Caracas 2009; *Dismantling Democracy. The Chávez Authoritarian Experiment*, Cambridge University Press, New York 2010; *El golpe a la democracia dado por la Sala Constitucional*, Editorial Jurídica venezolana, Caracas 2014; *Authoritarian Government v. The Rule of Law*. Editorial Jurídica Venezolana, Caracas / New York 2014; *Estado totalitario y desprecio a la ley*, Editorial Jurídica Venezolana, 2014; *La ruina de la democracia. Algunas consecuencias. Venezuela 2015*, Editorial Jurídica Venezolana, Caracas / New York 2015; *La mentira como política de Estado. Crónica de una crisis política permanente. Venezuela 1999-2015*, Editorial Jurídica Venezolana, Caracas / New York 2015; *Dictadura judicial y perversión del Estado de derecho. La sala constitucional y la destrucción de la democracia en Venezuela Editorial Iustel*, Madrid 2017; *La consolidación de la tiranía judicial. El Juez Constitucional controlado por el Poder Ejecutivo, asumiendo el poder absoluto*, Editorial Jurídica Venezolana International. Caracas / New York, 2017; *Usurpación constituyente 1999, 2017. La historia se repite: una vez como farsa y la otra como tragedia*, Editorial Jurídica Venezolana International, Caracas / New York 2018; *El "nuevo constitucionalismo latinoamericano" y la destruccion del Estado democrático por el Juez Constitucional. El caso de Venezuela*, Colección Biblioteca de Derecho Constitucional, Ediciones Olejnik, Buenos Aires, 2018

4    V. en general sobre los principios fundamentales del derecho público (constitucional y administrativo) en la Constitución de 1999, Allan R. Brewer-Carías, *Principios fundamentales del derecho público*, Editorial Jurídica Venezolana, Caracas 2005; y *Principios del Estado de derecho. Aproximación histórica*, Miami Dade College, Editorial Jurídica Venezolana International. Miami / Caracas, 2016.

*El principio de legalidad es, por tanto, el primero de los principios del derecho administrativo que ha sido constitucionalizado, como consecuencia de la concepción del Estado como Estado de derecho (Art. 2), que implica la necesaria sumisión de sus órganos al ordenamiento jurídico, el cual está compuesto por la propia Constitución, que tiene aplicación directa como norma, por las leyes y, además, por el conjunto de reglamentos y normas dictados por las autoridades competentes[5].*

*El primer elemento del principio de la legalidad, por tanto, es el de la supremacía constitucional, que la Constitución regula en forma expresa, en el artículo 7, al disponer que "La Constitución es la norma suprema y el fundamento el ordenamiento jurídico", a la cual quedan sujetos "todas las personas y los órganos que ejercen el Poder Público"[6]; constituyendo uno de los deberes constitucionales de los ciudadanos y funcionarios, el "cumplir y acatar" la Constitución (Art. 131). Todos los órganos del Estado, por tanto, están sometidos a la Administración, y dentro de ellos, por supuesto, los que conforman la Administración Pública, a cuyo efecto, el artículo 137 de la propia Constitución dispone que "la Constitución y las leyes definen las atribuciones de los órganos que ejercen el Poder Público, a las cuales deben sujetarse las actividades que realicen"; y el artículo 141, al precisar los principios que rigen la Administración Pública, dispone que esta debe actuar "con sometimiento pleno a la ley y al derecho".*

*Por tanto, conforme a este principio de sumisión del Estado a la ley y al derecho, es decir, el principio de legalidad, todas las actividades de los órganos del Estado, y de sus autoridades y funcionarios, deben realizarse conforme a la Constitución y la ley, y dentro de los límites establecidos por las mismas. Ahora bien, en relación con el principio de legalidad, en el ordenamiento jurídico se distinguen siempre, por una parte, las normas que integran la Constitución en sí misma, como derecho positivo superior; y por la otra, las normas que son sancionadas por una autoridad con poderes derivados de la Constitución. En otras palabras, particularmente en aquellos sistemas con Constituciones escritas, siempre puede establecerse una distinción entre la norma constitucional y legislación ordinaria; y luego, entre la legislación y las normas dictadas en ejecución de la misma; pudiendo decirse que las normas que integran el ordenamiento jurídico siempre se organizan deliberada o espontáneamente en forma jerárquica, de manera que existen normas en un nivel superior que siempre prevalecen sobre otras normas de nivel inferior. Se trata del principio de la formación del derecho por grados, derivado de las ideas de Hans Kelsen sobre los sistemas jurídicos como una jerarquía de normas, lo cual permite determinar la relación jerárquica que existe entre el conjunto de normas o de reglas de derecho que forman el ordenamiento.[7].*

*Ello implica que, en el análisis global del ordenamiento jurídico, se puede establecer una distinción entre aquellos actos de Estado que se dictan en ejecución directa e inmediata de la Constitución, es decir, que son dictados directamente en ejercicio de poderes constitucionales, y aquéllos cuya ejecución no está directamente relacionada*

---

5   V. Antonio Moles Caubet, *El principio de legalidad y sus implicaciones,* Universidad Central de Venezuela, Facultad de Derecho, Publicaciones del Instituto de Derecho Público, Caracas, 1974.

6   Nos correspondió proponer en la Asamblea la consagración en forma expresa de dicho principio constitucional. V. Allan R. Brewer-Carías, *Debate Constituyente, (Aportes a la Asamblea Nacional Constituyente),* Tomo II, (9 septiembre-17 octubre 1999), Fundación de Derecho Público-Editorial Jurídica Venezolana, Caracas, 1999, p. 24.

7   H. Kelsen, *Teoría pura del Derecho,* Buenos Aires, 1981, p. 135.

con la Constitución y que se dictan en ejercicio directo de poderes establecidos en normas de derecho inferiores a la Constitución. Estos son actos de ejecución directa e inmediata de la legislación y de ejecución indirecta y mediata de la Constitución[8].

Los primeros, es decir, los actos realizadas en ejecución directa e inmediata de la Constitución, precisamente por ello, sólo están y pueden estar sometidas a lo que dispone el texto fundamental, no teniendo competencia el Legislador para regularlas mediante leyes; los segundos, en cambio, son actos realizados en ejecución directa e inmediata de la legislación e indirecta y mediata de la Constitución, las cuales, precisamente por ello, además de estar sometidas al texto fundamental (como toda actividad estatal), están sometidas a las regulaciones establecidas, además de en la Constitución, en las leyes y en las otras fuentes del derecho.

Los primeros por otra parte, dada la ejecución directa e inmediata de la Constitución, sólo están sometidos al control de constitucionalidad a cargo de la Jurisdicción Constitucional que corresponde a la Sala Constitucional del Tribunal Supremo (Arts. 334, 336,2 y 4); los segundos, en cambio, están sometidos al control de constitucionalidad y de legalidad que corresponden a las otras Jurisdicciones del Poder Judicial, tanto a las ordinarias, como sucede con las apelaciones y la Casación en lo que concierne a la actividad judicial; como a la Jurisdicción Contencioso-Administrativa y a la Jurisdicción Contencioso-Electoral (Arts. 259, 297) cuando se trata de actividades administrativas.

Las actividades administrativas, por tanto y por esencia, constituyen actividades estatales que se realizan siempre en ejecución directa e inmediata de la legislación y por tanto, en ejecución indirecta y mediata de la Constitución; y precisamente por ello se dice que esencialmente son de carácter sublegal, pues están sometidos no sólo a la Constitución sino a la ley, y por eso es que su control corresponde a la Jurisdicción contencioso administrativa y en su caso, a la Jurisdicción contencioso electoral.

De lo anterior resulta, que toda actividad administrativa es, ante todo, desde el punto de vista formal, una actividad que siempre es de carácter sublegal, es decir, de ejecución directa e inmediata de la legislación (así las leyes reglamentarias correspondientes no se hayan dictado) y de ejecución indirecta y mediata de la Constitución. Por supuesto, también las actividades judiciales son siempre de carácter sublegal, siendo la diferencia entre una y otra de carácter orgánico, en el sentido que las actividades judiciales siempre las realizan órganos autónomos e independientes en ejecución de la función jurisdiccional, como lo son los órganos que ejercen el Poder Judicial.

En cuanto a los actos de gobierno, son dictados por el presidente de la República en ejercicio sólo de atribuciones constitucionales[9], razón por la cual no pueden estar re-

---

8    V. sobre el sistema jerarquizado o graduado del orden jurídico en el orden constitucional venezolano Allan R. Brewer-Carías, "Sobre el principio de la formación del derecho por grados en Venezuela, en la distinción entre el acto de gobierno y el acto administrativo," en Antonio Aljure Salame, Rocío Araújo Oñate, William Zambran Cetino (Editores), *Sociedad, Estado y Derecho. Homenaje a Álvaro Tafur Galvis*, Universidad del Rosario Editorial, Tomo II, Bogotá 2014, pp. 77-105.

9    Allan R. Brewer-Carías, "Comentarios sobre la doctrina del acto de gobierno, del acto político, del acto de Estado y de las cuestiones políticas como motivo de inmunidad jurisdiccional de los Estados en sus Tribunales nacionales", en *Revista de Derecho Público*, N° 26, Editorial Jurídica Venezolana, Caracas, abril-junio 1986, pp. 65-68.

*gulados o limitados por la Asamblea Nacional mediante leyes. Tienen el mismo rango que la ley, y por ello, el control judicial sobre ellos es un control de constitucionalidad.*

*De lo anterior resulta, por tanto, que lo que constituyen las normas de derecho en relación con cada órgano del Estado, varía y tiene un ámbito diferente dependiendo de la posición que tiene cada norma o acto del Estado en el sistema jurídico jerarquizado. Por ello, para el Legislador, legalidad quiere decir constitucionalidad o sumisión a la Constitución, igual que para el Jefe de Estado con respecto a los actos de gobierno. En ambos casos, dichos actos se adoptan en ejecución directa e inmediata de la Constitución, sin la interferencia de actos del Parlamento, en forma tal que sólo están subordinados a la Constitución y no puede en general haber ley alguna que los condicione, dando origen al control judicial de la constitucionalidad de los actos estatales (Jurisdicción constitucional)[10].*

*Además de los actos dictados en ejecución directa e inmediata de la Constitución, en los sistemas legales graduados que han dado origen a los sistemas de control judicial o jurisdiccional de la constitucionalidad, es evidente que el principio de legalidad, por su ámbito, desempeña un papel mucho más importante en el segundo nivel de ejecución del ordenamiento jurídico, es decir, en aquellos actos del Estado dictados en ejecución directa e inmediata de la legislación, o en ejecución indirecta y mediata de la Constitución. Aquí, el principio de legalidad se ha desarrollado en el pleno sentido de la palabra, particularmente con referencia a la Administración Pública, dando origen al control judicial o jurisdiccional de la legalidad de los actos administrativos (Jurisdicción contencioso administrativa)[11] y, por consiguiente, al derecho administrativo.*

*En consecuencia, en un Estado de derecho, el grado de sumisión de la Administración Pública al principio de la legalidad, es de mayor ámbito que el de la sumisión a las normas de derecho por parte de los órganos constitucionales del Estado. La Asamblea o el Parlamento están sometidos a la Constitución e, incluso, el Jefe de Estado o de Gobierno, cuando dicta actos de gobierno sólo está sometido en general, a la Constitución; mientras que los órganos y las autoridades administrativas están envueltos en un área de legalidad de mayor ámbito puesto que están sometidos a la "legislación", la cual ejecutan. Esta es la razón por la cual, en este campo, el principio de legalidad tomó el significado que normalmente tiene en relación a la actividad administrativa del Estado contemporáneo.*

## II. LA ORGANIZACIÓN DEL ESTADO: LA DISTRIBUCIÓN VERTICAL DEL PODER PÚBLICO Y LAS PERSONAS JURIDICAS ESTATALES

*El derecho administrativo, como derecho que rige la organización y funcionamiento de la administración Pública, está condicionado por la concreta organización constitucional del Estado, pues de ella deriva que exista una Administración Pública, o múltiples Administraciones Pública, personificadas o no.*

---

10    *V.* Allan R. Brewer-Carías, *La Justicia Constitucional (Procesos y procedimientos constitucionales)*, Editorial Porrúa/ Instituto Mexicano de Derecho procesal Consitucional, México 2007.

11    *V.* Allan R. Brewer-Carías, *Instituciones Políticas y Constitucionales*, Tomo VII *(La justicia contencioso administrativa)*, Universidad Católica del Táchira-Editorial Jurídica Venezolana, Caracas / San Cristóbal 1996.

En Venezuela, por ello, otro principio que condiciona al derecho administrativo en la Constitución de 1999, es el principio de la distribución territorial del Poder Público, que deriva de la forma federal del Estado, y que encuentra su expresión formal en el artículo 4 de la Constitución que precisa que "La República Bolivariana de Venezuela es un Estado federal descentralizado en los términos consagrados por esta Constitución"; fórmula más o menos similar a la del artículo 2 de la Constitución de 1961 que decía que "La República de Venezuela es un Estado federal, en los términos consagrados por esta Constitución".

A tal efecto, el artículo 136 de la Constitución de 1999, organiza al Estado con forma federal mediante un sistema de "división vertical" del Poder Público en tres niveles: Nacional, Estadal y Municipal, atribuyendo su ejercicio a diversos órganos y asignando competencias exclusivas en los tres niveles, además de las competencias concurrentes entre ellos[12].

En todo caso, "los términos consagrados por la Constitución" (art. 4) relativos a la forma de Estado federal descentralizado, son la clave para determinar efectivamente el grado de descentralización del Estado y, por tanto, de la Federación. En la Constitución de 1999, en todo caso, y salvo en el nominalismo, no se avanzó mayormente en relación con lo que existía en el texto de 1961[13], habiéndose sólo constitucionalizado, en realidad, aspectos que ya se habían establecido en la Ley Orgánica de Descentralización, Delimitación y Transferencia de Competencias del Poder Público de 1989, los cuales, además, ya tenían rango de ley constitucional en lo que se refería a la transferencia a los Estados de competencias del Poder Nacional[14].

La distribución territorial o vertical del poder, en todo caso, implica autonomía territorial, y sobre ello, la Constitución de 1999, dispone que los Estados son "entidades políticas autónomas en lo político" (art. 159); y que los Municipios gozan de "autonomía dentro de los límites de esta Constitución y de la ley" (Art. 168). A tal efecto, la Constitución establece los principios generales de la organización del Poder Público Estadal, conforme al principio de separación orgánica en dos Poderes: el Poder Legislativo, a cargo de los Consejos Legislativos Estadales cuyos miembros son electos por votación popular directa y secreta; y el Poder Ejecutivo, a cargo de los Gobernadores, cuya elección se estableció a partir de 1989 (Arts. 160; 162). Además, en la Constitución se prevé un órgano del Poder Público estadal con autonomía funcional, que es la Contraloría del Estado, la cual puede ser configurada como Poder Contralor (Art.

---

12   V. en general, sobre el Poder Público y la forma federal del Estado: Allan R. Brewer-Carías, *Federalismo y municipalismo en la Constitución de 1999 (Alcance de una reforma insuficiente y regresiva)*, Cuadernos de la Cátedra Allan R. BrewerCarías de Derecho Público, N° 7, Universidad Católica del Táchira, Editorial Jurídica Venezolana, Caracas-San Cristóbal 2001.

13   V. por ejemplo, Rafael J. Chavero Gazdik, "La forma de Estado prevista en la Constitución de 1999 (¿Un canto de sirenas?)", en *Revista de Derecho Público*, N° 81 (enero-marzo), Editorial Jurídica Venezolana, Caracas, 2000, pp. 29-39; Allan R. Brewer-Carías, "La mutación del Estado federal en Venezuela," en *Revista General de Derecho Público Comparado*, No. 23 (junio 2018), (Sección Monográfica: "Las tendencias del Estado federal en América Latina". Coordinado por Giorgia Pavani y Vanessa Suelt Cock), Iustel, Madrid 2018.

14   V. Allan R. Brewer-Carías et al, *Leyes para la Descentralización Política de la Federación*, Editorial Jurídica Venezolana, Caracas, 1994, pp. 99 y ss; y Allan R. Brewer-Carías (Director), *Informe sobre la descentralización en Venezuela*, Ediciones de la Presidencia de la República, Caracas 1994.

163). *En igual sentido, respecto de los Municipios también se establecen los principios generales de la organización del Poder Público Municipal, conforme al principio de separación orgánica en dos Poderes: el Poder Legislativo, a cargo de los Consejos Municipales cuyos miembros son electos por votación popular directa y secreta; y el Poder Ejecutivo, a cargo de los alcaldes (Art. 174), cuya elección se estableció a partir de 1989. Además, en la Constitución se prevé un órgano del Poder Público municipal con autonomía funcional, que es la Contraloría municipal (Art. 176).*

*La consecuencia de lo anterior, es que, en el ordenamiento constitucional venezolano, el principio de la distribución vertical del Poder Público conduce a la existencia de tres niveles autónomos de Administración Pública: la Administración Pública Nacional, la Administración Pública Estadal (Gobernaciones) y la Administración Pública Municipal (Alcaldías), cada una integrada en una persona jurídica estatal distinta: la República, los Estados y los Municipios, respectivamente.*

*En efecto, la consecuencia del principio de la distribución vertical del poder público es que el Estado está conformado por diversas entidades político-territoriales que actualizan la personalidad jurídica del Estado. El Estado, por tanto, en el ámbito interno no es una persona jurídica, sino que está conformado por un conjunto de personas jurídicas que son las personas jurídicas estatales.*

*En consecuencia, en Venezuela, tratándose de un Estado con forma federal, conforme al cual "el Poder Público se distribuye entre el Poder Municipal, el Poder Estatal y el Poder Nacional" (Art. 136 de la Constitución), el "Estado" está básicamente conformado por un conjunto de personas jurídicas que conforman la organización política en el territorio como son la República, los estados y los municipios, y por otras personas jurídicas estatales producto de la descentralización política y funcional.*

*El Estado, por tanto, se insiste, no es una persona jurídica en el ámbito interno; lo que existen son muchas personas jurídicas que actualizan su voluntad y que son las personas jurídicas estatales las cuales, en definitiva, conforman el Estado. Estas personas jurídicas estatales, como sujetos de derecho cuyos órganos conforman la Administración Pública, son las que constituyen objeto de regulación por parte del derecho administrativo porque, en definitiva, son las que establecen las relaciones jurídico-administrativas con los otros sujetos de derecho y los administrados.*

*Las personas jurídicas estatales, sin embargo, no tienen una sola forma jurídica, sino que pueden tener la forma jurídica de derecho público o la forma jurídica de derecho privado, según se constituyan mediante mecanismos de derecho público regulados en la propia Constitución o en las leyes o mediante los mecanismos regulados en el derecho privado, particularmente en el Código Civil. En el derecho público venezolano, por tanto, hay dos clasificaciones de las personas jurídicas: las personas estatales y no estatales, según su integración o no a la organización general del Estado o sector público; y las personas jurídicas de derecho público y de derecho privado, según la forma jurídica adoptada para su creación[15]; clasificaciones que han sido acogidas por la Constitución de 1999[16].*

---

15    *V.* sobre estas clasificaciones, Allan R. Brewer-Carías, "La distinción entre las personas públicas y las personas privadas y el sentido actual de la clasificación de los sujetos de derecho", en *Revista Argentina de Derecho Administrativo*, N° 12, Buenos Aires, 1977, pp. 15 a 29.

16    *V.* nuestra propuesta para incorporar en el texto de la Constitución estas clasificaciones y la terminología sobre personas jurídicas estatales y personas jurídicas de derecho público, en Allan R. Brewer-Carías, *Debate Constituyente (Aportes a la Asamblea Nacional Constitu-*

En efecto, el artículo 145 de la Constitución, al establecer la inhabilitación de los funcionarios públicos para celebrar contratos con entes que conforman el sector público, se refiere a los municipios, los estados, la República "y demás personas jurídicas de derecho público o de derecho privado estatales". De esta norma, lo que a los efectos de este principio interesa destacar en relación con los funcionarios de las personas jurídicas estatales y la celebración de contratos públicos, es la doble distinción señalada que en ella se establece respecto de las personas jurídicas: por una parte, entre las personas jurídicas de derecho público y las personas jurídicas de derecho privado; y por la otra, entre las personas jurídicas estatales y las personas jurídicas no estatales. La prohibición de contratar que se impone a los funcionarios públicos, por supuesto, es con las personas jurídicas estatales, cualquiera que sea la forma jurídica que tengan, de derecho público o de derecho privado.

Estas dos clasificaciones o distinciones respecto de las personas jurídicas se recogen, además, en otras normas constitucionales: En cuanto a las personas jurídicas de derecho público y de derecho privado, en el artículo 322 de la Constitución, cuando al señalar que la seguridad de la Nación es competencia esencial y responsabilidad del Estado, indica que aquélla se fundamenta en el desarrollo integral de la Nación y que su defensa es responsabilidad de los venezolanos y de las "personas naturales y jurídicas, tanto de derecho público como de derecho privado" que se encuentren en el espacio geográfico nacional. Por otra parte, en los artículos 159 y 168, en los cuales se determina expresamente la personalidad jurídica respecto de los estados y municipios como personas jurídicas de derecho público territoriales; en los artículos 142 y 189,1, en los cuales se regula a los institutos autónomos como personas jurídicas de derecho público institucionales; y el artículo 318, el cual califica expresamente al Banco Central de Venezuela como "persona jurídica de derecho público".

En cuanto a la integración de las personas jurídicas a la organización general del Estado o al sector público, es decir, a las personas jurídicas estatales, el artículo 190, al regular las incompatibilidades de los diputados a la Asamblea Nacional, precisa, entre otros aspectos, que los mismos no pueden ser propietarios, administradores o directores de empresas "que contraten con personas jurídicas estatales". Por otra parte, en el artículo 180, al regular la inmunidad tributaria de los entes o personas jurídicas político-territoriales (República, estados y municipios) entre sí, se señala que la inmunidad frente a la potestad impositiva de los municipios a favor de los demás entes político territoriales "se extiende sólo a las personas jurídicas estatales creadas por ellos". Además, el artículo 289, al regular las atribuciones de la Contraloría General de la República, precisa la competencia de este órgano para realizar inspecciones y fiscalizaciones respecto de "las personas jurídicas del sector público".

De toda esta normativa constitucional deriva, por tanto, como ya hemos señalado, que la expresión genérica de "Estado" comprende a todas las personas jurídicas que en el orden interno y en la organización política del Estado federal se consideran como parte del mismo, conforme a los tres niveles de distribución territorial del Poder Público: nacional, estadal y municipal.

---

yente), Tomo II, op. cit. pp. 169 y ss. Sobre la distinción en la Constitución, V. Allan R. Brewer-Carías, "Sobre las personas jurídicas en la Constitución de 1999" en Derecho Público Contemporáneo. Libro Homenaje a Jesús Leopoldo Sánchez, Estudios del Instituto de Derecho Público, Universidad Central de Venezuela, enero-abril 2003, Volumen 1, pp.48-54.

*Se establecen así, en la Constitución, como hemos indicado, dos clasificaciones respecto de las personas jurídicas. La primera, que distingue entre las personas jurídicas estadales, que forman parte de la organización general del Estado en sus tres niveles territoriales o, si se quiere, del sector público; y las personas jurídicas no estatales, que no forman parte del Estado o del sector público; y la segunda, que distingue según la forma jurídica que adoptan las personas jurídicas, entre personas jurídicas de derecho público, como los institutos autónomos, y personas jurídicas de derecho privado, como las sociedades anónimas del Estado (empresas del Estado, o empresas públicas conforme las denominan los artículos 189.1 y 184.4, respectivamente, de la Constitución).*

## III. LA SEPARACIÓN ORGÁNICA (HORIZONTAL) DEL PODER PÚBLICO Y EL CARÁCTER INTERORGÁNICO DE LA ADMINISTRACIÓN PÚBLICA

*El tercer principio constitucional que condiciona el derecho administrativo en Venezuela, es el de la penta división horizontal o separación orgánica de poderes, que origina órganos independientes y autónomos entre sí, que ejercen las diversas ramas del Poder Público: Legislativa, Ejecutiva, Judicial, Ciudadano y Electoral.*

*La Constitución de 1999, en efecto, adoptó un novedoso sistema de separación orgánica del Poder Público Nacional, al hacerlo entre cinco Poderes, agregando a los tradicionales Poderes Legislativo, Ejecutivo y Judicial, dos nuevos, los Poderes Ciudadano y Electoral. Por tanto, en el nivel nacional se distinguen cinco ramas del Poder Público: el Poder Legislativo Nacional, el Poder Ejecutivo Nacional, el Poder Judicial, el Poder Ciudadano y el Poder Electoral, correspondiendo su ejercicio a cinco complejos orgánicos diferenciados y separados. Estos son, respectivamente, la Asamblea Nacional; el Presidente, sus Ministros y el resto de los órganos del denominado "Ejecutivo Nacional"; el Tribunal Supremo de Justicia y los demás tribunales de la República, así como la Dirección Ejecutiva de la Magistratura y los otros órganos de gobierno y administración del Poder Judicial; el Ministerio Público o Fiscalía General de la República, la Contraloría General de la República y la Defensoría del Pueblo; y el Consejo Nacional Electoral, sus Comisiones y Juntas. Estos cinco conjuntos orgánicos se encuentran separados, son autónomos e independientes entre sí, y cada uno de ellos tiene sus competencias constitucionales y legales específicas.*

*En esta forma, la otrora clásica división del poder en las ramas Legislativa, Ejecutiva y Judicial, se había roto en el constitucionalismo moderno desde el Siglo XX, de manera que en general, el Poder Público se ejerce, además de por los órganos que componen las tres clásicas ramas, por otra serie de órganos que progresivamente han sido constitucionalizados y dotados de autonomía funcional, y que, en el caso de Venezuela, a partir de 1999 fueron erigidos en ramas formales del Poder Público. Es el caso del Poder Ciudadano, que integra los ya clásicos órganos constitucionales de control (Art. 273), como la Contraloría General de la República (Art. 267); el Ministerio Público: (Art. 284) y la Defensoría del Pueblo (Art. 280); y del Poder Electoral, que ejerce el Consejo Nacional Electoral (Art. 293). En la Constitución de 1999, en todo caso, se eliminó el Consejo de la Judicatura, que también era un órgano constitucional con autonomía funcional, atribuyéndose ahora las funciones de gobierno y administración de la rama judicial al Tribunal Supremo de Justicia (Art. 267).*

*Pero el principio de la separación orgánica de poderes en forma horizontal, no sólo se ha establecido en el nivel nacional, sino también en los niveles estadales y munici-*

*pales. En los Estados de la Federación, en efecto, como se ha dicho, se distinguen básicamente dos complejos orgánicos que ejercen respectivamente, el Poder Legislativo y el Poder Ejecutivo, conformados por los Consejos Legislativos de los Estados y por sus Gobernadores (Arts. 160 y 162), por lo que la Administración Pública estadal está integrada, en principio, en las Gobernaciones de Estado. En los Estados, además, hay que indicar que la Constitución ha previsto la existencia de unos órganos con autonomía orgánica y funcional (Art. 163), que ejercen el Poder Estadal aún cuando la Constitución no los califique como tal Poder, que son las Contralorías estadales. Esos órganos de control, sin duda, también forman parte de la Administración Pública estadal, aún cuando por supuesto, no forman parte de la Administración Pública Central de los Estados la cual depende de las Gobernaciones estadales.*

*Además, en el nivel municipal, la Constitución también ha establecido un sistema de separación orgánica de poderes, distinguiéndose dos complejos orgánicos que ejercen los Poderes Legislativo y Ejecutivo locales, conformados, respectivamente, por los Concejos Municipales, como órganos colegiados que ejercen la función normativa (legislativa) a nivel local; y los alcaldes, a quienes corresponden las actividades de gobierno y administración municipal (Arts. 174 y 175). A nivel municipal, por tanto, la Administración Pública central como complejo orgánico depende de los alcaldes. Pero debe indicarse, que también en el nivel de los Municipios, la Constitución establece las Contralorías municipales, como órganos de control, vigilancia y fiscalización, que por ello gozan de autonomía funcional (Art. 176). Esos órganos de control también forman parte de la Administración Pública municipal, aún cuando por supuesto, no forman parte de la Administración Pública Central de los Municipios la cual depende de las Alcaldías.*

*En el ámbito municipal, además, se pueden identificar también como parte integrante de la Administración municipal que depende del alcalde, a los Jueces de Paz, que, si bien fueron de elección popular organizada por el Poder Electoral, se integraron en la estructura organizativa administrativa del Municipio, aún cuando ejerciendo funciones jurisdiccionales.*

*La separación orgánica de poderes, sin embargo, no origina un solo grupo de órganos que conforman la Administración Pública y que serían los que ejercen el Poder Ejecutivo. La Administración Pública, en Venezuela, en realidad, tiene en la Constitución de 1999, un carácter inter orgánico, en el sentido de que, como complejo orgánico, no sólo está conformada por órganos que ejercen el Poder Ejecutivo, sino por órganos que ejercen los demás Poderes del Estado. Hay ciertamente una Administración Pública que se configura organizativamente hablando en el "Ejecutivo Nacional" (Administración Pública Central), pero la misma no agota dicho complejo orgánico en el Estado venezolano.*

*El Estado venezolano, en efecto y como se ha dicho, está constitucionalmente configurado como un Estado Federal (artículo 2 de la Constitución), en el cual se distinguen tres niveles de organización política: el nivel nacional, que corresponde a la República; el nivel estadal, que corresponde a los Estados miembros de la Federación; y el nivel municipal, que corresponde a los Municipios.*

*En cada uno de estos tres niveles políticos existe una "Administración Pública central" (nacional, estadal y municipal), que ejerce el Poder Ejecutivo, siendo ésta, el instrumento por excelencia de la acción política del Estado. Como instrumento, está compuesto por un conjunto de órganos e instituciones que le sirven para el desarrollo de sus funciones y el logro de los fines que tiene constitucionalmente prescritos.*

Pero como se ha dicho anteriormente, no toda "Administración Pública" del Estado es "Administración Pública central", en el sentido de que no sólo los órganos que ejercen el Poder Ejecutivo en los tres niveles político-territoriales o los que gozan de autonomía fundamental en virtud de disposiciones constitucionales, monopolizan, orgánicamente, a la Administración Pública del Estado.

Las diversas ramas de los Poderes del Estado en sus diversos niveles tienen su propia Administración Pública. Así, en el nivel nacional (Poder Nacional), hay una separación clara entre cinco grupo de órganos de la República: los órganos legislativos (Asamblea Nacional), los órganos ejecutivos (Presidente de la República, Ministerios, etc.), los órganos judiciales (Tribunal Supremo de Justicia, Tribunales), los órganos de control (Fiscalía General de la República, Contraloría General de la República, Defensoría del Pueblo), y los órganos electorales (Consejo Nacional Electoral); y cada uno de estos órganos tiene su propia Administración Pública: la Administración de las Cámaras Legislativas; la Administración de la justicia (Dirección Ejecutiva de la Magistratura); la Administración Pública de los órganos de control, la Administración Electoral, y la Administración Pública central que en principio corresponde a los órganos que ejercen el Poder Ejecutivo. En consecuencia, puede decirse que el ámbito propio de la organización administrativa nacional está en los órganos ejecutivos, en la "Administración Pública Nacional" (central o descentralizada) cuyos órganos ejercen el Poder Ejecutivo Nacional, en cuyo vértice está el presidente de la República.

Por su parte, en el nivel estadal (Poder de los Estados), hay una clara y precisa separación entre tres grupos de órganos en cada Estado: los órganos legislativos (Consejos Legislativos), los órganos ejecutivos (Gobernadores y sus dependencias administrativas), y los órganos de control (Contraloría estadal); y cada uno de estos órganos tiene su propia administración: la administración de las Asambleas Legislativas, la "Administración Pública central" que en principio corresponde a los órganos que ejercen el Poder Ejecutivo, y la Administración contralora. Así, puede decirse que el ámbito propio de la organización administrativa estadal está en los órganos ejecutivos, en esa "Administración Pública Estadal" (central o descentralizada) cuyos órganos ejercen el Poder Ejecutivo de los Estados, en cuyo vértice están los Gobernadores.

Por último, en el nivel municipal (Poder Municipal), también hay una clara y neta separación legal entre tres grupos de órganos en cada municipio: los órganos legislativos (Concejos Municipales), los órganos ejecutivos (Alcaldes y sus dependencias administrativas), y los órganos de control (Contralorías municipales); y cada uno de esos órganos tiene su propia administración: la administración de los Concejos Municipales como órganos colegiados, la "Administración Pública central" que en principio corresponde a los órganos que ejercen el Poder Ejecutivo municipal y la Administración contralora. Así puede decirse que el ámbito propio de la organización administrativa municipal está en los órganos ejecutivos, en esa "Administración Pública Municipal" (central o descentralizada) cuyos órganos ejercen el Poder Ejecutivo Municipal, en cuyo vértice están los alcaldes.

Por tanto, la Organización Administrativa del Estado no se agota, por ejemplo, a nivel nacional, en el ámbito de la "Administración Pública Nacional central" que ejerce el Poder Ejecutivo, pues existen órganos administrativos que derivan de la nueva separación orgánica de poderes que ha establecido la Constitución de 1999, regularizando así la existencia de órganos del Estado con autonomía funcional que en la Constitución de 1961 existían (Consejo de la Judicatura, Contraloría General de la República, Fiscalía General de la República) y que no encuadraban en la clásica *trilogía de poderes: legislativos, ejecutivos y judiciales, ni dentro de los órganos que ejercían el Poder Legislativo, ni dentro de los órganos que ejercían el Poder Ejecutivo, ni dentro de los órganos que ejercían el Poder Judicial, y que sin embargo, formaban parte de la organización administrativa de la Administración del Estado, y en general, de lo que siempre se ha conocido como Administración Pública Nacional.*

*La situación anterior es la que ha sido precisamente regularizada constitucionalmente con las previsiones de la Constitución de 1999, de la cual se deriva que en ejercicio de las respectivas ramas del Poder Público, además de los órganos de la Administración Pública central que ejercen el Poder Ejecutivo, también configuran la Administración Pública del Estado, los órganos de la Asamblea Nacional que ejercen funciones administrativas en ejercicio del Poder Legislativo, la Dirección Ejecutiva de la Magistratura que ejerce el poder Judicial, los órganos que ejercen el Poder Ciudadano y los órganos que ejercen el Poder Electoral.*

*Por ello, la Constitución de 1999 contiene un extenso Título IV relativo al "Poder Público", cuyas normas se aplican a todos los órganos que ejercen el Poder Público tal como lo indica el artículo 136: en su distribución vertical o territorial (Poder Municipal, Poder Estadal y Poder Nacional); y, en el nivel Nacional, en su distribución horizontal (Legislativo, Ejecutivo, Judicial, Ciudadano y Electoral)[17]. Y en el Capítulo I (Disposiciones fundamentales), de dicho Título IV relativo al Poder Público, se regularon todos los principios fundamentales sobre la Administración Pública relativos a la organización administrativa (artículos 236, ordinal 20) y a la administración descentralizada funcionalmente (artículos 142, 300); a de la actuación administrativa (Art. 141); a la función pública (artículos 145 a 149) y su responsabilidad, (Art. 139); a los bienes públicos (artículos 12, 181 y 304); a la información administrativa (Art. 143), a la contratación administrativa (Arts. 150 y 151), a la responsabilidad patrimonial del Estado (Art. 140); y al régimen de control de la gestión administrativa, tanto popular (Art. 62), como político (Art. 66), fiscal (Art. 287) y de gestión (Art. 315). De allí que lo primero que debe determinarse es cuáles son los órganos estatales que ejercen el Poder Público y que pueden considerarse como tal "Administración Pública".*

*Ante todo, por supuesto, están los órganos de los diversos niveles del Poder Público (Nacional, Estadal y Municipal) que ejercen el Poder Ejecutivo. En consecuencia, las normas que contiene la sección se aplican a todas las "Administraciones Públicas" ejecutivas de la República (administración pública nacional), de los Estados (administración pública estadal), de los Municipios (administración pública municipal) y de las otras entidades políticas territoriales que establece el artículo 16 de la Constitución, entre las cuales se destacan los Distritos Metropolitanos cuyos órganos ejercen el Poder Municipal.*

*Pero la Administración Pública del Estado venezolano, en los tres niveles territoriales de distribución vertical del Poder Público, no se agota en los órganos y entes de la Administración Pública ejecutiva (que ejercen el Poder Ejecutivo), pues también comprende los otros órganos de los Poderes Públicos que desarrollan las funciones del Estado de carácter sublegal. En tal sentido, en el nivel nacional, los órganos que ejercen el Poder Ciudadano (Fiscalía General de la República, Contraloría General de la*

---

17   V. nuestra propuesta sobre este título en Allan R. Brewer-Carías, *Debate Constituyente (Aportes a la Asamblea Nacional Constituyente)*, Tomo II, (9 Sept.-17 Oct. 1999), Caracas 1999, pp. 159 ss.

*República y Defensoría del Pueblo) y el Poder Electoral (Consejo Nacional Electoral), sin la menor duda, son órganos que integran la Administración Pública del Estado, organizados con autonomía funcional respecto de los órganos que ejercen otros poderes del Estado. En cuanto a los órganos que ejercen el Poder Judicial, los que conforman la Dirección Ejecutiva de la Magistratura mediante la cual el Tribunal Supremo de Justicia ejerce la dirección, gobierno y administración del Poder Judicial, también son parte de la Administración Pública del Estado.*

*En consecuencia, en los términos de la sección segunda del Título IV de la Constitución, la Administración Pública del Estado no sólo está conformada por órganos que ejercen el Poder Ejecutivo, sino por los órganos que ejercen el Poder Ciudadano y el Poder Electoral, y por la Dirección Ejecutiva de la Magistratura que en ejercicio del Poder Judicial tiene a su cargo la dirección, el gobierno y la administración del Poder Judicial[18].*

*En efecto, como se ha dicho, a nivel nacional, a partir de la Constitución de 1961, ya habían comenzado a encontrar encuadramiento constitucional diversos órganos estatales que se configuraban también como parte de la Administración Pública como complejo orgánico, pero que no dependían del Ejecutivo Nacional ni estaban subordinados a ninguno de los tres conjuntos orgánicos clásicos del Estado (Legislativo, Ejecutivo, Judicial). Se trataba de órganos constitucionales con autonomía funcional, que también eran órganos de la República como persona político-territorial nacional, y que eran: el Ministerio Público, también denominado Fiscalía General de la República; la Contraloría General de la República; el Consejo de la Judicatura; y el Consejo Supremo Electoral. Por supuesto, estos eran órganos que formaban parte de la Administración Pública nacional regulados por el derecho administrativo, aun cuando no formaban parte del Ejecutivo Nacional ni de la Administración Pública Central, ni tuvieran personalidad jurídica propia.*

*Esta tendencia fue la que se consolidó en la Constitución de 1999, al establecerse la ya mencionada penta división del Poder Público, agregándose a los Poderes Legislativo, Ejecutivo y Judicial, el Poder Ciudadano y el Poder Electoral (Art. 136). Por ello, puede decirse que también conforman e integran la Administración Pública a nivel nacional, los órganos que ejercen el Poder Ciudadano, es decir, la Fiscalía General de la República o Ministerio Público, la Contraloría General de la República, y la Defensoría del Pueblo; así como los órganos que ejercen el Poder Electoral, como el Consejo Nacional Electoral. Igualmente, también puede considerarse que son órganos de la Administración Pública Nacional, la Dirección Ejecutiva de la Magistratura del Tribunal Supremo de Justicia. Todos esos órganos conforman la Administración Pública Nacional, aún cuando por supuesto, no la Administración Pública Central cuyos órganos son los que ejercen el Poder Ejecutivo Nacional.*

*Para desarrollar los principios constitucionales relativos a la Administración Pública, en todo caso, a partir de 2001 se dictó la Ley Orgánica de la Administración Pública, cuyas disposiciones son básicamente "aplicables a la Administración Pública Nacional" (Art. 2). La Ley, sin embargo, no define qué ha de entenderse por ello; pero de su normativa se deduce que abarca la Administración Pública que conforman los órganos que ejercen el Poder Ejecutivo Nacional y aquéllos que conforman la Admi-*

---

18   V. en general, Allan R. Brewer-Carías, *Principios del régimen jurídico de la Organización Administrativa Venezolana*, Caracas 1994, pp. 11 y 53.

*nistración Pública Nacional descentralizada sometida al control de aquél, con forma de derecho público.*

*En cuanto a la Administración Pública que conforman los demás órganos del Poder Público Nacional, es decir, los que a nivel nacional ejercen el Poder Judicial, el Poder Ciudadano y el Poder Electoral, las disposiciones de la Ley Orgánica sólo se les aplican "supletoriamente" (Art. 2). En cuanto a los órganos que ejercen el Poder Legislativo, respecto de las funciones administrativas que realicen, conforme al artículo 2 de la Ley Orgánica, también se les podrán aplicar sus disposiciones supletoriamente.*

*En relación con los órganos de los Poderes Públicos que derivan de la distribución territorial del Poder Público, conforme al artículo 2 de la LOAP "los principios y normas (de la Ley Orgánica) que se refieran en general a la Administración Pública, o expresamente a los Estados, Distritos Metropolitanos y Municipios, serán de obligatoria observancia por éstos, quienes desarrollarán los mismos dentro del ámbito de sus respectivas competencias".*

## IV. LAS FUNCIONES DEL ESTADO, SU EJERCICIO INTERORGÁNICO Y LA FUNCIÓN ADMINISTRATIVA

*Anteriormente nos hemos referido al marco constitucional del derecho administrativo que deriva de los principios de la distribución vertical y de la separación orgánica del Poder Público en las diversas ramas territoriales. Ahora bien, conforme a lo establecido en el artículo 136 de la Constitución "Cada una de las ramas del Poder Público tiene sus funciones propias, pero los órganos a los que incumbe su ejercicio colaborarán entre sí en la realización de los fines del Estado".*

*La asignación de funciones propias, por tanto, no implica que cada uno de los órganos del Estado siempre tenga el ejercicio exclusivo de alguna función estatal específica. Por tanto, todos los órganos del Estado, en una u otra forma ejercen todas las funciones del Estado, lo que conduce al principio del ejercicio inter orgánico de las funciones del Estado, que se configura como otro de los marcos constitucionales del derecho administrativo.[19]*

*Es decir, la división de la potestad estatal (el Poder Público) en ramas y la distribución de su ejercicio entre diversos órganos, no coincide exactamente con la "separación" de las funciones estatales[20], por lo que el hecho de que exista una separación orgánica "de poderes" no implica que cada uno de los órganos que lo ejercen tenga necesariamente el ejercicio exclusivo de ciertas funciones, ya que paralelamente a las "funciones propias" de cada órgano del Estado, éstos ejercen funciones que por su naturaleza son similares a las que ejercen otros órganos estatales. En otras palabras, paralelamente a sus funciones propias, los órganos del Estado realizan funciones distintas a aquellas que les corresponden por su naturaleza.*

---

19   *V.* Jaime Vidal Perdomo, Eduardo Ortíz Ortíz, Agustín Gordillo, Allan R. Brewer-Carías, *La Función administrativa y las funciones del Estado. Cuatro amigos, Cuatro visiones sobre el derecho administrativo en América Latina,* Editorial Jurídica Venezolana, Caracas 2014.

20   Sobre esta tesis *V.* lo que expresamos en Allan R. Brewer-Carías, *Derecho Administrativo* Tomo I, Editorial Jurídica Veneolana, Caracas 1975.

Ahora bien, en la expresión constitucional, por "función" ha de entenderse la acción que desarrollan los órganos estatales o la actividad que desempeñan como tarea que les es inherente, en el sentido que sólo en ejercicio del Poder Público pueden cumplirse. De ahí que la función es toda actividad de la propia esencia y naturaleza de los órganos estatales y, por tanto, indelegable salvo que exista una autorización constitucional. Entonces, las diversas funciones del Estado son sólo las diversas formas a través de las cuales se manifiesta la actividad estatal[21]; y ellas no están atribuidas en forma exclusiva a los órganos del Estado.

En el mundo contemporáneo estas funciones como tareas inherentes a los órganos del Estado pueden reducirse a las siguientes: la función normativa, la función política, la función administrativa, la función jurisdiccional y la función de control, a las cuales pueden reconducirse todas las actividades del Estado. Estas funciones, realizadas en ejercicio del Poder Público por los órganos estatales, sin embargo, como se dijo, no están encomendadas con carácter exclusivo a diferentes órganos, sino que se ejercen por varios de los órganos estatales.

Así, la función normativa en el Estado contemporáneo es aquella actividad estatal que se manifiesta en la creación, modificación o extinción de normas jurídicas de validez general. La función normativa del Estado, en esta forma, si bien se atribuye como función propia al órgano que ejerce el Poder Legislativo, es decir, a la Asamblea Nacional, al sancionar las leyes (art. 203), se realiza también por otros órganos del Poder Público incluso con rango y valor de ley. En efecto, cuando mediante una ley habilitante la Asamblea Nacional delega en el presidente la posibilidad de dictar actos estatales con rango y valor de ley (Art. 236,8), sin duda ejerce la función normativa; e igualmente, cuando reglamenta las leyes (Art. 236,10). Igualmente, el Tribunal Supremo de Justicia también ejerce la función normativa cuando dicta los reglamentos necesarios a los efectos de asegurar la dirección y gobierno del Poder Judicial (Art. 267). Igualmente, ejercen la función normativa, los órganos del Poder Ciudadano cuando dictan los reglamentos establecidos en las leyes reguladoras de su actividad, al igual que el Consejo Nacional Electoral, en ejercicio del Poder Electoral, cuando reglamenta las leyes electorales (Art. 293,1).

La función normativa, por tanto, si bien es una "función propia" de la Asamblea Nacional, no es una función privativa y exclusiva de ella, pues los otros órganos estatales también la ejercen. Sin embargo, lo que sí es función privativa y exclusiva de la Asamblea Nacional es el ejercicio de la función normativa en una forma determinada: como cuerpo legislador y mediante la emisión de los actos estatales denominados leyes. Los otros órganos estatales que ejercen la función normativa, si bien realizan una función creadora dentro del ordenamiento jurídico, a excepción de los decretos leyes habilitados (dictados por el presidente de la República una vez que se ha dictado la ley habilitante) lo hacen a través de actos administrativos de efectos generales, y siempre bajo el condicionamiento de las leyes y nunca en ejecución directa e inmediata sólo de una norma constitucional. En otras palabras, las leyes son actos estatales dictados en ejecución directa e inmediata de la Constitución y de rango legal; los reglamentos y demás actos administrativos de efectos generales son actos de ejecución directa e inmediata de la legislación y de rango sublegal. Sin embargo, los decretos-leyes habilitados que puede dictar el presidente de la República, a pesar de requerir de una ley

---

21    V., Allan-R. Brewer-Carías, *Las Instituciones Fundamentales del Derecho Administrativo y la jurisprudencia venezolana*, Caracas, 1964, p. 105.

*habilitante, en virtud de la delegación legislativa que contiene, puede decirse que se dictan también en ejecución directa de la Constitución.*

*Pero aparte de la función normativa, en el Estado contemporáneo ha ido delineándose otra función primordial, distinta de la función administrativa, por medio de la cual el presidente de la República ejerce sus actividades como jefe del Estado, es decir, como jefe del Gobierno de la República[22], dirigiendo la acción de gobierno (Arts. 226; 236,2). A través de esta función política, el presidente de la República puede adoptar decisiones en virtud de atribuciones que le son conferidas directamente por la Constitución, en general sin condicionamiento legal, de orden político, las cuales, por tanto, exceden de la administración normal de los asuntos del Estado. Ello ocurre, por ejemplo, cuando dirige las relaciones exteriores, convoca a sesiones extraordinarias a la Asamblea Nacional y cuando la disuelve (Arts. 236,4,9,20). También puede considerarse que ejerce la función política, cuando decreta los estados de excepción, y restringe garantías constitucionales, incluso, en este caso, a pesar de que la Constitución dispuso que una Ley Orgánica (de los Estados de Excepción) debía regular la materia (Art. 338). La característica fundamental de esta función política es que está atribuida en la Constitución directamente al presidente de la República, es decir, al nivel superior de los órganos que ejercen el Poder Ejecutivo, no pudiendo otros órganos ejecutivos ejercerla.*

*Los órganos que ejercen el Poder Ejecutivo en esta forma, realizan fundamentalmente dos funciones propias: la función política y la función administrativa[23]. La función política, como función del presidente de la República, se ejerce en ejecución directa de atribuciones constitucionales, en general sin condicionamiento legal alguno. El Legislador, en esta forma, y salvo por lo que se refiere a los estados de excepción dada la autorización constitucional (Art. 338), no puede limitar las facultades políticas del jefe del Estado[24]. La función política, por tanto, se traduce en actos estatales de rango legal, en tanto que la función administrativa se traduce en actos estatales de rango sublegal.*

*Pero si bien la función política se ejerce con el carácter de función propia por el presidente de la República en ejercicio del Poder Ejecutivo, ello tampoco se realiza con carácter excluyente, ya que la Asamblea Nacional en ejercicio del Poder Legislativo también realiza la función política, sea a través de actos parlamentarios sin forma de ley[25], sea mediante leyes[26]. En estos casos, también, la función política realizada por los órganos del Poder Legislativo es una actividad de rango legal, es decir, de ejecución directa e inmediata de la Constitución. Pero si bien esta función puede ser realizada*

---

22   Aun cuando en algunos casos podría no haber coincidencia, podría decirse que, en general, el presidente de la República ejerce sus atribuciones de jefe del Estado en ejercicio de la función política, y de jefe del Ejecutivo Nacional, en ejercicio de la función administrativa.

23   La distinción entre "gobierno y administración" es comúnmente empleada por la Constitución, por ejemplo, artículos, 21, 27, 30 y 191.

24   El legislador, por ejemplo, no podría limitar las atribuciones del presidente de convocar a la Asamblea nacional a sesiones extraordinarias.

25   Por ejemplo, cuando autoriza al Presidente de la República para salir del territorio nacional. Art. 187,17 de la Constitución; o cuando reserva al Estado determinadas industrias o servicios, Art. 302.

26   La ley que decreta una amnistía, por ejemplo. Art. 186,5 de la Constitución.

tanto por el Presidente de la República como por los órganos legislativos, por lo que no es exclusiva o excluyente, sin embargo, lo que sí es exclusiva de uno u otros órganos es la forma de su ejecución en los casos autorizados por la Constitución: la función política mediante decretos ejecutivos (actos de gobierno), se realiza en forma exclusiva por el Presidente de la República; y mediante leyes o actos parlamentarios sin forma de ley, por la Asamblea nacional.

Además de la función normativa y de la función política, los órganos estatales realizan la función jurisdiccional, es decir, conocen, deciden o resuelven controversias entre dos o más pretensiones, es decir, controversias en las cuales una parte esgrime pretensiones frente a otra. El ejercicio de la función jurisdiccional se ha atribuido como función propia al Tribunal Supremo de Justicia y a los tribunales de la República, pero aquí también ello no implica una atribución exclusiva y excluyente, sino que, al contrario, los otros órganos estatales pueden ejercer la función jurisdiccional.

En efecto, los órganos que ejercen el Poder Ejecutivo, realizan funciones jurisdiccionales, cuando las autoridades administrativas deciden controversias entre partes, dentro de los límites de su competencia[27], y la Asamblea Nacional también participa en la función jurisdiccional cuando, por ejemplo, autorizan el enjuiciamiento del presidente de la República (Art. 266,2). Por tanto, la función jurisdiccional como actividad privativa e inherente del Estado mediante la cual sus órganos deciden controversias y declaran el derecho aplicable en un caso concreto, se ejerce por diversos órganos estatales en ejercicio del Poder Público: por el Tribunal Supremo de Justicia y los Tribunales de la República, en ejercicio del Poder Judicial; y por los órganos administrativos en ejercicio del Poder Ejecutivo Nacional. La función jurisdiccional, por tanto, si bien es una "función propia" de los órganos judiciales, no es una función privativa y exclusiva de ellos, pues otros órganos estatales también la ejercen. Sin embargo, lo que sí es una función privativa y exclusiva de los tribunales es el ejercicio de la función jurisdiccional a través de un proceso (Art. 257) en una forma determinada: con fuerza de verdad legal, mediante actos denominados sentencias. Sólo los tribunales pueden resolver controversias y declarar el derecho en un caso concreto, con fuerza de verdad legal, por lo que sólo los órganos del Poder judicial pueden desarrollar la "función judicial" (función jurisdiccional ejercida por los tribunales). Los demás órganos del Estado que realizan funciones jurisdiccionales lo hacen a través de actos administrativos condicionados por la legislación.

Además de la función normativa, de la función política y de la función jurisdiccional, los órganos del Estado también ejercen la función de control, cuando vigilan, supervisan y velan por la regularidad del ejercicio de otras actividades estatales o de las actividades de los administrados y particulares.

El ejercicio de la función de control se ha atribuido como función propia a los órganos que ejercen el Poder Ciudadano, pero en este caso, ello tampoco implica una atribución exclusiva y excluyente, sino que, al contrario, los otros órganos estatales pueden ejercer la función jurisdiccional. En efecto, la Asamblea Nacional, en ejercicio del Poder Legislativo ejerce la función de control sobre el gobierno y la Administración Pública Nacional y los funcionaros ejecutivos (Art. 187,3; 222); el Presidente de la

---

27    Cuando la Administración decide, por ejemplo, la oposición a una solicitud de registro de marca de fábrica, conforme a la Ley de Propiedad Industrial,o cuando decide la oposición a una solicitud de otorgamiento de una concesión de explotación forestal, conforme a la Ley Bosque y Suelos.

*República como Jefe del Ejecutivo Nacional ejerce las funciones de control jerárquico en relación con los órganos de la Administración Pública (Art. 226) y los órganos que ejercen el Poder Ejecutivo controlan las actividades de los particulares, de acuerdo a la regulación legal de las mismas; el Consejo Nacional Electoral, en ejercicio del Poder Electoral, ejerce el control de las actividades de los órganos subordinados (Art. 293) , de las elecciones y de las organizaciones con fines políticos (Art. 293); y el Tribunal Supremo de Justicia ejerce las función de control de constitucionalidad y legalidad de los actos del Estado (Art. 259; 336).*

*Por tanto, la función de control como actividad privativa e inherente del Estado mediante la cual sus órganos supervisan, vigilan y controlan las actividades de otros órganos del Estado o de los administrados, y la misma se ejerce por diversos órganos estatales en ejercicio del Poder Público: por los órganos que ejercen el Poder Ciudadano; por la Asamblea Nacional, en ejercicio del Poder legislativo; por el Tribunal Supremo de Justicia y los Tribunales de la República, en ejercicio del Poder Judicial; y por los órganos administrativos en ejercicio del Poder Ejecutivo Nacional y del Poder Electoral. La función de control, por tanto, si bien es una "función propia" de los órganos que ejercen el Poder Ciudadano, no es una función privativa y exclusiva de ellos, pues todos los otros órganos estatales también la ejercen.*

*Pero aparte de la función creadora de normas jurídicas de efectos generales (función normativa), de la función de conducción y ordenación política del Estado (función de conducción del gobierno), de la función de resolución de controversias entre partes declarando el derecho aplicable en casos concretos (función jurisdiccional) y de ejercer la vigilancia o fiscalización de actividades estatales y de los particulares (función de control), el Estado ejerce la función administrativa, a través de la cual entra en relación con los particulares, como sujeto de derecho, gestor del interés público[28]. De allí la distinción entre la función de crear el derecho (normativa), de aplicar el derecho imparcialmente (jurisdiccional), y de actuar en relaciones jurídicas como sujeto de derecho, al gestionar el interés público (administrativa).*

*En las dos primeras, el Estado, al crear el derecho o al aplicarlo, es un tercero en las relaciones jurídicas que surjan; en la última, en cambio, el Estado es parte de la relación jurídica que se establece entre la Administración y los particulares, como sujeto de Derecho gestor del interés público. De allí que la personalidad jurídica del Estado, como se ha dicho, se concretice en el orden interno, cuando sus órganos ejercen la función administrativa.*

*Ahora bien, al igual que lo que sucede con la función normativa, política y jurisdiccional, la función administrativa tampoco está atribuida con carácter de exclusividad a alguno de los órganos del Poder Público. Por ello, si bien la función administrativa puede considerarse como función propia de los órganos ejecutivos y electorales, concretizada básicamente a través de actos administrativos, ello no significa que la ejerzan con carácter exclusivo y excluyente. Al contrario, todos los otros órganos del Estado también ejercen la función administrativa: la Asamblea Nacional, al autorizar diversos actos de los órganos ejecutivos o al dictar actos relativos a su personal o ser-*

---

28    V., Allan R. Brewer-Carías, *instituciones fundamentales del derecho administrativo y la juris-prudencia venezolana*, Caracas, 1964, p. 115. Si el Estado legisla, tal como lo señala Santi Romano, "no entra en relaciones de las cuales él, como legislador, sea parte: las relaciones que la ley establece o de cualquier modo contempla se desenvuelven después entre sujetos diversos del Estado o bien con el mismo Estado, pero no en su aspecto de legislador

*vicios administrativos, realizan la función administrativa, y los órganos que ejercen el Poder Judicial o el Poder Ciudadano realizan la función administrativa, al dictar actos concernientes a la administración del personal o de los servicios de los órganos, o al imponer sanciones[29]. En esta forma, la función administrativa, como actividad privativa e inherente del Estado mediante la cual sus órganos, en ejercicio del Poder Público, entran en relaciones jurídicas con los administrados, se puede realizar por los órganos administrativos, en ejercicio del Poder Ejecutivo Nacional y del Poder Electoral; por la Asamblea Nacional, en ejercicio del Poder Legislativo; y por los tribunales de la República, en ejercicio del Poder Judicial. La función administrativa, por tanto, si bien es una "función propia" de los órganos ejecutivos y electorales, no es una función privativa y exclusiva de ellos, pues los otros órganos estatales también la ejercen dentro del ámbito de sus respectivas competencias constitucionales y legales. El acto administrativo, como concreción típica pero no única del ejercicio de la función administrativa, puede emanar de todos los órganos estatales en ejercicio del Poder Público, teniendo en todo caso carácter sublegal.*

*El concepto de funciones del Estado, por tanto, es distinto al de poderes del Estado. El Poder Público, sus ramas o distribuciones, constituye en sí mismo una situación jurídica constitucional individualizada, propia y exclusiva de los órganos del Estado, mediante cuyo ejercicio estos realizan las funciones que le son propias. Las funciones del Estado, por su parte, constituyen las actividades propias e inherentes al Estado[30]. La noción de Poder es entonces previa a la de función: ésta se manifiesta como una actividad estatal específica realizada en ejercicio del Poder Público (de una de sus ramas o distribuciones), por lo que no puede existir una función estatal sino cuando se realiza en ejercicio del Poder Público, es decir, de la potestad genérica de obrar que tiene constitucionalmente el Estado. Poder y función son, por tanto, distintos elementos en la actividad del Estado: el Poder Público como situación jurídico-constitucional, tiene su fuente en la propia Constitución y existe la posibilidad de ejercerlo desde el momento en que está establecido en ella; la función estatal, en cambio, presupone siempre el ejercicio del Poder Público por un órgano del Estado, y sólo cuando hay ejercicio concreto del Poder Público es que se realiza una función estatal.*

*De lo anteriormente expuesto resulta, por tanto, que a nivel de cada una de las cinco ramas del Poder Público nacional (o de las dos ramas de los poderes públicos estadales y municipales), si bien existe una diferenciación orgánica con la asignación de funciones propias a cada uno de los órganos, el ejercicio de las mismas por dichos*

---

sino en otros aspectos mediante órganos diversos de los del Poder Legislativo". *V.* el "Prime Pagine di un Manuale di Diritto Amministrativo", en *Scritti Minori*, Milano 1950, p. 363, *cit.*, por J. M. Boquera Oliver, *Derecho Administrativo*, Vol. I, Madrid, 1972, p 59. "Cuando el Estado juzga -señala J. González Pérez-, no es parte interesada en una relación jurídica; no es sujeto de derecho que trata de realizar sus peculiares intereses con arreglo al Derecho... cuando el Estado juzga satisface las pretensiones que una parte esgrime frente a otra; incide como tercero en una relación jurídica, decidiendo la pretensión ante él deducida con arreglo al ordenamiento jurídico". *V.* en *Derecho Procesal Administrativo*, Madrid, 1966, Tomo II, p. 37.

29  *V.*, además, Allan R. Brewer-Carías, "Consideraciones sobre la impugnación de los Actos de Registro en la vía contencioso-administrativa" en libro *Homenaje a Joaquín Sánchez Coviza*, Caracas, 1975.

30  *V.*, Allan R. Brewer-Carías, *Las instituciones fundamentales del derecho administrativo y la jurisprudencia venezolana*, Caracas, 1964, pp. 105 y ss.

*órganos, en general no es exclusiva ni excluyente. En otras palabras, existen órganos legislativos nacionales, estadales y municipales; órganos ejecutivos nacionales, estadales y municipales; órganos de control nacionales, estadales y municipales; y órganos judiciales y electorales exclusivamente nacionales; pero las funciones normativas, política, administrativas, jurisdiccionales y de control del Estado no coinciden exactamente con aquella división o separación orgánica.*

*De allí que como principio general de la aplicación del principio de la separación de poderes en el régimen constitucional venezolano, puede afirmarse que la "división del Poder" no coincide exactamente con la "separación de funciones". Por ello, no sólo en múltiples oportunidades los órganos del Estado, además de sus "funciones propias" ejercen funciones que por su naturaleza deberían corresponder a otros órganos, sino que también en múltiples oportunidades la Constitución permite y admite la intervención o interferencia de unos órganos en las funciones propias de otros.*

## V. Los actos estatales, su carácter interfuncional y los actos administrativos

*De lo anteriormente dicho sobre el principio del carácter inter orgánico del ejercicio de las funciones estatales resulta, como se ha dicho, que la separación orgánica de poderes no coincide con la distribución de funciones.*

*Pero, en el ordenamiento jurídico venezolano, tampoco el ejercicio de una función del Estado por determinado órgano del mismo, conduce necesariamente a la emisión de determinados actos estatales, es decir, tampoco hay coincidencia entre las funciones del Estado y los actos jurídicos que emanan de la voluntad estatal[31]. Ello conlleva a otro de los marcos constitucionales del derecho administrativo que es el del carácter interfuncional de los actos estatales.*

*En efecto, de lo expuesto anteriormente resulta que la función normativa la ejerce el Estado en Venezuela a través de sus órganos legislativos (Asamblea Nacional), de sus órganos ejecutivos (presidente de la República), o de sus órganos judiciales (Tribunales), de los órganos del Poder Ciudadano (Consejo Moral republicano, Defensoría del pueblo, Ministerio Público, Contraloría General de la República) y de los órganos electorales (Consejo nacional Electoral).*

*En cuanto a la función política, la ejerce el Estado a través de sus órganos legislativos (Asamblea nacional y de sus órganos ejecutivos (presidente de la República).*

*La función jurisdiccional la ejerce el Estado a través de sus órganos judiciales (Tribunal Supremo de Justicia), de sus órganos ejecutivos (Administración Pública) y de sus órganos electorales (Consejo Nacional Electoral).*

---

31    La distinción entre funciones del Estado que la doctrina ha realizado, muchas veces se confunde al querer identificar un tipo de acto jurídico estatal con la función ejercida por el Estado. *V.* Agustín Gordillo, *Introducción al Derecho Administrativo*, Buenos Aires, 1966, pp. 91 y ss. Nosotros mismos hemos incurrido en esta confusión: *V.* Allan R. Brewer-Carías, *Las Instituciones Fundamentales del Derecho Administrativo y la jurisprudencia venezolana*, Caracas, 1964, pp. 108 y ss. En igual confusión incurre la jurisprudencia reciente de la Corte Suprema.

La *función de control* la ejerce el Estado en Venezuela a través de sus *órganos legislativos* (Asamblea Nacional), de sus *órganos ejecutivos* (Administración Pública), de sus *órganos judiciales* (Tribunales), de sus *órganos de control* (Consejo Moral Republicano, Defensoría del Pueblo, Ministerio Público, Contraloría General de la República) y de sus *órganos electorales* (Consejo Nacional Electoral).

Y la *función administrativa* la ejerce el Estado a través de sus *órganos ejecutivos* (Administración Pública), de sus *órganos electorales* (Consejo Nacional Electoral), de sus *órganos legislativos* (Asamblea Nacional), de sus *órganos judiciales* (Tribunal Supremo de Justicia) y de sus *órganos de control* (Consejo Moral Republicano, Defensoría del Pueblo, Ministerio Público, Contraloría General de la República)

*Consecuencialmente, de lo anterior no puede deducirse que todo acto realizado en ejercicio de la función normativa, sea un acto legislativo; que todo acto realizado en ejercicio de la función política, sea un acto de gobierno; que todo acto realizado en ejercicio de la función jurisdiccional, sea un acto judicial; que todo acto realizado en ejercicio de la función de control sea un acto administrativo o que todo acto realizado en ejercicio de la función administrativa, sea también un acto administrativo.*

Al contrario, así como los diversos órganos del Estado realizan diversas funciones, los actos cumplidos en ejercicio de las mismas no son siempre los mismos ni tienen por qué serlo.

En efecto, tal como hemos señalado, la Asamblea Nacional en ejercicio del Poder Legislativo puede ejercer funciones normativas, políticas, jurisdiccionales, de control y administrativas, pero los actos que emanan de la misma al ejercer dichas funciones no son, necesariamente, ni uniformes ni correlativos.

Cuando la Asamblea Nacional ejerce la función normativa, es decir, crea normas jurídicas de carácter general actuando como cuerpo legislador, dicta leyes (Art. 203), pero cuando lo hace en otra forma distinta, por ejemplo, al dictar sus reglamentos internos, ello lo hace a través de actos parlamentarios sin forma de ley (Art. 187,19). Ambos son actos legislativos, pero de distinto valor normativo. Cuando la Asamblea Nacional ejerce la función política, es decir, interviene en la formulación de las políticas nacionales, lo hacen a través de leyes (Art. 303) o a través de actos parlamentarios sin forma de ley (Art. 187,10). En el caso de la participación en el ejercicio de la función jurisdiccional, al autorizar el enjuiciamiento del presidente de la República, la Asamblea Nacional concretiza su acción a través de un acto parlamentario sin forma de ley (266,2). Cuando la Asamblea Nacional ejerce sus funciones de control el Gobierno y la Administración Pública también dicta actos parlamentarios sin forma de ley (Art. 187,3). Por último, en cuanto al ejercicio de la función administrativa por la Asamblea Nacional, ella puede concretarse en leyes (187,9)[32], actos parlamentarios sin forma de ley (Art. 187,12) o actos administrativos (Art. 187,22).

Por su parte, cuando los órganos que ejercen el Poder Ejecutivo, particularmente el presidente de la República, realizan la función normativa, ésta se concretiza en decretos-leyes y reglamentos (actos administrativos de efectos generales) (Art. 236,10; 266,5). En este caso de los decretos-leyes, estos pueden ser decretos leyes delegados dictados en virtud de una habilitación legislativa (Art. 203; 236,8); decretos leyes de organización ministerial (Art. 236,20) y decretos leyes de estados de excepción (art.

---

32    En el pasado, por ejemplo, eran las leyes aprobatorias de contratos estatales conforme al artículo 126 de la Constitución de 1961.

*236,7). En todos estos casos de decretos leyes, si bien todos son objeto de regulaciones legislativas que los condicionan (leyes habilitantes o leyes orgánicas) autorizadas en la Constitución; los mismos tienen rango y valor de ley. Pero el presidente de la República también realiza la función política, al dictar actos de gobierno, que son actos dictados en ejecución directa e inmediata de la Constitución (Art. 236,2,4,5,6,19,21). En particular, en este caso, dichos actos de gobierno se caracterizan frente a los actos administrativos por dos elementos combinados: en primer lugar, porque el acto de gobierno sólo puede ser realizado por el Presidente de la República, como jefe del Estado, "en cuya condición dirige la acción de Gobierno" (Art. 226); y en segundo lugar, porque se trata de actos dictados en ejecución de atribuciones establecidas directamente en la Constitución, sin posibilidad de condicionamiento legislativo, y que, por tanto, tienen el mismo rango que las leyes.*

*En todo caso, para distinguir el acto legislativo del acto de gobierno y del acto administrativo no sólo debe utilizarse el criterio orgánico, sino también el criterio formal: el acto de gobierno, aun cuando realizado en ejecución directa de la Constitución, está reservado al Presidente de la República, en tanto que el acto legislativo, realizado también en ejecución directa de la Constitución[33], en principio está reservado a la Asamblea Nacional; aún cuando esta pueda delegar la potestad normativa con rango de ley en el Presidente de la República mediante una ley habilitante (Art. 203), en cuyo caso el acto dictado por el Presidente mediante decretos leyes habilitados (Art. 236,8) es un acto legislativo, aún cuando delegado. En esta forma, el criterio orgánico distingue el acto de gobierno del acto legislativo, y ambos se distinguen del acto administrativo mediante el criterio formal: tanto el acto de gobierno como el acto legislativo (el dictado por la Asamblea Nacional como el dictado por delegación por el Presidente de la República) se realizan en ejecución directa de competencias constitucionales, en tanto que el acto administrativo siempre es de rango sublegal, es decir, sometido a la ley y realizado en ejecución de la ley, y por tanto, en ejecución mediata e indirecta de la Constitución.*

*Es decir, los actos de gobierno se distinguen de los actos administrativos, en que estos se realizan a todos los niveles de la Administración Pública y siempre tienen rango sublegal, es decir, se dictan por los órganos ejecutivos en ejecución de atribuciones directamente establecidas en la legislación, y sólo en ejecución indirecta y mediata de la Constitución[34]. Pero, además, en los casos de ejercicio de la función jurisdiccional, de la función de control y de la función administrativa, los órganos ejecutivos dictan, por ejemplo, actos administrativos (Art. 259; 266,5).*

*En cuanto a los órganos que ejercen el Poder Judicial, cuando por ejemplo el Tribunal Supremo de Justicia ejerce la función normativa, dicta reglamentos (actos administrativos de efectos generales), cuando ejerce la función administrativa y la función de control sobre el Poder Judicial (Art. 267), dictan actos administrativos; y cuando*

---

33  La Asamblea Nacional realiza su actividad legislativa en cumplimiento de atribuciones directamente establecidas en la Constitución (Art. 187,1; 203). En el solo caso de las leyes especiales que han de someterse a las leyes orgánicas preexistentes (Art. 203) podría decirse que hay condicionamiento legislativo de la propia actividad legislativa. En igual sentido, los decretos-leyes dictados por el presidente de la República en ejercicio de la función normativa, están condicionados por la ley habilitante o de delegación (Art. 236,8).

34  En este sentido es que podría decirse que la actividad administrativa se reduce a ejecución de la ley.

*ejerce la función jurisdiccional, dictan actos judiciales (sentencias) (Art. 266, 336). El acto judicial, por su parte, también se distingue del acto de gobierno y del acto legislativo con base en los dos criterios señalados: desde el punto de vista orgánico, porque el acto judicial está reservado a los Tribunales de la República, en tanto que el acto legislativo está reservado a la Asamblea Nacional, la cual puede delegarlo en el Presidente de la República (leyes habilitantes) y el acto de gobierno está reservada al Presidente de la República[35]; y desde el punto de vista formal, porque al igual que el acto administrativo, el acto judicial es de rango sublegal, es decir, sometido a la ley y realizado en ejecución de la ley.*

*Por último, en cuanto a la distinción entre el acto administrativo y el acto judicial, si bien no puede utilizarse el criterio formal de su graduación en el ordenamiento jurídico ya que ambos son dictados en ejecución directa e inmediata de la legislación y en ejecución indirecta y mediata de la Constitución, sí se distinguen con base al criterio orgánico y a otro criterio formal. Desde el punto de vista orgánico, el acto judicial está reservado a los tribunales, con carácter de exclusividad, ya que sólo éstos pueden dictar sentencias; y desde el punto de vista formal, la declaración de lo que es derecho en un caso concreto que realizan los órganos judiciales, se hace mediante un acto que tiene fuerza de verdad legal, que sólo las sentencias poseen.*

*Por su parte, cuando los órganos que ejercen el Poder Ciudadano realizan la función de control (Art. 274; 281; 289), la función normativa y la función administrativa, la misma se concreta en actos administrativos de efectos generales (reglamentos) o de efectos particulares (Art. 259; 266,5). Igualmente, cuando los órganos que ejercen el Poder Electoral realizan la función normativa (Art. 293,1), dictan actos administrativos de efectos generales (reglamentos) (Art. 293,1); y cuando realizan la función administrativa (Art. 293,3) y de control (Art. 293,9), la misma se concreta en actos administrativos (Art. 259; 266,5).*

*En esta forma, el ejercicio de la función normativa se puede manifestar, variablemente, a través de leyes, actos parlamentarios sin forma de ley, decretos-leyes y reglamentos (actos administrativos de efectos generales); el ejercicio de la función política, a través de actos de gobierno, leyes y actos parlamentarios sin forma de ley; el ejercicio de la función jurisdiccional, a través de actos parlamentarios sin forma de ley, actos administrativos y sentencias; el ejercicio de la función de control, a través de leyes, actos parlamentarios sin forma de ley, actos administrativos y sentencias; y el ejercicio de la función administrativa, a través de leyes, actos parlamentarios sin forma de ley y actos administrativos.*

*En sentido inverso, puede decirse que las leyes sólo emanan de la Asamblea Nacional actuando no sólo en ejercicio de la función normativa, sino de la función política, de la función de control y de la función administrativa; que los actos de gobierno emanan del Presidente de la República, actuando en ejercicio de la función política; que los decretos-leyes emanan también del Presidente en ejercicio de la función normativa;*

---

35 Puede decirse, entonces, que la separación orgánica de poderes tiene plena concordancia con la división orgánica de las actividades de gobierno (reservada al presidente de la República), legislativas (reservadas a la Asamblea Nacional, la cual puede delegarla en el ejecutivo Nacional) y judiciales (reservada a los Tribunales). Por supuesto, la coincidencia de actividades específicas con órganos estatales determinados concluye allí, pues la actividad administrativa, al contrario, no está reservada a ningún órgano estatal específico, sino que se realiza por todos ellos.

*que los actos parlamentarios sin forma de ley sólo emanan de la Asamblea Nacional, actuando en ejercicio de las funciones normativas, política, de control y administrativa; y que los actos judiciales (sentencias) sólo emanan de los tribunales, actuando en ejercicio de la función jurisdiccional. En todos estos casos, el tipo de acto se dicta exclusivamente por un órgano estatal, pero en ejercicio de variadas funciones estatales. Lo privativo y exclusivo de los órganos estatales en esos casos, no es el ejercicio de una determinada función, sino la posibilidad de dictar determinados actos: las leyes y los actos parlamentarios sin forma de ley por la Asamblea nacional; los actos de gobierno por el presidente de la República; y los actos judiciales (sentencias) por los tribunales.*

*En cuanto a los actos administrativos, éstos pueden emanar de la Asamblea Nacional, actuando en función administrativa y en función de control; de los tribunales, actuando en función normativa, en función de control y en función administrativa; de los órganos que ejercen el Poder Ejecutivo (Administración Pública Central) cuando actúan, en función normativa, en función jurisdiccional, en función de control y en función administrativa; de los órganos que ejercen el Poder Ciudadano actuando en función normativa, en función de control y en función administrativa; y de los órganos que ejercen el Poder Electoral actuando también en función normativa, en función de control y en función administrativa.*

*Los actos administrativos en esta forma, y contrariamente a lo que sucede con las leyes, con los actos parlamentarios sin forma de ley, con los decretos-leyes, con los actos de gobierno y con las sentencias judiciales, no están reservados a determinados órganos del Estado, sino que pueden ser dictados por todos ellos y no sólo en ejercicio de la función administrativa.*

## VI. EL CONTROL DE LA ADMINISTRACIÓN PÚBLICA Y LA RESPONSABILIDAD ADMINISTRATIVA

*La consecuencia de los principios de supremacía constitucional, de formación del derecho por grados y de legalidad es que todos los actos estatales están sometidos a control judicial, por lo que en el ordenamiento jurídico venezolano no hay actos estatales excluidos de control. De allí que dentro del marco constitucional del derecho administrativo también se identifique el de la universalidad del control de los actos estatales por parte de los órganos del Poder Judicial.*

*Por ello, dejando aparte el control judicial que se ejerce sobre los actos judiciales (sistemas procesales de apelación, acción de amparo, recursos de revisión, recurso de casación), los demás actos estatales están sujetos al control judicial por parte de los jueces competentes para ejercer tanto la justicia constitucional como la justicia administrativa.*

*En cuanto al sistema de justicia constitucional, en Venezuela está concebido como un sistema mixto, en el cual el control difuso de la constitucionalidad está atribuido a todos los tribunales de la República (Art. 334), y el sistema concentrado, con relación a las leyes y demás actos de rango legal o de ejecución directa e inmediata de la Consti-*

*tución, está atribuido a la Sala Constitucional del Tribunal Supremo de Justicia (Art. 336)³⁶, la cual tiene poderes anulatorios en la materia con efectos erga omnes.*

*Ahora bien, para asegurar la sumisión de los reglamentos y demás actos administrativos al derecho, conforme al principio de la legalidad que deriva del Estado de Derecho y a la tradición constitucional que se inicia en 1925 y se consolida en la Constitución de 1961, la Constitución de 1999, ha previsto la garantía judicial específica a cargo de la Jurisdicción contencioso-administrativa, es decir, al conjunto de órganos judiciales encargados de controlar la legalidad y de la legitimidad de las actuaciones de la Administración, tanto por sus actos, omisiones y en general la actividad administrativa, como por las relaciones jurídico-administrativas en las cuales aquélla intervenga³⁷. La norma fundamental que constitucionaliza esta jurisdicción en Venezuela está contenida en el artículo 259 de la Constitución de 1999³⁸, cuyo texto es el siguiente:*

> *La jurisdicción contencioso-administrativa corresponde al Tribunal Supremo de Justicia y a los demás tribunales que determina la ley. Los órganos de la jurisdicción contencioso-administrativa son competentes para anular los actos administrativos generales o individuales contrarios a derecho, incluso por desviación de poder; condenar al pago de sumas de dinero y a la reparación de daños y perjuicios originados en responsabilidad de la Administración; conocer de reclamos por la prestación de servicios públicos y disponer lo necesario para el restablecimiento de las situaciones jurídicas subjetivas lesionadas por la actividad administrativa.*

*Ha sido precisamente con base en esta norma constitucional, que repite casi textualmente el contenido del artículo 206 de la anterior Constitución de 1961, que en Venezuela se ha desarrollado la jurisdicción contencioso-administrativa que se ejerce por la Sala Político Administrativa del Tribunal Supremo de Justicia y otros tribunales establecidos por ley. La configuración de dicha jurisdicción, por otra parte, se ha completado en la Constitución de 1999, al regularse también en el artículo 297, a la "jurisdicción contencioso electoral" atribuyéndose su ejercicio a la "Sala Electoral del Tribunal Supremo de Justicia y los demás tribunales que determine la ley"; especializándose así, el control de legalidad e inconstitucionalidad de los actos administrativos dictados por los órganos del Poder Electoral.*

*Con base en el artículo 259 de la Constitución (equivalente al 206 de la Constitución de 1961), fue que la jurisprudencia de la antigua Corte Suprema de Justicia elaboró las bases del contencioso administrativo³⁹, las cuales desarrolladas por la doc-*

---

36    V. en general, Allan R. Brewer-Carías, *Instituciones Políticas y Constitucionales*, Tomo VI (*La Justicia Constitucional*), Editorial Jurídica Venezolana, Caracas / San Cristóbal, 1996, pp. 86 y ss.

37    V. Allan R. Brewer-Carías, *Las instituciones fundamentales del derecho administrativo y. la jurisprudencia venezolana*. Publicaciones de la Facultad de Derecho, Universidad Central de Venezuela, Caracas, 1964, pp. 295 y ss.

38    V. en general Allan R. Brewer-Carías, *La Constitución de 1999. Derecho Constitucional Venezolano*, 2 Tomos, Editorial Jurídica Venezolana, Caracas, 2004

39    En cuanto a la jurisprudencia, V. en Allan R. Brewer-Carías, *Jurisprudencia de la Corte Suprema 1930-74 y Estudios de Derecho Administrativo*, Tomo V, *La Jurisdicción Contencioso-Administrativa*, Vol. 1 y 2, Instituto de Derecho Público, Facultad de Derecho, Universidad

*trina nacional[40], condujeron a la elaboración de la derogada Ley Orgánica de la Corte Suprema de Justicia de 1976, y de la Ley Orgánica del Tribunal Supremo de Justicia de 2004, en cuyas normas se reguló el procedimiento contencioso-administrativo ante la Corte; situación que cambió en 2010 con la sanción de la ley Orgánca de la Jurisdicción Contencioso Administrativa.[41]*

*Ahora bien, la importancia del texto del artículo 259 de la Constitución, y su efecto inmediato, que es la constitucionalización de la jurisdicción contencioso-administrativa, radica en los siguientes cuatro aspectos[42]:*

*En primer lugar, en la universalidad del control que la Constitución regula respecto de los actos administrativos, en el sentido, de que todos, absolutamente todos los actos administrativos pueden ser sometidos a control judicial por los órganos de la jurisdicción contencioso-administrativa, por contrariedad al derecho, es decir, sea cual sea el motivo de la misma: inconstitucionalidad o ilegalidad en sentido estricto. La Constitución no admite excepciones, y como lo explicó la Exposición de Motivos de la Constitución de 1961, la fórmula "contrarios a derecho es una enunciación general que evita una enumeración que puede ser peligrosa al dejar fuera de control algunos actos administrativos".*

*Por tanto, la intención de los proyectistas de la norma, tanto en la Constitución de 1961 como en la de 1999, fue la de que, a todos los actos administrativos, por cualquier motivo de contrariedad al derecho, pudieran ser controlados por los Tribunales que conforman la jurisdicción contencioso-administrativa. Ello, por supuesto, trae una consecuencia fundamental: cualquier exclusión de control respecto de actos administrativos específicos sería inconstitucional, sea que dicha exclusión se haga por vía de*

---

Central de Venezuela, Caracas, 1978; Allan R. Brewer-Carías y Luís Ortiz Álvarez, *Las grandes decisiones de la jurisprudencia contencioso administrativa*, Caracas, 1996; y: Luís Ortiz-Álvarez, *Jurisprudencia de medidas cautelares en el contencioso-administrativo (1980-1994)*, Editorial Jurídica Venezolana, Caracas, 1995.

40    V. Allan R. Brewer-Carías, *Estado de Derecho y Control Judicial*, Madrid, 1985, pp. 281 y ss; José Araujo Juárez, José, *Derecho Procesal Administrativo*, Vadell Hermanos editores, Caracas, 1996; Allan R. Brewer-Carías, *Instituciones Políticas y Constitucionales*, Tomo VII *(Contencioso Administrativo)*, Caracas-San Cristóbal, 1997; Antonio Canova González, *Reflexiones para la reforma del sistema contencioso administrativo venezolano*, Editorial Sherwood, Caracas, 1998. V. además, las siguientes obras colectivas: *El Control Jurisdiccional de los Poderes Públicos en Venezuela*, Instituto de Derecho Público, Facultad de Ciencias Jurídicas y Políticas, Universidad Central de Venezuela, Caracas, 1979; *Contencioso Administrativo en Venezuela*, Editorial Jurídica Venezolana, tercera edición, Caracas, 1993; *Derecho Procesal Administrativo*, Vadell Hermanos editores, Caracas, 1997; *8ª Jornadas "J.M. Domínguez Escovar" (Enero 1983), Tendencias de la jurisprudencia venezolana en materia contencioso-administrativa*, Facultad de Ciencias Jurídicas y Políticas, U.C.V., Corte Suprema de Justicia; Instituto de Estudios Jurídicos del Estado Lara, Tip. Pregón, Caracas, 1983; *Contencioso Administrativo, I Jornadas de Derecho Administrativo Allan Randolph Brewer-Carías*, Funeda, Caracas, 1995; *XVIII Jornadas "J.M. Domínguez Escovar, Avances jurisprudenciales del contencioso-administrativo en Venezuela*, 2 Tomos, Instituto de Estudios Jurídicos del Estado Lara, Diario de Tribunales Editores, S.R.L. Barquisimeto, 1993.

41    V. Allan R. Brewer-Carías y Víctor Hernández Mendible, *Ley Orgánica de la Jurisdicción Contencioso Administrativa*, Colección Téxtos Legislativos, No 47, Editorial Jurídica Venezolana, Caracas 2010, pp. 9-151.

42    Allan R. Brewer-Carías, *Nuevas Tendencias en el Contencioso Administrativo en Venezuela*, Caracas, 1993.

*ley o por las propias decisiones de los Tribunales, en particular, del propio Tribunal Supremo de Justicia.*

*A los efectos de asegurar la universalidad del control contencioso administrativo, han sido los propios órganos de la jurisdicción contencioso administrativa los que han venido ampliando el concepto de acto administrativo, a los efectos de asegurar que todo acto administrativo pueda ser objeto de control judicial, de manera que no haya actos administrativos que queden excluidos de control. Es la tendencia a la universalidad del control que hemos destacado en otro lugar[43], lo que ha permitido, como hemos señalado, someter a control de legalidad y constitucionalidad a los actos administrativos dictados por las Administraciones Públicas en función normativa y jurisdiccional, así como los actos administrativos dictados por otros órganos del Estado distintos a la Administración Pública y por entes de derecho privado o de derecho público no estatales, y por particulares dictados en función normativa o administrativa[44].*

*En segundo lugar y como consecuencia de esta tendencia hacia la universalidad del control, está el elenco de recursos y acciones puestos a disposición de los particulares para acceder a la justicia contencioso administrativa que, por supuesto, además del recurso de nulidad contra los actos administrativos de efectos generales o de efectos particulares, o contra los actos administrativos generales o individuales, con o sin pretensión de amparo constitucional, comprende el recurso por abstención o negativa de los funcionarios públicos a actuar conforme a las obligaciones legales que tienen; el recurso de interpretación; el conjunto de demandas contra los entes públicos; y las acciones para resolver los conflictos entre autoridades administrativas del Estado.*

*Pero en tercer lugar, la importancia de la constitucionalización de la jurisdicción contencioso-administrativa, es decir, del control judicial de constitucionalidad y legalidad de todos los actos administrativos, está en que no sólo la norma constitucional del artículo 259 persigue una asignación de competencias a unos órganos judiciales, sino en que consagra un derecho fundamental del ciudadano a la tutela judicial efectiva frente a la Administración, en el sentido de lo establecido en el artículo 26 de la propia Constitución y en el artículo 18, primer párrafo de la Ley Orgánica del Tribunal Supremo. En esta forma, la jurisdicción contencioso administrativa se configura constitucionalmente como un instrumento procesal de protección de los administrados frente a la Administración, y no como un mecanismo de protección de la Administración frente a los particulares. De allí la ratificación del principio de la universalidad del control, en el sentido de que, tratándose de un derecho constitucional al mismo, no podría el Legislador excluir de control a determinados actos administrativos. Por otra parte, tratándose de un derecho fundamental al control, en la relación privilegios estatales-libertad ciudadana, esta última debe prevalecer.*

*Además, en cuarto lugar, la forma como están concebidas constitucionalmente la universalidad de control y el derecho ciudadano a la tutela judicial frente a la Administración, implica la asignación al juez contencioso-administrativo de amplísimos poderes de tutela, no sólo de la legalidad objetiva que debe siempre ser respetada por la Administración, sino de las diversas situaciones jurídicas subjetivas que pueden tener los particulares en relación a la Administración. Por ello, el juez contencioso-admi-*

---

43   V. Allan R. Brewer Carías, *Nuevas Tendencias en el Contencioso Administrativo en Venezuela,* Caracas, 1993, pp. 19 ss.; "La universalidad del control contencioso administrativo" en *Libro de la Amistad en Homenaje a Enrique Pérez Olivares,* Caracas 1992, pp. 203-226.

44   V. Allan R. Brewer Carías, *Nuevas Tendencias...,* pp. 25 y ss.

nistrativo, de acuerdo a los propios términos del artículo 259 de la Constitución, tiene competencia no sólo para anular los actos administrativos contrarios a derecho, sino para condenar a la Administración al pago de sumas de dinero y a la reparación de daños y perjuicios originados en responsabilidad de la misma, y además, para disponer lo necesario para el restablecimiento de las situaciones jurídicas subjetivas lesionadas por la autoridad administrativa, incluyendo en la expresión "situaciones jurídicas subjetivas" no sólo el clásico derecho subjetivo, sino los derechos constitucionales y los propios intereses legítimos, personales y directos de los ciudadanos.

Se destaca, en este último aspecto del artículo 259 de la Constitución, por supuesto, el marco constitucional de la responsabilidad administrativa, tanto del Estado como de los funcionarios públicos. En efecto, la realización de actividades estatales, como resultado del ejercicio de competencias por los titulares de los órganos que ejercen el Poder Público, como toda actividad en el mundo del derecho, puede producir daños a los administrados, tanto como resultado del ejercicio lícito de los Poderes Públicos como por hecho ilícito. Si estos daños se producen, tanto los titulares de los órganos del Estado (los funcionarios públicos), como las personas jurídicas estatales deben responder por los mismos.

En cuanto a los funcionarios públicos, el artículo 139 de la Constitución, que recoge una norma que ha sido tradicional de nuestro constitucionalismo, relativa al principio de la responsabilidad individual de los titulares de los órganos que ejercen el Poder Público. Dispone dicha norma que "El ejercicio del Poder Público acarrea responsabilidad individual por abuso o desviación de poder o por violación de esta Constitución o de la Ley". Esta norma recogió el principio del artículo 121 de la Constitución de 1961, pero agregando además del abuso de poder y de la violación de la Constitución y la ley, a la "desviación de poder" dentro de los supuestos que generan responsabilidad del funcionario.

En consecuencia, la responsabilidad de los funcionarios cuando en ejercicio del Poder Público causen daños, puede originarse por abuso de poder, es decir, por el llamado vicio en la causa de los actos estatales (falso supuesto, por ejemplo); por desviación de poder, que es el vicio en la finalidad del acto estatal, al utilizarse el poder conferido para perseguir fines distintos a los establecidos en la norma atributiva de competencia; y en general, por violación de la Constitución o de la Ley, es decir, en general, por contrariedad al derecho.

La Constitución, por otra parte, y también siguiendo una larga tradición de nuestro constitucionalismo, reitera el principio de la responsabilidad de los funcionarios públicos, pero, en particular, respecto de los actos que dicten, ordenen o ejecuten, que violen o menoscaben los derechos garantizados constitucionalmente; responsabilidad que puede ser civil, penal y administrativa, sin que pueda servirles de excusa órdenes superiores que reciba el funcionario (Art. 25). Este mismo principio lo repite el artículo 8 de la Ley Orgánica de la Administración Pública, en relación con los funcionarios "de la Administración Pública".

Debe indicarse, por otra parte, que la Constitución, además de haber sido reiterativa en el establecimiento de la responsabilidad individual de los funcionarios en ejercicio del Poder Público (Arts. 46,4; 199, 200, 216, 222, 232, 241, 242, 244, 281,4 y 5; 285,4; 315), la ha reafirmado en particular respecto de los jueces por los daños causados a los ciudadanos en el ejercicio de sus funciones, por ejemplo, por retardo o error judicial (Arts. 49,8 y 255).

Pero además de haber establecido la responsabilidad individual de los funcionarios, una de las innovaciones importantes de la Constitución de 1999 en materia de régimen general del ejercicio del Poder Público, fue la previsión expresa del principio de la responsabilidad patrimonial del Estado, es decir, de las personas jurídicas estatales, básicamente las que resultan de la distribución vertical del Poder Público (Repúblicas, Estados y de Municipios); por los daños y perjuicios que causen los funcionarios en ejercicio de sus funciones.

En la Constitución de 1961, el principio de la responsabilidad del Estado se deducía de la previsión del artículo 47, que establecía que las personas no podían pretender que los entes estatales los indemnizaren sino por daños causados por "autoridades legítimas en ejercicio de su función pública"; y del artículo 206, que regulaba la jurisdicción contencioso administrativa (equivalente al artículo 259 de la Constitución de 1999), al atribuirle a los tribunales de dicha jurisdicción, competencia para dictar sentencias de condena "al pago de sumas de dinero y a la reparación de daños y perjuicios originados en responsabilidad de la Administración".

En la Constitución de 1999, sin embargo, se incluyó una norma expresa en la materia, con el siguiente texto:

> Artículo 140: El Estado responderá patrimonialmente por los daños que sufran los particulares en cualquiera de sus bienes y derechos, siempre que la lesión sea imputable al funcionamiento de la Administración Pública.

De la expresión "funcionamiento de la Administración Pública" se admite que la responsabilidad del Estado se puede originar cuando la lesión se derive tanto del "funcionamiento normal" como del "funcionamiento anormal" de la Administración Pública.

Por otra parte, se observa de esta norma que la responsabilidad es del "Estado", es decir, de las personas jurídicas estatales, en particular, de la República, de los Estados y de los Municipios en sus respectivos niveles territoriales, por el funcionamiento de sus Administraciones Públicas.

En cuanto a la expresión "Administración Pública" utilizada en este artículo, en todo caso, debe interpretarse conforme se utiliza la expresión en el Título IV de la Constitución, donde está ubicada, abarcando no sólo la Administración Pública conformada por los órganos que ejercen el Poder Ejecutivo, en los tres niveles político territoriales, sino la conformada por los órganos que ejercen el Poder Ciudadano y el Poder Electoral, así como la Administración Pública que constituye la Dirección Ejecutiva de la Magistratura del Tribunal Supremo de Justicia y las unidades administrativas de la Asamblea Nacional.

La redacción de la norma, sin embargo, no permite su aplicación a los casos de responsabilidad del Estado legislador, causada, por ejemplo, al sancionar una ley.

El principio de la responsabilidad patrimonial del Estado por la actividad de la Administración Pública, por otra parte, lo reitera el artículo 14 de la Ley Orgánica de la Administración Pública, aún cuando en forma impropia, al disponer que la responsabilidad patrimonial sería de la "Administración Pública", cuando esta, como se ha señalado, no es un sujeto de derecho o persona jurídica. La norma, en efecto, señala:

> La Administración Pública será responsable ante los particulares por la gestión de sus respectivos órganos, de conformidad con la Constitución de

*la República Bolivariana de Venezuela y la ley, sin perjuicio de la respon-sabilidad que corresponda a los funcionarios por su actuación.*

*La Administración Pública responderá patrimonialmente por los daños que sufran los particulares, siempre que la lesión sea imputable a su funcionamiento.*

La *"Administración Pública"*, en efecto, no puede ser responsable pues no es un sujeto de derecho. *En la norma, sin duda, se ha utilizado la expresión como equivalen-te a las personas jurídicas estatales cuyos órganos administrativos (Administración Pública) han causado el daño, de manera que la responsabilidad es propiamente de las personas jurídicas estatales político-territoriales, (República, Estado, Municipios, Distritos Metropolitanos), o descentralizadas (por ejemplo, los institutos autónomos) que la Constitución comprende en la expresión "Estado".*

*Ahora bien, sobre el principio de la responsabilidad patrimonial del Estado, el prin-cipio deriva del proceso natural de penetración del derecho administrativo en áreas tradicionales del derecho privado, pero sin haber tenido realmente un desarrollo autó-nomo[45]. Sólo ha sido a partir de la entrada en vigencia de la Constitución de 1999 que la Sala Político Administrativa y la Sala Constitucional del Tribunal Supremo han venido avanzando en ello.*

*Por supuesto, convenimos en que hoy es perfectamente admisible englobar los dos aspectos mencionados de la obligación resarcidora del Estado bajo la denominación general de "responsabilidad administrativa", que englobaría todas las reparaciones debidas por el Estado por daños causados por actividades administrativas tanto lícitas como ilícitas. En cuanto a la responsabilidad por hecho ilícito, por supuesto, sigue ri-giendo el derecho civil; y lo mismo se puede decir de la responsabilidad por riesgo. De la norma del artículo 140 de la Constitución, en efecto, en nuestro criterio se deriva lo siguiente:*

*En primer lugar, que la responsabilidad del Estado se puede generar por daños cau-sados a los particulares por culpa imputable a la Administración, como consecuencia de los actos u omisiones de sus funcionarios conforme a los principios del artículo 1.185 del Código Civil.*

*Se trata, en este caso, de daños causados por lesiones imputables al funcionamiento anormal de la Administración que es el que origina el hecho ilícito, es decir, por lesio-nes producidas por actividades ilegales, contrarias a derecho o que no son realizadas con sometimiento pleno a la ley y al derecho como lo exige el artículo 141 de la Cons-titución, y que sean imputables a los funcionaros o titulares de los órganos del Estado.*

*En segundo lugar, que la responsabilidad del Estado se puede también generar por daños causados a los particulares por lesiones imputables al funcionamiento anormal de la Administración Pública, pero sin que sea necesario establecer culpa alguna de los funcionarios o titulares de los órganos del Estado, como consecuencia de la teoría del riesgo de acuerdo con lo establecido en los artículos 1.192, 1.193 y 1.194 del Códi-*

---

45   V. Luis A Ortiz Álvarez, *La Responsabilidad Patrimonial de la Administración Pública,* Edito-rial Jurídica Venezolana, Caracas, 1995; José Ignacio Hernández G., *Reflexiones críticas sobre las bases constitucionales de la responsabilidad patrimonial de la Administración. Análisis de la interpretación dada al artículo 140 de la Constitución de 1999,* Caracas, 2004. *V.* la jurispru-dencia en Luis Ortiz Álvarez, *Jurisprudencia de la responsabilidad extracontractual del Estado (1961-1997),* Caracas 1997.

go Civil.; y siempre que no se de alguna de las causas eximentes de la responsabilidad consagrada en dichas normas del Código Civil y que la Administración también podría invocar: cuando el daño ha sido causado por falta de la víctima, por el hecho de un tercero o por caso fortuito o fuerza mayor.

En tercer lugar, que la responsabilidad del Estado se puede también generar por daños causados a los particulares, sin que haya culpa imputable a la Administración y, por tanto, aún cuando haya habido sometimiento pleno a la ley y al derecho, y que por tanto sean derivados de lesiones causadas por el funcionamiento normal de la Administración. En estos casos, el Estado debe también reparar los daños causados por la lesión, pues el particular, conforme al principio de la igualdad ante las cargas públicas, no está legalmente obligado a soportar individualmente el daño que se le causa; y siempre, por supuesto, que no se de alguna de las causas eximentes de la responsabilidad que consagra el artículo 1.193 del Código Civil y que la Administración también podría invocar: cuando el daño ha sido causado por falta de la víctima, por el hecho de un tercero o por caso fortuito o fuerza mayor.

En estos casos, como lo señaló la Sala Político Administrativa del Tribunal Supremo, "lo determinante es que los particulares no están obligados a soportar sin indemnización el daño sufrido, indistintamente si el daño ha sido causado por el funcionamiento normal o anormal" de la Administración[46]. Por ello, cuando la Sala Constitucional del Tribunal Supremo señaló que la responsabilidad administrativa" debe ser apreciada de manera objetiva", en nuestro criterio es sólo porque descarta "la culpa del funcionario como fundamento único del sistema indemnizatorio"[47]. Por ello, la Sala Político-Administrativa del Tribunal Supremo, en sentencia de 21-08-2003 (Caso: Rogelio Cartaza Acosta) ha señalado que la Constitución de 1999 "Establece un sistema mixto de responsabilidad patrimonial del Estado, en el cual se combinan la responsabilidad objetiva o sin falta de la Administración y la responsabilidad con falta o por funcionamiento anormal de la misma"; lo que condujo a la Sala a señalar que a los fines de establecer la responsabilidad del Estado, si bien debe constatarse "que se ha producido un daño patrimonial a un particular que no está obligado a soportar". Ese daño o lesión puede darse como consecuencia de una actuación legítima de la Administración (en cuyo caso deben utilizarse la teoría del riesgo y del principio de igualdad ante las cargas públicas), o como consecuencia de un funcionamiento anormal de la Administración (donde debe establecerse si hubo una violación a las obligaciones administrativas)[48].

Como el lector podrá apreciar, los temas que giran en torno al marco constitucional del derecho administrativo son los mismos que permiten aproximarse al concepto del derecho administrativo; por eso, como complemento y actualización a lo que escribí como Prólogo a la edición de Caracas, en la segunda edición del libro del profesor Parejo en Bogotá y en esta Presentación, he querido incluir estas reflexiones. Como lo dije hace treinta y cinco años, ahora tampoco podía desperdiciar esta oportunidad con

---

46 V. la sentencia de la Sala Político Administrativa del Tribunal Supremo de 09-10-2001 (Caso: *Hugo Eunices Betancourt*), en *Revista de Derecho Público*, N° 85-88, Editorial Jurídica Venezolana, Caracas, 2001, pp. 79 y ss.

47 V. la sentencia de 19-11-2002 (Caso: *Gladis de Carmona*) de revisión de la sentencia de 15-05-2001 de la Sala Político Administrativa, en *Revista de Derecho Público*, N° 89-92, Editorial Jurídica Venezolana, Caracas, 2002, pp. 110 y ss.

48 V. la cita en José Ignacio Hernández G., *Reflexiones críticas… cit.*, p. 48.

*ocasión de la reedición de esta obra por Ediciones Olejnik, cuyo contenido, sin duda, permitirá, no sólo a los estudiosos sino a los especialistas de esta disciplina, conocer mejor los orígenes de la misma y las implicaciones de su concepto, y precisamente de la pluma de uno de los grandes profesores españoles contemporáneos. De nuevo, no tenemos más que agradecer al profesor Luciano Parejo la deferencia que tuvo con los países de América Latina de que su libro se editara inicialmente en Caracas, luego en Bogotá y ahora en Buenos Aires.*

New York, febrero de 2019
**Allan R. Brewer-Carías**
Profesor Emérito de la Universidad Central de Venezuela

## EDITORIAL JURÍDICA VENEZOLANA, CARACAS 1984

*El concepto del derecho administrativo, por supuesto, ha sido el tema fundamental que nos ha ocupado a todos los que nos hemos interesado por esta disciplina. El intento de definir esta rama del derecho, sin duda, se encuentra al inicio de todo Manual y Tratado de Derecho Administrativo; sin embargo, en más de una ocasión, definida la disciplina, encontramos en los Manuales y Tratados que en su desarrollo van más allá de lo que se definió inicialmente.*

*Nosotros mismos hemos señalado que puede admitirse que "el derecho administrativo es aquella rama del derecho que regula a la Administración Pública como complejo orgánico, su organización y funcionamiento; que norma el ejercicio de la función administrativa por los órganos del Estado; que regula la actividad administrativa del Estado, que norma, también, las relaciones jurídicas que se establecen entre la Administración Pública y los administrados, con motivo del ejercicio de la función administrativa o de la realización de alguna actividad administrativa". En razón de éste, su objeto, estrechamente vinculado al ejercicio del Poder Público, es que se lo ubica dentro de las ramas del derecho público. Sin embargo, también hemos señalado que iniciar el estudio del derecho administrativo, con un intento definitorio a priori de su contorno, podía provocar una peligrosa distorsión respecto de su real contenido. Por ello, admitimos como premisa de todo el estudio del derecho administrativo, que más importante que su definición, es la comprensión de su objeto; y que sólo una vez situado éste, inmerso en una determinada realidad, es que una definición podría tener realmente sentido.*

*Y en ese contexto, he aquí una magistral obra de mi querido amigo el profesor Luciano Parejo Alfonso, elaborada como Memoria, precisamente, para su concurso de Cátedra en Derecho Administrativo, en España, y en la cual aborda este difícil tema del Concepto del Derecho Administrativo, bajo el ángulo del análisis de su objeto, desde una perspectiva histórica comparada, en las diversas realidades sociopolíticas europeas. Para ello, pasa revista con verdadero dominio, de cuantas doctrinas o criterios se han esbozado en la historia de nuestra disciplina, para definirla. Así, vemos sucesivamente, el derecho administrativo vinculado a una función estatal; a una actividad estatal, particularmente el servicio público; a unos fines estatales que implican actuaciones concretas; a unos órganos estatales, los que forman el Ejecutivo; a las concepciones jurídico-formales; a los enfoques mixtos; y en fin, al enfoque subjetivo, estatutario o de la personalidad jurídica de la Administración, de tanta influencia en España, por los trabajos del profesor Eduardo García de Enterría.*

*Luciano Parejo Alfonso acomete esta empresa fenomenal de estudiar el Concepto del Derecho Administrativo con la juventud que es necesaria para este tipo de explo-*

*ración: no haber llegado a los cuarenta años; y con la preparación y formación que los buenos académicos españoles deben tener.* En el caso de Parejo: Licenciado en Derecho por la Universidad de La Laguna, en 1969; Doctor en Derecho por la Universidad Autónoma de Barcelona, en 1977; Profesor Adjunto de Derecho Administrativo, desde 1979; Profesor Agregado Interino de Derecho Administrativo en la Universidad Complutense de Madrid, desde 1980, y por oposición, Profesor Agregado de Derecho Administrativo en la Universidad de La Laguna; e integrado al Cuerpo de Catedráticos de la Universidad en España, desde septiembre de 1983. Actualmente y desde 1982, es Director del prestigioso Instituto de Estudios de Administración Local, que tanta influencia ha tenido y tiene en América Latina, y ha publicado hasta el presente, además de diversos y fecundos artículos y monografías, entre los más importantes, los siguientes libros: Lecciones de Derecho Urbanístico; La ordenación urbanística en el período 1956-1975; Garantía institucional y autonomía locales, Régimen Urbanístico del derecho de propiedad y responsabilidad patrimonial de la Administración; La región y la legislación histórica del régimen local; La prevalencia del Derecho estatal sobre el regional; y Estado social y Administración Pública. Los postulados constitucionales de la reforma administrativa.

*A todo ello debemos agregar que se inició en el Derecho Administrativo con el profesor Alejandro Nieto García; que realizó su tesis bajo la dirección del profesor Ramón Parada Vázquez, y que colaboró desde 1976, en la Cátedra del profesor Eduardo García de Enterría, todos amigos nuestros, y quienes han dado lecciones en nuestra Universidad Central de Venezuela con motivo de visitas que han hecho a nuestro país en diversas ocasiones, invitados por nosotros.*

*El propio Luciano Parejo Alfonso ya ha visitado varias veces a Venezuela, y como canario ha encontrado más de una similitud en nuestro país, con su tierra. Entre otras, sin duda, nuestro carácter abierto y hospitalario; y en ese contexto, en una agradable discusión que tuvimos en Caracas sobre este tema del concepto de derecho administrativo, advertimos nuestras posiciones divergentes. De allí, paradójicamente, mi petición de publicar este magnífico trabajo en Venezuela, en nuestra Editorial Jurídica Venezolana, y el requerimiento del profesor Parejo de que prologara esta obra, honor que me hace. Por ser precisamente prologuista y sólo por eso, vengo a ser el único latinoamericano que aparece en el libro, cuando ciertamente, otros debían ser citados. Reproche que, de paso, debemos hacerles a los autores españoles, para quienes América Latina y sus autores, en general, simplemente no existen, cuando, en definitiva, si en algún país han tenido realmente influencia sus escritos, es precisamente en el Nuevo Continente.*

*Correspondiéndome, por tanto, el honor y privilegio de escribir un Prólogo a una obra como la del profesor Parejo Alfonso, sobre el Concepto del Derecho Administrativo, por supuesto, no creo que puede ser más oportuno, el poder exponer aquí y ahora, con ese motivo, mi propia concepción del derecho administrativo en Venezuela.*

*De la definición, que formulamos inicialmente, por supuesto, resulta claro nuestro rechazo a adoptar un criterio único para definir nuestra disciplina. No se trata de una definición orgánica, ni de una definición material, ni de una definición formal. Insistimos, "El Dorado" no existe en esta rama del derecho, y no creemos que exista el criterio clave absoluto para definir el Derecho Administrativo. De allí que optemos por una definición mixta, que mezcla los diversos criterios, y ello responde a una realidad de nuestra materia: el contenido de la misma es heterogéneo y mutable. El Derecho Administrativo de hace cinco o tres décadas, no es el mismo del mundo contemporá-*

*neo, y ello por una razón fundamental: el Derecho Administrativo regula una parcela fundamental de la acción del Estado, y el Estado de la década de los años treinta o cincuenta, sobre todo en nuestros países latinoamericanos, no tiene nada que ver con el Estado Contemporáneo. Por ello, siendo el contenido del Derecho Administrativo heterogéneo y mutable, mal podríamos encontrar un criterio único e inmutable para definirlo.*

*Ahora bien, en la definición que hemos dado, si bien es de carácter mixto, podemos identificar claramente el contenido del Derecho Administrativo en Venezuela.*

*Hemos dicho que nuestra disciplina regula, en primer lugar, a la Administración Pública como complejo orgánico dentro de la estructura del Poder del Estado. Ello nos conduce, necesariamente, a identificar el sistema de distribución del Poder Público en Venezuela, donde encontramos una de las bases fundamentales de nuestro Derecho Administrativo; distribución que por nuestra peculiar forma federal del Estado no sólo es horizontal, sino vertical. A comentar este aspecto dedicaremos la primera parte de este prólogo.*

*También hemos dicho, en segundo lugar, que el Derecho Administrativo regula el ejercicio de la función administrativa, lo que nos obliga a identificar las diversas funciones del Estado, como tareas esenciales, cuya diferenciación no coincide ni con la separación de poderes ni con determinadas actividades estatales. Allí está la segunda de las bases fundamentales del Derecho Administrativo en Venezuela, la cual analizaremos en una segunda parte.*

*Además, hemos dicho que el Derecho Administrativo regula a la actividad administrativa, como una de las actividades del Estado que, en nuestro país, se realiza por todos los órganos del mismo, en ejercicio de variadas funciones. Identificar la actividad administrativa, renunciando al criterio orgánico, pues no sólo es la resultante de la actuación de la Administración Pública, y renunciando al criterio material, pues no sólo es la resultante del ejercicio de la función administrativa, es la tercera de las bases constitucionales del Derecho Administrativo venezolano, que trataremos en una tercera parte, y que nos resulta de la definición propuesta.*

*Por supuesto, también hemos dicho, en cuarto lugar, que el Derecho Administrativo regula el conjunto de relaciones que se establecen entre la Administración Pública y los administrados o entre los órganos estatales y éstos con motivo del ejercicio de la función administrativa o de la realización de una actividad administrativa, y ello no es otra cosa que un corolario de los tres elementos anteriores.*

*Esto nos conduce a identificar los sujetos de derecho que actúan en el campo del Derecho Administrativo, y que pueden entrar en esa relación jurídica. En cuanto a los sujetos estatales, su identificación, en muchos países, resulta del sistema de distribución del Poder Público en forma vertical y del proceso de descentralización funcional, que ha provocado la aparición en el mundo contemporáneo de entidades descentralizadas con personalidad propia, lo cual, como dijimos, estudiaremos en la primera parte; y en cuanto a los administrados, su ámbito de acción está íntimamente vinculado al ámbito de intervención del Estado y de regulación y limitación, con base constitucional, de los derechos y garantías, es decir, a la actividad administrativa, la cual, como también dijimos, lo analizaremos en la tercera parte.*

## I. La administración pública dentro del sistema
## de distribución del poder público

Hemos señalado que en Venezuela se ha establecido un sistema de distribución del Poder Público, en forma vertical y en forma horizontal, que está a la base de toda la construcción del Estado y, por ende, del derecho que le es aplicable; y por supuesto, por Poder Público entendemos, en la Constitución, la potestad genérica de actuar que tienen los entes estatales y que les permite imponer el interés público sobre el interés particular.

Ahora bien, la distribución vertical del Poder Público, en Venezuela, da origen a un sistema de descentralización político-formal, derivada de la forma federal del Estado; y la distribución horizontal del Poder Público da origen a la separación orgánica de los poderes, siguiendo los criterios clásicos del constitucionalismo moderno. Veamos qué implicaciones tienen estos dos sistemas en nuestro Derecho Administrativo.

**1. La distribución vertical del poder público y los sujetos de derecho estatales**

*Conforme a nuestra Constitución, en sentido vertical, el Poder Público tiene tres ramas, el Poder Nacional, el Poder de los Estados y el Poder Municipal, que se distribuyen en un conjunto de tres niveles de personas jurídicas de derecho público estatales que son, a nivel nacional, la República; a nivel estadal, los Estados que forman la Federación, más las otras entidades políticas federales, como el Distrito Federal o los Territorios Federales; y, a nivel municipal, los Municipios, como división político-territorial de los Estados.*

*A todas esas personas político-territoriales, en su globalidad, las denominamos "Estado", sin que, sin embargo, salvo en el ámbito internacional, el "Estado", en sí, tenga personalidad jurídica en el ámbito interno.*

*Por tanto, jurídicamente hablando, y esto tiene una repercusión básica en nuestro Derecho Administrativo, en Venezuela no existe una sola Administración Pública, como complejo orgánico, ni pueden las Administraciones Públicas, como tales, ser personas jurídicas. En efecto, hemos dicho, tenemos tres niveles político-territoriales que son la República, los Estados y los Municipios. Por eso, definitivamente, la Administración Pública en Venezuela, en los tres niveles territoriales, se muestra como subordinada a la instancia político-territorial-estatal respectiva. Así, cada una de estas instancias político-territoriales, tiene su Administración Pública, que no pasa de ser un complejo orgánico, cuya actuación se imputa a la persona jurídico-pública a la cual pertenece.*

*Este solo aspecto hace inaceptable en Venezuela, la conocida tesis de Eduardo García de Enterría, de definir la Administración Pública como persona jurídica, negándole tal carácter al propio Estado (en nuestro caso, la República a nivel nacional) en el derecho interno, definiendo el Derecho Administrativo como el que regula la actuación de esas personas jurídicas que configuran la Administración Pública. En sus propias palabras, dice: "La personificación de la Administración Pública es el dato primario y sine qua non del Derecho Administrativo", y éste se identifica por ser "el Derecho de las Administraciones Públicas como persona jurídica". Debemos decir, además, que tampoco este criterio es aceptable en Venezuela, pues el Derecho Administrativo en nuestro país, como hemos dicho, si bien regula a la Administración Pública como complejo orgánico, no se agota en ello. De allí que también rechacemos la conocida tesis orgánica de Fernando Garrido Falla, mediante la cual define el Derecho Administrativo como el que regula la Administración Pública como complejo orgánico ubicado en el Poder Ejecutivo, que él mismo ha comenzado a revisar y a abandonar, después de la entrada en vigencia, en España, de la nueva Constitución de 1978.*

*En todo caso, la identificación del sistema de distribución vertical del Poder Público, y de las personas jurídico-públicas que lo ejercen en las tres ramas territoriales, revalorizan la teoría de la personalidad jurídica en el derecho público. No exageraremos diciendo, como lo hacía Hauriou, que "La teoría de la personalidad comprende todo, explica todo, organiza todo", pero sí diremos que es una pieza clave en la identificación del Derecho Administrativo en nuestro país.*

**2. LA DISTRIBUCIÓN HORIZONTAL DEL PODER PÚBLICO Y LA ADMINISTRACIÓN PÚBLICA COMO COMPLEJO ORGÁNICO**

*Pero además del sistema de distribución vertical del Poder en tres niveles territoriales, la Constitución establece un sistema de distribución horizontal del Poder Público que sigue las líneas clásicas de la separación de poderes, pero sólo como separación orgánica y no como separación funcional.*

*En efecto, en cada uno de los niveles territoriales, Nacional, Estadal y Municipal, el Poder Público tiene una distribución orgánica horizontal peculiar. En el nivel nacional se distinguen tres ramas del Poder Público: el Poder Legislativo Nacional, el Poder Ejecutivo Nacional y el Poder Judicial, correspondiendo su ejercicio a tres complejos orgánicos diferenciados y separados: las Cámaras Legislativas; el presidente, sus ministros y el resto de la Administración Pública; y la Corte Suprema de Justicia y demás tribunales, respectivamente. Estos tres conjuntos orgánicos se encuentran separados, y cada uno de ellos tiene sus competencias constitucionales específicas. La Administración Pública, como complejo orgánico, se encuentra ubicada, en principio, en el denominado Ejecutivo Nacional, que conforma los órganos estatales que ejercen el Poder Ejecutivo Nacional.*

*Pero no sólo la Administración Pública está integrada al Poder Ejecutivo en Venezuela, y he aquí la primera disidencia contemporánea respecto de la teoría clásica de la separación de poderes: a nivel nacional, sobre todo a partir de 1961, han comenzado a encontrar encuadramiento constitucional diversos órganos estatales que configuran también parte de la Organización Administrativa y de la Administración Pública como complejo orgánico, pero que no dependen del Ejecutivo Nacional, ni están subordinadas a ninguno de los tres conjuntos orgánicos clásicos del Estado: el Legislativo, el Ejecutivo o el Judicial. Se trata de órganos con autonomía funcional, que también son órganos de la República como persona político-territorial nacional, y que son: el Ministerio Público, en particular, la denominada Fiscalía General de la República; la Contraloría General de la República; el Consejo de la Judicatura, y el Consejo Supremo Electoral. Por supuesto, en el derecho venezolano, éstos son órganos que forman parte de la Administración Pública, regulados por el Derecho Administrativo, aun cuando no forman parte del Ejecutivo Nacional ni tengan personalidad jurídica propia. Por ello, el rechazo a la tesis orgánica y personalista para la definición de nuestra disciplina.*

51

Pero decíamos que la separación orgánica de poderes, en forma horizontal, no sólo se daba en el nivel nacional, sino también en el nivel estadal e inclusive en el municipal. En los Estados de la Federación, en efecto, se distinguen dos complejos orgánicos que ejercen el Poder Legislativo y el Poder Ejecutivo, conformados por las Asambleas Legislativas que existen en los Estados y por sus Gobernadores, por lo que la Administración Pública Estadal está integrada, en principio, en las Gobernaciones de Estado, a las cuales hay que agregar los órganos, como las Contralorías estadales, que, en ese nivel, tienen autonomía funcional. No existe un Poder Judicial ni a nivel estadal ni a nivel municipal, a pesar de la forma federal, pues desde 1945, la justicia puede decirse que fue nacionalizada en nuestro país.

Por último, en el nivel municipal, en general en Venezuela no ha habido una separación orgánica de poderes, y ejercen los poderes legislativo y ejecutivo locales, los Concejos Municipales, como órganos colegiados en los cuales se mezclan, inconvenientemente, las tareas de legislar, gobernar, administrar y deliberar a nivel local. Quizás sólo ha sido en el Distrito Federal donde se ha establecido en forma imperfecta un sistema de separación orgánica de poderes, entre el Concejo Municipal del Distrito Federal y el Gobernador, que pronto debe entrar en vías de reforma, como todo el régimen local para, entre otros aspectos, separar orgánicamente los poderes legislativos de los ejecutivos municipales, entre un Concejo y un alcalde, figura desaparecida entre nosotros desde la misma época de la independencia. En todo caso, a nivel municipal, la Administración Pública, como complejo orgánico, está en la actualidad, en principio, en los propios Concejos Municipales, a los cuales hay que agregar las contralorías municipales que también son órganos municipales, pero con autonomía funcional.

En todo caso, del principio de la distribución horizontal del Poder, resulta que, en Venezuela, hay administraciones, como complejos orgánicos separados a nivel nacional y a nivel estadal, e indiferenciados a nivel municipal.

El Derecho Administrativo regula, sin duda, esas Administraciones Públicas, pero, por supuesto, como hemos dicho, no se reduce a ello, además de que, también por supuesto, no todo el Derecho que se aplica a la Administración Pública, es Derecho Administrativo.

## 3.  LAS PERSONAS JURÍDICAS EN EL DERECHO ADMINISTRATIVO Y LA INTERAPLICACIÓN DEL DERECHO PÚBLICO Y PRIVADO

En esta forma, aquella clásica ecuación del Derecho Administrativo de principios de siglo: Persona Pública, Derecho Público; Persona Privada y Derecho Privado, quedó en la historia bibliográfica del Derecho Administrativo, precisamente por los dos elementos que hemos destacado: La Administración Pública es un complejo orgánico de determinadas personas político-territoriales, conforme a nuestro peculiar sistema de distribución vertical y horizontal del Poder que se rige por el Derecho Administrativo, aun cuando en forma no exclusiva ni excluyente.

Esto nos conduce, de nuevo, a retomar el problema de la personalidad jurídica en el Derecho Administrativo y rechazar una vieja y confusa noción: la de persona pública como categoría supuestamente contrapuesta a las personas privadas.

En efecto, un dato es evidente en la administración contemporánea: además de las personas político-territoriales mencionadas, se han venido creando, en virtud de autorización constitucional y legal, diversas personas jurídicas como medios para *descentralizar servicios y actividades estatales. Ha surgido así ese museo viviente de entidades descentralizadas, compuesto por institutos o entes autónomos y empresas del Estado, que configuran quizás, el signo más característico de las administraciones contemporáneas.*

*Todos estos entes son sujetos de derecho, al igual que las personas constituidas por particulares. Sin embargo, ¿podría decirse que ellas, por pertenecer al ámbito de lo público, "son personas públicas" que podemos contraponer a las "personas privadas" que serían las creadas por los particulares? Evidentemente que no. Ante el universo de las entidades que con personalidad jurídica actúan en el mundo contemporáneo, esa distinción clásica entre personas públicas y personas privadas, es totalmente insuficiente y carente de contenido, y tanto el proceso de publicización del campo de lo privado, tan característico de la ruptura de los moldes clásicos del Estado liberal abstencionista, como la privatización jurídica del campo de lo público, por la tendencia creciente del Estado de despojarse de su imperium, han provocado su obsolescencia.*

*Hoy por hoy, y ello es así en Venezuela, no se puede establecer la distinción entre los sujetos de derecho, entre personas públicas y personas privadas, según un pretendido régimen jurídico que les es aplicable, imposible de aprehender en un mundo de interaplicación permanente del derecho público y del derecho privado a los diversos sujetos de derecho, conforme al cual, ni el derecho privado se aplica sólo a los particulares, ni el derecho administrativo es el cuerpo normativo de las entidades estatales.*

*En sustitución de esa dicotomía inexistente, en cambio, surgen dos criterios de distinción paralelos, que en nuestro país se aplican para distinguir los sujetos de derecho: en primer lugar, según la forma jurídica adoptada por el ente concreto, se distinguen las personas jurídicas de derecho público y las de derecho privado: las primeras, creadas por la Constitución o la ley o en virtud expresa de una disposición legislativa, que las hace partícipes también del Poder Público; y las personas jurídicas de derecho privado, constituidas por los medios autorizados en los Códigos Civil o de Comercio aun cuando los socios o fundadores sean entes estatales; y en segundo lugar, según la integración de los sujetos a la organización general de la administración del Estado, se distinguen las personas estatales y las no estatales, pudiendo ser ambas categorías, indistintamente, entidades de derecho público o de derecho privado.*

*Como consecuencia de ello, frente a una persona jurídica determinada, en el derecho administrativo venezolano dos son las preguntas que nos formulamos: ¿Está o no integrada a la estructura general de la administración del Estado y en qué forma?, es decir, ¿es una persona jurídica estatal o no estatal?, y, además, ¿qué forma jurídica reviste la entidad?, ¿tiene una forma jurídica del derecho privado o es creada por el legislador y tiene forma jurídica de derecho público?*

*Las respuestas a esas preguntas, sin duda, dan una serie de datos que contribuyen a construir, en concreto, las modalidades de su régimen jurídico y la preponderancia o no del derecho administrativo en el mismo, sin que éste, en caso alguno, sea el régimen exclusivo de algún sujeto de derecho estatal. Además, esas respuestas permiten que se configure como parte de la Administración Pública, y como objeto del Derecho Administrativo, el universo, tanto de esas personas jurídicas estatales, como de las personas jurídicas con forma de derecho público.*

## II. LA FUNCIÓN ADMINISTRATIVA DENTRO DE LAS FUNCIONES DEL ESTADO

*Pero hemos dicho que el Derecho Administrativo en Venezuela, además de regular la Administración Pública como complejo orgánico en todo el universo de los sujetos de derecho que hemos visto, regula también el ejercicio de la función administrativa por los diversos órganos del Estado, lo cual nos conduce a la segunda parte que queremos exponer en este prólogo al libro del profesor Parejo.*

*Se advierte, de entrada, que hemos dicho propiamente que la función administrativa se ejerce por los diversos órganos del Estado, y no sólo por los órganos ejecutivos o por las administraciones públicas. Y he aquí otra disidencia del derecho administrativo venezolano respecto de las fórmulas teóricas derivadas de la interpretación extrema de la separación de poderes que la han convertido en una inexistente separación de funciones.*

*En efecto, las funciones del Estado se configuran como aquellas tareas esenciales al aparato estatal, que le dan razón de ser y que no pueden ejercerse sino en virtud de la potestad constitucional que se identifica con el Poder Público. Esas funciones se pueden clasificar en cuatro; la producción de normas que integran el ordenamiento jurídico, que es la función legislativa; la conducción política de la sociedad, que es la función de gobierno; la solución de conflictos entre partes, que es la función jurisdiccional, y la gestión, en concreto, del interés público por el Estado como sujeto de derecho que se relaciona con los administrados, que es la función administrativa.*

*Estas cuatro funciones estatales se ejercen, de acuerdo a nuestro sistema constitucional, por los tres grupos de órganos separados horizontalmente y que ejercen el Poder Público, por lo que el ejercicio de las funciones estatales no es ni exclusivo ni excluyente de ningún órgano estatal, o si se quiere, de alguno de los tres "poderes". Así, las Cámaras Legislativas ejercen como función propia la función legislativa, pero ello ni es exclusivo ni es excluyente; primero, porque también ejercen la función legislativa los órganos ejecutivos y judiciales cuando desarrollan la potestad reglamentaria; y segundo, porque las propias Cámaras Legislativas ejercen, además, funciones administrativas y de gobierno cuando, por ejemplo, administran su personal o su presupuesto, o nacionalizan un sector de la economía, respectivamente.*

*Por su parte, los órganos del Ejecutivo Nacional ejercen la función de gobierno, y en general, la Administración Pública ejerce la función administrativa, pero ello tampoco es exclusivo ni excluyente: primero, en cuanto a la función administrativa, ésta se ejerce por las Cámaras Legislativas, como se ha dicho, y aun mediante leyes concretas, y por los tribunales cuando administran su personal y su presupuesto; y segundo, porque los propios órganos de la Administración ejercen funciones jurisdiccionales, toda vez que, por ejemplo, en el caso de autorizaciones administrativas, deban resolver conflictos entre partes interesadas o cuando ello suceda al decidir recursos administrativos; y ejercen funciones legislativas, al     desarrollar la potestad reglamentaria.*

*Por último, los tribunales, como función propia, desarrollan la función jurisdiccional, pero ello tampoco es exclusivo ni excluyente: primero porque, como se dijo, también ejercen la función jurisdiccional de los órganos de la Administración Pública; y segundo, porque también, como se dijo, los propios tribunales ejercen funciones legislativas y administrativas, cuando dictan cuerpos reglamentarios internos o administran su personal o presupuesto e, incluso, cuando realizan tareas de carácter disciplinario, de registro o de la llamada jurisdicción voluntaria.*

Por tanto, en Venezuela, no coincide la separación de poderes con una pretendida separación de funciones y, al contrario, como se señaló, funciones estatales se ejercen por todos los órganos estatales. En esta forma, el Derecho Administrativo no sólo regula a la Administración Pública, como complejo orgánico, y, por supuesto, al ejercicio de la función legislativa y jurisdiccional por los órganos de las administraciones públicas; sino que también regula el ejercicio de la función administrativa, así sea por los órganos del Poder Legislativo y del Poder Judicial. Contrastando con esta posición del Derecho Administrativo venezolano, la tesis orgánica, tan difundida por tantos tratadistas, ha tratado siempre de ignorar, ocultar o no darles importancia a estas funciones administrativas ejercidas por órganos legislativos o judiciales o ha tratado de convertir en "administrativas" las funciones legislativas o jurisdiccionales ejercidas por los órganos de la Administración Pública. Ello, sin embargo, a lo que ha conducido es a confundir y a desnaturalizar conceptos, reduciendo la teoría a la práctica, por lo cual ha comenzado ahora a ser abandonada, por sus más destacados propulsores.

En todo caso, de lo dicho hasta ahora resulta claro que, en la estructuración del Estado en Venezuela, no hay coincidencia entre órgano y función, pero, aún más interesante, tampoco hay coincidencia entre función y acto estatal. Por ello, rechazamos la fácil y clásica ecuación: órgano administrativo-función administrativa y acto administrativo, pues la actividad administrativa en Venezuela ni está reservada a los órganos administrativos ni es el resultado del solo ejercicio de la función administrativa.

### III. La actividad administrativa dentro de las actividades del Estado

Esto nos conduce a la tercera parte de este prólogo, sobre la actividad administrativa dentro de las actividades del Estado, pues el Derecho Administrativo, como dijimos, además de regular a la Administración Pública como complejo orgánico, y el ejercicio de la función administrativa de los diversos órganos del Estado, regula también a la actividad administrativa. Por supuesto, la actividad administrativa puede tener dos connotaciones, ambas fundamentales para entender el Derecho Administrativo, una formal y otra material, por lo que me referiré a ambas, conforme al derecho venezolano.

#### 1. La actividad administrativa como actividad formal del Estado

Desde el punto de vista formal, la actividad administrativa, como conjunto de actos jurídicos, es el resultado del ejercicio de las diversas funciones del Estado, por los diversos órganos del Estado, y para identificarlas no puede seguirse un único criterio sino la mezcla de los mismos, lo cual en Venezuela contrasta con la definición de las otras actividades estatales, las cuales, constitucionalmente, tienen una connotación orgánica y formal.

En efecto, los actos legislativos son las leyes y los actos parlamentarios sin forma de ley (actos privativos), y son formalmente definidos en la Constitución, como emanados de las Cámaras Legislativas; los actos del gobierno son los dictados por el presidente de la República en ejercicio de atribuciones constitucionales, y en ellos se incluyen los decretos-leyes. En ambos casos, la noción del acto legislativo y del acto de gobierno es orgánica y formal: orgánica, pues se definen según el órgano que los *dicta; y formal, por la graduación que tienen en el ordenamiento jurídico, de ser actos dictados en ejecución directa de la Constitución.*

*El acto judicial, la sentencia, en el ordenamiento jurídico venezolano, se define también por el elemento orgánico y el formal: es un acto que sólo puede emanar de los tribunales, y tiene una fuerza definida en el ordenamiento derivado del valor de cosa juzgada, siendo siempre de carácter sublegal, es decir, dictado en ejecución directa de la ley e indirecta de la Constitución.*

*En la definición de los actos legislativos, de gobierno y judiciales, por lo tanto, hay una identificación entre órgano y acto, además de criterios formales, y en ningún caso existen criterios materiales o derivados de la función que se ejerce. La razón jurídica es evidente: esos actos tienen una determinada homogeneidad derivada del carácter de garantía formal en su emisión que establece el ordenamiento jurídico.*

*En cambio, en la definición del acto administrativo en Venezuela, nada de lo anterior sucede en esta forma matemática, pues éste no se puede identificar ni orgánica ni funcionalmente: es dictado por los tres grupos de órganos estatales, y en ejercicio de todas las funciones estatales. Así, tan acto administrativo es un reglamento dictado por el Ejecutivo Nacional o los tribunales en ejercicio de la función legislativa, como un acto de ejecución presupuestaria o de personal dictado por el Ejecutivo Nacional, los tribunales o las Cámaras Legislativas en ejercicio de la función administrativa; o un acto derivado por el propio Ejecutivo Nacional, en ejercicio de la función jurisdiccional, al decidir una solicitud o un recurso administrativo.*

*La definición del acto administrativo, por tanto, en contraste con los otros actos estatales, requiere de una mezcla de criterios, dado lo heterogéneo de los mismos: se emplea el criterio orgánico, al identificar como actos administrativos los actos de la Administración Pública en ejercicio de todas las funciones legislativa, jurisdiccional o administrativa; se utiliza el criterio material, al identificar como actos administrativos los actos dictados por los tribunales en ejercicio de las funciones administrativa y legislativa, y los actos dictados por las Cámaras Legislativas en ejercicio de funciones administrativas; y en todo caso, siempre que se trate de actos de carácter sublegal, es decir, dictados en ejecución directa de la legislación e indirecta de la Constitución; y he aquí el tercer criterio que se utiliza, el formal.*

## 2.  LA ACTIVIDAD ADMINISTRATIVA DEL ESTADO SOMETIDA AL DERECHO Y CONTROLABLE JURISDICCIONALMENTE

*Esta forma de enfocar la definición del acto administrativo, clave en la misma noción del Derecho Administrativo, nos conduce directamente a otra de las bases fundamentales del Derecho Administrativo venezolano: todos los actos estatales están sometidos al derecho y todos son controlables jurisdiccionalmente por razones de constitucionalidad o de legalidad. Aquí está la esencia del principio de la legalidad.*

*En efecto, el sistema jurídico venezolano puede decirse que es un sistema cerrado de control jurisdiccional, conforme al cual ningún acto estatal escapa al control de la Corte Suprema de Justicia y demás tribunales que controlan la constitucionalidad y la legalidad de aquellos. Así, los actos de ejecución directa de la Constitución, es decir, las leyes, los actos parlamentarios sin forma de ley y los actos de gobierno están sometidos al control de la constitucionalidad que está a cargo de la Corte Suprema de*

*Justicia, en Pleno, por la vía de la acción popular, y que corresponde a todos los habitantes del país, en cualquier tiempo.*

*En cuanto a las sentencias, éstas están sometidas al control judicial ordinario de las apelaciones y, en materia de legalidad, al recurso de casación ante las Salas de Casación Civil y de Casación Penal de la Corte Suprema de Justicia. Y en cuanto a los actos administrativos, éstos están sometidos al control jurisdiccional contencioso-administrativo, que corresponde a la Corte Suprema de Justicia en Sala Político-Administrativa; a la Corte Primera de lo Contencioso-Administrativo; a ocho Tribunales Superiores Regionales en lo Contencioso-Administrativo y a tribunales especiales contencioso-administrativo, como los Tribunales del Impuesto sobre la Renta y el Tribunal de la Carrera Administrativa. Estos órganos judiciales forman parte del Poder Judicial, por lo que queda claro que, para haber jurisdicción contencioso-administrativa en un país, no es necesario, ni establecer un Consejo de Estado, ni crear una jurisdicción administrativa separada de la judicial.*

*Lo importante a señalar sobre este control contencioso administrativo en Venezuela, ejercido así por un cuerpo de tribunales especializados en la materia, es que el mismo se realiza sobre todos los actos administrativos, pudiendo los tribunales competentes declarar su nulidad, así sean actos administrativos emanados de los órganos de la Administración Pública, de los órganos legislativos o de los tribunales.*

*Pero al referirnos a la jurisdicción contencioso-administrativa en Venezuela debemos establecer su relación con el Derecho Administrativo, para proclamar que, afortunadamente, nuestro país no fue tributario de la influencia francesa en cuanto a definir el Derecho Administrativo, a los solos efectos del control jurisdiccional, pues consideramos que es un auténtico desenfoque, el identificar el problema teórico de la definición del derecho administrativo con el práctico de delimitar la competencia del juez administrativo.*

*En efecto, la repartición de competencias jurisdiccionales en Francia, como sabemos, ha sido un factor clave en el nacimiento y desarrollo del Derecho Administrativo y, en definitiva, ha sido la justificación de la propia disciplina, y ello en virtud de la peculiarísima dicotomía jurisdiccional, que distingue una jurisdicción administrativa de una jurisdicción judicial. Pero ello, como hemos dicho, no sucedió así en Venezuela, como tampoco sucedió en la generalidad de los países de América Latina. Insistimos, en nuestro país el Poder Judicial es uno y único, y tiene a su cargo el monopolio de la actividad judicial y del control de la legalidad de los actos administrativos, por lo que la jurisdicción contencioso-administrativa, que en nuestro país tiene rango constitucional, es parte del Poder Judicial.*

*Por tanto, no existiendo dicotomía jurisdiccional, el Derecho Administrativo no se define según la competencia de determinados órganos judiciales. No hay que olvidar, sin embargo, que esta postura, sobre todo en Francia, originó la teoría del Derecho Administrativo y, materialmente, todos los países latinos hemos sido tributarios de las concepciones teóricas y de los criterios de las doctrinas y jurisprudencias francesas. Sin embargo, en general, no lo hemos sido respecto de las justificaciones prácticas y pragmáticas, motivadas por la repartición de competencias, por no existir dicha dicotomía. Ello ha provocado que, al recibir la influencia teórica sin las justificaciones prácticas, surgieran instituciones que no encajaban totalmente en nuestras realidades. De allí que la madurez del derecho administrativo en nuestros países, comienza a observarse en la tendencia que apreciamos de abandonar tantas teorías y concepciones basadas en situaciones de origen administrativo, circunstancial por lo demás, y de estructurar nuestras propias concepciones. Como lo afirmamos en la conferencia que sobre "La evolución del concepto de contrato administrativo" pronunciamos en el Colegio Mayor de Nuestra Señora del Rosario de Bogotá en 1978, "no se trata de innovar por innovar, sino de sustantivizar el propio derecho administrativo conforme a las peculiaridades de nuestros países, para dejar de importar, por importar". Con base a ello, por ejemplo, concluíamos en la tesis de abandonar toda idea de un pretendido contrato administrativo por oposición a contratos de derecho privado de la Administración, que nosotros mismos hace veinte años propugnábamos en Venezuela. Al contrario, pensamos que los segundos no existen, pues toda la actividad de la Administración Pública es administrativa y, como señalamos, está sometida a un régimen mixto de derecho público y derecho privado. La preponderancia de uno y otro y su utilización regular, es lo que adquiere ahora importancia, tanto en la institución contractual de la Administración como, en general, en relación a todo el régimen jurídico de los sujetos de derecho administrativo, y de su actividad.*

## 3. LA ACTIVIDAD ADMINISTRATIVA Y LOS ADMINISTRADOS

*Pero además de tener una connotación formal, y manifestarse en actos administrativos o en contratos, la actividad administrativa se nos presenta también con una connotación material al identificar un conjunto de actuaciones del Estado que, en general, inciden en la esfera jurídica de los administrados. Por eso hemos dicho que el Derecho Administrativo, además de regular a la Administración Pública, el ejercicio de la función administrativa y la propia actividad administrativa del Estado, regula también las relaciones entre los entes públicos y los administrados, resultantes de la gestión del interés público que, en concreto, aquellos asuman.*

*En estas relaciones está otro de los elementos claves de nuestro derecho administrativo, y que además puede decirse que es el signo del derecho administrativo contemporáneo: el equilibrio que busca establecer nuestra disciplina entre los poderes y prerrogativas de la Administración y los derechos de los particulares, lo cual plantea unas especiales exigencias dado el régimen democrático que existe en nuestro país.*

*En esta forma ante el elenco de los derechos y garantías que consagra la Constitución de 1961, cuya formulación está a la altura de las declaraciones universales de los derechos humanos, corresponde al Derecho Administrativo su regulación, actualización, limitación y protección concretas, dando origen así a las diversas formas de actividad administrativa, que se identifican en nuestro país, y que responden a las clásicas formas de policía, fomento, servicio público y gestión económica.*

*La primera, la actividad de policía, resulta en definitiva en una limitación a los derechos constitucionales; la segunda, la actividad de fomento, se manifiesta como el estímulo al desarrollo pleno de los mismos derechos, con particulares connotaciones en el ámbito económico; la tercera, la actividad de servicio público, en esencia no es más que la obligación prestacional impuesta al Estado, consecuencia directa de algún derecho a prestaciones previsto constitucional o legalmente; y la cuarta de estas formas, la actividad de gestión económica, en un proceso creciente de intervencionismo estatal, es el resultado de la acción del Estado, como ordenador y regulador de la economía, y como partícipe directo en la propiedad de los medios de producción, propia de un sistema político de economía mixta como el establecido en la Constitución.*

*En esta forma, la actividad administrativa, materialmente hablando, no puede concebirse sin su incidencia directa en la esfera jurídica de los particulares, pues, en definitiva, aquella se concreta en una regulación, limitación, estímulo o protección de los derechos y garantías constitucionales.*

*La materia administrativa en nuestro país, por tanto, está conformada por todas aquellas regulaciones que permiten al Estado actuar en concreto, realizando cometidos y prestaciones, y que a la vez se configuran como limitaciones a los derechos y garantías constitucionalmente permitidas, por lo que bien podría decirse que el Derecho Administrativo, materialmente hablando, es el derecho de las limitaciones y regulaciones al ejercicio de esos derechos.*

*Con ocasión de este prólogo a la obra del profesor Luciano Parejo Alfonso, y motivados por su mismo tema: el concepto del Derecho Administrativo, hemos pretendido hacer una muy apretada síntesis del derecho administrativo venezolano, partiendo de una definición de nuestra disciplina, y de las implicaciones que ella conlleva. Estas consideraciones, lo sé muy bien, son sin duda polémicas, pues tocan a la vez dogmas y tesis tradicionales, sobre las cuales muchos de nosotros hemos levantado los cimientos de nuestra propia forma de concebir esta disciplina.*

*No es fácil, a veces, reconocer que los cimientos, o al menos parte de ellos, están fallos, sobre todo porque todo esfuerzo de revisión implica autocríticas. Pero es nuestra responsabilidad, precisamente por haber dedicado ya tantos años al estudio de las instituciones del Derecho Administrativo, hacérnosla de vez en cuando, lo que a la vez no es sino un signo de madurez.*

*Por ello, para concluir, y tratándose esta de una obra de un renombrado autor español, me parece oportuno comentar un trabajo reciente del profesor Fernando Garrido Falla, en el cual se revisan algunos criterios muy arraigados en la doctrina española y que tienen relación con lo que he expuesto anteriormente. En efecto, se trata de un estudio intitulado "Reflexiones sobre una reconstrucción de los límites formales del derecho administrativo español", lo que de por sí es un título sugestivo, publicado por el Instituto Nacional de Administración Pública de Madrid y reproducido en la Revista de Administración Pública, y donde se revisan diversas concepciones tradicionales de nuestra disciplina.*

*Debo decir que, al leerlo íntegramente, me reconcilié con el Derecho Administrativo español, y sus autores, de quienes tanto hemos aprendido, junto con los franceses, inclusive, al separarnos de sus concepciones.*

*En el libro citado hay una frase que resume el problema, y que Garrido formula al comentar el asunto de la personalidad. Dice: "Reducir la personalidad del Estado a la de la Administración no significa otra cosa que reducir la teoría a la práctica". Esto último, que es una crítica que compartimos al planteamiento central de este libro, ha producido muchas distorsiones en el derecho administrativo español, y condujo a reducir la noción de acto administrativo a los solos emanados de la Administración Pública orgánicamente considerada (su conocida tesis orgánica), lo que también podría decirse que era reducir la teoría a la práctica.*

*Los descubrimientos que ahora los autores españoles están haciendo, en cuanto a la reconstrucción de los límites formales del derecho administrativo partiendo de la nueva Constitución española, ya los habíamos comenzado a lograr nosotros, a la luz de la Constitución venezolana de 1961, con la cual la española, sin saberlo quizás, tiene gran similitud. Estos descubrimientos los reseña Garrido y tocan los aspectos centrales que hemos tratado en los comentarios precedentes.*

En primer lugar, concluye afirmando que la personalidad jurídica es del Estado (en nuestro caso, por la estructura federal, en el ámbito nacional, de la República) y ello es algo que siempre hemos sostenido. En Venezuela, como hemos dicho, la Administración Pública nunca ha tenido "personalidad". Como el mismo Garrido lo decía en su Tratado: la personalidad del Estado (la República) tiene relevancia práctica normalmente cuando actúan los órganos de la Administración; cierto, pero ello no puede llevar a confundir el todo (el Estado, la República) con la parte (uno de sus órganos). Siempre hemos sostenido que el Estado (la República) es quien tiene personalidad jurídica, y la Administración Pública, los Tribunales y las Cámaras Legislativas son, todos, órganos de la República.

En segundo lugar, admite Garrido que todos los actos de los órganos del Poder Público (órganos de la Administración Pública y del Poder Ejecutivo, Cámaras Legislativas y Corte Suprema de Justicia y Tribunales) están sometidos a la legalidad y constitucionalidad, y son, por tanto, controlables por la propia Corte Suprema de Justicia como órgano de control de la constitucionalidad, lo cual es algo aceptado desde siempre en nuestro país. Nunca hemos compartido la doctrina de los actos excluidos del control jurisdiccional.

En tercer lugar, acepta que todos los órganos del Poder Público tienen potestad reglamentaria, lo cual hemos sostenido desde siempre en nuestro derecho administrativo. Así, no sólo el presidente de la República tiene potestad de reglamentar las leyes y de dictar reglamentos autónomos, sino que la Corte Suprema de Justicia y los Tribunales Superiores tienen asignada la potestad reglamentaria. En cuanto a las Cámaras Legislativas, además de las leyes, dictan actos parlamentarios sin forma de ley, algunos, por supuesto, de carácter reglamentario, pero de la Constitución (Reglamento Interior y de Debates, Estatutos de Personal, etc.). Todos estos actos son fiscalizables por vía de control de la constitucionalidad o legalidad, según los casos.

En cuarto lugar, admite que además de los tres clásicos poderes del Estado (Ejecutivo, Legislativo y Judicial) existen órganos estatales con autonomía funcional e, inclusive, potestad reglamentaria, como el Consejo General del Poder Judicial español, lo cual está aceptado en nuestro ordenamiento desde siempre. Así tenemos, como señalaba, no sólo el Consejo de la Judicatura sino la Contraloría General de la República, el Ministerio Público y el Consejo Supremo Electoral, cuyos actos son controlables jurisdiccionalmente, sin límites, y en cuya formación se siguen las normas de la Ley Orgánica de Procedimientos Administrativos.

En quinto lugar, señala que las Cámaras Legislativas (Senado y Cámara de Diputados) realizan actividad administrativa, sometida al derecho administrativo y pueden dictar actos administrativos, inclusive controlables en vía contencioso-administrativa, lo cual hemos planteado siempre, y ello no afecta, en absoluto, la independencia del Parlamento, derivada de la separación orgánica de poderes, conforme a nuestro sistema constitucional.

En fin, concluye que acto administrativo es una noción clave del derecho administrativo, que no puede definirse orgánicamente (imputable a la Administración Pública como una parcela del Poder Ejecutivo), sino con una mezcla de criterios; y que, por tanto, la jurisdicción contencioso-administrativa es competente para conocer de la impugnación de los actos administrativos que pueden emanar de los tribunales y de las Cámaras Legislativas, además de la Administración Pública, lo cual también es una tesis que hemos sostenido desde hace años, discrepando de otros autores venezolanos, *quienes, influenciados por la doctrina española, han propugnado el criterio orgánico, ahora, afortunadamente abandonado por los propios autores españoles.*

*Como el autor y los lectores podrán comprender, tratándose ésta, de una obra fundamental para la doctrina del derecho administrativo contemporáneo, que siendo obra de un reconocido autor español ha accedido a que se edite en Venezuela, y que trata nada menos que del estudio del concepto del derecho administrativo, al corresponderme prologarla, no podía dejar de referirme a esa misma problemática en nuestro derecho. Por supuesto, la ocasión era única, y no podía desaprovecharla, razón por la cual agradezco doblemente la petición del profesor Parejo.*

*Concluyo saludando de nuevo la aparición de este libro, cuyo contenido, sin duda, permitirá no sólo a los estudiosos sino a los especialistas de esta disciplina, conocer mejor los orígenes de la misma y las implicaciones de su concepto; agradeciendo de nuevo al profesor Luciano Parejo Alfonso la deferencia que tuvo con nuestro país y su Editorial Jurídica para que se editara en Caracas.*

Caracas, abril de 1984
**Allan R. Brewer-Carías**
*Profesor de la Universidad Central de Venezuela*
*Directror del Instituto de Derecho Público*

# El concepto de derecho administrativo
## Luciano Parejo Alfonso

# I
## Introducción

**1. Precisiones previas en el orden al acotamiento de la administración como objeto del derecho administrativo**

El Derecho Administrativo es hoy, en su definición más elemental, inmediata y tradicional, el Derecho de eso que llamamos Administración Pública, que es –a su vez y por lo pronto– una realidad política de bulto reconocida y regulada por los textos constitucionales.

Debe precisarse de seguido, no obstante, que la "Administración Pública" –como categoría jurídico-pública hoy usual– es una noción histórica reciente, cuyo origen se sitúa en las postrimerías del siglo XVIII y está ligada a la renovación del vocabulario jurídico-político inducida por la Revolución Francesa.[1]

---

1    En este sentido M. Severo Giannini: *Premisas sociológicas e históricas del Derecho Administrativo*, Traducción de M. Baena del Alcázar y J. M. García Madaria. Ed. I.N.A.P., Colección Estudios Administrativos, Madrid, 1980, p. 12.

Como señala este propio autor (p. 52), en 1800 se dicta en Francia una Ley sobre *organización de la administración estatal*. En 1820 el Repertorio de jurisprudence de Guyot introduce por primera vez la voz "Acte administratif". En 1817 aparece la obra de Macarel, *Eléments de jurisprudence administrative*. En 1819 se instituye en París la cátedra de "Droit public et administratif". Ya en 1814 había publicado Romagnosi, en Italia, su obra *Principi fondamentali del diritto amministrativo onde tesserne le istituzioni*. En Alemania y como consecuencia de las características singulares (evolución y no revolución) del tránsito en la misma desde el Estado absoluto *de* la Ilustración ("Polizeistaat") al Estado liberal de Derecho ("Rechtsstaat"), las voces "Administración" y "Derecho Administrativo" no aparecen con el actual significado hasta la segunda mitad del siglo XIX. Pero es bien significativo que la noción "Verwaltungslehre" empleada por primera vez por Lorenz Von Stein en su obra intitulada *Verwaltungslehre* (1865), sea el sustitutivo (en el Estado de Derecho) buscado a la "Polizeiwissen-schaft" o ciencia de la policía, identificada con el Estado absoluto (*vid.* al respecto, H. Maier, *Die altere –deutsche Staats- und Verwaltungslehre*. Ed. Luchterhand. Datmstadt, 1966).

Por lo que respecta a España, la amplísima relación bibliográfica de obras españolas desde, incluso, el siglo XVI que acompañó F. Cos-Gayón a su *Historia de la Administración Pública de España* (el título de la obra es ya significativo, toda vez que vio la luz pública en 1851; el texto que se ha manejado es el correspondiente a la reedición realizada en 1976 por el I.E.A. y prologada por A. Nieto) es altamente ilustrativa: en ella sólo las obras decimonónicas posteriores a la Constitución de Cádiz de 1812 y de autores expuestos

Consecuentemente, por su misma historicidad, se trata de un término difícilmente aplicable a las realidades y fenómenos anteriores en el tiempo, si bien no puede dejar de mencionarse que ya en el comienzo mismo del surgimiento del moderno Estado absoluto y cuando la tarea del poder real deja de circunscribirse a la justicia y las finanzas, para extenderse al campo –más amplio– de la "policía de la cosa pública", ya principia a existir una conciencia de que esa policía consiste en el "Gobierno y *administración*" de los asuntos públicos, con esa calificación: así, la declaración de Francisco I, de 15 de julio de 1515, confía a su madre Regente "le régime, gouvernement et totale administration des affaires du royaume".[2] En todo caso tiene una doble vertiente sociológica y jurídica, no siempre coincidentes. Pues –como señala M. S. Giannini[3]– mientras toda administración (al menos la pública) tiene una relevancia sociológica, no sucede otro tanto en el plano jurídico. A nosotros nos interesa la Administración de carácter público (no la privada) precisamente en el plano de su trascendencia jurídica. Nos son ajenas, pues, las proyecciones sociológicas de la Administración Pública, propias de la ciencia de la Administración, cuando menos como objeto central de estudio.

Ahora bien, la expresión Administración (en su sentido jurídico público) carece de una significación precisa, pues con ella se alude hoy tanto a un determinado tipo de actividad (la administrativa, es decir, la desplegada por el conjunto de las Administraciones públicas), como el lugar o sede donde se desarrolla esa actividad o, también, las organizaciones titulares de ésta o que la desarrollan (Administración de Bellas Artes, Administración de las aguas, etc...). Todas estas significaciones invocan, no obstante, una misma realidad: la de unas organizaciones *públicas por estatales* (en sentido amplio) que despliegan una actividad singularizada por ser "administrativa". Esta última ca-

---

–según ha demostrado A. Nieto– a la influencia francesa utilizan los términos "Derecho Administrativo" o "Administración Pública". Así, las siguientes: "*Código Administrativo de España*, por don Manuel Ortiz de Zúñiga, Madrid, 1845"; "Colección de proyectos dictámenes y leyes orgánicas o estudios prácticos de *administración* por don Francisco Agustín Silvela, Madrid, 1839"; "De la *administración pública* con relación a España, por don Alejandro Olivan, Madrid, 1843"; "*Derecho administrativo* español, por don Manuel Colmeiro, Madrid, 1830"; "Elementos de *derecho administrativo*, por don Mariano Ortiz de Zúñiga, Madrid, 1843"; "Lecciones de *administración*, por don José de Posada de Herrera, Madrid, 1843"; "Legislación *administrativa*, por don M. Ortiz de Zúñiga, Granada, 1842"; "Noticias topográfico-*administrativas* sobre la *administración* de Madrid, por don F. P., Madrid, 1849"; "Práctica de la *administración municipal*, por don Pedro Mariano Rodríguez, Madrid, 1844"; "Recopilación de la *legislación administrativa* civil de España desde el año 1833 hasta fin de diciembre de 1849, por Don Juan Illa y Velasco, Salamanca, 1850"; "Tratado teórico-práctico de la organización, competencia y procedimientos en *materias contencioso-administrativas*, por J. Peláez del Pozo, Madrid, 1849"; y "Vicios de toda la *administración pública* influyentes en el malestar de los españoles, por don Juan Eloy Bona y Ureta, Madrid, 1849". Las obras anteriores emplean, para sus títulos, los conceptos "gobierno", "política" o "Estado" y aun el de "policía" (como la titulada "Idea general de la policía o tratado de policía sacado de los mejores autores", de don Tomás Valeriola, publicada en 1798), pero nunca los de "Administración" o "Derecho Administrativo".

2    Texto transcrito por M. Oliver-Martín: *Cours d'histoire du droit public français*. Les cours de Droit, París, 1951, p. 129.

3    M. S. Giannini: *Premisas..., op. cit.,* p. 10.

racterística es la que permite el aislamiento de la Administración pública en el contexto de la organización estatal, que es más dilatada, comprendiendo, cuando menos y además, una organización constitucional (la Jefatura del Estado, los órganos parlamentarios, el Gobierno y el Tribunal Constitucional, en nuestro caso, por ejemplo) y una organización judicial (el poder del mismo nombre, en nuestro caso).

Pero, de otro lado, la organización administrativa (en sentido jurídico-público amplio) no se da sólo en el ámbito de lo estatal, toda vez que las instituciones internacionales y supranacionales, así como también otras organizaciones no estatales, como las iglesias, generan, como es bien notorio, sus propios fenómenos administrativos con relevancia jurídica y sociológica.

Aquí únicamente nos interesa, por estar a ella referida el Derecho Administrativo interno, la Administración Pública entendida como organización y actividad del Estado (*latus sensus*) regulada por la Constitución en tanto que norma fundamental creadora, configuradora y articuladora de éste.

**2. La cuestión del origen del derecho administrativo; el encuadramiento histórico de la administración pública en sentido moderno**

El carácter esencialmente histórico de esa realidad que hoy calificamos de Administración Pública y su cualificación como organización y actividad estatales, remiten inmediatamente al problema de la identificación del momento histórico (por relación precisamente a la evolución del Estado) en que empieza a delinearse y se afianza aquella realidad con las características básicas que hoy posee y en función de las cuales constituye el objeto propio de la disciplina "Derecho Administrativo". El problema no es otro que el del origen mismo de esta disciplina.

A pesar de su evidente trascendencia es este –el histórico– el flanco más débil, por descuidado, del Derecho Administrativo. Poca es la atención que ha merecido por parte de los administrativistas aún historiadores del Derecho, siquiera sea en el período fundamental integrado por los siglos XVIII y XIX,[4] de modo que la cuestión del origen del Derecho Administrativo conti-

---

4   La explicación puede radicar en las características mismas del Derecho Administrativo, cuya complejidad y acelerado cambio, al compás mismo de las exigencias sociales y económicas, han hecho concentrar el esfuerzo doctrinal en la sistematización y reducción a coherencia del caótico y mutable panorama legislativo.

La deficiente situación de la investigación histórica de las instituciones administrativas es opinión generalizada tanto entre los administrativistas, como entre los historiadores del Derecho. Valgan como prueba, a título ejemplificativo, las siguientes manifestaciones: J.L. Villar Palasi (*Problemática de la Historia de la Administración*, en la obra colectiva *Actos del I Symposium de Historia de la Administración*, Ed. I. E. A., Colección Estudios de Historia de la Administración. Madrid, 1970, p. 32). "Tengo también otra segunda intuición: así como el derecho privado, institución por institución, categoría por categoría, tiene sus antecedentes históricos más o menos recogidos en los libros de Derecho civil o de Derecho romano, en Derecho público esto no sucede así. Cuando queremos configurar dogmáticamente una figura jurídica, llámese contrato administrativo, acto administrativo, cláusula sin perjuicio de tercero o principio de ejecutoriedad de los actos administrativos, nos en-

núa siendo controvertida. En este terreno la doctrina se viene moviendo sobre tópicos e intuiciones. La tesis más generalizada es la de que la Administración Pública en sentido actual y, consecuentemente, el Derecho Administrativo surgen al hilo del nacimiento de un específico Estado, el Estado Constitucional, tal como (al menos para el continente europeo) fue alumbrado por la Revolución Francesa y acabado de diseñar por la evolución política subsiguiente (el período napoleónico y la restauración). Pero se trata de una tesis que, en su

---

contramos con que cualquiera de estas reglas o categorías jurídicas no encuentran ni una línea que las configuren en nuestro derecho histórico con la seriedad de un historiador"; y A. García-Gallo *(Cuestiones y problemas de la Historia de la Administración Española*, en la misma obra colectiva que el anterior, p. 43)- "Es bien sabido, y lamentado, que la Historia de la Administración pública en España está sin hacer. Es cierto que en cualquier manual de Historia general o de Historia del Derecho se dedican a ella determinados capítulos. Es cierto también que existen algunos manuales de Historia de la Administración en España. Y cierto, finalmente, que existe una muy numerosa literatura monográfica que se ocupa en su aspecto histórico de los Consejos y funcionarios de la corte, del gobierno provincial o municipal, de la enseñanza, de los hospitales y gremios, de la agricultura, comercio y comunicaciones y de tantas otras cuestiones que interesan al administrativista. Pero todo esto no quita valor a aquella afirmación inicial. Quien trate de anteponer una parte histórica a los temas que se estudian en cualquier obra de Administración o Derecho Administrativo, salvo contados casos, no encontrará en toda aquella bibliografía la necesaria información sobre España. Como en tantas otras materias, existe aquí un marcado divorcio entre lo que ha interesado a los historiadores, incluso a los del Derecho, y lo que interesa a los administrativistas y cultivadores del Derecho administrativo".

Con todo, en los últimos tiempos se observa no sólo un mayor interés de los historiadores del Derecho por el período histórico más decisivo para nuestra disciplina (S. XVIII y XIX), sino también de la doctrina administrativista por las cuestiones históricas. A este respecto, cabe destacar, *ad exemplum*. el trabajo de J. A. Santamaría Pastor, *Sobre la génesis del Derecho Administrativo Español en el siglo XIX (1812-1845)*, Instituto García Oviedo, Universidad de Sevilla, 1973, y los específicamente referidos a instituciones concretas de J. R. Parada Vázquez, *Los orígenes del contrato administrativo en el Derecho español*, Instituto García Oviedo, Universidad de Sevilla, 1973; P. González Marinas, *Génesis y evolución de la Presidencia del Consejo de Ministros en España (1800-1875)*, Ed. I.E.A., Madrid, 1974; J. A. Escudero, *Los orígenes del Consejo de Ministros de España*, Editora Nacional, Madrid, 1970; M. J. Garijo Ayestarán, *El Ministerio de la Gobernación; materiales para un estudio de su evolución histórica hasta 1937*, S.G.T. del Ministerio de la Gobernación, Colección Documentos, núm. 5, Madrid, 1977; pero sobre todo la labor desarrollada por A. Nieto, tanto en el campo del Derecho Administrativo (por citar sólo alguno de sus trabajos: *Influencias extranjeras en la evolución de la ciencia española del Derecho Administrativo*, Anales de la Universidad de La Laguna, La Laguna, 1966, y *El derecho como límite del poder en la Edad Media*, RAP, núm. 91, pp. 7 y ss.), como en el de la Ciencia de la Administración (*cfr.* su espléndida obra, aún inacabada, *La burocracia; I. El pensamiento burocrático*, Ed. I.E.A., Madrid, 1976). También en el campo de la Ciencia de la Administración: M. A. Pernaute Monreal, *El poder de los cuerpos de burócratas en la organización administrativa española*, Ed. ENAP, Madrid, 1978; P. Molas Ribalta y otros (obra colectiva), *Historia Social de la Administración Española; estudios sobre los siglos XVII y XVIII*, Ed. C.S.I.C., Institución Milá y Fontanals, Barcelona, 1980; y D. de Cario, *Sobre los orígenes del burócrata moderno; el Colegio de San Clemente de Bolonia durante la impermeabilización habsburguesa (1568 -1659)*, en Studia Albornotiana, Bolonia, 1980. De otro lado debe destacarse también el impulso que supondrá para los estudios históricos el programa de publicación de nuestros clásicos tanto de la ciencia de la Policía como del Derecho Administrativo que están desarrollando centros como el I.E.A.L. y el I.E.A

formulación rotunda, ofrece numerosos puntos de crítica. J, L. Villar Palasi[5] la califica de verdadero mito, construido a partir de la enorme influencia que el modelo francés ha ejercido sobre el resto de la Europa continental y desde luego España, así como –al propio tiempo– la insuficiencia de datos sobre la evolución histórica de las instituciones administrativas, afirmando que es difícil que el fenómeno revolucionario haya supuesto una cesura total en el proceso histórico de desarrollo de dichas instituciones, de modo que las que hoy conocemos partan del punto cero o genético revolucionario. En la misma línea crítica Giannini[6] afirma la falsedad de la tesis en cuestión, aduciendo que la condición de verdaderos Estados de Derecho de los Estados del mundo angloamericano (Inglaterra y EE.UU. de América) desmiente la unión del Derecho Administrativo al Estado de Derecho o al principio de división de poderes.

La imposibilidad, pues, de encontrar en la típica tesis aludida un asidero seguro para la identificación del origen del Derecho Administrativo, obliga a intentar –siquiera sea con los escasos elementos históricos y esquemas conceptuales que parecen seguros– una aproximación más precisa a dicha cuestión del origen de lo administrativo.

Por de pronto, parece indudable que la Administración Pública o, mejor, la presencia de una organización administrativa merecedora de tal calificación en el sentido con que actualmente empleamos esta expresión, es un fenómeno ligado a la aparición de los Estados. Pues la Administración presupone un grado de complejidad en los asuntos e instituciones públicos que sólo puede entenderse se da, en medida suficiente, en el Estado moderno. De esta forma y con Giannini[7] cabe afirmar que, junto con su magnitud, "la organización administrativa específica constituye el elemento típico del Estado" e, incluso, que esas dos notas (la magnitud y la organización administrativa) integran las únicas comunes a todo tipo de Estados, pues éstos –en lo demás– expresan valores variados y distintos. Interesa precisar que esa caracterización del Estado significa que la organización administrativa pasa a ser un elemento estable o permanente del Estado, interponiéndose entre los órganos políticos máximos de éste y los súbditos o ciudadanos. Esta interposición, cualificadora del aparato administrativo, comporta, de otro lado, que éste es, por esencia, derivado y dependiente, es decir, encuentra la legitimidad de su existencia en la organización superior o constitucional del Estado.

En el sentido indicado, resulta muy significativo que el empleo en Francia por vez primera (según los datos hasta ahora existentes) del término "administrativo" se produzca, según se ha dejado dicho anteriormente, en una declaración de Francisco I, del año 1515, y en un contexto histórico en el que al afianzamiento definitivo del poder real se suma la ampliación de éste desde los estrechos márgenes de la justicia y las finanzas al mantenimiento del buen orden en el reino y al fomento en él de la mayor prosperidad posible (ampliación que se sustenta, como es conocido, sobre la reelaboración que los juristas

---

5    J. L. Villar Palasi: *Problemática de la Historia de la Administración, op. cit.,* pp. 31 y 32.

6    M. S. Giannini: *Premisas sociológicas..., op. cit.,* p. 50.

7    *Premisas sociológicas..., op. cit.,* p. 26.

hacen de la categoría romana del *imperium*); nuevo cometido que acabará cuajando en la luego denominada "policía".[8]

Muy sintéticamente puede decirse que hasta los siglos XVII y XVIII la organización administrativa lo es de la Corona como tal (Estado patrimonial) y, en su caso, de los entes menores (Municipios) a los que se hubiera garantizado su libertad y, en nuestra terminología histórica, su fuero propio. Es a partir de los indicados siglos cuando, con motivo de los profundos cambios políticos que en ellos tienen lugar, la Administración experimenta un desarrollo notable, acercándola a los módulos actuales.

En el continente europeo se afianza el absolutismo y, consecuentemente, la Corona como único órgano de soberanía política y, por tanto, constitucional, pasando a ser la Administración el aparato de gobierno de la Corona (el Estado). El Estado absoluto se caracteriza precisamente porque la actividad del poder público se rige por un Derecho público diferenciado del Derecho común o propio de los particulares, rigiendo desde luego el principio *quod principi placuit*. Es el Derecho público el que permite que la actividad del Estado se produzca y gestione en forma autoritaria.

De todas formas, el absolutismo puro es más una construcción teórica que un sistema realmente realizado alguna vez –en toda su dimensión– en la historia. En Europa acabó triunfando, como fruto de las ideas de la Ilustración, la variante del llamado Estado-policía, que alcanzó su máxima realización histórica en los países germánicos. La policía tiene, en este tipo de Estado, una significación equivalente a "política", es decir, gestión de la cosa pública (se trata de una palabra de origen griego, cuyo significado alude –de forma muy amplia y comprensiva– a todo lo concerniente al bien de la ciudad, de la "polis"). De la mayor importancia resulta el dato, destacado por M. Oliver-Martín,[9] de que por policía se entendió a lo largo de todo el absolutismo el conjunto de los poderes reales, es decir, tanto la justicia como el resto de las actividades públicas. En las postrimerías del mismo y como fruto de una larga evolución (de la que los conflictos entre magistrados judiciales y agentes reales constituyen una manifestación específica y principal) va a acabar afianzándose la distinción clara entre las funciones judiciales y las que podríamos llamar propias de la acción gubernamental, expresándose precisamente ese proceso en la *sustitución del término "policia" por el de "administration"* para designar estas últimas. Tal proceso se cumple en Francia en la segunda mitad del siglo XVIII:

– En abril de 1759, el Canciller, en respuesta a la queja del "Parlement de París" en un asunto del "Parlement de Besacon", reivindicó el derecho del poder real a usar *"des voies d' administration"* (bajo la especie de "lettres de cachet").

– Un «arrét» del Conseil de 6 de mayo de 1777 distingue entre «la voie de justice» y «la voie d'administration».

---

8  *Vid.* M. Olivier-Martín: *op. cit.,* pp. 128, 129 y 130,

9  *Op. cit.,* pp. 132 y ss.

– En la terminología oficial de la época comienza a ser frecuente el empleo de la expresión "administration majeure".

– En un «arrét» de 31 de agosto de 1786 se dice que el Rey es «l´unique et supreme arbitre de tout ce qui peut intéresser l'administration publique».

(Las anteriores referencias están tomadas de la obra citada, de M. Oliver-Martín).

Quiere decirse, pues, que en Francia (país decisivo, por construirse en él el modelo de "régimen administrativo"), al tiempo del ocaso del Estado absoluto y advenimiento del constitucional, la "policía", consistente en el gobierno de cosa pública, distinto de la actividad judicial y cumplido por el Rey y sus agentes, era conocida ya como "administration".

Una evolución paralela puede apreciarse en los países germánicos. B. Dennewitz[10] fija el comienzo de la separación entre Justicia y Administración en el año 1749, tanto para Prusia (bajo Federico II se dispuso en ese año que corresponderían "Interesse privatum angehenden Sachen den Kammern") como para Austria (con cita de una carta de la emperatriz María Teresa en la que manifiesta: Ich finde mich bemüssigt, eine gänzliche Separation des Justizwesens von denen publicis et politicis voernehmen zu lassen und dadurch zu erwirken, dass eine Materie die endere nicht wie bisher verhindert und aufhált, son-dern alies ohne Unterbruch befordert werden möge").

En todo caso la variante que introduce la "policía" en el modelo absolutista consiste en el intento de armonizar y racionalizar, para su mejor efectividad y justicia, las múltiples y caóticas reglas por las que se rige la actividad pública (administrativa), es decir, la sujeción de ésta a "principios" conforme a las ideas iluministas que alientan la época, para la formación de un cuerpo de Derecho público específico de la Administración. Ocurre, sin embargo, que ese Derecho se construye desde y a partir del Estado absoluto, por lo que su legitimidad no descansa, a su vez, en normas jurídicas controlables, sino en la voluntad del soberano. Con todo, debe destacarse el carácter progresivo de la policía, en tanto que orientada al fin en cualquier caso del bienestar de la población, de la colectividad (el "Polizei-staat" es, simultáneamente, "Wohlfahrsstaat"). Su significado de restricción, limitación, control y sanción, así como, incluso, peyorativo, no es el original, sino el otorgado a la misma desde las posiciones simplificadoras del liberalismo decimonónico, únicamente centradas en el desconocimiento por el Antiguo Régimen de los derechos y las libertades individuales proclamados por la revolución burguesa.

En Inglaterra, la evolución política discurrió por otros cauces. A principios del siglo XVIII y con el advenimiento de la dinastía Hannover, el Parlamento afianza su posición (la exclusividad del poder legislativo) y de la Corona se escinde el Gobierno, que queda responsabilizado frente al Parlamento y del que depende la Administración. Al margen se sitúan los Tribunales, que afirman también su independencia frente al poder real, siendo mera voz u órgano

---

10 B. Dennewitz: *Die Systeme des Verwaltungsrechts,* Hansischer Gildenverlag, Hamburg 1948, pp. 18 y 19.

de "the law of the Land", puesto que el Derecho no es producto (y en ello radica la singularidad del "common law") del poder real, sino de las costumbres aplicativas y de las decisiones judiciales (con más la "opinio doctorum"). Ello no significa que no exista un Derecho creado por el poder legislativo, sino simplemente que ese Derecho es excepcional, "estatutario" por relación al Derecho general o común y, por tanto, de interpretación y aplicación restrictivas.

Quiere decirse, pues, que la singular evolución política inglesa indujo de suyo a un peculiar sistema de pluralidad o división de los poderes públicos y de equilibrio o contrapeso entre los mismos garantes en definitiva de la libertad. Y esa construcción es el resultado, como queda dicho, de una evolución histórica que no condujo, por lo tanto, a la concentración del poder en la Corona y la identificación de ésta con la totalidad de la organización política y la comunidad institucionalizada, de donde viene la creación singular continental del Estado como entidad transpersonal y, en todo caso, como concepto total alusivo a la colectividad en su expresión política. A las características propias de ese proceso (que no conduce, como en el continente, a la identificación de Estado con ordenamiento y a la consecuente monopolización por aquél de éste), está ligado al hecho de que el sistema inglés (trasladado luego a Norteamérica, que luego ha seguido un camino propio) desconozca –como principio articulador– un Derecho público específicamente regulador de la actividad pública administrativa. Esta se rige, en principio, por el Derecho común, por el Derecho que rige también para los administrados, y solo excepcionalmente por un Derecho público (cada vez, sin embargo, en mayor incremento). El ejemplo inglés (que, importa destacarlo, está en la base de la teorización de Montesquieu y, por tanto, del Estado constitucional surgido de la Revolución Francesa) demuestra, por tanto, que la división del poder político y la garantía de las libertades de los ciudadanos no tiene como consecuencia ineluctable el surgimiento de un Derecho administrativo, entendido como Derecho público propio de la actividad administrativa, es decir, de la Administración Pública.

Resumiendo lo hasta aquí expuesto, puede decirse:

1. La organización administrativa es un elemento típico del Estado moderno, interpuesto entre los órganos superiores o constitucionales de éste y los súbditos y, por tanto, conectadas con y dependiente del orden constitucional o político superior. Esa organización administrativa alcanza en los siglos XVII y XVIII una entidad y características tales que permiten su calificación como Administración Pública, sin violentar en exceso este concepto actual por virtud de su aplicación a una realidad histórica.

2. La distinta evolución del Estado en los diferentes países condiciona por completo el ordenamiento aplicable a su organización administrativa y a la actividad de ésta, de modo que no siempre ese ordenamiento es autoritario, es decir, se singulariza respecto al Derecho común o general aplicable a los administrados para constituir un Derecho público. Así, pues, no todo Estado con organización administrativa desarrollada produce un Derecho Administrativo, en el sentido de un Derecho público específico, por la sencilla razón de que la actividad de aquella organización no es por esencia una actividad de Derecho público.

3. La distinta evolución política en Inglaterra y el continente europeo en los siglos XVII y XVIII, demuestra que el tipo estructural de Estado con división de poderes y garantía de las libertades y derechos de los ciudadanos, no determina necesariamente el surgimiento de un Derecho Administrativo.

Ocurre, sin embargo, que el Estado surgido de la Revolución Francesa, aunque montado a la vista del modelo inglés, recoge ésta en la versión que del mismo resulta de la teorización de Montesquieu, el cual –como han señalado E. García de Enterría y T. R. Fernández[11]– volatiliza, mediante una transposición típica de la razón política continental, la esencia profunda de dicho modelo, convirtiéndola en una técnica organizativa, ingeniosa y mecánica, para proteger la libertad. En Montesquieu[12] la división o separación de poderes (que es el nuevo principio cardinal sobre el que se asienta el Estado constitucional revolucionario) trae causa de un previo análisis sustantivo de las funciones de la organización política como un todo, del Estado. Estas funciones son tres, diferenciadas por su propio contenido: la legislativa, consistente en la formulación de las normas o reglas de carácter general; la ejecutiva, que tiene por objeto la adopción de las medidas concretas necesarias para la puesta en práctica, la efectividad de aquellas reglas; y la judicial, cuyo cometido se agota en la resolución de los conflictos derivados de la aplicación de las reglas generales, bien por infracción de las mismas (justicia penal), bien porque su interpretación da lugar a divergencias (justicia civil).

Esta reducción de los poderes públicos a meras funciones objeto de una aquilatada y exquisita distribución (en garantía de la libertad), es la que está en la base –como fácilmente se comprende– de la *idea* superior y transpersonal del Estado; idea propia y específica de la concepción política continental y desconocida, según quedó visto, para la inglesa, que alcanzó su punto culminante en la dogmática alemana de fines del siglo XIX y principios de éste, alimentada por la filosofía hegeliana. No cabe descartar, de otro lado, la influencia que en esa reducción de la división de poderes a mecanismo práctico e instrumental hayan podido tener las específicas circunstancias políticas del surgimiento del Estado constitucional en el continente. Pues dicho surgimiento, aunque se produce ciertamente como consecuencia de una ruptura revolucionaria, es bien sabido que los movimientos revolucionarios no son absolutamente innovadores, es decir, no reinventan el orden jurídico y político al menos enteramente, y por más que aquella ruptura lo fue respecto al Estado absolutista, parece evidente que la idea del poder soberano (manifestado a través de técnicas autoritarias y, por tanto, mediante un Derecho público exorbitante del común) radicado en la Corona como encarnación del Estado, reoperó en el nuevo orden, si bien transformada en la soberanía de la nación encarnada en la Asamblea representativa. Quiere decirse, pues, que, en este punto, no hay una ruptura profunda, sino –simplificando las cosas en aras a una mayor expresividad– una traslación del poder autoritario residenciado en la Corona al nuevo órgano representativo de la soberanía na-

---

11     E. García de Enterría y T. R. Fernández: *Curso de Derecho Administrativo*, Tomo I, Ed. Civitas, 3º Ed. (reimpresión), Madrid, 1980, p. 25.

12     Montesquieu: *De L'esprit des Lois*, XI, 6, 14, 17 y 18, en Oeuvres Completes, Tomo II, Librairie Gallimard, 1958.

cional. En palabras de M. Rousset:[13] «Il s'agit en somme de conserver l'idee de l'organisation étatique construite par l'Ancien Régime, mais en la faisant reposer sur un nouveau fondement: L'Etat était le roi, il sera la Nation personnifiee». La «souverainete» sort intacte de la tourmente et l'absolutisme democratique prende le relais de l'absolutisme monarchique, tant il est vrai qu'une revolution ne s'attaque pas au pouvoir lui-meme, mais a ceux qui le détiennent». Esta ausencia de ruptura profunda es aún más clara si no nos atenemos al caso de Francia (aparte de que en ésta el principio monárquico revivió con la Restauración), pues en Alemania, por ejemplo, la revolución burguesa liberal fue fruto más de un proceso de reforma que de ruptura revolucionaria y en ese proceso es clara la subsistencia del principio monárquico y del poder del príncipe como dotado de una legitimidad propia. El caso español es también singular e igualmente expresivo en la línea argumental que se viene desarrollando, pues en el proceso constituyente de Cádiz y en el texto constitucional de 1812 conviven las viejas y las nuevas ideas, persistiendo desde luego el principio monárquico, como lo demuestra luego toda nuestra historia decimonónica.

Es, pues, en este punto, a nuestro juicio, donde hay que buscar la clave del origen del Derecho Administrativo: en la persistencia en el Nuevo Estado surgido de la Revolución Francesa, de la influencia del principio autoritario propio del Estado absolutista ilustrado que supera. De este modo, en el nuevo Estado constitucional, cuyo motor es indudablemente el de los derechos y libertades de los ciudadanos y su garantía frente al poder público, coexiste con este principio de la libertad el de autoridad del Estado (de posible imposición mediante procedimientos y técnicas autoritarios exorbitantes del Derecho común), determinando una específica tensión entre esos dos valores que constituye el acta de nacimiento y la sustancia propia del Derecho Administrativo, tal como lo conocemos. Más aún, no resulta aventurado afirmar que la decantación en el Antiguo Régimen de la actividad de policía no judicial propia del Rey y de sus agentes como una actividad específica, conocida como de "administración", haya influido en la construcción y el diseño específicos de la división de poderes de Montesquieu, concretamente en la separación entre las funciones ejecutiva y judicial; factor este decisivo para la conformación del actual Derecho Administrativo.

Veamos con algún mayor detenimiento cómo en la confluencia de los dos factores que se han venido desarrollando (la desnaturalización del modelo político inglés y la persistencia de elementos del régimen absoluto) radica la causa de que el nuevo Estado constitucional europeo sea un Estado de Derecho Administrativo.

Por de pronto, los principios de organización política que se afirman en la era constitucional son en verdad necesarios al nacimiento del Derecho Administrativo:

1. El asentamiento del nuevo orden sobre la idea de la Constitución, entendida ésta como la norma que define la estructura y el ordenamiento políticos de un Estado a partir de unos determinados presupuestos (el pueblo como única fuente de legitimidad del poder público) y contenidos (la garantía de

---

13    M. Rousset: *L'idee de puissanee publique en droit administratif*, Librairie Dalloz, París, 1960, p. 15.

los derechos inherentes a la condición humana como zonas exentas de la acción estatal, a cuyo servicio está la división de los poderes públicos).

Este principio luce con absoluta precisión en el conocido artículo 16 de la Declaración de derechos del hombre y del ciudadano de 1789:

Toda sociedad en la cual no está asegurada la garantía de los derechos ni determinada la separación de poderes no tiene Constitución.

2. La afirmación de la soberanía nacional, es decir, la traslación de la soberanía (en definitiva del poder) desde el Príncipe (principio monárquico del absolutismo) a la nación, entendida como distinta de los individuos que la componen y titular de dicha soberanía (poder)de forma originaria y ejercida –en virtud de delegación– por los órganos instituidos por la propia nación.

El artículo 3 de la Declaración de los derechos del hombre y del ciudadano de 1789 afirma en este sentido que:

Le principe de toute souveraineté reside essentiellment dans la Nation. Y la Constitución de 1791 dispone en su artículo 1°, Título II:

La souveraineté est une, indivisible, inaliénable, imprescriptible. Elle appartient a la Nation, de qui seule émanent tous les pouvoirs, ne peut les exercer que par delegation.

3. De aquí, el tercer principio que nos interesa destacar: el de separación de poderes. La soberanía nacional se descompone en su manifestación o ejercicio en tres funciones corporizadas en tres poderes: legislativo, ejecutivo y judicial.

Pero lo característico, ya desde la primera interpretación de este principio es que no se va a llevar a sus últimas consecuencias, especialmente por lo que respecta al ejecutivo, porque –como dice Rousset[14]– la preocupación del legislador revolucionario se sitúa desde un principio no tanto en conformar el Gobierno (la función ejecutiva) según dicho principio, sino en asegurar definitivamente la traslación de la soberanía a la nación. De ahí las disposiciones dirigidas a asegurar la supremacía de la Ley (producto del poder legislativo, representante de la nación y, por ende, depositario verdadero de la soberanía) y el confinamiento de la organización encabezada por el Rey (hasta entonces cumplidora de la policía, consistente en la administración no judicial de la cosa pública) en tareas de pura ejecución. El artículo 6 de la Declaración de los Derechos del Hombre es ciertamente expresivo:

"Le Loi est l'expresión de la volonté genérale".

La Constitución de 1791 (art. 3 de la Sección 1ª del Cap. 2° del Título III) desarrolla esta declaración enfática, prescribiendo:

"Il n'y a point en France d'autorité supérieure a celle de la loi. Le Roi ne regne que par elle, et ce ni est, qu' au nom de la loi qu'il peut exiger l'obeissance".

Y esta misma Constitución en el artículo 3 de la Sección 1ª, del Capítulo 4, Título III:

---

14    Rousset: *op. cit.*, p. 32.

"Le pouvoir executif ne peut faire aucune loi, neme provisoire, mais seulement des proclamations conformes aux loi pour en ordonner ou en rappeler l'execution".

Por lo tanto, independencia del poder ejecutivo, pero sumisión de éste a la Ley como manifestación de la soberanía, único poder originario e irresistible y reducción del mismo, por ende, a puras funciones de ejecución de la voluntad general, de la norma legal. Aquí se sitúa precisamente el origen mismo de la reducción al Derecho de la "puissance public" en su actuación interna, frente a los súbditos o ciudadanos.

El diseño del ejecutivo acaba perfilándose, dentro aun del marco del principio de separación de poderes, en la definición de su posición respecto al poder judicial. Y en este punto, nuevamente, una singular interpretación de aquel principio, resultado más que de las ideas de Montesquieu o de consideraciones estrictamente jurídicas, de la evolución histórica precedente (ya comentada: deslinde y separación ya en el absolutismo de lo judicial y lo administrativo, entendido como todo lo atinente a la procura del bien común, menos la resolución de los conflictos concretos en Derecho), así como de razones de índole política (la experiencia inmediata del entorpecimiento por los Parlamentos judiciales de la política real de reformas en las postrimerías del régimen absoluto). Porque, como ha dicho Rivero,[15] los constituyentes y sus sucesores no tuvieron a la vista la protección del individuo, sino "la protección del poder frente a las censuras del Juez". La Ley de 16-24 de agosto de 1790 –recogida luego por la Constitución de 1791– dispone, en efecto, que: «Les fonctions judiciaires sont distinctes et demeurent toujours séparées des fonctions administratives. Les juges ne pourrout, a peine de forfaiture, troubler, de quelque maniere que ce soit, les opérations des corps administratifs, ni citer de devant eux administrateurs pour raison de leur fonctions».

Se consagra así, a este respecto, una interpretación del principio de separación de poderes que recientemente ha calificado Demichel[16] como "du type séparation isolement". En cualquier caso, el dogma de la rígida separación de los poderes ejecutivo y judicial de tal interpretación es el que acaba por sentar las bases del que luego Hauriou llamaría "régime administratif". En cuanto sin él no se habría producido la dualidad de jurisdicciones –agente constructor del Derecho administrativo todo en los sistemas tributarios del modelo francés–, es él la condición misma para el nacimiento y desarrollo de un Derecho Administrativo autónomo, es el "principio particular" del Derecho Administrativo (en expresión de Demichel) continental, el que lo distingue de los sistemas en que la evolución histórica discurrió por otros Cauces (afirmación del papel total del poder judicial como órgano de tutela universal de los derechos individuales, incluso frente a inmisiones del poder), cual los anglosajones.

Los principios expuestos son los que expresan la influencia del modelo político anglosajón, del que se toman las ideas de la división de poderes (en su

---

15    J. Rivero: *Droit administratif*, Dalloz, París, 1975, 7ª Ed., pp. 18 y 19.

16    A. Demichel: *Le Droit Administratif; essai de reflexión théorique*, Librairie Genérale de Droit et de Jurisprudence, París, 1978, pp. 50 y ss.

manifestación de separación necesaria y control recíproco de organización, quedando la Administración ubicada en el poder ejecutivo) y de la no arbitrariedad del poder público (reelaborada o modulada como principio de la primacía del poder legislativo, del que resulta el principio de legalidad de la actividad administrativa). En todo caso, del pensamiento político común (aunque su realización histórica primera sea anglosajona) deriva el principio de la independencia de la jurisdicción, necesario –de otro lado– para el reconocimiento de situaciones jurídicas subjetivas tutelables por el Juez: los derechos y las libertades de los ciudadanos, básicamente.

Debe destacarse –como ha señalado Giannini[17]– que estos principios deben considerarse presupuestos ciertamente necesarios, pero no suficientes, para el surgimiento del Derecho Administrativo, porque los mismos significan cabalmente el comienzo (en los términos en que son concebidos actualmente)[18] del proceso de conquista del Estado por el Derecho Administrativo, pero no explican el porqué de que esa conquista se haya producido precisamente en el marco y bajo la forma de un Derecho público específico, concretamente el administrativo.

Esa explicación que falta –como también ha notado Giannini– la suministra el dato de que el Estado constitucional surgido de la Revolución Francesa no es fruto sólo de la asimilación (deformada) de los principios inspiradores del modelo político inglés, sino de la asunción en el nuevo orden de elementos propios del régimen absolutista (en su variante ilustrada) y, en lo que interesa, del poder absoluto del Estado (ahora la soberanía de la nación y, por tanto, no radicante en la Corona) –sólo que, naturalmente, juridificado y, por tanto, limitado desde y en la Constitución– y su manifestación a través de mandatos (generales y particulares) unilaterales exorbitantes del Derecho común o privado. Sobrevive, así, a la revolución la técnica de la regulación de la actividad administrativa (del aparato público interpuesto entre los órganos constitucionales y los ciudadanos y adscrito formalmente al poder ejecutivo) mediante un ordenamiento singular de carácter público, como no podía ser de otra manera, dadas las peculiaridades de la referida actividad, cifradas en su contenido fuertemente autoritario. No es, pues casual que en la división de poderes se haya colocado a la organización administrativa en el poder que representa y recoge en la nueva estructura política el papel central de gobierno (policía-administración) propio de la Corona hasta entonces. El Derecho público que disciplina la organización administrativa (instrumento del Gobierno o poder ejecutivo en el ámbito interior del Estado) y su actuación es, en definitiva, ese Derecho que hoy conocemos como Derecho Administrativo y que se caracteriza por la tensión interna entre dos polos: el autoritario (habilitación de poderes y formas de actuación exorbitantes del Derecho común)

---

17    M. S. Giannini: *Premisas sociológicas...*, *op. cit.*, p. 48.

18    La más reciente doctrina viene demostrando la falsedad de la reducción tópica del mundo jurídico medieval y absolutista a la dialéctica poder del Príncipe (en el que está la facultad de transformar su voluntad en mandato irresistible) –súbditos carentes de derechos oponibles eficazmente frente a dicho poder. El principio *quod principi placuit legis habet vigorem* no tuvo una vigencia absoluta y excluyente en el mundo preconstitucional. *Vid.*, por ej., para la época medieval, el trabajo reciente de A. Nieto: *El Derecho como límite del poder en la edad media*, RAP, N° 91, pp. 7 y ss.

y el de garantía y defensa de la libertad y de los derechos de los ciudadanos (la limitación de dichos poderes, su sujeción a la legalidad y la plena justiciabilidad de la actividad administrativa); tensión que deriva de la confluencia en su seno de las diversas inspiraciones y acarreos históricos de que surge el Estado constitucional.

En resumen, pues, sólo con la precisión que resulta de las precedentes consideraciones parece posible tomar el Estado constitucional de Derecho surgido de la Revolución Francesa o por su influjo como punto de partida u origen del Derecho Administrativo. Este no surge como consecuencia inevitable de los valores originales que consagra dicho Estado revolucionario (es decir, no es fruto únicamente de la revolución y sus consecuencias políticas), sino como resultado de la mezcla o síntesis de esos valores y de los heredados del régimen anterior caducado.

Una importante consecuencia se extrae de la conclusión alcanzada. El comienzo de la historia del Derecho Administrativo en sentido contemporáneo no puede fecharse sin más en 1789 (por tomar como punto de referencia convencional la fecha histórica de la Revolución Francesa), sino que ha de remontarse cuando menos a los siglos XVII y XVIII en que se desarrolla el formidable aparato administrativo del absolutismo (vocado a actividades de policía de carácter no judicial) y el ambicioso intento de la sistematización de toda su actuación conforme a reglas y principios generales establecidos con vistas precisamente al "interés público", al "bienestar general". Quiere decirse que el punto de arranque de todo ensayo de comprensión del concepto del Derecho Administrativo (en la medida en que la fijación de los perfiles y la identificación de la sustancia de cualquier fenómeno o institución jurídicos no pueden prescindir de la vertiente histórica) ha de ser como mínimo el de la ciencia de la policía. Aquí nos atendremos a él, si bien con los condicionamientos que impone el insatisfactorio estado de la investigación del período histórico y de la obra producida en el mismo.

# II

## LOS ANTECEDENTES INMEDIATOS DEL DERECHO ADMINISTRATIVO: LA CIENCIA DE LA POLICÍA

### 1. CONSIDERACIONES GENERALES

En el Estado absoluto ilustrado y como consecuencia precisamente de las ideas iluministas, surge y se desarrolla a lo largo del siglo XVIII (aunque tenga antecedentes en los siglos anteriores) y hasta, en algunos países, bien mediado el siglo XIX, una específica ciencia: la llamada ciencia de la policía, que no fue otra cosa –en definitiva– que la doctrina científica del gobierno y administración interiores del Estado.

Generalmente se afirma que esta ciencia fue un fenómeno específicamente germánico, que se proyectó hacia el resto de Europa.[1] No obstante, como entre nosotros ha señalado Jordana de Pozas,[2] en Francia apareció muy tempranamente –en 1713– un tratado de la "policía", al que quizás quepa atribuir la primacía temporal en el tratamiento científico de la policía con esta denominación expresa. Lo que parece desde luego indudable es que fue en Alemania y Austria donde esta ciencia adquirió (bajo *perfiles propios y peculiares)* un mayor auge y desarrollo, llegando a contar durante largo tiempo (desde 1727 hasta bien mediado el siglo XIX) con asiento universitario específico.

La voz "policía" tiene, en la época, un significado variable, que importa precisar para comprender el fenómeno. Siguiendo a H. Maier,[3] la evolución de dicho concepto –en los países germánicos, en los que, como se dijo, adquirió esta ciencia un mayor florecimiento– puede sintetizarse así: en un primer momento, que llega hasta el siglo XVIII, equivale al gobierno, la administración y el orden interiores, incluso, al Estado mismo y el arte de su gobernación –la política–. Con el término "policía" se designa, pues, el buen gobierno público de la ciudad y del Estado, conforme a las coordenadas de la época (en las que entra no sólo el orden y la salubridad públicos, sino también el orden

---

1 Los autores alemanes lo afirman así desde luego. H. Maier: *Die ältere deutsche Staats -und Verwaltungslehre (Polizeiwissenschaft)- Ein Beitrag zur Geschichte der politischen Wissenschaft in Deutschland,* Ed. Luchterhand, Darmstadt, 1966, p. 13, por ejemplo, sostiene que "Die Polizeiwissenschaft war eine spezifischdeutsche Erscheinung. In ihrer eigentümlichen, aus besonderen geschichtlichen Umständen erwachsenen Prägung hatte sie in anderen europaischen Ländern keinebenbürtiges Gegenstück".

2 L. Jornada de Pozas: *Los cultivadores españoles de la ciencia de la policía,* en el libro *Estudios de Administración Local y General,* Tomo I, editado en homenaje a dicho autor, Ed. I.E.A.L., Madrid, 1961, p. 5.

3 Hans Maier: *Die ältere deutsche. ..., op. cit.,* pp. 116 y ss.

moral y religioso). A esta primera significación se le suma pronto la del buen orden de la colectividad, de lo público y, también, la del bien público mismo. Es esta una utilización del término que proviene de los ambientes cultos y que parece traer causa de la voz latina "política", usual entre los juristas y cultivadores de la literatura. La conjunción de ambos significados –inicial y culto– determina que por "policía" acabe entendiéndose simultáneamente tanto el orden público como el bienestar de la colectividad. Aún cabe destacar un tercer contenido, de antigüedad no menor, que identifica el concepto con el "orden estamental" propio de la época. Pero la significación final de "policía", con la que se emplea el concepto ya en el siglo XVIII, está transida de la filosofía de la ilustración y es fruto de la influencia francesa (H. Maier cita el discurso de Thomasius en Leipzig ante los estudiantes bajo el título "Von Nachahmung der Franzosen" –"De la imitación de los franceses"–, en la que exhortó a seguir el ejemplo del *honnete homme*). Se identifica ahora "policía" con educación, respeto e inteligencia, por derivación de la voz latina "policía" (de *polire),* añadiendo ese contenido al de bienestar y orden público que ya poseía el concepto y que adquiere, así, una específica modulación. Expresa este nuevo significado la idea ilustrada del progreso desde la barbarie y la tosquedad hacia la cultura y la civilización; progreso que se cifra precisamente en la efectividad de la policía como *urbanitas, morum elegantia.* El fin a perseguir no es ya sólo el de la paz y el orden, sino también el fomento del bienestar y de la civilización. Y debe notarse, porque ello es importante, que la sociedad con "buena policía" a alcanzar no es ya la jerarquizada, estamental y rígida propia de la época señorial; antes al contrario, se trata de un orden social no estamental, agregado de individuos iguales e ilustrados inducido por el Estado. Para lo cual era precisa una acción pública continuada, permanente y (desde la perspectiva actual) paternalista –la acción de policía, es decir, la administrativa– distinta de la propia de la Justicia, que fuera –así en palabras de Goethe (en la obra *Wilhelm Meisters Wanderjahre)*– desde la prohibición de la expendición de bebidas alcohólicas al establecimiento de bibliotecas públicas.

La ciencia de la policía se desarrolla en el seno de la cameralística (conjunto de doctrinas y ciencias políticas, económicas, administrativas y filosóficas que aparecen en los países germánicos en el siglo XVII y perduran hasta mediados del siglo XIX y que deben su denominación a que su cultivo se produjo en el seno de las Cámaras o Consejos que constituían las piezas claves de la gobernación en la Monarquía absoluta) y adquiere en la misma una posición central. Conforme al contenido y las obras de esta ciencia, puede afirmarse que la policía tiene por objeto:

1. La procura del bienestar o la felicidad de los súbditos como fin esencial.

El bienestar no es aquí –como lo será luego en la época liberal– el resultado de la acción social espontánea, del libre desarrollo de las actividades sociales e individuales. Por el contrario, es el fruto de un orden establecido y de una acción continuada desarrollada por el poder público y que se impone a todos los súbditos, conformando positivamente su existencia.

2. La sistematización conforme a principios generales de la pluralidad múltiple de reglas dictadas por el monarca para hacer evolucionar el viejo orden de cosas (debe recordarse que en el absolutismo ilustrado el poder real asume un papel de progreso, de reformas sociales).

Consecuentemente, la ciencia de la policía que, como todas las ciencias del cameralismo, no pone en cuestión en modo alguno el Estado absoluto, no por ello se circunscribe a una pura función de racionalización del orden jurídico absolutista, sino que asume también una no desdeñable tarea de limitación de poder real,[4] en la medida misma en que coloca el esfuerzo y desplaza el centro de gravedad desde la idea paternalista del progreso (aún sin renunciar a ella) hacia el viejo papel del Derecho como valor de orden en sí mismo y, por tanto, como regulador de la actuación pública. Afirmación esta que ha de matizarse de todas formas en el sentido –como advierte B. Dennewitz–[5] de que el Estado policía cumple su idea y fin de progreso según una moral de administración no regida por la idea de la seguridad jurídica. La protección del Súbdito es un puro reflejo de la gestión en orden al progreso, tal como éste es entendido por el Príncipe, cuyo poder –en principio– no está sujeto al Derecho, a las normas. Se trata, pues, de una "Zweckmässigkeitsverwaltung nach jederzeit widerrufbaren Direktiven" (una Administración de oportunidad según directivas en todo tiempo revocables).

3. La ciencia de la policía refleja, pues, en definitiva, el proceso de reforma social asumido por el moderno Estado absoluto ilustrado, conforme a las ideas del siglo de las luces, y, por tanto, de superación del viejo orden señorial y estamental, así como –al propio tiempo– el intento de la tendencia a la racionalización, de sumisión a reglas del Derecho de la compleja acción pública del Estado, dirigida precisamente a la consecución del progreso y del bienestar de los súbditos (la acción administrativa).

La ciencia de la policía no es identificable estrictamente, como se ve, con el famoso Estado-policía y en ella laten claros elementos y factores de modernidad y progreso, algunos de los cuales –como la idea y la realidad misma de una Administración de acción constante en la procura del bienestar público (de ahí que estemos ante un antecedente inmediato de la Administración y del Derecho Administrativo en sentido contemporáneo; P. Legendre[6] ha calificado por ello a la "policía" como "premiere appellation du Droit Administratif") pasan al Estado constitucional y permanecen en el mismo. ¿Cómo se explica, pues, que el concepto de "policía" esté cargado hoy de significados peyorativos? La razón hay que buscarla tanto en la arbitraria identificación de "ciencia de la policía" con Estado absoluto, Estado-policía, como en las simplificaciones derivadas de la reacción del pensamiento liberal-burgués contra este último, pues este pensamiento construye el Estado de Derecho, contraponiéndolo al viejo Estado (en el que la Administración, no estrictamente sometida al Derecho, actúa movida básicamente por las ideas filosóficas del bienestar y el progreso), bajo el cual subsume toda la tradición pública de los siglos XVII y XVIII, de modo que la "policía" y la "ciencia de la policía"

---

4     Hans Maier (*op. cit.*, p. 20): señala, en este sentido, que la ciencia de la policía no fue tan sólo una comparsa del Estado absoluto y mero comentarista de las normas de policía, sino que le corresponden en la historia un cierto papel en la reducción al Derecho del poder público.

5     B. Dennewitz: *op. cit.*, p. 17.

6     Pierre Legendre: *Histoire de l'Administration; de 1750 a nos jours,* Themis, Ed. Presses Universitaires de France. París, 1968, p. 249.

quedan automáticamente descalificadas, en situación de descrédito por su vinculación al modelo estatal superado. En definitiva, el pensamiento liberal identifica estos conceptos con el Estado negador de las libertades y derechos humanos. El nuevo orden de cosas no está tan interesado en determinar las reglas positivas del "buen gobierno" (que era lo propio de la ciencia de la policía) como en establecer los límites jurídicos del actuar público.

## 2. La ciencia de la policía en Francia

Las ideas que subyacen al Estado absoluto de la ilustración, al "despotismo ilustrado", surgen principalmente en Francia, constituyendo la obra precursora y preparatoria de la gran eclosión revolucionaria. Se trata de un conjunto de doctrinas que, como expone P. Legendre,[7] son a la vez filosóficas y económicas, en tanto que el absolutismo ilustrado es un producto de la confluencia de la filosofía iluminista (representada por Voltaire, Diderot y los enciclopedistas) y de la fisiocracia (representada por Le Trosne, Dupont de Nemours, Turgot). Común a todas ellas es la aceptación o, al menos, el no cuestionamiento del Estado de corte y espíritu autoritario.

En el plano jurídico-político que aquí interesa, el orden natural sobre el que se asienta la idea de progreso social que alienta el doctrinarismo laico del siglo XVIII conduce, en expresión del autor de la época, Domat,[8] al concepto de una "Pólice universelle de la société"; policía universal que fundamenta una acción general u omnipresente del Estado. En el contexto del absolutismo, ello significa una capacidad, prácticamente ilimitada, de expansión de los cometidos públicos, de la acción del poder. Esta acción no es otra que la desarrollada por la Administración, que es –así– igualmente omnipresente y cuya actividad se cifra precisamente en la policía.

El concepto de policía aparece ya en el siglo XVII en la obra de Leyseau,[9] que lo define como «le droit par lequel il est permis de faire d'office, par le seul intéret du bien public et sans postulation de personnnes, des reglaments qui engagent et qui lient tous les citoyens d'une ville». La policía se identifica, pues, con el buen orden o interés de un bien público, que legitima al Estado soberano para actuar en cualquier orden de cosas.

Pero es a principios del siglo XVIII, con Nicolás de la Mare o Dellamare –perteneciente a un linaje de altos funcionarios, tradición que él prosiguió– cuando la ciencia de policía alcanza su plenitud en Francia.[10] Su obra, publi-

---

7    Pierre Legendre: *op. cit.*, p. 74.

8    Citado por P. Legendre: *op. cit.*, p. 246. En la traducción al español de la obra de M. Domat hecha por el Dr. D. Juan Antonio Trespalacios y publicada en 1788 en Madrid, Imprenta de Benito Cano, bajo el título *Derecho Público*, se contiene la expresión citada en el Vol. I, p. 123.

9    Layseau: *Traite des Seigneuries*, Cap. IX, citado por P. Legendre: *op. cit.*, p. 249.

10   *Vid.* en Jean Imbert, Gerard Sautel y Marguerite Boulet-Sautel: *Histoire des institutions et des faits sociaux* (Xe-XIXe siécle), Themis, Ed. Presses Universitaires de France, París, 1956, p. 150, una transcripción parcial del Cap. I, Título XIII, Libro V, sobre "La police du commerce sur le fait des céréales; sa justification", del *Traite de la pólice*, de Delamare en su 3ª edición.

cada por primera vez en 1713, se intitula precisamente: *Traitté de la Pólice, oú l'on trouvera l'Histoire de son etablissement, les fonctiones et les prerrogatives de ses magistrats; toutes les loix et tous les reglements qui la concernent: Ou y a joint una description historique et topographique de Parts, et huit Plans gravez, qui represent son ancient Etat et ses diverses acroissements, avec un recueil de Fons les statuts et reglaments de six des marchands et de toutes les Communautez des Arts et Métiers.* Aunque el plan previsto de la obra no llegó a culminarse –Delamare sólo llegó a escribir cinco de los doce libros que debían componerla, aunque su discípulo y continuador de su trabajo, Le Cler-Du-Brillet, llegó aun a publicar en 1738, muerto Delamare en 1723, un sexto–,[11] conviene reproducirlo, en cuanto da cabal idea del contenido, en la época, de la ciencia de la policía. Los títulos de los doce libros son los siguientes: *De la policía en general y de sus Magistrados y Oficiales, De la Religión, De las Costumbres, De la Sanidad, De los Víveres, De los Caminos* (último éste de los publicados y debido ya a la pluma de Le Cler-du-Brillet), *De la Tranquilidad Pública, De las Ciencias y las Artes liberales, Del Comercio y cuanto de él depende, De las Manufacturas y Artes Mecánicas, De los Servidores Domésticos y Obreros, y De la Pobreza.*

De creer al propio Delamare –según sus palabras de la dedicatoria del Tratado al Rey[12]– su empeño de sistematización y exposición de la policía es novedoso: "Ésta parte del Derecho no es menos importante al servicio de V. M. que necesaria *al reposo y la felicidad de sus Súbditos.* Nadie hasta ahora había cuidado de escribir sobre ella, nadie había reunido sus leyes para procurar su conocimiento o facilitar su estudio". Como se ve, aparecen aquí las ideas de "reposo y felicidad", reconducibles a la de bienestar de los súbditos en que descansa por entero la ciencia de la policía. De ahí que Delamare mantenga que el objeto de ésta radica "en conducir al hombre a la felicidad más perfecta que puede gozarse en esta vida".

Junto a la obra de Delamare, debe citarse también la de M. Domat, que escribió un *Derecho Público,* título por sí mismo ya suficientemente expresivo del progreso que alcanzó la ciencia de la policía. La noticia que puede darse aquí de esta obra es a través de su traducción al español (publicada en 1788) por el Dr. Juan Antonio Trespalacios, Prebendado de la Santa Iglesia de Córdova.[13] Según esta traducción, se compone de un Tratado de las Leyes, un Libro Preliminar (en que se trata de las reglas de Derecho en general, de las personas y de las cosas) y cuatro libros dedicados, respectivamente, a *Del Gobierno y de la Policía general de un Estado* (el índice del mismo comprende la necesidad y uso del Gobierno; la obediencia debida a los gobernantes; el poder y sus derechos y deberes; el Consejo del Príncipe y las funciones y obligaciones de los empleados en la recaudación; el dominio del soberano o bienes y derechos de la Corona; *los medios de hacer que abunden todas las cosas en un Estado, las Ferias y los Mercados y los reglamentos para impedir la carestía de las cosas más necesarias;* la policía para el uso de los mares, ríos, puertos, puentes, calles, plazas públi-

---

11    *Vid.,* sobre todos estos datos, L. Jornada de Pozas, en la presentación de la edición de la obra de Tomás Valeriola: *Idea General de la Policía o Tratado de la Policía,* realizada por el I. E. A. en 1977, pp. X y XI.

12    Se toma la cita de L. Jordana de Pozas: *op. cit.,* en nota anterior, pp. XI y XII.

13    *Vid* nota 26.

cas, caminos reales y otros lugares públicos y los pertenecientes a las aguas y montes, a la caza y a la pesca; los diversos órdenes de personas que componen un Estado; el clero; las personas precisadas por su condición a la profesión de las armas y sus obligaciones; el Comercio; las artes y los oficios; la agricultura y el cuidado de los animales; las comunidades en general; las comunidades de las ciudades y otros lugares, los empleos municipales y el domicilio de cada uno; las Universidades, Colegios y Academias y el uso de las ciencias y las artes liberales por la conexión que tienen con el público; los Hospitales; el uso de la potestad temporal en todo lo que pertenece a la Iglesia), "De los Oficiales o Ministros y otras personas que participan de las funciones públicas" (su índice comprende las diversas especies de oficios y otros cargos públicos; la autoridad, dignidad, derechos y privilegios de los Oficiales o Ministros; las obligaciones en general de los que ejercen los empleos; las obligaciones de los Oficiales o Ministros de Justicia; las funciones y obligaciones de algunos oficiales subalternos de los Jueces y cuyo ministerio compone parte de la Administración de justicia; los Abogados, los Árbitros), las Leyes Penales y el Orden Judicial (estos dos últimos libros no fueron incluidos en la traducción española, por lo que su contenido no nos es conocido).

Se comprende, pues, en esta obra de M. Domat el grado de desarrollo alcanzado por la ciencia de la policía, su depuración –salvando las distancias– hasta alcanzar un estado de elaboración propio de un Derecho público cercano a lo que hoy conocemos como Derecho Administrativo. En el *Tratado de las leyes,* apdo. XL (p. 123 del Vol. I, de la traducción española) define el "Derecho público" como:

"La policía universal de la sociedad que establece los enlaces entre las naciones por medio del derecho de gentes, establece también lo necesario en cada nación por medio de dos especies de Leyes.

"La primera es de aquellas que pertenecen al orden público del Gobierno, como son las que llamamos Leyes del Estado, que establecen los medios de ser llamados los Príncipes Soberanos a la Soberanía, ya sea por sucesión, ya por elección; las que reglan las distinciones y funciones de los empleos públicos, para la administración de la justicia, para la milicia, para la Real Hacienda, y de los demás que llamamos municipales; las que reglan también los derechos del Príncipe, su dominio, sus rentas, la policía de las ciudades, y las que establecen todos los demás reglamentos públicos.

"La segunda es de aquellas Leyes que se llaman derecho privado...".

En el Prefacio al Libro I (pp. XXII y ss. del Vol. II de la traducción española) Domat explica con mayor detalle su concepción de la policía, comenzando por señalar que el Derecho público no es más que "el sistema de las reglas que pertenecen al orden general del Gobierno y de la Policía de un Estado"; sistema que es indispensable, por ser necesaria la sujeción de los hombres en sociedad a un Gobierno, su subordinación a un poder. Establecida esa necesidad, señala en cuanto al ejercicio del Gobierno o poder:

Esta primera vista de la necesidad del Gobierno descubre al mismo cuál deba ser su uso, qué es establecer en un Estado el Reinado de la paz y de la justicia, de dónde debe formarse la tranquilidad pública, de dónde dependen las dos partes esenciales del bien público para lo temporal, que son el fin que deben proponerse aquellos en cuyas manos depositó Dios el Gobierno. La primera consiste en hacer que todo lo que mira al bien público esté con tal orden, que de parte del Gobierno nada falte a los particulares de todo aquello que pueda hacerles feliz la vida en la Sociedad, y esto depende de la seguridad que cada uno debe tener de una protección pronta y fácil de la justicia. La segunda, que es una consecuencia de esta primera, consiste en hacer que florezcan en un Estado las Ciencias, las Artes, el Comercio y todo lo que puede contribuir al bien público, a fin de poner a todo género de personas en Estado, no solamente de hacerse capaces de sus profesiones, sino de perfeccionarse en ellas, y de cumplir exactamente sus funciones y sus obligaciones.

Consecuentemente, la "policía" es lo atinente al gobierno de la cosa pública, que es una actividad caracterizada y justificada por su fin: la procura de la felicidad de los Súbditos, es decir, del bien común. Una caracterización, pues, cercana a la actual de la función administrativa, de la que se distingue sustancialmente sólo por razón del fundamento de su legitimidad y de sus límites.

### 3. La ciencia de la policía en Alemania y Austria

En ninguna parte como en los países germánicos puede hablarse de conexión entre la ciencia de la policía (en cuanto una de las ciencias centrales de la cameralística) y el desarrollo de la moderna Administración Pública, pues es en dichos países donde la nueva estructura organizativa de gobierno alcanza un mayor desarrollo, generando, impulsando y llevando a su mayor florecimiento aquellas ciencias, no en balde encuadradas por ello en la denominación genérica de "cameralismo". Para N. Achterberg,[14] en efecto, la época entre los siglos XVI y XVIII constituye un decisivo escalón de transición en la formación de la moderna Administración; escalón caracterizado porque el poder del príncipe ya no es sólo el que deriva de su condición de señor de la tierra, sino el que resulta de la asunción de amplios cometidos funcionales. Esta circunstancia impulsa decididamente la paulatina formación de una Administración real central y territorial y, consecuentemente, de una burocracia al servicio de la misma. Debe resaltarse –en el sentido ya más arriba apuntado– cómo para este autor el Estado absoluto no supuso la colocación del Súbdito en la posición enteramente inerme e indefensa frente a la Administración progresivamente en incremento. La protección jurídica se desarrolló precisamente (al margen de la Justicia ordinaria) bajo la forma de "Kammeraljustiz", para lo cual fue determinante la formación de la teoría del Fisco, derivada del Derecho Romano.

---

14  N. Achterberg: *Strukturen der Geschichte der Verwaltung, des Verwaltungsrechts und der Verwaltungsrechtswissenchaft*, en *Theorie und Dogmatik des öffentlichen Rechts, Ausgewählte Abhandlungen 1960-1980*, Duncker & Humboldt, Berlín, 1980, pp. 600 y ss., y 617 - 618.

En la misma línea que el autor anterior E. Dittrich,[15] señala que el Estado territorial emergente y la centralización de funciones (en su cúspide) que éste llevaba consigo, determinaron no sólo una ampliación de las tareas administrativas, sino –principalmente– un crecimiento importante de la organización administrativa y una especialización (división del trabajo) en el seno de la misma. De otro lado, si hasta entonces los Consejos reales habían estado integrados principalmente por nobles, ahora comienza a estarlo por "técnicos".

Es esta nueva burocracia o, *si* se quiere, nuevo funcionariado –que comienza a desarrollar sus cometidos con una sede fija– la que lleva a cabo, a lo largo de los siglos XVI y XVII y con base en las ideas humanistas provenientes de Francia, la gran reforma administrativa, cuyo modelo acaba imponiéndose en todo el Imperio. Tal reforma administrativa descansa en la nueva forma de gobierno que supone la introducción, junto y sobre los tradicionales órganos de la Corte y de los distintos territorios, de los llamados "Camera des Fürsten" (que podrían traducirse por "Cuartos del Príncipe"), a los que se atribuyeron las principales tareas de la gobernación. De estos "Camera" tomaron su denominación de "cameralistas", tanto las personas que en ellos desempeñaban funciones como las relevantes personalidades de las ciencias política, económica y jurídica que influían en la gestión de dichos centros de gobernación.

Esta nueva organización administrativa centrada en los "Camera" como centros superiores de la política –que relevaron al viejo sistema sinodial de gobierno–, condujo la reforma administrativa hacia una mayor centralización que acabó desbordándola, con lo que se preparó el paso al "Geheime Rat" o Consejo Secreto del Príncipe, germen de la futura estructura ministerial.

El cameralismo puede definirse como el cultivo teórico de las materias propias de la Administración cameral, conforme a las nuevas corrientes de la época (en lo económico: el mercantilismo) y a las exigencias del nuevo Estado. De ahí que las ciencias cameralistas por excelencia sean la economía (la economía, hasta entonces centrada en el fenómeno urbano, se hace en esta época economía nacional), la hacienda (como consecuencia del desarrollo del Estado y la insuficiencia de las concepciones patrimonialistas) y la policía (el tratamiento teórico y sistemático de toda la actividad pública). En definitiva, se trata de un conjunto de ciencias cuyo fin se identifica con el fin eudemonista de la época de la ilustración: el progreso social, el bienestar colectivo, logrados mediante la conjunción de todas las fuerzas individuales y públicas.

En lo que aquí nos interesa –la ciencia de la policía– ésta se asienta sobre el iusnaturalismo y la ilustración, y sostiene y propugna la idea del "Wohlfahrtsstaat". Su objeto se reconduce a la formidable reforma administrativa que tiene lugar en este período, adquiriendo un papel central en las ciencias cameralistas dada la importancia de la acción pública en el Estado absoluto.

Entre los iniciadores o precursores de la ciencia de policía pueden citarse, como más importantes, los siguientes:

---

15    Erhard Dittrich: *Die deutschen und österrekhischen Kameralisten,* Ed. Wissen-schaftliche Buchgesellschaft, Darmstadt, 1974, pp. 28 y 29.

a) Oldendorp.[16] Escribe y publica en 1530 una obra titulada *Van radtslagende,* women *Politie* und Ordnung, in Städten und landen erholden möghe.

El fin confesado de la obra es coadyuvar al logro del orden general, que no es otra cosa que la "gemeine Wolfart", es decir, el bienestar común.

La clave de la buena policía está en que las reglas públicas tengan en cuenta la naturaleza del hombre, su tendencia a contravenir y despreciar la Ley de Dios. De este modo, la buena policía ha de mantener el orden social, que no es otro que el viejo orden estamental, corrigiendo las causas por las que los distintos "estados" conculcan sus propias "Policeyen".

Los males públicos se reconducen a tres causas: la pérdida de las creencias religiosas, la codicia y la falta de instrucción. Son estas tres también, por tanto, las causas de la degradación de la buena policía, es decir, del orden natural de la convivencia. Contra las mismas han de aplicarse los correspondientes remedios: la religión, la moderación (impuesta mediante reglas imperativas) y la acción pública en materia educativa.

Como se ve, se trata todavía de una "policía" transida de una visión ético-religiosa y de carácter fuertemente conservador (su fin es la permanencia del viejo orden, entendido como orden natural). Pero en ella aflora, sin embargo, un elemento de renovación, de progresión social, cuando se afirma que las reglas de la policía dependen de las circunstancias del tiempo y deben atemperarse a ellas, es decir, evolucionar conforme a las mismas.

b) Melchior V. Osse.[17] Noble de condición, llega a ser Canciller de Juan Federico de Sajonia, dedicando su vida al servicio del Príncipe. Al final de su vida escribe su obra fundamental titulada *Politische Testament,* que aparece en 1555.

Gran conocedor de la Administración, su aportación fundamental radica en sus propuestas de reforma administrativa, centradas en la remodelación de los Sínodos o Consejos y la creación de Colegios camerales; propuestas que más tarde recogerán Seckendorf, Justi y Sonnenfels.

Su pensamiento sobre la policía está fuertemente influenciado por Aristóteles, entendiendo que el buen gobierno exige la existencia de cuatro elementos (un regente o soberano): *consilium* (un consejo bueno y sabio), *pretorium* (una jurisdicción independiente) y *populus* (un pueblo obediente). Por tanto y en la línea del pensamiento aristotélico, la policía (en su acepción amplia de "politia") es igual a orden de imperio y obediencia.

El Gobierno es contemplado por este autor desde la perspectiva clásica de las virtudes precisas para una acertada gobernación. Esas virtudes se concretan en la *prudentia militaris,* la prudencia *singularis seu particularis* (referente a las cualidades personales que deben adornar al regente), la prudentia económica, la prudentia regnativa y la prudentia política (esta última no es una virtud con independencia y contenido propios, sino más bien la suma o compendio de todas las anteriores).

---

16    Los datos sobre este autor y su obra se toman de Hans Maier: *Die ältere deutsche.. op. cit.,* pp. 31 y ss.

17    Se sigue en este punto a Erhard Dittrich: *Die deutschen..., op. cit.,* pp. 40 y ss. también a H. Maier, *op. cit.,* pp. 140 y ss.

La buena policía sigue siendo para Osse, como para Olderidorp, la conservación del orden estamental. De ahí que su concepto de policía sea amplísimo y rebase lo puramente administrativo, para llegar al orden político fundamental, pues abarca todo lo necesario para la preservación del orden social. De todas formas y a pesar de su conservadurismo, en Osse la infracción de las reglas de policía dejan de ser violaciones del honor o del derecho de la persona privada o de uno de los "estados" sociales, para pasar a ser –concepto éste ya moderno– una conculcación del orden colectivo, del orden jurídico-público.

c) S. V. Pufendorf.[18] Con este autor, nacido en 1632 en Sajonia y primer Profesor de Derecho Natural e Internacional en la Universidad de Heidelberg, se cierra la lista de los principales iniciadores o precursores de la ciencia de la policía.

Enfrentado con el problema de la disolución de la sociedad estamental y del crecimiento de la Administración estatal, lo aborda desde la perspectiva del Derecho Natural, pero de un Derecho Natural secularizado y constitutivo por sí mismo de una disciplina independiente del Derecho y de la política. En tanto que fundado –el Derecho Natural– sobre la razón humana, precisa de una filosofía social igualmente racional. A partir de esta base se desarrolla el concepto de "interés del Estado" que formula y que consiste en el incremento, hacia el exterior, del poder, y, hacia el interior, del bienestar del Estado, es decir, del conjunto total de los individuos que lo componen. Como se ve, aparece ya aquí, claramente, el pensamiento administrativo del inmediato "Wohlfahrtsstaat".

Para realizar el interés del Estado que queda precisado se requiere, según Pufendorf, un Estado unitario, a cuyo representante le esté conferido el máximo de poder posible. Este representante no es otro que el Príncipe, al que transfieren o ceden los derechos de los individuos o Súbditos y con el que se identifica por completo el Estado, de modo que su voluntad individual vale como voluntad estatal que procura para todos la felicidad, que es su verdadero fin. Esta tesis no es sino una exposición anticipada del absolutismo ilustrado, a cuyo servicio se desarrollará por entero el cameralismo y, en su contexto, la ciencia de la policía.

A partir de la segunda mitad del siglo XVII, con la superación del absolutismo despótico y la evolución hacia el absolutismo ilustrado, se desarrollan nuevas concepciones del Estado como necesario fundamento al nuevo sistema político, desplazándose el interés hacia los aspectos económicos. Comienza la época clásica del cameralismo y de la ciencia de la policía.

En este período histórico, que abarca hasta finales del siglo XVIII, pueden citarse los siguientes autores:

a) Los tres principales cameralistas austríacos: J. J. Becher (nacido en 1635, prestó servicios en las Cortes de Baviera y Austria), W. V. Schroder (nacido en 1640, prestó servicios la mayor parte de su vida en la Corte del Emperador Leopoldo I. de Austria) y Hornick (nacido en 1640, igualmente al servicio del emperador austríaco).

---

18    *Vid.* E. Dittrich: *op. cit.,* pp. 52 y ss.

Becher es un mercantilista, cuya preocupación se centra, por tanto, en la economía pública. Para él la función esencial del Estado consiste en determinar, conservar y garantizar la relación correcta entre los sectores de la economía nacional. Quiere decirse que, con él, la acción del Estado rebasa la tradicional limitada a los aspectos fiscales y regalianos, para transformarse en una política económica global para el fomento de la riqueza nacional. En el plano organizativo, propuso la creación de un Consejo o Colegio central de Comercio, integrado por juristas, comerciantes y funcionarios y colocado por encima de cualquier otro órgano de gobierno, para la dirección, en su totalidad, de la gobernación.

Schroder también se centra en las preocupaciones económicas. Para él lo fundamental es preservar los intereses, el patrimonio y las rentas del Príncipe (el tesoro y las rentas de la Cámara), si bien señalando la estrecha conexión entre el bienestar del súbdito y el del Príncipe (por lo que la riqueza del país y la del Príncipe están en relación dialéctica). Su sistema lo explicó por relación a la imagen del organismo vivo: el Príncipe es el estómago, los distintos estamentos sociales, los miembros y los impuestos, el alimento, que a todos beneficia. La riqueza del Príncipe no es un fin en sí misma, sino un instrumento de la riqueza de la nación, toda vez que debe impulsar y fomentar esta última. Los gastos públicos, por tanto, no deben realizarse según la lógica de un patrimonio privado; deben tener por objeto lograr el pleno empleo, así como el establecimiento y gestión de manufacturas estatales, todo lo cual ha de redundar en definitiva en una mayor riqueza del Príncipe.

Finalmente, Hornick es también un mercantilista famoso por su alfabeto del cameralista, compuesto de las siguientes nueve reglas:

1) Exhaustiva investigación de los recursos del país y plena utilización de su capacidad productiva, singularmente por lo que hace a los metales preciosos; 2) Manufactura dentro del país de todas las materias primas no utilizables directamente en su estado natural; 3) Mayor incremento posible y empleo más provechoso de la población; 4) No exportación y reserva estricta del oro y la plata; 5) Limitación del consumo en todo lo posible a productos del país; 6) Adquisición de las indispensables mercancías extranjeras de primera mano y no por dinero, sino contra otros productos nacionales; 7) Adquisición de las mercancías extranjeras, en lo posible, en estado no manufacturado;

8) Máximo posible de exportación de productos nacionales superfluos y contra oro y plata; y 9) Prohibición de toda importación siempre que en el interior exista oferta suficiente y por precio adecuado de las correspondientes mercancías.

La importancia principal de estos tres cameralistas austríacos radica en su influencia en el pensamiento y la obra de autores posteriores de tanta significación como J.H.G. V. Justi y J. V. Sonnenfels.

b) Ladwig V. Seckendorf.[19] Aunque la lista de los primeros autores básicos de la ciencia de la policía podría aumentarse con nombres tales como Georg Obrecht (su obra principal *Fünf Underschied-liche Secreta Política*) y Reinkingk (su obra fundamental *Biblischer Policey)*, Seckendorf representa el momento

---

19    *Vid.* H. Maier: *op. cit.,* pp. 170 y ss.

decisivo de la consolidación de la ciencia de la policía como tal disciplina propia e independiente dentro de la cameralística y, al propio tiempo, de su primera formulación conforme a las exigencias del nuevo Estado territorial. Nacido en el año 1626, llegó a ser canciller en Sajonia (Weimar) y Consejero en la Corte de Brandenburgo. Sus dos obras básicas, son *Tuntsche FürstenStaat* y *Christen-Staat* (esta última escrita ya en su vejez).

Si bien el Derecho y la paz continúan apareciendo en el pensamiento de Seckendorf como funciones principales del poder soberano (como lo habían sido en la época medieval), no por ello deja de irrumpir con fuerza la idea moderna del "bienestar común", entendiendo éste ya como resultado no de la simple justicia del soberano, sino de una acción nueva e independiente del poder político. Se trata de la "buena policía", que comprende un vastísimo panorama de normación, regulación y dirección de prácticamente todos los órdenes de la vida y que, por ello, conduce a una potenciación de las instituciones de gobierno. Una tal acción no puede llevarse a cabo, en efecto, sin un poderoso y omnipresente aparato coactivo estatal. De ahí que sea precisamente en el ámbito de la "policía" en el que el nuevo Estado –que ostenta en exclusividad el poder y gobierna a través de normas generales imperativas– sucede al viejo Estado estamental (en el que el poder aparece compartido y cuyo gobierno se centraba en la resolución imperativa de concretos litigios y órdenes singulares).

Seckendorf implica, pues, la superación de toda la literatura anterior. En él se da no sólo una visión global del nuevo Estado y de sus nuevas e incrementadas funciones, sino también el primer intento serio de ordenación y sistematización de las mismas. Para lo cual la perspectiva adoptada es siempre la del fin y objetivo último del Estado –el bienestar colectivo–, es decir, la perspectiva típica de la ciencia de la policía.

Seckendorf es consciente de la novedad de su enfoque, puesto que él mismo manifiesta en el prólogo a su obra *Fürsten-Staat*, que quiere tratar de la "policía" y no de la constitución política, tal como se había venido haciendo hasta él; no, por tanto, de la política en general, ni de la política en concreto (la doctrina del buen gobierno), sino del Estado y conformación del Estado y de la "policía" como actividad de administración. La mayor parte de su obra está dedicada, en efecto, al gobierno y a la Administración.

En el tratamiento del objetivo así delimitado, el punto de partida radica en el entendimiento del gobierno no como poder arbitrario, sino como poder jurídico y benevolente, establecido para la conservación y afirmación de la utilidad común y del bienestar colectivo, tanto en lo espiritual como en lo terrenal. En este último aspecto, es decir, en la acción pública en cuestiones terrenales, cabe distinguir cuatro vertientes principales: conservación del Estado o "estado" del regente (aquí se engloba todo lo atinente al honor y poder del Príncipe y de cuantas instituciones son precisas al Gobierno); establecimiento o promulgación de Leyes y Ordenanzas; atribución del supremo poder judicial; y medios precisos para la realización de todas las anteriores funciones.

El punto crucial, como es obvio, radica en la promulgación de normas. Esta función del Estado persigue tres fines: justicia, paz y bienestar o felicidad, reconducibles al fin último de conducir la sociedad a un estado de equilibrio perfecto. De los tres fines enunciados, el que aquí interesa por su novedad (los dos primeros eran ya tradicionales del Estado) es el tercero. Aquí es de notar que las Leyes y Ordenanzas, es decir, la función normativa, tienen por objeto mantener e incrementar la población y su patrimonio; cuestión a la que Seckendorf dedica su mayor atención. El objeto así concretado tiene un contenido amplísimo: religión, matrimonio, sanidad, alimentación, economía, trabajo, comercio, fiscalidad, aún más, también la instrucción. Como se ve, todo un vasto panorama de acción estatal reconducido a sistema y orden. Debe destacarse, pues, cómo la "policía" asume ya aquí su significación amplia, englobando "la policía cameral", es decir, la actividad de los "Camera", significativamente la economía y la hacienda (esta última, en tanto que instrumento de procura de los medios precisos a la actividad de policía).

Con Seckendorf, pues, obtiene la "ciencia de la policía" una posición clara y propia entre la economía (todavía planteada en términos patrimonialistas) y la cameralística en sentido estricto (economía y hacienda públicas).

La sola exposición del pensamiento y la obra de Seckendorf explican por qué se ha considerado a este autor –en Alemania– como el iniciador del Derecho Administrativo.

G. Marchet[20] a finales del siglo XIX, afirmaba que dicho autor es el creador de esta disciplina, de cuya obra parte un hilo conductor, que va a través de Becher, Hörnick y Schröder, hasta V. Justi y Sonnenfels.

c) J. H. V. Justi y J. V. Sonnenfels.[21] Con estos autores alcanza la ciencia de la policía, en los países germánicos, su punto culminante, en pleno siglo XVIII. Especialmente V. Justi es considerado como el autor que lleva a su máximo desarrollo científico el cameralismo.

V. Justi nace a finales del año 1717 y muere en 1771. Servidor en Sajonia, Profesor en Viena, más tarde al servicio de Dinamarca, acaba siendo alto funcionario en Prusia, donde muere, acusado de apropiación de fondos públicos, prisionero en una fortaleza. Sus principales obras son *Staatswissenschaft* (dedicada a la emperatriz María Teresa), *System des Finanzwesens* (dedicada a Federico II de Prusia), *Grund sätze der Policey-Wissenschaft* (publicada en Gotinga en 1756) y *Die Grundfeste zu der Macht und Glückseeligkeit der Staaten oder ausführliche Vorstellung der gesamten Policey-Wissenschaft* publicada en Konigsburg-Leipzig en 1760. Conoce ya la obra de Delamare, toda vez que cita el Tratado de éste en sus *Grundsätze*.

A V. Justi se le tiene por el primer gran sistematizador de la ciencia de la policía, que independiza definitivamente ésta de las restantes disciplinas cameralistas (la economía y la hacienda públicas), pero sobre todo de la política. Por ello se le considera también como el fundador de la "Verwaltungslehre".

Sin embargo, esta separación de la policía y la política no aparece aún en sus *Grundsatze* (que precede a su segunda gran obra sobre la policía). En ella, la ciencia de la policía es tratada todavía en el sentido del cameralismo clásico (como teoría de la conservación y el fomento del patrimonio común estatal y

---

20    G. Marchet: *Studien über die Entwicklung der Verwaltungslehre in Deutschland von der zweiten Hälfte des 17 bis zum Ende des 18. Jahrhunderts,* München -Leipzig, 1885, citado por E. Dittrich: *op. cit.,* p. 7.

21    *Vid.* J. Maier: *op. cit.,* pp. 218 y ss, y E. Dittrich: *op. cit.,* pp. 103 y ss.

de la acción dirigida a la felicidad comunitaria); acción ésta concebida, a su vez, como deber del Príncipe para con respecto a sus súbditos (sin que éstos tengan derecho alguno a reclamar o exigir el cumplimiento de tal deber).

Su posición varía, sin embargo, en sus *Grundfeste* (obra posterior, escrita ya en Prusia y en un ambiente típico del absolutismo ilustrado). Ahora la "policía" es la ciencia relativa a la configuración de la constitución interna del Estado en forma tal, que se logre y conserve una conexión y un equilibrio adecuados entre el bien de las familias (de los súbditos) y el interés general. Su principio básico radica en la mediación entre la felicidad del individuo y la del Estado como un todo (que no se confunde ya con la suma de las de los individuos), radicando el centro de gravedad de esa tensión en el primer (el interés del súbdito, de las familias) y no en el segundo de sus polos. La policía, en cuanto a administración del bien común, no se fundamenta ya exclusivamente en el interés soberano del Príncipe, toda vez que tiene que tener en cuenta los derechos de los súbditos. El *paso* que da V. Justi es, pues, decisivo al reconocer en los súbditos auténticos derechos y concretar el papel de la "policía" en la resolución del gobierno sobre la base del conflicto entre el poder soberano y aquellos derechos, toda vez que supone ciertamente un planteamiento de gran modernidad y el comienzo –ciertamente incipiente– de la reducción al Derecho de la acción pública (por más que obviamente, toda su construcción esté supeditada, en definitiva y al no romper con el sistema absolutista, a la burocracia ilustrada en tanto que estamento de intermediación entre el bien del Estado y el bien individual, ya que el "bien común" continúa siendo, fundamentalmente, más un ideal filosófico que un concepto jurídico justiciable).

En esta línea se sitúa precisamente su separación –que es uno de sus mayores logros– de la ciencia de policía con respecto a las ciencias cameralistas clásicas. Pues la "policía" no resulta ya de la perspectiva de los planteamientos políticos generales o de la actividad de los "Camera", sino de un planteamiento propio, basado en la sustancia inherente a la misma policía, que deriva, a su vez, de su fin típico: la felicidad o el bien de los súbditos. De otro lado, la ciencia de la policía no es tratada ya tampoco desde un plano enciclopédico –recopilación y sistematización de las normas públicas relativas a las diferentes materias a las que alcanza la acción del Estado–; antes al contrario, se circunscribe en Justi a los principios o reglas generales a los que responde dicha actividad.

Como antes se apuntó, la policía es también algo distinto a la política. Justi, siguiendo en este punto (aunque con no mucha fidelidad) el pensamiento de Montesquieu, concibe la política como lo referente estrictamente al Estado y a su actuación, al orden estatal de supremacía integrado por la soberanía, el mandato imperativo y su ejecución. Por ello, la función de la política radica en velar, en lo interior, por el Derecho (la consecución de una relación justa entre el imperante y el súbdito) y, en lo exterior, por la seguridad (la afirmación del propio Estado). El objeto de la policía es, por el contrario, de diferente naturaleza: la consecución de un adecuado equilibrio entre el bien de las familias concretas (los súbditos) y el bien público o general. Ambos planos –político y policía–, que hasta ahora habían sido confundidos por los cameralistas, quedan definitivamente distinguidos y delimitados:

la política procura el Derecho y la seguridad, mientras que la policía hace lo propio con el bien común ("Wohlfart"). Así pues, las tareas de previsión y satisfacción de las necesidades colectivas dejan de ser políticas para ser propias de la "Wohlfahrtsorganisation", es decir, de la policía, que cubre tres grandes sectores de actividad: los bienes inmuebles (el cultivo del campo, el crecimiento de las ciudades y pueblos y las instalaciones para la mayor comodidad de la población), los bienes muebles (la alimentación, el comercio, la industria) y la condición moral de los súbditos (la moral y la instrucción).

V. Sonnenfels, el otro gran sistematizador de la ciencia de la policía, austríaco (1733-1817), titular de la Cátedra de Ciencia de la Policía y del Cameralismo y alto funcionario en Viena, escribe un tratado de la policía bajo el título *Grundsatze der Policey, Handlung und Finanz,* cuya primera edición (bajo otro título) se remonta al año 1765.

Este autor se mantiene, con mayor claridad que V. Justi, en el marco del sistema absolutista. Por ello, para él la policía no se desgaja de las disciplinas cameralistas, sino que permanece encuadrada en ellas; así como tampoco le atribuye un fin específico singularizado respecto de los generales propios del Estado.

Conforme a este punto de partida, la policía vuelve a centrarse en los conceptos primarios y tradicionales de seguridad y Derecho; es no sólo la procura del bien común, sino, fundamentalmente, aseguramiento del orden. En este sentido es básica la distinción, sobre la que reposa todo el sistema de la policía, entre prestaciones voluntarias e impuestas. Las primeras operan en el ámbito del "fomento del respeto a las leyes" y resultan de la aplicación de las siguientes técnicas: amonestaciones, apoyo a la religión, fomento de la ciencia y la instrucción y, finalmente, eliminación de todo cuanto debilita la acción en los anteriores medios y las buenas costumbres.

Las segundas son consecuencia de la actuación de la policía en calidad de instrumento coactivo; actuación que tiene lugar siempre que se trate de mantener las fuerzas privadas frente a las del Estado en la posición subordinada que respecto de éstas les corresponde, es decir, cuanto atañe al orden interior.

Para finalizar, es obligada una referencia, siquiera sea somera, a los tardíos cultivadores de la ciencia de la policía en Alemania, que escriben ya iniciado el siglo XIX. Su importancia lo merece.

En primer término, debe citarse a los dos principales discípulos de J. S. Pütter, uno de los principales sistematizadores de la "Staatswissenschaft" en el siglo XVIII: J.C. Leist y N. T. Gönner.[22]

El primero, Profesor en Göttingen de "Staatsrecht, Kirchenrecht und deutsche Geschichte" desde 1795, interesa por su obra *Lehrbuch des deutschen Staatsrecht,* publicada ya en 1803. Para él, el Derecho del Estado ha de diferenciarse entre un "Derecho constitucional" y un "Derecho administrativo", sentando así la base ya de la independización científica de este último. En cuanto a este último o Derecho del Gobierno y aparentemente influenciado por las ideas de Montesquieu, diferencia tres tipos de poderes estatales: el de supervisión o control *(oberaufsehende),* el legislativo *(gesetzgebende)* y el objetivo *(vollziehen-*

---

22    Los datos sobre estos autores se toman de B. Dennewitz: *op. ci.,* pp. 22 y ss.

*de)*. Pero frente a estos derechos generales del Gobierno se sitúan los especiales: la Justicia civil, la criminal o penal, *el poder de policía, el poder cameral o financiero* y el poder militar. El mérito principal de Leist se sitúa, por tanto, en la ruptura de la concepción global y monopolítica de la policía, que aparece en él claramente diferenciada no ya de la función legislativa, sino también de la judicial. La policía así considerada es estudiada en la doble vertiente de la titularidad de sus potestades y del contenido de estas últimas *(die Rechte und Arten der Polizei: Gewerbepolizei, Marktpolizei, etc....)*.

El segundo, Profesor en Landshut, es autor de las obras *Deutsches Staatsrecht* y *Der Staatsdienst aus dem Gesichtspunkt des Rechts und der Nationalökonomie betrachtet, nebst der Hauptlandespragmatik über die Dienstverhältnisse der Staatsdiener im Königreich Bayern*, publicada esta última en 1808. Parte, como Leist, de la distinción entre "Derecho constitucional" y "Derecho del Gobierno", para centrarse en éste y estudiar su contenido según las distintas y específicas potestades o poderes del Gobierno, de los que enumera los siguientes: 1) poder de representación; 2) poder de control o vigilancia; 3) poder de dictar órdenes; 4) poder judicial; 5) poder de policía; 6) poder de ejecución; 7) poder militar; 8) poder de economía estatal; 9) poder penal o criminal; 10) poder financiero; y 11) poder de disposición sobre las funciones o cargos públicos. La novedad de su pensamiento, en lo que aquí interesa, radica en su negación del Derecho de policía tradicional, puesto que por "policía" sólo puede tenerse lo que tenga relación con la seguridad, todo lo relativo a la promoción del bienestar está fuera de su objetivo.

B. Dennewitz[23] señala, siguiendo la opinión de Meyer-Anschütz, que con estos autores se anuncia ya el fin de una época, en concreto la de ciencia de la policía y del Estado-policía, debiendo encuadrárseles más bien en la época de transición hacia el Estado liberal-burgués de Derecho. No obstante, ambos son tributarios aún en una gran medida de las ideas y concepciones propias del Estado-policía.

Günther Heinrich von Berg, Profesor en Gotinga, cuya obra cimera –*Handbuch des Teutschen Policeyrechts* (siete volúmenes) – aparece al filo del cambio del siglo (1799-1809), ejemplariza con mayor intensidad el tránsito desde la clásica ciencia de la policía (V. Justi, Sonnenfels) hacia su renovación bajo el prisma del Estado de Derecho (von Mohl), aunque continúa (al igual que los anteriormente mencionados) más vinculado y tributario de la tradición cameralista que sensible a las nuevas ideas políticas y jurídicas. De su obra deben destacarse dos aspectos: de un lado, la reducción (que ya operaba Gonner) de la "policía" a la función de orden y seguridad y, de otro, la limitación a la recopilación, sistematización y exposición de las normas de policía, con pérdida del contenido científico, nucleado en torno al principio de bien común, la felicidad de los súbditos, como fin de la acción pública entera. De todas formas, como anota B. Dennewitz,[24] Berg se distancia de los cultivadores dieceichescos de la ciencia de la policía, en razón a su posición crítica respecto de ésta. Considera impracticable la construcción de un sistema a partir del caos de las disposiciones sobre policía y opta por diseñarlo por la vía de la elaboración

---

23  *Op. cit.*, p. 26.
24  *Op. cit.*, pp. 27 y 28.

de categorías operativas. A este efecto parte de la dialéctica Estado-ciudadano (ya no súbdito), afirmando que la actividad de policía sólo puede limitar *la libertad natural* de los súbditos, en la medida en que así sea jurídicamente necesario. Se trata, pues, de una posición ya cercana a los planteamientos que van a triunfar con el advenimiento del Estado constitucional de Derecho.

Pero la figura cumbre y, al propio tiempo, última (dentro de las de algún relieve) de la ciencia de la policía, es la de Robert Von Mohl, titular de la Cátedra "Staatswissenschaft" en Tubinga y autor de tres obras fundamentales: *Staatsrecht des Königrekhes Württemberg* (1829-1831), *Polizeiwíssenschaft nach den Grundsätzen des Rechtsstaates* (1832-1833) y *System der Praventivjustiz* (1834).

El propósito que le anima en el cultivo de la ciencia de la policía no es otro, según él mismo confiesa, "que superar los defectos de que adolecen las obras referidas a la misma". O bien faltan en ellas los principios básicos de la policía, quedando reducidas a puras recopilaciones de normas y recetas, o bien son incompletas por su concepción o contenido. En todo caso, pretende erigirse en "el Adam Smith de la policía".

La importancia de la obra de Von Mohl puede cifrarse en tres aspectos. En primer término, en su nueva y completa exposición –al estilo de los autores del siglo XVIII– de la entera actuación pública en materia del bien común y orden público. En segundo lugar (y este punto es, sin duda, el más importante) la sistematización de toda la acción estatal o pública sobre la base del nuevo y ahora principal ideal del desarrollo individual y personal, según el cual al Estado corresponde únicamente una función de subsidiariedad, sin poder en ningún caso conducir a la persona imperativamente hacia "su felicidad" o "bienestar". Y en tercer y último lugar, la colocación de las bases para un verdadero Derecho Administrativo en sentido actual, es decir, un Derecho centrado en la idea de la ejecución de las leyes (de la sumisión de lo administrativo a la ley).

### 4. LA CIENCIA DE LA POLICÍA EN ESPAÑA

El siglo XVIII español vio también florecer el cultivo de la economía, la hacienda y la "policía". Sin embargo, faltó un tratamiento sistemático y teórico de conjunto como el que fue propio al cameralismo germánico y, en cuanto hace específicamente a la "policía", una aportación o construcción original, circunscribiéndose prácticamente los autores españoles a la recepción de las ideas extranjeras. A este respecto debe decirse que la influencia no fue sólo francesa, sino también germánica (como inmediatamente tendremos ocasión de comprobar).

Como ha señalado L. Jordana de Pozas,[25] en la monarquía española de finales del siglo XVII y del siglo XVIII se dieron, aun en mayor medida que en Alemania y Austria, los factores que produjeron en estos países el nacimiento de las ciencias camerales (y, como una de ellas, de la ciencia de la policía). Expone dicho autor textualmente que:

---

25  L. Jordana de Pozas: Cultivadores de la ciencia de la policía, *op. cit.*, pp. 7 y 8.

La unidad política se había logrado con gran antelación sobre las demás naciones europeas, y las fuerzas centralizadores habían comenzado a actuar inmediatamente en el orden administrativo y político. El sistema de los consejos, que también fue organizado con prioridad sobre otros países, había alcanzado su perfección a principios del siglo XVIII. En su famosa obra: *El Secretario del Rey*, el licenciado Bermúdez de Pedraza podía exclamar, entusiasmado: "El Gobierno superior de esta monarquía está con admirable traza en doce Consejos dividido, y distribuidos los negocios por reinos y materias diferentes. De cada uno de estos Consejos se forma un cuerpo místico, cuya cabeza es su presidente; los consejeros, sus miembros y sus acciones, el expediente de los negocios que tocan".

Estos Consejos de Estado, de Guerra, de Castilla, de Aragón, de Indias, etc., agrupan en torno al rey los hombres más ilustres y de más saber y experiencia del reino. Después de haber desempeñado misiones y cargos importantísimos en la diplomacia, la guerra o la administración, perfectamente impuestos de las tendencias y doctrinas que influían el gobierno de la cosa pública en los diferentes Estados, estos varones eximios se ocupaban en estudiar y resolver absolutamente todos los negocios que la vida cotidiana de un gran imperio lleva ante ellos. Y de esta manera, por una parte, conocían hasta en sus menores detalles la vida y los problemas españoles; y, por otra, al fallar o resolver, aplicaban concretamente las doctrinas y los sistemas.

Ciertamente la literatura española sobre temas económicos, políticos y administrativos de los siglos XVI a XVIII (en sus tres primeras décadas) es muy abundante. Lo prueban los catálogos, extractos y relaciones bibliográficas contenidos en el *Diccionario de Hacienda* de Cangas Arguelles, la *Biblioteca española económico-política* de Sampere y Guarinos y la *Historia de la Administración Pública de España*, de F. Cos Gayón.

Por lo que hace la "ciencia de la "policía" uno de nuestros tratadistas de la materia (Puig y Gelabert), nos ha dejado noticia de que, al menos en la segunda mitad del siglo XVIII. "la ciencia del gobierno" (dividida en los ramos de "Policía", "Política" y "Economía') constituía una de las materias de estudio y examen para los abogados de las Reales Audiencias.

Puede considerarse como primera obra española de "policía", aunque en ella no se emplee esta palabra y sí únicamente la de gobierno (comprensiva de la política exterior e interior del Estado),[26] la de Francisco Roma y Rosell, publicada en Madrid en el año 1768 bajo el título *Las señales de la Felicidad de España y medios para hacerlas eficaces*. Nótese, en efecto, como en ella aparece ya el concepto ilustrado de "felicidad" (bienestar o bien común) como fin último de la acción estatal, que debe emplear determinados y precisos medios para alcanzarla.

---

26    En este sentido Luis Jordana de Pozas, en la presentación a la reedición por el I.E.A. de la obra de Tomás Valeriola: *Idea General de la Policía o Tratado de Policía*, Madrid, 1977, pp. XIV y XV.

La obra, escrita en lenguaje llano, es –en expresión de L. Jordana de Pozas[27]– una especie de catecismo para gobernantes, distribuido en cinco capítulos, divididos en párrafos y terminados en una conclusión que contiene seis "columnas" o normas básicas para remediar la decadencia del Estado y medios para reconstruir cualquier monarquía. Su contenido se refiere a las materias propias de la "policía": la población, la agricultura, las fábricas y manufacturas y el comercio interior y exterior. En definitiva, su objetivo radica en establecer principios y reglas para la consecución de la felicidad y la prosperidad de los súbditos, en la línea de las ideas de la época.

En Roma y Rossell se manifiesta la influencia de la ciencia de la policía germánica, toda vez que la única cita bibliográfica que hace (en el prólogo), es la de las "Instituciones Políticas" de V. Bielfeld, uno de los cameralistas alemanes, si bien no de los de primera fila; obra que conoce porque –según el mismo Roma y Rossell manifiesta– ha sido traducida (un año antes) por Latorre y Mollinedo.

La misma influencia germánica se manifiesta en el primer Tratado de la Policía publicado en España, que no es sino una traducción de la obra *Grundsätze der Polizeiwissenschaft,* de V. Justi, acompañada de observaciones y comentarios personales. Se trata de los *Elementos Generales de Policía,* de Antonio Francisco Puig y Gelabert (publicados en Barcelona en el año 1784). Jordana de Pozas[28] traza la siguiente semblanza de este autor:

> El discreto traductor de esta obra, don Antonio Francisco Puig y Gelabert, doctor en Sagrados Cánones, pertenecía al Gremio y Claustro de la Universidad de Huesca, era abogado de la Real Audiencia de Cataluña y Juez de Reclamación de la Curia Real Ordinaria del Corregimiento de Barcelona y regía la Dirección del Derecho Público Criminal de la Academia de Jurisprudencia Teórico-Práctica de Barcelona.

Puig y Gelabert se identifica con la obra de V. Justi, salvo en aquellos aspectos que su religiosidad y mayor conservadurismo se lo impiden, tales como en la defensa de los gremios, la impugnación de la libertad de conciencia y del divorcio, la afirmación del celibato eclesiástico, etc... .

El tercer gran autor español en materia de policía es Tomás Valeriola Riambau de Corella y Proxita, que publicó –entre 1798 y 1802 (por cuadernos)– una obra titulada *Idea general de la Policía o Tratado de Policía, sacado de los mejores autores que han escrito sobre este objeto,* impresa en Valencia y hoy accesible gracias a su edición, en 1977, por el Instituto de Estudios Administrativos.

Tampoco este autor es original. Según ha establecido L. Jordana de Pozas,[29] su obra está realizada, prácticamente en su integridad, tomando como modelo y guía el Tratado de Delamare. En lo demás el Tratado de Valeriola está integrado por leyes, pragmáticas y ordenanzas o reglamentos españoles sobre las materias de que se trata. Se evidencia aquí, pues, la influencia francesa

---

27  *Op. cit.,* en nota anterior, p. XV.

28  *Op. cit.,* en nota 32, p. 11.

29  *Op. cit.,* en nota 32, pp. 13 y ss.

en nuestra patria. Con todo, resulta preciso dejar constancia del concepto de policía que asume,[30] en cuanto revela la aproximación a una concepción moderna de lo administrativo:

> Autores de mérito dicen que la policía "es un derecho por el cual es permitido hacer de oficio, y sin instancia de parte, por solo el interés público, reglamentos que empeñen y líen los ciudadanos de una ciudad, por su bien y utilidad común". Y añaden que el poder del magistrado de policía se acerca y participa mucho más del poder del príncipe, que el del juez, que no tiene derecho sino de sentenciar entre el demandante y el demandado.

La influencia francesa, manifiesta en la obra escasamente original de Valeriola, debió ser desde luego notable. Prueba de ella es la traducción (de la que dimos cuenta ya al tratar de la ciencia de la policía en Francia), en 1788, de la obra *Derecho público* de M. Domat por el doctor D. Juan Antonio Trespalacios y Mier, abogado de los Reales Consejos y Prebendado de la Santa Iglesia Catedral de Córdova (cuatro volúmenes, publicados en la Imprenta de Benito Cano de Madrid); traducción dedicada a D. Pedro Rodríguez de Campomanes, Conde de Campomanes. La nota previa que Trespalacios titula "El Traductor al Lector" es bien ilustrativa tanto del conocimiento que en nuestra patria debía de tenerse de las obras foráneas (quizás principalmente francesas), y por tanto, de la escasa originalidad de nuestra literatura en la materia, como de la vigencia entre nosotros de la "policía" como ciencia de cultivo universitario y práctico. Dice así la nota:

> Deseando contribuir de mi parte cuanto fuese posible a satisfacer los justos deseos de nuestra nación, y no encontrándome con todas las proporciones necesarias para formar una Obra de Derecho Público que fuese original, me pareció que sería conveniente traducir al castellano la de M. Domat, sin embargo que ésta se dirige mas bien a tratar de los principios de Derecho Natural, y de la equidad que pertenece al Derecho Público que a referir los muchos reglamentos y leyes establecidas sobre cada una de sus materias. Tengo por inútil exponer los fundamentos que me han movido preferir esta obra a otras muchas, porque estoy bien seguro del mucho aprecio que ha merecido a nuestros literatos; pues además del método y disposición de las materias, la conformidad de los reglamentos particulares de su patria con los nuestros bastaba para haberme hecho abrazar esta resolución. No puedes negarme que la obra es útil, así para los jóvenes que se dedican al estudio de la jurisprudencia, como para todas las personas que se hallan constituidas en las diversas clases que componen un Estado, cuyas obligaciones describe.

Y llegamos así al último cultivador patrio de la ciencia de la policía; último en sentido cronológico, que no en importancia, toda vez que se trata del único

---

30    La cita se toma de la edición de su Tratado realizada en 1977 por el Instituto de Estudios Administrativos, p. 13.

verdaderamente original en su obra. Los datos biográficos que son conocidos, los expone así, L. Jordana de Pozas:[31]

> Ninguna duda me cabe, sin embargo, sobre la existencia en carne y hueso de don Valentín de Foronda, pues su dinamismo, inquietud y espiritual afán proselitista y osadía, amén de so tendencia a dirigirse constantemente a sus conciudadanos sobre los asuntos más dispares, han dejado multitud de huellas. A decir verdad, y por los datos incompletos que conozco y debo principalmente a don Fernando de la Quadra Salcedo (cuyos escritos ha tenido el buen acuerdo de publicar la Cámara de Comercio de Bilbao), don *Valentín de Foronda, ofrece tema, verdaderamente* interesante y ameno para una de esas biografías sensacionales tan del gusto de los actuales lectores.

> Alavés de nacimiento y vizcaíno por familia, la vida de Foronda transcurre de 1760 a 1830, período en que el mundo asistió a cambios más profundos y variados quizás que en época alguna. Su espíritu ávido y curioso liba en las mismas fuentes de donde manan las ideas demoledoras o fecundas, al mismo tiempo que su temperamento le impulsa a la acción y a la propaganda de los nuevos sistemas. Pocos años antes de su muerte, al editar por tercera vez una obra publicada en 1792, exclama con cierto deje de melancolía: "Desde que escribí estas cartas, ¡qué vuelta no ha dado el mundo y sobre todo España!".

> Unas veces como diplomático y siempre como viajero infatigable y lector curioso, Foronda estuvo al tanto de las doctrinas, asistió y, probablemente, no fue ajeno a las actividades de las sociedades secretas, de tan decisivo influjo en los sucesos de Francia, España y América.

Se trata de un autor prolífico. Entre sus obras conocidas se encuentran: Cartas sobre los asuntos más exquisitos de la economía y sobre las leyes criminales (Madrid 1789-1794), Miscelánea (1792), Comentarios a las leyes penales (1808), Discurso sobre el comercio y la Compañía de Caracas (1808) y, la que aquí nos interesa. Cartas sobre la Policía (Madrid 1801). Autor culto, conocía y manejaba la principal literatura de la época, española y extranjera (principalmente la francesa y la alemana).

En la *Cartas sobre la Policía*, cita expresamente sus fuentes: Delamare, Vitri, Bielfeid y la Enciclopedia. La obra responde a los cánones de la ilustración, toda vez que en ella señala que las reglas en la misma expuestas son tan ciertas como los axiomas geométricos. El objetivo, como en todas las obras de "policía" es establecer los principios del buen gobierno, de la buena administración, para conseguir el "bien común". El medio principal, según Foronda –profundamente influido por el enciclopedismo–, es la educación, que depende y es obra del gobierno. Textualmente afirma que: "¿Y en quién consiste la buena o mala educación? En los gobiernos... No hay duda en esto. Transporte

---

31   *Op. cit.*, en nota 32, pp. 15 y 16.

usted los turcos, los egipcios a Inglaterra, Francia y España y serán como nosotros; y transporte usted los ingleses, franceses y españoles a Constantinopla y a El Cairo, existiendo los gobiernos actuales, y seremos lo que ellos son actualmente". Por tanto, la buena educación y, consecuentemente, el progreso, vienen dados no por la naturaleza de los hombres, sino por el gobierno de que son objeto, de donde se sigue que el gobierno –para procurar ese progreso que es su mismo fin– ha de procurar ante todo la educación o instrucción de los súbditos (pues todos los acontecimientos naturales son iguales y todos pueden alcanzar, por ello, las mismas cotas de cultura).

Foronda, como es usual en los tratadistas de la policía, no sólo incide en el campo de las medidas estrictamente administrativas, sino también de las económicas. Conforme a sus ideas enciclopedísticas y mercantilistas, mantiene el principio de la libertad de comercio. No obstante, debe señalarse que, prudentemente, atempera dicho principio en los casos en que los géneros correspondientes no puedan, por las circunstancias, estar sujetos a la concurrencia; supuestos en los que admite y aún propugna "las tablas reguladoras" de los precios, es decir, la intervención administrativa en los mismos.

Para finalizar este breve repaso a la literatura española de la ciencia de la policía debe recogerse una acertada observación de L. Jordana de Pozas:[32] los autores españoles de la ciencia de la policía se ignoran mutuamente y, a su vez, nuestros primeros administrativistas del siglo XIX ignoran a sus precursores de la "policía". Estos, como aquéllos, se atienen a las fuentes foráneas (los del siglo XIX fundamentalmente a las francesas), con olvido total de la aportación patria. Por tanto, tampoco en España se da una continuidad en la literatura científica referida a lo administrativo. El advenimiento de la época constitucional representa una cesura, un corte radical con lo anterior y un nuevo comienzo, a pesar de que en la época que comienza no todo es nuevo y persisten elementos de la anterior.

---

32    *Op. cit.*, en nota 32, p. 22.

# III

## LAS SUCESIVAS CONCEPCIONES DEL DERECHO ADMINISTRATIVO EN TORNO AL CRITERIO DE LA FUNCIÓN

**1.** EL PRIMER CONCEPTO DE DERECHO ADMINISTRATIVO: LA IDENTIFICACIÓN DE SU OBJETO CON LA FUNCIÓN PROPIA DEL GOBIERNO O DEL PODER EJECUTIVO EN LA ERA CONSTITUCIONAL; LAS RAZONES DE SU CRISIS

Con la matización que se dejó señalada en la introducción (la asunción del principio autoritario y, por tanto, de un derecho público singular para la actuación del poder público, propio de la época absolutista), el nacimiento del Derecho Administrativo puede referirse al surgimiento del Estado constitucional, fruto de la Revolución Francesa. Basado este Estado en la doctrina de la división de poderes (legislativo, ejecutivo y judicial), la cual, en la formulación de Montesquieu, descansa –a su vez– en la identificación de otras tantas funciones materiales del Estado.

Estas, según él, son tres, diferenciadas por su propio contenido: la legislativa, consistente en la formulación de las normas o reglas de carácter general; la ejecutiva, que tiene por objeto la adopción de las medidas concretas necesarias para la puesta en práctica, la efectividad de aquellas reglas; y la judicial, cuyo cometido se agota en la resolución de los conflictos derivados de la aplicación de las reglas generales, bien por infracción de las mismas (justicia penal), bien porque su interpretación dé lugar a divergencias (justicia civil). Nada más cercano, por tanto, a las ideas sustentadoras de la nueva opción política de estructuración del Estado en tres poderes distintos, que identificar la materia del Derecho Administrativo con la propia de la función ejercida por el poder ejecutivo (al que había quedado adscrita la compleja organización estatal), dotada –como queda visto– de sustancia propia. Así, pues, y como ha señalado S. Muñoz Machado,[1] lo propio del Derecho Administrativo según esta inicial concepción sería el estudio de la función material de ejecución de la ley.

Los tres primeros administrativistas clásicos en Francia –Macarel, Cormenin y de Gerando– pueden adscribirse a esta línea de pensamiento. Ciñéndo-

---

1 Santiago Muñoz Machado: Las concepciones del Derecho Administrativo y la idea de participación en la Administración, R.A.P. N° 84, p. 521.

nos a M. de Cormenin[2] tal concepción del Derecho Administrativo aflora en sus siguientes afirmaciones:

– «Chaqué pays a ses institutions, chaqué institution ses problemes, et chaqué probleme sa solution propre.

Chez nous, la Centralisation a revolu le grand probleme de l'unité dans le Territoire, la Législation, et le Gouvernement. *La centralisation explique la France adtninistrative»*

–«Sous la Féodalité, la Centralisation servit l'aristocratie, sous le Rois, la monarchie, sous la Convention l'egalité, sous le Consulat l'ordre civil, sous 'Empire le despotisme, *sous la Restauration le gouvernement ministeriel.*

Elle doit venir en aide aujourd'hui a l'independance du territoire, *a Vautorité du gouvernement et a la liberté du peuple».*

–«La centralisation change seulement de moyens et de forme, sans changer d'objet.

*Ainsi, le Gouvernement représentatif a substitué a la volonté d'un seul, l'association les volontés de tous, au caprice la regle, au commandement absolu du Prince la responsabilité constitutionnelle des Ministres».*

–(Después de haberse referido a 'l'ordre delibératif» y a «l'ordre judiciaire»).

La justice administrative se resume dans l'etablissements des Conseils de Prefecture, dans la juridiction contentieuse des Ministres et dans le pouvoir supreme du Conseil d'Etat.

*Voila pour l'ordre administratif*

Si les autorités administrative et judiciaire viennent a se choquer dans les lurtes du conflit, la puissance royale les départage.

*Voila pour l'ordre gouvernemental*

Ainsi, dans la machine ingénieuse et savante de notre administration, les grandes rouages entrainent les moyens qui entrainent les petits autour de leur mouvement.

Le Maire obéit au Sous-Préfet, le Sous-Préfet au Préfet, le Préfet au Ministre. La responsabilité des ministres garantit les citoyens contre les vexations de l'agent secondaire, et l'amovibilité de l'agent garantit l'indépendance de la responsabilité ministerielle.

Chaqué Ministre répond, dans sa personne, des actes spéciaux de son département, et les Ministres répondent solidairement des actes de leurs deliberations communes.

*Voila pour l'ordre executif*

La cita ha sido larga, pero necesaria por lo ilustrativa no sólo de la consideración del Derecho Administrativo como el ordenamiento ("qui touche, d'un cote, au droit civil et, de l'autre cote, au droit politique", dice al final de la introducción a su "Droit administratif") de la función propia de la organización que culmina con el Gobierno, es decir, la adscrita al poder ejecutivo (de tal

---

2    M. de Cormenin: *Droit Administratif,* París, 1840, Tomo I, 5ª Ed. Las citas que, a continuación y en el texto, se hacen, están tomadas de la Introducción.

manera que aquella organización, estructurada jerárquicamente, constituye el "ordre executif", los cometidos que desarrolla integran –por contraposición a los propios del poder judicial– el "ordre gouvernemental" y en su actuación frente a los ciudadanos, dando lugar, en su caso, a conflictos o contenciosos, el "ordre administratif"), sino también del entendimiento de que la causa específica de la "France administratif" tiene su origen no en las nuevas ideas políticas revolucionarias, sino en el principio autoritario del régimen absoluto; principio a cuya supervivencia se debe la existencia en el nuevo Estado del "commandement" y del Derecho público especial y que subsiste precisamente porque el gouvernement representatif a substitué a la volonté d'un seul" asumiendo su papel en la nueva etapa histórica. De ahí que Cormenin sea consciente –y ello debe resaltarse– de los dos contradictorios valores que marcan, a virtud de dicha circunstancia, el Derecho Administrativo: "L'autorité du gouvernement" y "la liberté du peuple"; viejo uno, nuevo el otro.

También en Alemania se da esta inicial identificación de Administración –como término nuevo, sucesor del de la policía, que aún perdurará en la primera mitad del siglo XIX– y poder ejecutivo y, por tanto, entre Derecho Administrativo y función ejecutiva.

Así, por ejemplo, para J. Pözl[3] la Administración es:

... der Inbegriff jener vom Saatsoberhaupte ausgehendem und geleiteten Tätigkeit, welche den Staatszweck in einem bestimmten gegebenen Staate in Leben zu verwirklichen bestimmt ist". (El concepto de aquella actividad que emana y dirige el supremo órgano del Estado y que tiene por objeto realizar, en la vida real y en un Estado dado, el fin mismo de éste).

Ha de tenerse en cuenta que para Pözl, como destaca B. Dennewitz,[4] la novedosa disciplina del Derecho Administrativo es distinta del Derecho Constitucional (en el que se contienen los principios sobre el poder legislativo) y del Derecho Internacional Público (regulador del tráfico entre Estados).

De Administración puede hablarse, para el mismo autor, tanto en un sentido amplio (en cuyo caso incluye el poder judicial; lo que se explica por el hecho de que, entonces, en Baviera no se había cumplido aún la independización de la Justicia) como en uno estricto (en cuyo caso comprende tan sólo el poder ejecutivo y la organización a él adscrita).

F.F. Mayer,[5] a quien se atribuye el primer manual de Derecho Administrativo alemán, parte precisamente del concepto de poder ejecutivo, que identifica con el de Administración del Estado en sentido amplio. A su vez, ambos conceptos, comprenden no sólo la Administración, sino también la Justicia, pues las dos tienen por función la ejecución de las leyes. A los mismos se contrapone la legislación o poder legislativo y a todos ellos, incluido este último,

---

3    J. Pözl: *Lehrbuch des bayerischen Verwaltungsrechts*. München, 1858 (se trata de una 2ª edición citada por W. Damkowski: *Die Entstehutig des Verwaltungsbegriffes*. Carl Haymans verlag KG, Köln, 1969).

4    D. Dennewitz: *op. ch.*, pp. 64 y 65.

5    F. F. Mayer: Grundzüge des Verwaltungs-Kechis und Rechtsverfahrens, Tübingen, 1857 (citado por W. Damkowski, *op. cit*, p. 183).

el Gobierno, pues éste, además de la función ejecutiva (y en ello se diferencia de la Administración y la Justicia), tiene "Antheil an der Gesetzgebung und Repräsentation des Staates" (participación en la legislación y la representación del Estado). Con todo, la Administración está adscrita al Gobierno, sólo que se distinguen porque "die Verwaltung als solche zu den einzelnen in rechtliche Beziehungen eintritt, während die Acte der Regierung, von jenen ganz unabhängig, anf das Ganze gerichtet sind" (la Administración, en cuanto tal, entra en relación con los particulares mediante vínculos jurídicos, mientras que los actos del Gobierno, independientes de dichos vínculos o relaciones jurídicas, están dirigidos al conjunto [a la colectividad]).

Finalmente, Lorenz Von Stein,[6] considerado el fundador del Derecho Administrativo científico en Alemania, concibe la Administración como "das organische Ganze" (el todo orgánico). Partiendo de la crítica a la falta de la adecuada y precisa diferenciación entre Gobierno y Administración, afirma que por el primero ha de tenerse la actividad general y por la segunda la actividad específica del Estado. De otro lado, establece también la distinción entre ejecución y Administración. De este modo llega a la definición de ésta como "*ejecución,* en la medida en que reciba su configuración, articulación y denominación en razón a la naturaleza y fuerza de sus objetos" ("Vollziehung, insofern sie Gestalt, Eintheilung und Namen durch Natur und Kraft ihrer Objekte empfängt").

En España, por las específicas circunstancias de su evolución política, económica y social, la ciencia administrativa moderna no aparece con el primer momento constituyente, sino que ha de esperar al período que se abre con la muerte de Fernando VII. La década de 1840-1850 es, en efecto, la época que ve no sólo el nacimiento del Derecho Administrativo español, sino su increíble y rápido desarrollo hasta alcanzar cotas perfectamente comparables con las de los países más evolucionados en este aspecto y, singularmente, de Francia.

Está establecido, en efecto, que con la conclusión del período absolutista fernandino coincide la de un Estado de economía feudal y precapitalista, abriéndose paso la evolución hacia un desarrollo –si bien incipiente– industrial y agrario y experimentándose, desde mediada la década de los treinta, un notable impulso económico, cuya característica radica en tener como motor a la clase burguesa alta, que lleva a cabo una auténtica revolución desde arriba. Se produce, pues, una clara emergencia de la burguesía y, consecuentemente, de la ideología liberal propia de la misma, que –en lo político– se traduce en un sistema, aunque representativo, censitario, en el gobierno de los moderados y en la potenciación de la Administración como instrumento de poder. Es famosa, a este último respecto, la siguiente frase de Olivan, uno de los autores descollantes de la época: "La Administración injusta, débil y desigual es siempre mala; la vigorosa, justiciera y activa es siempre buena". Esta opción ha sido magistralmente explicada por E. García de Enterría[7] en los siguientes términos:

---

6    Lorenz Von Stein: *Handbuch der Verwaltungslehre, und des Verwaltungsretchts,* Stuttgart, 1870 (citado por W. Damkowski, *op. ch,* p. 184).

7    E. García de Enterría: Prólogo a la edición de la obra de Olivan, *La Administración Pública con relación a España,* por el Instituto de Estudios Políticos, Madrid, 1954.

La Administración por cuya implantación trabaja Olivan no es una Administración enteca y recatada, como podía dejar suponer el momento en que escribe, dominado por el gran mito liberal de una sociedad autónoma que se autogobierna por el equilibrio de sus impulsos espontáneos. El liberalismo surge en Europa como reacción a un poder efectivo, y a la vez sobre el soporte de una sociedad en efecto consciente de su substantividad. Estos dos factores son extraños en nuestro país, pues en definitiva del Estado anterior a Javier de Burgos podría decirse sin gran exceso que no existe. ... Por otra parte, la ausencia de una sociedad burguesa constituida como tal, ausencia que se prolonga por lo menos hasta la Restauración... privaba al país *a limine* en la posibilidad de una efectividad social y política de la idea liberal. Todo esto, que prestó a nuestro liberalismo el aire irreal y místico que Diez del Corral ha subrayado agudamente, es perfectamente conocido de Olivan, y en general de toda la primera promoción de administrativistas, que se esfuerzan contra toda corriente por establecer las bases de un Estado que en su ánimo debe ser en primer lugar fuerte, e incluso poderoso.

Estos son los presupuestos y las circunstancias coyunturales en que brota nuestro Derecho Administrativo, el cual –por tanto– puede decirse que surge de la nada y en virtud del puro esfuerzo de una promoción de hombres entusiastas.[8] De ahí los dos factores que, según ha señalado J. Santamaría Pastor,[9] presiden su aparición: La importación del Derecho Administrativo francés y la asunción de la mitología de la Administración de fomento neoilustrada.

El primer factor se encuentra perfectamente establecido. Basta con una simple remisión al estudio que a este extremo ha dedicado A. Nieto.[10] J. Santamaría Pastor"[11] ha destacado, sin embargo, cómo la recepción del Derecho francés se hizo a partir, no de las obras de primera fila, sino de las de auto-

---

8　Así lo han puesto de relieve Carlos García Oviedo (*Los orígenes del Derecho Administrativo español*, Revista de Legislación y Jurisprudencia, Tomo 174, p. 577), quien afirma: "El decenio 1841-1850 constituye un período memorable en la historia del Derecho Administrativo español. Diríamos más bien, que es el primer período de la vida científica de esta disciplina, período en el cual preclaras inteligencias bucearon en el fondo confuso en donde, oscuras, yacían nociones, normas e instituciones de índole administrativa, e iluminándolas con luz potentísima, dotáronlas de clara individualidad, coronando esta obra emancipadora con el. nacimiento de un Derecho Administrativo español de relieve singular"; también Alejandro Nieto (*Influencias extranjeras en la evolución de la ciencia española del Derecho Administrativo*. Anales de la Universidad de La Laguna, La Laguna, 1966, pág. 6), quien señala: "Aquí nos encontramos ante un hecho insólito, ante una década increíble. En esos diez años escriben unos hombres que conocen bien la cultura extranjera y que aciertan a asimilarla. Es un grupo de autores modernos y entusiastas, de carácter político moderado, en los que no es difícil percibir una huella de doctrinarismo, más fecundo aquí que en la misma Francia".

9　Juan Alfonso Santamaría Pastor: *Sobre la génesis del Derecho Administrativo Español. en el Siglo XIX* (1812-1845), Instituto García Oviedo. Universidad de Sevilla, 1973, p. 127.

10　Alejandro Nieto: *Influencias extranjeras.... op. cit.*

11　Juan Alfonso Santamaría Pastor: *op. cit.*, en nota 47, p. 127.

res franceses secundarios, principalmente las de Bonnin, Bourbon-Leblanc y Gandillot.

El segundo es ciertamente la consecuencia, como apunta el último autor citado, de la confluencia de la ausencia de un Estado fuerte y de la utilización por la burguesía emergente del poder al servicio de sus intereses propios, pero también –y ello no puede ser olvidado– de la persistencia en el nuevo Estado (más claramente aún en nuestro caso, dadas las singularidades de nuestro primer proceso constituyente, que no supuso una ruptura con la idea monárquica, y de la evolución política posterior) del principio de autoridad y de realización imperativa desde el mismo del bienestar colectivo, del bien común, inherentes al viejo Estado absoluto ilustrado. Consecuentemente, también y más claramente si cabe en nuestro caso, el Derecho Administrativo aparece caracterizado desde su nacimiento como el campo donde ha de resolverse la tensión entre los principios contrapuestos de autoridad y de libertad.

Desde el punto de vista del concepto del Derecho Administrativo, que es el que aquí nos interesa, la influencia francesa va a determinar que todos nuestros primeros administrativistas y aun todos los que pueden calificarse de clásicos, es decir, y siguiendo a A. Nieto,[12] tanto los primeros ensayistas –Francisco Agustín Silvela, Javier de Burgos y Alejandro Olivan–, como los sistematizadores –Pedro Gómez de la Serna, Manuel Ortiz de Zúñiga y José María Morilla– y los creadores –José Posada Herrera y Manuel Colmeiro–, se atienen a la concepción funcionalista de lo administrativo. Todos ellos mantienen, en efecto, y con una u otras matizaciones, que la Administración se limita al poder ejecutivo y es la acción o el conjunto de medios con los que las leyes se ejecutan.

Concretándonos a los que hemos calificado de creadores, J. Posada Herrera,[13] después de seguir en la primera de sus *Lecciones de Administración* un discurso en torno a los conceptos de unidad y centralización con evidentes analogías respecto del que vimos realizado en la obra de Cormenin, define la Administración y el Derecho Administrativo en los siguientes términos:

No se puede separar la acción del gobierno, de la acción de la Administración.

*...administración es el número y la distribución de las personas de quien se sirve el gobierno para la ejecución de las leyes...; derecho administrativo es el conjunto de las leyes administrativas...;* ciencia de la administración es la que arregla los derechos de los ciudadanos y de la sociedad recíprocamente.

Y más adelante:

Tres poderes reconoce la constitución estatal de la nación española que abarcan la administración general del país; estos son el legislativo, *el administrativo* y el judicial. . . Este poder (el administrativo) se conoce en España con el nombre de poder ejecutivo, y como las leyes pueden referirse a los intereses del ciudadano particular o a

---

12    Alejandro Nieto: *op. cit,* en nota 46.

13    José de Posada Herrera: *Lecciones de Administración,* edición del Instituto de Estudios Administrativos, Madrid, 1978, Tomo I, pp. 39, 53 y 55.

los intereses de la sociedad en general, o a las relaciones de ésta con el individuo, *se divide el poder ejecutivo en dos brazos distintos; el uno, encargado de los intereses generales de la sociedad que se llama, poder ejecutivo y, mejor dicho, poder administrativo;* el otro, encargado del cumplimiento de las leyes civiles y de la resolución de las cuestiones que ocurren entre los particulares, que se llama poder judicial; de manera que estos tres poderes forman, sirviéndome de una elegante figura de Macarel, un triángulo en cuyo vértice está colocado el poder legislativo, en los dos ángulos de la base el administrativo y el judicial, y dentro de su área los intereses de la sociedad.

Como se ve, una concepción funcionalista pura de la Administración y, por ende, del Derecho Administrativo, atenida estrictamente a las consecuencias de la división de poderes y de su específica articulación continental sobre la base de la primacía del legislativo.

Y por su parte, M. Colmeiro,[14] afirma textualmente:

Esta triple acción legislativa, judicial y administrativa se ha desmembrado por el influjo de las teorías políticas que no consienten tamaña aglomeración de fuerzas sociales en manos de una sola persona o corporación. Cuando el poder legislativo, dijo Montesquieu, se reúne con el poder ejecutivo en la misma persona o cuerpo de magistratura, no existe la libertad, porque es de temer que el mismo monarca o el mismo senado dicten leyes tiránicas y las hagan ejecutar tiránicamente. Tampoco hay libertad, si el poder de juzgar no está separado del poder legislativo y del ejecutivo. Si estuviese junto con el poder legislativo, la vida y la libertad de los ciudadanos quedarían a merced de un poder arbitrario. Si se uniese al poder ejecutivo, el juez pudiera llegar a oprimir.

De ahí nació la teoría mal llamada del equilibrio o balanza, y mejor dicho, de la limitación de los poderes...

Por esta causa se depositó la legislación en asambleas deliberantes, la justicia en una magistratura inamovible y *la administración en un gobierno responsable.*

*Administrar, pues, significa gobernar, en cuanto gobernación equivale al ejercicio del poder ejecutivo.* Ahora se deja ver que la palabra Gobierno es anfibológica, pues ya no declara como antes la suma de los poderes públicos, ni determina la organización política de un Estado o su constitución; sino que expresa solamente la idea de *"un poder central* que representa a la sociedad en la persona de un jefe investido con todas *las facultades necesarias para hacer cumplir la ley; pero sin atribuciones en punto a la legislación y a la justicia".*

*El Gobierno,* así limitado, *dispone del poder ejecutivo, en el cual se comprenden la política y la administración propiamente dicha.* La primera

---

14  Manuel Colmeiro: *Derecho Administrativo Español,* Madrid, 1865, 3ª Ed., Tomo I, pp. 5, 6 y 7.

imprime una dirección moral a la sociedad, mueve y ordena los poderes constitucionales y restablece entre ellos la perturbada armonía. Tal es su ministerio en el interior. La policía exterior vela por los intereses colectivos del Estado, dirigiendo sus relaciones diplomáticas o comerciales; ya pacíficas, ya belicosas con las potencias extranjeras.

Y más adelante:

La administración como poder o administración aplicada acompaña al hombre desde la cuna hasta el sepulcro; y todavía antes y después de estos linderos del mundo, tiene deberes que cumplir, porque espera a las generaciones en las puertas de la vida y vela por su reposo en la mansión de los muertos.

La Administración es cual otro ángel tutelar del hombre, porque a cada paso que damos en la sociedad corresponde *un acto administrativo que nos ampara o nos reprime;* de suerte que, en medio del absoluto aislamiento de nuestros conciudadanos, no vivimos solos, pues *la autoridad de la administración nos* sigue dondequiera y asiste de continuo a nuestro lado.

También, pues, ofrece Colmeiro una explicación funcionalista de la Administración, aunque más matizada que en Posada Herrera y acompanada también de la visión de la acción administrativa como permanente, universal, dirigida al interés común y montada sobre la técnica de la decisión unilateral imperativa.

Esta concepción del Derecho Administrativo no se limita a nuestros clásicos, sino que se mantiene prácticamente a lo largo de todo el siglo XIX, perdurando aún –con alguna matización– en autores posteriores a los citados, como Vicente Santamaría de Paredes, quien la sostenía con rotundidad a finales de dicho siglo, como resulta de sus siguientes afirmaciones:[15]

En el Derecho político hemos visto que, mientras el poder legislativo y el judicial definen el Derecho, el uno en abstracto y el otro en concreto (este último restableciendo además el imperio de la ley perturbada), el *poder ejecutivo* (en su verdadera acepción, desligado del armónico o regulador) *cumple de hecho los fines del Estado en relación con la vida mediante la aplicación de los medios del mismo,* ejerciendo funciones jurídicas y técnicas esencialmente practicadas. *Y la multitud y complejidad de actos que supone este carácter del poder ejecutivo,* exigen un desarrollo en su legislación que no necesitan los demás poderes: *desarrollo que da lugar al Derecho Administrativo.*

Añadiendo más adelante que:

... por la clase de materias que los autores tratan, la tendencia común es referir el Derecho Administrativo a la organización, *funcio-*

---

15    Vicente Santamaría de Paredes: *Curso de Derecho Administrativo,* según sus principios generales y la legislación actual de España, Madrid, 1894, 4ª Ed., pp. 24, 35 y 37.

*nes y* procedimiento del *poder ejecutivo,* que es lo que nos interesa consignar.

Para concluir que:

... el concepto de lo Administrativo se resuelve en el poder ejecutivo.

Hay en el concepto de Santamaría de Paredes dos elementos nuevos: la dependencia o entronque constitucional del Derecho Administrativo y la caracterización de la actividad administrativa para con respecto a los fines globales del Estado, pero lo sustancial como reconoce el propio autor, sigue siendo la identificación de aquel Derecho con el poder ejecutivo.

Esta concepción funcionalista de la Administración y del Derecho Administrativo, montada a partir de la división de poderes y de la pretendida reducción de uno de éstos –el ejecutivo– a una tarea específica: la ejecución de las leyes, entra en crisis nada más ser formulada, por más que haya perdurado en el tiempo. La razón de esa crisis es bien sencilla. No obstante las primeras interpretaciones revolucionarias del principio de separación de poderes, que –como en su momento vimos– conducen a la prohibición tajante al Poder Ejecutivo de toda producción normativa, a la reducción de su actividad a puras funciones de ejecución de la ley, tal prohibición –como ha notado Eismein[16]– se vio incumplida desde el primer momento, dictando el Poder Ejecutivo verdaderos reglamentos, incluso –en Francia– bajo la vigencia de la primera Constitución de 1791. Quiere esto decir, que ni siquiera en los iniciales momentos de fervor y purismo revolucionarios, quedó cumplida esa teórica reducción del Poder Ejecutivo a una función de mera ejecución material de la Ley. Y, por supuesto, dicha situación se consolida a partir de la Constitución del VIII, que da cobertura a la potestad normativa del Poder Ejecutivo mediante la fórmula de "asegurar la ejecución" de la ley como cometido propio de dicho poder.

Como ha señalado García de Enterría,[17] al estar referida dicha fórmula, además, no a una ley concreta, sino a las leyes en general, es decir, al bloque de la legalidad, sienta las bases (definitivamente consolidadas con la revolución de julio de 1830) del llamado "sistema francés", es decir, de reconocimiento en el Poder Ejecutivo de una potestad reglamentaria autónoma.

La evolución a este respecto en España es muy similar a la francesa. Como ha establecido J. A. Santamaría Pastor,[18] aunque el Decreto I, de 24 de septiembre de 1810 (de la Asamblea Constituyente), formula el principio de separación de poderes, lo hace de forma ambigua y embrionaria (si bien afirmando la radicación de la soberanía nacional en las Cortes y atribuyendo a éstas el Poder Legislativo en toda su extensión), de modo que su conformación definitiva se produce con las disposiciones posteriores, llegando a su formulación definitiva en el texto constitucional de 18 de marzo de 1812. Así, por Decreto IV, de 27 de septiembre de 1810, las Cortes confieren una habilitación general al Consejo de Regencia para que "use de todo el poder que sea necesario para

---

16   E. Eismein: Elements de Droit Constitutionnel français et comparé, 7ª Ed., París, 1921.

17   E. García de Enterría: *Curso de Derecho Administrativo* (escrito en colaboración con T. R. Fernández), Tomo I, Ed. Cívitas, Madrid, 1980, 3ª Ed.

18   Juan Alfonso Santamaría Pastor: *op. cit.,* en nota 47, pp. 31 y ss.

la defensa, seguridad y administración del Estado en las críticas circunstancias del día". De esta habilitación coyuntural se pasa, por Decreto XXIV, de 16 de enero de 1811, aprobatorio del Reglamento provisional del Poder Ejecutivo, a la prohibición implícita (al igual que en Francia) de toda normación por el Poder Ejecutivo, toda vez que se prescribe que "el Consejo de Regencia hará que se lleven a efecto las leyes y decretos de las Cortes". Pero, incluso antes de la Constitución, el Decreto CXXXLX de 26 de enero de 1812, aprobatorio de un nuevo reglamento de la Regencia del Reino, acaba sancionando la potestad reglamentaria de ésta (el artículo V dispone: "La Regencia *expedirá los decretos, reglamentos e instrucciones que sean conducentes para la ejecución de las leyes*, oyendo antes al Consejo de Estado"). Y ya la Constitución de 1812, de forma definitiva, que define el Poder Ejecutivo –residente en el Rey– como la "potestad de hacer ejecutar las leyes" (art. 16) con carácter exclusivo (art. 170), atribuye claramente a dicho poder la potestad reglamentaria para la ejecución de las leyes (art. 171, *V*).

Aflora aquí nuevamente la persistencia en el nuevo régimen constitucional de elementos del viejo régimen absolutista, persistencia que se manifiesta precisamente a través del nuevo poder (el Ejecutivo) que en el nuevo diseño viene a sustituirse en la posición que ostentaba el príncipe. Es un dato significativo que en los textos constitucionales de las monarquías (y ello es así, por ejemplo, en la española de 1812), el rey asuma la jefatura precisamente del Poder Ejecutivo. En esa sustitución se produce un arrastre histórico que provoca que, en la nueva situación, el Poder Ejecutivo no sea reconducible al esquema racionalista de la división de poderes, estrictamente correspondiente a una triple función del Estado. El Gobierno, es decir, el Poder Ejecutivo no tiene por objeto, en la realidad, únicamente una actividad consistente materialmente en aplicar, ejecutar o llevar a la práctica o a la realidad los mandatos abstractos contenidos en la ley. Por el contrario, es titular de una diversidad de poderes y de contenidos irreconducibles a un único denominador sustantivo común. Y esto es lo que pone de evidencia como un ejemplo de enorme significación, la potestad reglamentaria, incluso independiente de una concreta ley.

Estas circunstancias y la esencial modificabilidad del contenido propio del llamado Poder Ejecutivo hacen de suyo insatisfactoria la visión funcionalista estudiada, pues sencillamente no existe una tal función ejecutiva como actividad típica que agote el ámbito de lo administrativo. Y no obstante, como antes quedó visto, la doctrina quedó fijada por considerable tiempo en dicha visión.

2.  OTRA VISION –DESDE LA PERSPECTIVA DE LA FUNCIÓN– DEL DERECHO ADMINISTRATIVO: LA IDENTIFICACIÓN DE SU OBJETO CON LA NOCIÓN DE SERVICIO PÚBLICO

A.  *Los presupuestos de la formulación de este nuevo concepto*

Desde que J. Bodín, en su famosa obra de mediados del siglo XVI, *La République*, consagra el concepto de soberanía como elemento caracterizador del Estado (la soberanía es, ante todo, un poder de voluntad superior e imperante), la cuestión capital del Derecho Público es la de la titularidad de dicha soberanía. En el Estado absoluto esa soberanía corresponde al príncipe. La Revolución Francesa conduce –ya lo vimos en la introducción– a la traslación de la misma desde el príncipe a la nación. Esa traslación supone, al mismo tiempo, el tránsito desde el Estado patrimonial al Estado-nación.

La base ideológica de la formulación política revolucionaria la suministra la específica confluencia que se da en la Europa continental de las doctrinas de Montesquieu y de Rousseau. La de la división de los poderes del primero se recibe matizada por la de la soberanía nacional del segundo, como ha señalado W. Jellinek.[19] J. J. Rousseau, en su *Contrat Social* mantiene que la soberanía deriva del pacto o contrato social, que no es sino una asociación por la que todos y cada uno de los miembros de la colectividad ponen en común sus personas y todo su poder bajo la suprema dirección de la voluntad general (formada con el concurso de todos), pasando cada miembro a ser considerado parte indivisible del todo. Por el acto de asociación se convierte la persona particular de cada contratante en un cuerpo normal y colectivo, compuesto de tantos miembros como votos tiene la asamblea, la cual recibe de este mismo acto su unidad, su yo común, su vida y su voluntad. La persona pública resultante recibe el nombre de República o cuerpo político y de Estado cuando es activa. Los asociados toman colectivamente el nombre de pueblo e indivisiblemente el de ciudadanos como partícipes de la autoridad soberana. La soberanía resultante del acuerdo social es inalienable (porque dejaría de ser general la voluntad soberana) y no tiene más límites que las convenciones generales del pacto social, prácticamente reconducibles a la cláusula de la igualdad.[20.] Partiendo de estas premisas llega a la afirmación de que:

> Le souverain n'etant formé que des particuliers qui les composent
> n'a ni ne peut avoir des intérets contraires aux leurs.

Así, pues, la nación, en tanto que distinta de los individuos que la componen es ella misma titular de la soberanía originaria (la cual ejerce a través de los órganos por ella misma constituidos). Pero comoquiera que la nación, por definición, es decir, al traer causa de los individuos que la componen, no puede tener intereses contrapuestos a los propios de éstos y la soberanía que detenta no precisa ser sometida a límites. Esta consecuencia la señala también Rousseau, al decir:

> Par conséquent la puissance souveraine n'a nul besoin de garant
> envers les particuliers".

Consecuentemente, la nueva filosofía democrática surgida de la Revolución Francesa, en esta inicial formulación, conduce derechamente a la tiranía de la minoría por la mayoría a través de la negación de límites al poder soberano encarnado en la nación. Con lo cual este dogma de la soberanía nacional inherente al nuevo Estado-nación plantea enormes dificultades para la reducción del Estado al Derecho, no constituyendo base suficiente para la construcción –en el nuevo Estado– de un verdadero Derecho Público. Los peligros que

---

19    Walter Jellinek: *Verwaltungsrecht,* Ed. Julius Springer, Berlín, 1931, 3ª Ed., p. 7. Este autor sostiene textualmente que: "In Frankreich, überhaupt im kontinentalen Europa, wurde Montesquieus Einfluss durch Rousseaus Contrat Social (1792) mitdessen Betonung der Allgewalt der Gesetzgebung etwas abgeschwächt".

20    J. J. Rousseau: *El Contrato Social,* Univ. Nac. Aut. de México, Colec. Nuestros Clásicos, México, 1978, pp. 20 a 22, 33 y ss.

encierra se ponen por sí mismos de relieve en la frase "Der Staat ist Macht" (El Estado es poder), acuñada por figuras tan señeras como las alemanas de Ihering y Treitschke.[21]

Los juristas alemanes, en el contexto de la filosofía hegeliana y hacia el final del siglo XIX, van a sustituir la doctrina del Estado-nación, para construir el Derecho público sobre unas nuevas bases, que –al final– abocan, como es sabido, a resultados nefastos. Surge, así, la que Duguit[22] ha llamado doctrina del Estado-poder, formulada hacia los años ochenta del siglo pasado por Gerber y desarrollada por Jellinek a principios de éste. Dada la enorme influencia de este último autor, la doctrina pasa a ser en el primer tercio del siglo la imperante en la dogmática alemana.

La tesis a que responde esta nueva doctrina es la de que el titular de la soberanía no es ya ni el príncipe ni la nación, sino el Estado en sí mismo considerado. Se afirma la existencia *a priori* del Estado como persona jurídica él mismo y, en tal condición, capaz para ser titular de la soberanía. Sentada la personalidad propia e independiente del Estado, los poderes del mismo –el legislativo, el ejecutivo y el judicial– pierden toda sustantividad, para pasar a ser simples órganos del mismo. La propia nación experimenta idéntica transmutación (órgano para elegir, igual que el Parlamento es órgano para legislar).

Se trata, como bien se ve y señaló Duguit, de una nueva formulación regaliana del poder, cuyas consecuencias no son difíciles de intuir: si la nación es simplemente un órgano del Estado, éste puede –a su sola voluntad– determinar sus funciones y limitar sus derechos.

No obstante, la doctrina del Estado-poder facilitó una nueva base de partida en la construcción del Derecho público, saliendo del punto muerto a que había conducido la del Estado-nación. Porque, como antes se adelantó, ésta imposibilitaba aquella construcción en la medida que afirmaba la soberanía ilimitada de la nación, como voluntad estatal independiente, solo determinable por sí misma y fijando ella sólo los límites de su extensión. Pero no precisa de un Derecho público verdadero un Estado que no está vinculado por ninguna regla de Derecho capaz de imponerse por su imperio a la voluntad del mismo, que le obligue a hacer determinadas cosas y le impida hacer otras.

Esta es la radical dificultad con que se enfrentaron los juristas alemanes y a la que Ihering y Jellinek acabaron dando una solución sutil y brillante, pero peligrosa. La solución no es otra que la famosa teoría de la autolimitación. El Estado (el Estado-persona), según se ha dicho, es soberano, en el sentido de que su voluntad sólo se determina por sí misma, pero ello no impide que el Estado –creador del Derecho– se someta voluntariamente a ese Derecho, por él mismo creado. De este modo, sin afectarse para nada la soberanía plena del Estado, éste queda sujeto al Derecho.

Como agudamente advirtió en su momento Duguit, en la base de esta explicación está un verdadero sofisma. Pues si el Estado está vinculado al Derecho por un mero acto de su voluntad, es bien evidente que nada impide que

---

21    La cita está tomada de León Duguit: *Leçons de Droit Public general,* Ed. Boccard, París, 1926, p. 113.

22    León Duguit: *op. cit.,* en nota anterior, pp. 123 y ss.

se sustraiga a esa vinculación por otro acto de voluntad de contrario imperio, cuando el Estado crea necesario violar el Derecho.

Pero, en todo caso y desde una perspectiva puramente jurídica, esta construcción del Estado como persona jurídica permite iniciar, según ha señalado García de Enterría,[23] la magna tarea de la definición de su comportamiento ante el Derecho.

La pérdida de individualidad por los poderes del Estado resultante de la atribución a este *in totum* de la personalidad jurídica cierra el paso definitivamente a la identificación de la Administración Pública con uno de dichos poderes. A partir de ahora se hace preciso determinar la naturaleza de las funciones del Estado-persona y, en lo que nos interesa, de la que consiste precisamente en administrar.

**B.** *La doctrina del servicio público; la concepción desde la misma del Derecho Administrativo como superación de su construcción dogmática entera sobre la distinción entre actos de autoridad-actos de gestión*

Va a ser L. Duguit,[24] Decano de la Facultad de Derecho de Burdeos y fundador de la llamada escuela de Burdeos, el que –coetáneamente a W. Jellinek– va a dar una primera respuesta a la cuestión planteada. Su discurso puede sintetizarse como sigue.

El punto de partida lo constituyen dos afirmaciones de bulto:

1. La soberanía, considerada como derecho subjetivo de *imperium* como poder propio de una voluntad imperante no determinable más que por sí misma, no existe.

2. De existir, no se podría encontrar al titular de una tal soberanía. Esta no podría atribuirse, en efecto, ni al príncipe, ni a la nación o al Estado considerados como personas, porque ello significaría –en particular por lo que se refiere a la nación– reconocer que una mayoría de individuos puede imponer su nuda voluntad a una minoría de los mismos, lo cual no puede comprenderse por qué ha de ser así.

3. Pero de las anteriores afirmaciones no se sigue la disolución del Estado, es decir, la anarquía.

Por el contrario, se sigue la construcción del Estado sobre nuevas bases.

La autoridad es ciertamente necesaria e indispensable para la vida de las sociedades humanas. Pero esa autoridad no se funda sobre un pretendido *derecho subjetivo*, sino únicamente *sobre el deber que se impone a todo hombre por el hecho de vivir en sociedad*. Aquí surge la vertiente filosófica del pensamiento de Duguit: la cuestión fundamental es la del deber o si se quiere la de la moral. Todos los problemas humanos (políticos, sociales, económicos) se reconducen a problemas morales y su resolución sería inmediata si todos los hombres (go-

---

23    E. García de Enterría en colaboración con T. R. Fernández: *Curso de Derecho Administrativo*, Tomo I, Ed. Civitas, Madrid, 1980, 3ª Ed.

24    León Duguit: *op. cit.*, en nota 58, pp. 139 y ss.

bernantes y gobernados, grandes y pequeños) cumplieran sus deberes. Por lo que hace a los gobernantes, su código de deberes se encierra en la siguiente fórmula: *deben gobernar para los ciudadanos y no para ellos mismos.* Sólo en la medida en que actúen según esa norma y estrictamente bajo tal condición pueden imponer su voluntad a los gobernados y es legítimo su poder *(no por su origen, no en virtud de un pretendido derecho subjetivo de que serían titulares, sino por la forma y el fin con que lo ejercen).*

Por poder de los gobernantes se entiende el *poder material.* Si se examinan las manifestaciones gubernamentales se comprueba, en efecto, que se aparecen siempre y sin excepción como manifestaciones de fuerza material. Todos los órganos y las magistraturas públicas que existen en los Estados modernos no serían nada si no tuvieran a su disposición una fuerza material de constreñimiento y fueran capaces de actuarla. De ahí que, en frase gráfica, "c'est le gendarme qui est le symbole de l'Etat, parce qu'il est le symbole de la forcé publique et que sans il n'y a pas d'Etat".

¿En virtud de qué proceso y cómo llegan ciertos individuos a detentar ese poder material de constreñimiento? La respuesta a esta pregunta es, simultáneamente, la respuesta a lo que es el Estado, pues éste no es sino el *producto mismo de la diferenciación entre gobernantes y gobernados.* Esa diferenciación ha sido realizada, a su vez, en el curso de un largo proceso histórico y como consecuencia de la acción de factores diversos. No es posible, a la hora de establecerlos, la formulación de teorías sintéticas y genéricas, puesto que éstas –en cuanto generalizaciones– sin bien recogen parte de la verdad, contienen siempre una parte de error. En cualquier caso, de todos los factores productores de la citada diferenciación, Duguit, se queda con dos: el religioso y el económico; los cuales –según él– han determinado, en combinación variable, la formación de gobiernos o, mejor, formas de gobierno a través de los tiempos. Lo que interesa del proceso histórico es retener que solo permanecen o se mantienen los gobiernos que aseguran "la paz por la justicia" (que es su fin, por ser éste el deber de los gobernantes), mientras que los que no lo hacen sucumben. Finalmente, a lo largo de los siglos XIX y XX, la diferenciación política ha tenido lugar conforme a la afirmación progresiva del sufragio universal y del principio de la representatividad. Pero no puede desconocerse que junto a la fuerza política de la mayoría han concurrido y concurren en la formulación y mantenimiento del poder de fuerzas distintas, de entre las cuales Duguit destaca las sindicales.

La conclusión a la que se llega es la de que un gobierno no existe ni puede mantenerse más que en la medida en que se apoye sobre ciertos elementos de fuerza política existentes en el país de que se trate y cumpla la tarea social que le está impuesta o encomendada. A partir de esta conclusión, el discurso de Duguit se hace más denso y se precipita al resultado final.

Una sociedad se organiza en Estado en la medida en que en ella exista un gobierno configurado según la conclusión anterior: apoyo en las fuerzas políticas existentes y cumplimiento de su deber. El Estado no es, pues, una persona jurídica soberana (el Estado es sólo un concepto), sino, más sencillamente, una sociedad en la que uno o varios individuos –los gobernantes– poseen "la puissance politique" o, lo que es lo mismo, un poder de constreñimiento irresistible. El ejercicio de este poder, sin embargo, sólo es legítimo si tiene por fin la realización de los deberes de los gobernantes. Estos deberes no son abstractos, derivan directamente del hecho social y se concretan en la idea capital de la solidaridad social. Esta, a su vez, se realiza a través del intercambio de servicios: cada ciudadano debe aportar a los otros los servicios de que sea capaz según sus posibilidades y aptitudes; los gobernantes deben prestar los de interés general; las actividades de éste carácter integran los llamados servicios públicos. En el seno de la sociedad las voluntades son individuales, tienen eficacia y carecen de estructura jerárquica; su valor relativo sólo puede determinarse en vista de su fin específico. Quiere ello decir que, por razón del sujeto, la voluntad del gobernante no tiene un especial valor, sólo por el hecho de que ésta persiga la organización y el funcionamiento de un servicio público y en la medida en que lo haga obtiene una eficacia prevalente. La noción de servicio sustituye, así, a la de soberanía y se convierte en la base misma de todo el Derecho Público. En definitiva, el Estado no es ya un poder soberano de mando, sino una agrupación o corporación de individuos, detentadora de una fuerza o poder que deben emplear para la creación y gestión de los servicios públicos.

La extracción de todas las consecuencias de esta construcción en el plano del Derecho Administrativo es obra ya del segundo personaje de la llamada Escuela de Burdeos, Gastón Jeze.

Este autor[25] sigue un método estrictamente jurídico (que él expresamente diferencia del político) en el marco del realismo propio de su maestro Duguit. Su punto de partida consiste en la comprobación de la caducidad –por obra de la jurisprudencia del Consejo de Estado– de la primera gran construcción dogmática del Derecho Administrativo en el contexto de la adscripción de la Administración al Poder Ejecutivo, como uno de los tres poderes del Estado, sometido ciertamente al legislativo, pero separado de éste y –especialmente– del judicial. El gran formulador de esa gran construcción, al término prácticamente del siglo XIX, Laferriere[26] la condensó en los siguientes postulados:

1. La distinción de los actos administrativos en actos de autoridad (sujetos al Derecho Administrativo) y actos de gestión (sujetos al Derecho privado).

2. El principio de la irresponsabilidad del Estado como soberano, cuando realiza actos de autoridad.

3. El principio de la independencia de la Administración activa respecto de los tribunales, tanto de los ordinarios, como de los administrativos.

Jeze comprueba, en efecto, que estos postulados –válidos para las circunstancias políticas de fines del siglo XVIII y comienzos del siglo XIX– han dejado de tener fundamento en las circunstancias políticas, sociales y económicas de Francia en las primeras décadas del siglo XX y que ello ha sido establecido ya por el Consejo de Estado francés, que ha abandonado los dos primeros y

---

25    Gastón Jeze: *Les principes géneraux du Droit administratif,* traducción española, bajo el título de "Los principios generales del Derecho Administrativo", de Carlos García Oviedo, Ed. Reus, Madrid, 1958. Las citas están tomadas básicamente del prólogo de la 2ª edición del propio Jeze y de la introducción a la obra.

26    Laferriere: *Traite de la jurisdiction admtnistrative et des recours contentieux,* editado por primera vez en 1886. Citado por Jeze: *op. cit.,* pp. 21, 22 y 23.

está en trance de hacer lo propio con el tercero. Por tanto, es necesaria otra explicación dogmática del Derecho Administrativo y esa explicación la va a extraer Jeze del pensamiento de Duguit.

Por de pronto, critica –desde la misma postura realista que este último autor– la tesis de la personalidad jurídica del Estado, tachándola de teoría exclusivamente política carente de entidad técnico-jurídica. De todas formas sirve para poner de relieve una idea política capital: que los agentes públicos no obran por su cuenta personal, sino para satisfacer el interés general.

Para Jeze lo sustancial es que los actos de esos, agentes públicos son manifestaciones de voluntad de individuos en el ejercicio de un poder legal y con el objeto de producir un efecto de Derecho. Porque lo esencial en el Derecho es el acto jurídico, que es –a su vez– eso: la manifestación de voluntad, en ejercicio de un poder legal, para producir un efecto jurídico. Así pues, detrás del acto jurídico hay siempre un poder jurídico.

Pues bien, el Derecho Administrativo es, cabalmente, el Derecho público que se ocupa del régimen jurídico de las manifestaciones de voluntad que se producen con ocasión de la gestión de los servicios públicos. Mas abstractamente aún, se define como "el conjunto de reglas especiales relativas al funcionamiento de los servicios públicos". Estos últimos son indispensables en todo país civilizado y su funcionamiento exige ser gobernado necesariamente por reglas especiales, diversas de las del Derecho común, del Derecho privado. Los servicios públicos suponen *individuos y cosas:* individuos, para disponer o ejecutar las medidas conducentes a la satisfacción de las necesidades de interés general; cosas, mediante las cuales los individuos adscritos a los servicios públicos proporcionan las prestaciones que el público espera de estos servicios. Y, de otro lado, implican los medios precisos (medios jurídicos) para que los indicados individuos puedan perfectamente, a través de las referidas cosas, organizar, gestionar y prestar los servicios públicos.

De ahí que la materia del Derecho Administrativo comprenda tres grandes partes:

a) Los agentes del servicio público.

b) Las cosas comprendidas en los patrimonios administrativos.

c) Los medios jurídicos para el funcionamiento regular de los servicios públicos.

La clave de todo radica, por tanto, en la noción de servicio público (según Jeze: "Le service public est aujourd'hui la piedre angulaire du droit administratif Français"). Esta noción está ligada a la de necesidad de interés general. La primera surge para dar satisfacción a las necesidades de interés general a través, precisamente, de una acción pública, es decir, de la Administración. Interesa precisar que, como ha razonado en detalle Ch. Eisenmann[27] y resulta de lo anterior, el servicio y, por tanto, el servicio público se toma por Jeze no en su sentido orgánico o institucional, sino únicamente como actividad o función. Ahora bien, una necesidad general puede ser satisfecha, bien dejando a los simples particulares que provean a la misma (procedimiento de derecho

---

27    Ch. Eisenmann: *Cours de droit administratif,* L.G.D.J., París, 1982, Tomo I, pp. 23 y ss.

privado), bien responsabilizando al poder público de la misma (procedimiento del servicio público).

*Consecuentemente y en palabras textuales del propio Jeze:*[28]

> Decir que en un determinado caso existe un servicio público, es decir que *para dar satisfacción regular y continua a cierta categoría de necesidades de interés general, existe un régimen jurídico especial y que este régimen puede ser en todo instante modificado por las leyes y reglamentos.*

> En todo servicio público propiamente dicho, obsérvase la existencia de reglas jurídicas especiales, que tienen por objeto facilitar el funcionamiento regular y continuo del mismo, de dar, lo más rápida y completamente posible, satisfacción a las necesidades de interés general.

El servicio público lleva consigo –y éste es el segundo elemento básico en la concepción de Jeze– un régimen jurídico especial, cabalmente de Derecho Público y que es propiamente el contenido propio del Derecho Administrativo. Los elementos constitutivos de ese régimen especial, tal como los ha sintetizado Ch. Eisenmann,[29] son los siguientes:

1. Los agentes adscritos a un servicio público, al menos los que lo están de un modo permanente, son funcionarios, lo que significa que están en una situación no contractual, sino reglamentaria. Esta situación los distingue de los agentes de "gestions administratives", que sí están vinculados a la Administración por una relación contractual de prestación de servicios.

2. Los bienes que sirven, es decir, que están afectados a una actividad de servicio público forman parte del llamado dominio público, mientras que los que integran el soporte de una "gestión administrative" componen el dominio privado, regido por reglas del Derecho privado.

3. El dinero, es decir, los medios económicos puestos a disposición de los servicios públicos quedan sujetos a una condición específica, lo que vale decir a unas reglas exorbitantes, en concreto las propias de la contabilidad pública.

4. Las actividades propias de los servicios públicos gozan de los privilegios propios de la obra pública: expropiación forzosa, ocupación temporal. Ello no sucede con las actividades pertenecientes a la llamada "gestión administrative".

5. La naturaleza de los actos cumplidos por los agentes de los servicios públicos son siempre actos administrativos, es decir, actos sujetos al Derecho público.

6. La responsabilidad derivada del desarrollo y cumplimiento de los servicios públicos obedece a reglas especiales y no a las generales del Código Civil, mientras que su determinación conforme a éstas últimas es lo propio de la resultante de la "gestion administrative".

---

28  Gastón Jeze: *op. cit.*, en nota 62, p. 284.

29  Ch. Eisenmann: *op. cit.*, p. 32.

7. Los contratos celebrados en el marco y para el funcionamiento de los servicios públicos –y sólo ellos– pueden ser contratos administrativos, es decir, contratos regidos por el Derecho público. Los contratos propios de la "gestion administrative" son, por el contrario, siempre contratos sujetos al Derecho privado.

8. La jurisdicción competente pata conocer los litigios derivados del funcionamiento de los servicios públicos es siempre la administrativa. Para los derivados de la "gestion administrative" lo es la ordinaria.

9. Finalmente, las reglas relativas a los servicios públicos son, por esencia, modificables en todo momento, cosa que no sucede con las de la "gestión administrative". En términos textuales "Toutes les régles d'organisation et de fonctionnement d'un service public sont a tout instant modifiables par les lois et reglements".

De esta forma la noción del servicio público se erige en fundamento mismo y naturaleza propia del Derecho Administrativo, en cuanto que lo que caracteriza la técnica jurídico-administrativa toda (como técnica jurídica-pública específica) es la instrumentación de los medios y procedimientos para el logro de los objetivos peculiares del servicio público. Siempre que la Administración gestione servicios públicos, está, sin más, sometida al Derecho Administrativo.

Esta concepción del Derecho Administrativo, que pasa a ser prácticamente hegemónica en Francia y cuya influencia llega hasta nuestros días, es recibida en España tanto a nivel doctrinal, como jurisprudencial (en la jurisprudencia contencioso-administrativa española se encuentran aún huellas profundas de la misma). En el plano doctrinal esa recepción se evidencia en Fernández de Velasco y, más claramente aún en A. Posada.

El primero[30] entiende que modernamente se formula el concepto de Administración y aun de Derecho público sobre la noción de servicios públicos y que, ciertamente, éstos constituyen uno de los elementos que integran la función administrativa. Y ésta se define así:

> Función que tiene por objeto dirigir los negocios corrientes del público en lo concerniente a la ejecución de las leyes del Derecho público y a la satisfacción de los intereses generales, hasta el límite constituido por el interés del poder político que ha asumido la tarea de realizar la gestión administrativa, siempre por medios de policía y *organizando servicios públicos*. Y como esta función se manifiesta en actividad de la Administración, resulta, a la inversa, *que del concepto de Administración se llega al del servicio público, de igual manera que éste implica aquel otro.*

Según Fernández de Velasco, en efecto, el Estado se constituye o vive en razón de un fin, que se persigue mediante tres clases de actividades o funciones: la legislativa, la ejecutiva y la jurisdiccional. Las tres se manifiestan en forma de actividad y de función. Aparte de las mismas y por virtud de la necesidad de la existencia permanente del Estado, aparece (diferenciada

---

30  Recaredo Fernández de Velasco Calvo: *Derecho Administrativo*, Tomo I, Ed. Bosch, Barcelona, 1930, 2ª Edi., pp. 18, 19, 29 y 31 a 35.

dentro de la ejecutiva) una función específica por su contenido y por consistir en una actividad permanente: la administrativa. Solo en ésta se da una coincidencia (hasta hacerse inseparables) entre hecho y función. Por demás, sólo la administrativa es susceptible de ampliaciones y reducciones, pues su ámbito depende únicamente de las necesidades del momento histórico. De ahí que, como los fines inmediatos del Estado son múltiples y variables, éstos tienen forzosamente que arraigar en la función administrativa. Por tanto, los fines del Estado se realizan a través de la función administrativa y ésta es más o menos amplia en razón directa de los fines asignados en cada momento de la evolución social.

Si bien no cabe determinar el número de los servicios *(sic.)* que el Estado puede prestar, sí es posible establecer las formas en que se cristaliza su actividad administrativa. Y estas formas son: a) limitación del ejercicio de los derechos privados; b) regulación de la actuación de las funciones de la Administración; c) organización de instituciones previsoras; y d) relación de la unidad legislativa del Estado en sus órganos y de éstos con los ciudadanos. Las dos primeras dan lugar a la policía, la tercera a *los servicios públicos* y la última a los actos administrativos. Todos estos momentos, formas o modos de realizar el Estado sus funciones administrativas, se condensan o encierran en el concepto de *gestión administrativa*. Consecuentemente, el Derecho Administrativo es el "regulador jurídico de la gestión administrativa; gestión que es esencialmente pública". *"Donde haya* una Administración o *servicios públicos,* tiene que haber un *Derecho Administrativo",* frase que muy bien podría ponerse (casi) en boca de Jeze.

Por su parte, A. Posada,[31] empleando –según confiesa– el método *realista,* y después de un análisis crítico de las sucesivas concepciones del Derecho Administrativo (incluso las previas suyas propias), sostiene que toda la actividad del Estado se produce en definitiva, como serie, conjunto o *sistema de servicios,* ya sea para hacer efectiva su misión en la vida –realizando un orden jurídico–, ya sea para mantener una vida de relación. *La idea de servicio del y por el Estado es aquí* –según afirma– *esencial,* y ella no supone más que, precisamente, la actividad del Estado, determinada según normas jurídicas y aplicada *sobre cosas* que convierte *en medios* –útiles y adecuados *para satisfacer necesidades–.* Es este objeto, la prestación de servicios, el que sustantiva y diferencia lo administrativo en el seno del Estado. Por todo ello, la conclusión es la siguiente definición de la Administración y, simultáneamente, de la *función administrativa:*

> Aquella actividad del Estado encaminada a obtener los medios adecuados para realizar con acción eficaz sus fines, *organizando y ordenando al efecto el sistema y régimen de los servicios llamados servicios públicos.*

## C. *La crisis de la doctrina del servicio público*

---

31     Adolfo Posada: *Tratado de Derecho Administrativo, según las teorías filosóficas y la legislación positiva,* Librería General de Victoriano Suárez, Madrid, 1923, 2a Ed. revisada, Tomo I.

La teoría del servicio público implicó la afirmación rotunda de la autonomía del Derecho Administrativo sobre la base de la idea de la especialidad del régimen propio de la actividad propiamente administrativa: la de los servicios públicos. Como quiera que ésta era la principal o predominante, era factible la conclusión de que la Administración estaba regida por entero por un Derecho propio y especial. Sólo marginalmente, en aspectos menores, cuantitativamente reducidos (la gestión del "domaine privé") y por ello despreciables, la Administración se ajustaba al Derecho común. De esta forma, el Derecho Administrativo aparecía dotado de una fuerte coherencia interna, fruto de lo que Ch. Eisenmann[32] ha llamado la perspectiva o concepción monista del mismo.

Por lo común se suele afirmar que la consagración positiva de este entendimiento del Derecho Administrativo se remonta al famoso arrét *Blanco* de 1873, conforme al cual:

> A la vérité, le Conseil d'Etat a parfois distingue parmi les différents services ou parmi les divers actes de la puissance publique ceux qui avaient un caractére exclusivement politique; mais, ce n'a jamais été pour revendiquer á leur égard la compétence de la juridiction administrative; c'était tout au contraire pour décliner cette compétence. Quant aux services administratifs proprement dits, les seuls dont nous ayons á nous ayons á nous occuper, quel que soit leur aspect extérieur, qu'ils soient relatifs a la haute police administrative, a la régie economique ou financiere du pays, ils ont tous le meme caractére de services administratifs, et, a ce titre, ils ne sont justifiables que de la juridiction administrative, sauf des exceptions déterminées par la loi. Reste la circonstance que ce sont simples ouvriers qui ont causé l'accident. Mais c'est toujours chose delicate et qui comporte une inmixtion dans les détails intérieurs d'un service, que d'apprécier les rapports exacts qui existent entre l'Etat et les divers individus qu'il y emploie, et les conséquences qui peuvent dériver de ces rapports vis-a-vis des tiers. Or, une pareille inmixtión, une pareille appréciation essentiellement administrative par son objet, ne saurait appartenir aux tribunaux judiciaires. D'ailleurs, quel soit le caractére des individus qui ont causé l'accident, il est une chose certaine, c'est que les faits reproches se rapportent directement a un service administratif, puisque c'est précisément cette circonstance qui es le fondement de la demande. Or, elle suffit pour la faire rentrer dans la regle générale d'aprés laquelle toute reclamation formée contre l'Etat, a l'ocassion d'un service public, appartient a la compétence administrative –regle qui n'est, en definitive, que la sanction pratique du principe de la séparation des pouvoirs.

Sin embargo, ya antes el Consejo de Estado se había inclinado por la teoría del servicio público. Así, en los arréts siguientes:

---

32    Ch. Eisenmann: *op. ch.,* p. 119.

–Rothschild c. Larcher et Administration des Postes de 6 de diciembre de 1855, en el que manifestó:

> Considérant que c'est a L' Administration seule qu'il appartient, sous l'autorité de la loi, de regler les conditions des services publics dont elle est chargee d'assurer le cours; qu'il lui appartient de determiner les rapports qui s'etablissent a l'occasions de ces services entre l'Etat, les nombreux agents qui opérent en son nom et les particuliers qui profitent de ces services, et, des lors, de connaitre et d' apprécier le caractére et l'étendue des droits et obligations réciproque qui en doivent naitre; que *ces rapports, ces droits et ces obligations ne peuvent etre regles selon les principes et les dispositions* du seul droit civil et comme ils le sont de particulier a particulier; que, notammement, en ce qui touche la responsabilité de l'Etat en cas de faute, de negligence ou d'erreurs commises par un Agent de l'Administration, cette responsabilité n'est ni générale ni absolue, qu'elle se modifie suivant la nature et les nécessités de chaque service; que, des lors, l'Administration seule peut en apprécier les conditions et la mesure. . .

–*Carcassonne* de 20 de febrero de 1858, en el que dejó sentado:

> Considérant que L' Administration n'est pas seulement chargée de pourvoir, sous sa responsabilité, a l'organisation des services publics, qui sont places par les lois dans ses atributions et de donner a ses agents les ordres et les instructions nécessaires pour assurer le cours de ces services; qu'il appartient également de faire l'application des lois et reglements qui déterminent les rapports qui s'établissent, a l'occasion de ees memes services, entre les particuliers et les agents qui représentent l'Etat; *que ces lois et reglements ont un caractére spécial,* et que les contestations que leur application peut *faire naitre doivent etre portées* devant *la juridiction administrative,* á moins qu'une disposition expresse n'en ait reservé la connaissance a l'autorité judiciaire; que, notamment, la responsabilité de l'Etat en cas de faute, de négligence ou d'erreurs commises par des agents de l'Administration n'est pas régie par les principes du droit commun; que cette responsabilité n'est ni generále ni absolue; qu'elle se modifie suivant la nature et les nécessités de chaque service; qu'en ce qui concerne particulierement le service des Postes, aucune disposition législative n'a chargé l'autorité judiciaire d'apprécier les conditions et la mesure de la responsabilité qui peut incomver a l'Etat pour les faits de ses agents.

–*Bandry c. Ministre de la Guerre* de 1 de junio de 1861, que estableció:

> Considérant que la responsabilité qui peut incomber a l'Etat pour les dommages causes aux particuliers *par le fait des personnes qu'il emploie dans le service publie ne peut etre régie par les principes qui sont établis dans le Code Napoleón pour les rapports de particulier a particulier; que cette responsabilité a ses regles spéciales, qui ne sont pas memes dans toutes les parties du service publique;* qu'aux termes des lois ci-des-

119

sus visées c'est a l'autorité administrative qu'il appartient de connaitre les actions qui tendent a constituer l'Etat débiteur, a moins qu'il n'en ait été autrement: –que des lors c'est avec raison que le conflit d attributions a été elevé...

Aún tomando como punto de partida de la aceptación por la jurisprudencia de la teoría del servicio público el arrét *Blanco* de 1873, es lo cierto que su doctrina no fue continuada ni consolidada por el Consejo de Estado hasta el año 1903. Con el arrét *Terrier* de este año y el ulterior *Thérond de 1910,* la escuela del servicio público creyó definitivamente establecida en Francia su concepción del Derecho Administrativo, de modo que en ésta época –1903- 1910– puede fecharse convencionalmente el apogeo de la misma. El primero de dichos "arréts" se limitó, en realidad, a afirmar simplemente (sin razonamiento alguno en el orden de los fundamentos o principios) la competencia administrativa en un *caso* de reclamación de pago de la prima acordada por un Consejo General de Departamento por cada víbora muerta. Dice así textualmente, en la parte que interesa:

Considérant qu'etant donné les termes dans lesquels a été prise la délibération du Conseil général allouant des primes pour la destruction des animaux nuisibles, et dans lesquels a été voté la credit inscrit a cet effet au budget départemental de l'exercice 1900, le sieur Terrier peut etre fondé a réclamer l'allocation d'une somme a ce titre; que, du refus du prefet il appartient au Conseil de connaitre, et dont ce Conseil est valablement saisi par les conclusions subsidiaires du requérant.

El segundo "arrét" de 1910 fue ya más explícito en el orden de los principios, al señalar que:

En traitant dans les conditions ci-dessus rappelées avec le sieur Thérond, la Ville de Montpellier a agi en vue de l'hygiene et de la sécurité de la population pouvant résulter de l'inexécution ou de la mauvaisse exécution de ce service sont, a défaut d'un text en attribuant la connaissance a une autre juridiction, de la *compétence du Conseil l'Etat.*

Se había llegado, así, al menos para la escuela de Burdeos, a la aceptación, en el plano del Derecho positivo, de que el Derecho Administrativo era un Derecho autónomo y único, caracterizado por regir la actividad de servicio público.

Ahora bien, la base misma de esta concepción del Derecho Administrativo la constituía la creencia de que la práctica totalidad de la actividad de la Administración y, desde luego, toda la realizada en relación con los administrados era una actividad de prestación de servicios públicos (regida, pues, necesariamente por el Derecho público exorbitante). Había, ciertamente otra actividad (la de gestión del dominio privado) que se regía por el Derecho privado, pero al ser reducida y excepcional no hacía quebrar la caracterización del Derecho Administrativo como propio de la anteriormente indicada.

Por ello mismo, cuando la realidad forzó paulatinamente a reconocer que tal planteamiento no era correcto, sencillamente porque el Derecho privado podía no limitarse a ser un Derecho sólo excepcionalmente aplicable a la actividad de la Administración, comenzó la quiebra misma de la teoría del servicio público. Se trata, pues, de una quiebra inducida no por una subversión de los principios jurídicos mismos articuladores de la teoría, sino por una ruptura de los límites cuantitativos en que había querido encerrar la aplicabilidad a la Administración del Derecho privado.

Por de pronto un aspecto no desdeñable de la actividad administrativa – la desplegada por empresarios privados a través de la técnica concesional–, suponía ya de principio un desafío a la teoría del servicio público, en cuanto dicha actividad no se regía (abstracción hecha de las cuestiones relacionadas con los contratos concesionales y como tal actividad) por el Derecho público. Pero la distancia entre teoría y realidad se va a ir agrandando a lo largo de la primera mitad de este siglo, alimentada e impulsada por las profundas transformaciones económico-sociales inducidas por las dos guerras mundiales.

El punto de inflexión desde el punto de vista del Derecho positivo la constituye sin duda el "arrêt" *Colonia de la Cote –d'Ivoire c. Societé Commerciale de l'Ouest Africain* (conocido por "arrêt Bac d'Eloka") de 22 de enero de 1921, conforme el cual:

> La Colonie de la Cote-d'Ivoire a, dans un but des plus louables, établi et gére un bac. Elle l'a fait dans un intéret général, mais comme tous particulier eut pu le faire, et elle l'exploite dans les memes conditions juridiques et toute entreprise inidviduelle.

Por lo que llega a la conclusión que:

> ...en effectuant, moyyennat rémunération, les opérations de passage des pietons et des voitures d'une rive a l'autre de la lagune, la colonie... exploite un service de transport dans les memes conditions qu'un industriel ordinaire.

De este modo, con el "arrêt" comentado queda establecida la posibilidad de la gestión privada y en régimen de Derecho privado de los servicios públicos. A partir del mismo, la jurisprudencia confirma definitivamente la regla de la sujeción al Derecho privado de los llamados "services publics industriels et commerciaux": "arrêts" *Kuhn* de 29 de enero de 1932 y *Dame Mélinette* de 11 de julio de 1933.

A partir de la Segunda Guerra Mundial, las nacionalizaciones provocadas por la misma pusieron, finalmente, total y masivamente al descubierto que la forma de la gestión de los servicios por la propia Administración era una cuestión puramente instrumental: ésta puede operar tanto en régimen de Derecho público como en el de Derecho privado; de otro lado, también está en su mano constituir entidades públicas, que, sin embargo, actúan actividades privadas y no servicios públicos.

Esta evolución supuso la necesidad de la extensión del principio, admitido hasta entonces sólo como excepción, como supuesto anormal: el de la aplicación del Derecho privado a la actividad de la Administración. Extensión que llevó a aceptar la normalidad de esta aplicación incluso a los servicios administrativos externos o prestados a los administrados. De esta forma el Derecho Administrativo dejó de poder explicarse a partir de un solo principio capaz de sustentarlo por entero, al actuar en su seno dos principios con igual normalidad. Surge así la necesidad de explicar la disciplina desde el punto de vista de su estructura dualista, que implica –según Ch. Eisenmann–[33] los siguientes elementos:

1. El regimiento de la actividad de la Administración por dos sistemas de reglas, privado el uno, público el otro.

2. La aplicación a la actividad de la Administración de dichos sistemas de reglas es igualmente normal para cada uno de ellos.

3. Imposibilidad de la caracterización del Derecho Administrativo en razón a la primacía en él de un sistema de reglas sobre el otro.

De esta forma quedó consumada, por imperio inapelable de la propia realidad jurídica y práctica, la quiebra de la ecuación, piedra singular de la doctrina del servicio público, servicio público-gestión en régimen de Derecho público. Y con esta quiebra se vino abajo también la posibilidad de continuar explicando la totalidad del Derecho Administrativo desde la noción material, funcional del servicio público, haciéndose precisas nuevas vías explicativas.

A todas las anteriores circunstancias se vino a sumar la crítica a que, en el plano jurídico, sometió a dicha doctrina, en la misma Francia, Hauriou,[34] el gran Decano de la Facultad de Derecho de Toulouse.

Comienza Hauriou por recordar que son dos las nociones fundadoras del régimen administrativo francés: la de servicio público como la obra que ha de ser ejecutada por la Administración Pública y la del poder público como el medio para la realización de dicha obra. Mientras los primeros sistematizadores del Derecho Administrativo pusieron el acento en la segunda de ellas (marginando la primera), la "escuela del servicio público" hace lo inverso: pone en primer plano la primera (relegando por completo la segunda). Si bien es cierto que toda explicación general implica una elección y, por tanto, la subordinación de una noción a otra, ello no debe comportar nunca el entero sacrificio de la que ha sido subordinada.

La primera construcción en torno al concepto de "puissance" incurrió desde luego en ese error. En él han tomado pie las doctrinas socialistas de finales del siglo XIX, para rehabilitar el concepto de fin hasta entonces menospreciado (porque dicho concepto es, en sí mismo, social y, por el contrario, el de medio es, también en sí mismo, individualista). Pero en ese afán de recuperar el valor del fin (por sí mismo enteramente positivo) han vuelto a incurrir en el exceso que trataban de remediar y han sacrificado completamente la noción de medio, alterando por completo la jerarquía tradicional y lógica entre medios y fines. En este punto radica la clave del error de la doctrina del servicio público, pues, para Hauriou, el lugar en dicha jerarquía de los fines es el segundo y no el primero, como pretende dicha doctrina al hacer prevalecer la idea moralista de servicio, considerada como fin mismo del Estado, sobre la

---

33    Ch. Eisenmann: *op. cit.*, p. 137.

34    Maurice Hauriou: *Précis de Droit Administratif et de Droit Public*, Ed. Recueil Sirey, París, 1933, 12ª edición. Las citas están tomadas del prefacio de la 11ª edición, titulado "La puissance publique et le service public".

del poder de voluntad del Estado considerado como medio para realizar los fines de éste. En esta línea llega a afirmar textualmente que:

> Ce renversement des valeurs constitue l'hérésie du socialisme juridique, dont les ravages n'ont pas moins bouleversé le monde du droit que les schismes religieux n'ont bouleversé la chrétienté.

La crítica alcanza a los elementos mismos de la noción de servicio público. Según Jeze esta noción comporta dos notas: el régimen de Derecho público y la posibilidad permanente de la modificación del servicio.

En la primera nota –régimen de Derecho público– Hauriou ve el reconocimiento implícito en cierta manera de la "puissance publique". No obstante este reconocimiento es insuficiente, pues no es sólo los servicios públicos, sino también el ejercicio mismo una "procedure executive", lo que constituye una prerrogativa considerable omitida por la doctrina del servicio público.

La segunda nota –la posibilidad permanente de la modificación del servicio público– se justifica en la doctrina del servicio público en la vieja idea de la soberanía, ahora renovada con la del interés general. Sobre esta base se afirma que "le pouvoir de modifier l'organisation des services publics ne pouvait pas etre lié juridiquement". Aquí detecta Hauriou el gran fallo de la doctrina, pues si ésta ha procurado precisamente superar la tesis del poder estatal autolimitado mediante el hallazgo de una limitación objetiva –la representada por la teleología del interés general, del servicio público– a dicho poder, la conclusión final de que la organización del servicio público descansa sobre un poder que no está vinculado objetivamente por la regla de Derecho, constituye la sanción misma de su fracaso. Porque ello significa que el entero Derecho Administrativo –articulado sobre la noción de servicio público– no está fundado sobre el Derecho y, por tanto, no merece realmente esta calificación.

3.  **El derecho administrativo desde la perspectiva del poder, la prerrogativa como clave de su esencia; la crisis de esta explicación**

Hauriou, tras efectuar la crítica expuesta, pasa a diseñar su propia concepción del Derecho Administrativo, en la que se vuelve a recuperar la primera y tradicional construcción dogmática montada sobre la distinción actos de autoridad-actos de gestión.

Por de pronto, la comprobación elemental es la de que todos los Estados modernos asumen funciones administrativas, aunque no todos ellos lo hagan bajo la forma de un "régimen administrativo"; comprobación, que sintoniza con las consideraciones preliminares que quedaron hechas en la introducción al hilo de las ideas de M. S. Giannini. Asumir funciones administrativas implica simplemente atender las necesidades de orden público y asegurar el funcionamiento de ciertos servicios públicos de interés general. Pero esa asunción puede hacerse otorgando o, por el contrario, sin otorgar a las funciones correspondientes un poder jurídico especial. De ahí surgen los dos tipos básicos: el modelo anglosajón (las funciones administrativas se cumplen conforme al Derecho común y bajo el control del poder jurídico ordinario que es el judicial) y el modelo francés, que es el de "régimen administrativo" por excelencia (las funciones administrativas están fuertemente centralizadas y confiadas a un poder único; este poder, en tanto que poder jurídico, es decir, encargado de la administración del Derecho y de la ley en todo lo concerniente a su actividad, no es el Poder Judicial sino el Poder Ejecutivo; y este poder actúa conforme a un Derecho especial público, el administrativo, exorbitante del común, sujeto a una jurisdicción especial y no a la ordinaria). Por lo tanto, las funciones administrativas pueden ser cumplidas tanto por un sistema de *administración judicial* (Estado de régimen no administrativo) como por un sistema de *administración ejecutiva* (Estado de régimen administrativo).

De lo dicho resulta que hay régimen administrativo cuando el Poder Ejecutivo asume el cumplimiento de la función administrativa. Los elementos, pues, que integran dicho régimen son los siguientes:[35]

## A.  *Un principio de acción: el poder administrativo, derivado del poder ejecutivo (la "puissance publique")*

Este es el elemento por excelencia del régimen administrativo, que está fundado sobre la separación de poderes entre la autoridad judicial y la administrativa y la identificación de Administración Pública y organización del Poder Administrativo. El Derecho Administrativo, que es el Derecho de la actividad administrativa no se puede explicar sino como reglamentación o regulación de los poderes de la Administración, que se han conformado como derecho de "puissance publique".

Lo que caracteriza, pues, al Derecho Administrativo no es tanto el contenido mismo de la función administrativa cuanto la índole de las relaciones jurídicas a que da lugar, que son siempre relaciones entre poderes, como lo son también en las restantes ramas del Derecho. Es, pues, la posición de la Administración en esas relaciones la que caracteriza a ésta como institución. Y esa posición está determinada entre otros elementos, por:

–El goce de derechos de *"puissance* publique", exorbitantes del Derecho común.

–La prerrogativa de la *acción de oficio*, puesta en obra mediante la *decisión ejecutoria*.

## B.  *Un objetivo a cumplir: el desarrollo de la función administrativa*

Si, como ha quedado dicho, el régimen administrativo reposa fundamentalmente sobre *el poder*, ha de precisarse inmediatamente que ese poder *está institucionalizado*, es decir, *encuadrado en una organización sujeta a una idea directriz*; idea que no es otra que la del servicio prestado al público o del servicio público. Lo esencial de la misma es su carácter servicial, de prestar servicio en lugar de presionar u oprimir (que es la tentación en que cae fácilmente el poder).

La función así considerada aparece limitada, de un lado, por la función superior gubernamental (distinta a la anterior, toda vez que referida a los

---

35    Maurice Hauriou: *op. cit.*, en nota anterior. Las citas que se hacen en el texto están tomadas del Título Preliminar "Definitions", pp. 1 y ss.

asuntos de importancia excepcional que interesan a la unidad política y a los grandes intereses nacionales, mientras que la administrativa está dirigida a los asuntos corrientes del público) y, de otro, por el respeto obligado a la iniciativa privada.

## C. *Un método para satisfacer ese fin u objetivo: la gestión administrativa*

La actividad de la Administración pública, organizada en una institución, debe ser considerada como una suerte de empresa de gestión de negocios dirigida, a la vez, al interés del gobierno del Estado y al interés del público.

Desde esta perspectiva, deben destacarse dos aspectos:

1. Si hay una empresa de administración, hay también uno a varios empresarios que son personas jurídicas, puesto que la empresa postula necesariamente la personalidad y la capacidad jurídica en cuanto presupone iniciativa, responsabilidad y propiedad. Las Administraciones Públicas son personas jurídicas, porque son titulares de empresas determinadas, que exigen la constitución de los correspondientes patrimonios.

2. La empresa de administración es, fundamentalmente, una empresa de gestión de negocios, porque tiene por objeto la gestión de intereses generales del público. La administración es, en definitiva, un gestor de negocios que se impone al público en virtud de su poder propio y que, por ello, actúa con gran autonomía.

Se llega, así, a la definición de Derecho Administrativo siguiente:

> Le droit administratif est cette branche du droit public qui regle: 1° l'organisation de l'entreprise de l'administration publique et des diverses personnes administratives en lesquelles elle s'incarnée; 2° les pouvoirs et les droits que possedent ces personnes administratives pour actionner les services publics; 3° l'exercice de ces pouvoirs et de ces droits par la prérogative, spécialment par la procédure d'action d'office, et les conséquences contentieuses qui s'ensuivent.

Los elementos básicos de esta concepción del Derecho Administrativo son el acto y el "pouvoir de puissance public". En el origen está, en efecto, el acto de administración. Es él el que es objeto de reclamaciones y recursos; el acto y no su autor responde de su validez. El exceso de poder es un vicio del acto y su sanción es la aniquilación de éste. Sólo más tarde aparece la cuestión de la responsabilidad por daños derivados del acto y, aún así, se resuelve por la vía de su exigencia no al funcionario actuante, sino a la persona moral administrativa. El resultado final es la existencia de dos recursos: uno objetivo, el recurso por exceso de poder, y otro que a través del acto, afecta a la Administración, Pues bien, el ámbito del primero son los actos realizados por la vía de autoridad, mientras que el otro pertenece a la región de la gestión, la de los actos realizados para la ejecución de los servicios públicos, en donde el poder público acepta su responsabilidad.

Es sabido que tampoco esta nueva teoría ha resistido su confrontación con la realidad y su rápida evolución. Pronto se pone de manifiesto, en efecto, que la Administración puede actuar como tal despojándose de sus privilegios y, además, que el ensanchamiento y progresiva complejidad e inserción en la malla social de su actividad le motivan para la búsqueda de nuevas alternativas al rígido esquema de comportamiento de régimen administrativo; alternativas que se ha concretado en el frondoso mundo de la actividad convenida c concertada.

Sin embargo, ha de notarse que la concepción del Derecho Administrativo en Hauriou no pretendió una identificación definitiva de la sustancia de éste. Hay una clara indicación en su obra de que aquella concepción es directamente tributaria del concreto estado de evolución en que se encuentra el Derecho Administrativo al ser formulada. A la construcción jurídica establecida sobre el acto, que es propia de un Derecho primitivo, sucede una segunda –más perfeccionada–, la de la personalidad jurídica y del patrimonio. Pues bien, según Hauriou, el Derecho Administrativo se encuentra en el período de transición entre el Estado del acto y el de la personalidad jurídica.

**4. El derecho administrativo como regulador de la actividad del estado para el cumplimiento de sus fines**

Paralelamente a las formulaciones de Duguit y Hauriou, en Italia, V. E. Orlando va a dar una tercera respuesta a la cuestión de que sea el Derecho Administrativo, a partir también de los resultados de la construcción dogmática jurídico-pública alemana.

Como ha destacado A. Rodríguez Bereijo,[36] la obra de Orlando representa la recepción en Italia del método jurídico-constructivo de la dogmática alemana del Derecho público. La influencia en ella de Gerber, Laband y Jellinek es bien evidente. Pero lo característico de la obra de Orlando, y esta es la razón de su ubicación sistemática en este lugar, es que opera ciertamente a partir de los materiales de la dogmática alemana (formalismo, positivismo, estatalismo-conservadurismo), pero incorporando también las ideas fundamentales de institución y de ordenamiento jurídico formuladas, respectivamente, por Hauriou y Santi Romano.

Orlando, según él mismo expone,[37] pretende llegar a un concepto estricto y rigurosamente científico, para lo cual sigue un discurso sistemático. El punto de partida es la ciencia del Derecho y su primera y elemental distinción entre el Derecho público y Derecho privado. El Derecho público no es, a su vez, más que la ciencia del Derecho del Estado. Se sitúan aquí las teorías generales acerca del "gran organismo" que es el Estado, sus poderes, soberanía, etc...., que constituyen el marco y los presupuestos mismos del Derecho Administrativo.

Porque, en efecto, dentro del Derecho del Estado (que se corresponde con el Derecho público en sentido amplio) ha de distinguirse el Derecho del Estado como organismo jurídico en sentido estricto, es decir, el Derecho constitucional; Derecho cuya virtualidad se agota precisamente en la conformación,

---

36  Alvaro Rodríguez Bereijo: Presentación a su traducción de, *Principios de Derecho Administrativo,* de Orlando, Ed. I.N.A.P., Madrid, 1978, p. X.

37  V. E. Orlando: *Principios de Derecho Administrativo,* traducción de A. Rodríguez Bereijo, Ed. I.N.A.P., Madrid, 1978, pp. 9 y ss.

es decir, la constitución del Estado. Pero supuesta la constitución de éste, tal organismo debe tener necesariamente fines que alcanzar; afirmación que se justifica por sí misma. Si en el orden natural no hay nada inútil, el Estado *"gran persona jurídica"* (aquí se hace evidente la influencia de la dogmática germana), "suprema expresión de la vida colectiva de los pueblos", debe tener, en efecto, sus fines propios. Siendo esto así, el Estado, en la consecución de estos fines, ha de desarrollar una actividad y para esta actividad ha de precisar, a su vez, de unos ciertos medios. Por tanto, como antítesis, de un Estado constituido (Derecho constitucional) aparece un Estado-actividad en vista de unos fines. La determinación de éstos, el desarrollo de la actividad correspondiente y la ordenación de los medios necesarios justifican una ciencia y un Derecho independientes del Derecho constitucional, cabalmente el Derecho Administrativo.

El Derecho Administrativo se define, así, como "el sistema de aquellos principios jurídicos que regulan la actividad del Estado para la consecución de sus fines".

Uno de los elementos básicos, junto el teleológico, de esta definición es el de "la actividad del Estado"; elemento que es necesario precisar. La actividad aquí aludida no es la generada por los poderes del Estado sin más. El Derecho constitucional es el que regula no sólo la organización sino el funcionamiento de esos poderes. La actividad del Estado objeto del Derecho Administrativo es más determinada, es la que se desenvuelve "independientemente de su desarrollo político, pero dependientemente de la actuación de los fines del Estado".

En cuanto al segundo elemento básico de la definición –los fines del Estado–, para Orlando, aquellos a los que se refiere el Derecho Administrativo son los relativos a la conservación del orden público y al desarrollo de bienestar físico, económico y espiritual del pueblo. En la satisfacción de estos fines del Estado realiza una multiplicidad de acciones. Sólo la vertiente estrictamente jurídica de éstas es objeto, empero, del Derecho Administrativo; el resto queda remitido a la Ciencia de la Administración, que no es una ciencia jurídica, sino social.

Las ideas de Orlando han ejercido influencia en nuestra doctrina. Exponente de esta influencia es A. Royo Vilanova,[38] quien, en efecto, asume como propia la postura de aquel autor, si bien estima que es insuficiente. Acaba definiendo el Derecho Administrativo en los siguientes términos textuales:

> Conjunto de principios jurídicos que regulan la *actividad del Estado* y la de todas aquellas entidades que se proponen realizar *fines de interés general* bajo la dirección, intervención, fiscalización o inspección de una autoridad pública.

En la misma línea se sitúa Gascón y Marín,[39] para quien la nota definitoria del Derecho Administrativo radica en el interés general, por lo que dicho De-

---

38    Antonio Royo Vilanova: *Elementos de Derecho Administrativo*, Imprenta Castellana, Valladolid, 1919, 6a Edi., p. 16.

39    Gascón y Marín: *Tratado de Derecho Administrativo*, Ed. Reus, Madrid, 1955, 13a Ed., Tomo I, p. 37.

recho tiene por objeto la regulación de todas las actividades que tengan por objeto la consecución de dicho fin, con independencia, incluso, del carácter público o privado de las personas que las desarrollen.

El carácter insatisfactorio de esta concepción del Derecho Administrativo salta a la vista, pues no demuestra convincentemente la sustantividad y los límites propios de esa actividad (función del Estado persona) que sería el sustrato típico y sustentador del Derecho Administrativo en cuanto ciencia independiente. De todos modos y esto es lo que interesa destacar aquí, se muestra en el pensamiento y la formación de Orlando la tendencia a la caracterización de lo administrativo por relación a unos precisos fines, que es una constante en la dogmática alemana (cuya influencia en Orlando ya hemos destacado) y que aún ha de culminar en el concepto de la "Daseinsvorsorge" de Forsthoff.

## 5. La "daseinvorsorge" como elemento característico y definidor de la administración y del derecho administrativo; su insuficiencia

Una última tesis funcionalista debe mencionarse en este repaso de las que han intentado a lo largo de la historia explicar desde una perspectiva material y sustantiva el Derecho Administrativo.

Se trata de un intento de reconstrucción del Derecho Administrativo a partir de las profundas transformaciones políticas, sociales y económicas acaecidas en el período de entre guerras mundiales y, sobre todo, a partir de la segunda de ellas; transformaciones productoras de notables cambios en las estructuras, los medios y las formas de acción administrativa.

Para E. Forsthoff –a quien se debe este intento[40]– el hecho de que la cuestión básica del Derecho Administrativo –la definición de su objeto mismo: la Administración– siga irresuelta no obedece a una deficiencia científica, sino a la índole peculiar de la Administración que se deja describir, pero no definir. Todas las descripciones hasta ahora realizadas de la Administración tienen su valor propio y, en todo caso, la caracterización descriptiva de la misma no puede prescindir de la división de poderes, por más que éste no haya adquirido realidad absoluta en ninguna Constitución. Supuesta la clara diferenciación de la función legislativa, la distinción entre Administración y Justicia sigue siendo capital. "La Administración –dice textualmente Forsthoff– es actividad, conformación continuada hacia el futuro y, por ello, distinta de la Justicia, la cual se hace efectiva y se agota en actos de conocimiento jurídico".

La Administración no puede ser caracterizada, sin embargo, como una pura actividad de ejecución de la Ley. Aquí Forsthoff comprueba las profundas alteraciones acaecidas en el Estado de Derecho, sintetizables en el incremento del papel de la Administración (incluso en su manifestación normativa, permanentemente adaptada a las circunstancias cambiantes) frente al propio del Parlamento (cada vez más reducido a la definición de principios fundamentales por la vocación de permanencia de la ley formal, sólo realizable en un mundo en continua y acelerada evolución por medio de esa restricción a

---

40    E. Forsthoff: *Tratado de Derecho Administrativo*, traducción española de los Profs. Legaz Lacambra, Garrido Falla y Gómez de Ortega, Ed. I.E.P., Madrid, 1958. Las citas están tomadas del Capítulo I, pp. 11 y ss.

lo básico). De esta evolución Forsthoff acaba concluyendo que la Administración no está ya en una estricta dependencia de la norma jurídica; el acto administrativo no deriva su validez sólo de la ley, sino que exige su observancia y obediencia fundamentalmente por la propia autoridad de la Administración y en cuanto manifestación de la voluntad de ésta.

La Administración es, así, una de las formas más eficaces de manifestación de la vida estatal, que exige una representación unitaria. Esta unidad de la Administración tiene que encontrar su expresión no sólo en una instancia representativa, sino, además, en *una función por ella ejercida*. De otro lado, al aludir la unidad de la Administración a la unidad de la vida estatal, designa el punto en que se encuentran Administración y Constitución. La Administración tiene por objeto *la realización de les cometidos del Estado*. Y estos cometidos se determinan de acuerdo con la realidad social básica y las ideas políticas que individualizan al Estado, es decir, por el contenido sustancial de la Constitución; contenido al que queda vinculada la Administración y hacia el que tiene que estar orientada su actividad. La Administración necesita, por ello, una instancia directiva que garantice su engarce con la Constitución: el Gobierno.

Pues bien, lo que caracteriza la función administrativa es precisamente el consistir en actividad para la consecución de los fines constitucionalmente fijados; función que se ejerce hoy básicamente a través de la decidida intervención estatal (administrativa) en la sociedad (rompiendo la separación entre Estado y sociedad propios del pensamiento liberal-burgués cuajado en el Estado de Derecho) para la positiva conformación del orden social. Este tipo de actividad, si bien predomina, continúa conviviendo con la tradicional de policía, basada en la dialéctica permisión-prohibición. Así, pues, la "Daseinsvorsorge" es el concepto clave que explica el contenido propio y básico de la actividad administrativa.

Sintetizando el pensamiento de Forsthoff puede decirse que, para éste, lo esencial es que la Administración ha dejado de ser un mecanismo de simple regulación de la sociedad para transformarse en una actividad de conformación social cara al futuro o "zukunftsorientierte Sozialgestaltung".

Sin perjuicio del indudable atractivo de esta concepción, lo cierto es que – como ella misma reconoce– no logra captar y explicar por entero la actividad administrativa, que no se reduce a la "Daseinsvorsorge", sino que se extiende también a otras funciones tradicionales aún subsistentes. De otro lado, el concepto de "procura existencial" como explicativo del nuevo tipo de actividad administrativa propio del Estado social de Derecho, superador del Estado de Derecho burgués, también ha quedado rápidamente superado por la propia evolución de la realidad de las cosas. La Administración, en su actividad intervencionista, no se limita ya a prestaciones materiales de asistencia vital; por el contrario, alcanza ya a metas mucho más amplias.

# IV

En este examen de la historia de los sucesivos esfuerzos por encontrar la clave del Derecho Administrativo como ciencia independiente, no puede prescindirse de una referencia, siquiera sea breve, a una de las construcciones de mayor trascendencia en la historia del pensamiento jurídico, al menos en el siglo XX: la teoría pura del Derecho, teoría que no es –de otro lado– más que la culminación del método jurídico formalista desarrollado en la dogmática alemana por Gerber, Laband y Jellinek.[1] Esta sola razón (unida a las consecuencias que la teoría tuvo para la concepción del Derecho Administrativo), justifica sobradamente no ya su análisis, sino su tratamiento en este momento sistemático de nuestra exposición.

La teoría pura del Derecho se debe a Hans Kelsen, una de las figuras más señeras del pensamiento jurídico europeo, que la formuló básicamente en su obra *Reine Rechtslehre*[2] Como es obvio, de la teoría pura del Derecho interesan aquí sólo aquellos elementos que condicionen la teoría del Estado y, por ende, de la Administración.

Los supuestos fundamentales de la teoría pura del Derecho pueden sintetizarse así:

Consiste su objeto no en establecer un completo sistema filosófico del mun do jurídico, sino –mucho más limitadamente– en configurar el esquema básico de la ciencia jurídica: el método y los conceptos fundamentales de ésta. A este respecto dos son los principios elementales de partida: 1) el método, la forma mental de conocimiento, condicionan el objeto de éste; y 2) los objetivos del conocimiento se dividen en razón a la división o dualismo entre el mundo del ser real (toda la realidad, tanto la física como la psíquica o psicológica) y el mundo del deber ser (lo que no es en realidad pero debe ser). Sobre estos supuestos descansa el postulado de la pureza del método jurídico. El Derecho es un objeto independiente en tanto que pertenece a la esfera de lo normativo (del deber ser), razón por la cual la ciencia del Derecho es una ciencia autóno-

---

1   En este sentido, Luis Recasens Siches: *Estudio preliminar sobre la teoría pura del Derecho y del Estado,* en la edición por la Editora Nacional del *Compendio de Teoría General del Estado,* de Hans Kelsen, Madrid, 1980, p. 5.

2   Se ha manejado una reimpresión de la 2a edición de 1960 realizada en 1976 por Verlag Franz Deuticke, Viena.

ma (téngase en cuenta que la teoría pura del Derecho tiene su fundamento en la filosofía kantiana).[3]

La depuración del método jurídico se produce en dos direcciones: a) eliminando toda consideración ético-política, ya que la ciencia del Derecho se ocupa de éste en cuanto tal, en cuanto norma existente, pues el Derecho lo es no para realizar una idea ético-política, sino por su fuerza normativa; y b) rechazando toda adherencia sociológica al método jurídico: la sociología se refiere a los hechos, mientras que el Derecho pertenece al mundo de las normas.[4]

La conclusión no es otra que la de la constitución del objeto del Derecho y, por tanto, de la ciencia jurídica, exclusivamente por normas.

Siendo el Derecho norma y afirmándose tópicamente que el Derecho positivo es la expresión de la voluntad del Estado, la cuestión radica en qué deba entenderse por éste. Kelsen[5] critica las teorías vigentes, en especial la circunstancia de que determinados actos valgan no ya como actos de los individuos que los realizan, sino como actos de un sujeto ideal –el Estado–, que se reduce a ser un caso singular de la regla general de la imputación. Es la regla jurídica la que determina que unos específicos actos en tanto sean realizados por unos individuos que gozan de la condición de órganos del Estado, merecen la calificación y tienen el valor de actos de éste último. La personalidad del Estado es, pues, jurídica, es una creación, del Derecho, como la de todos los restantes sujetos y no es, por tanto, algo prejurídico o natural.

Sólo puede ser contenido de la voluntad del Estado, por tanto, aquello que pueda ser imputado a éste en razón de la norma jurídica. Dicha voluntad no es, así, ni el deseo de que los ciudadanos adopten un determinado comportamiento (deseo que no puede ser imputado al Estado, pues este comportamiento sólo puede referirse a los propios ciudadanos), ni el deseo del propio Estado (pues el Estado no es una persona psicológica con conciencia de sí misma, sino persona que sólo tiene voluntad en tanto que punto ideal de imputación, expresión de la unidad del orden jurídico). De esta forma, el Estado no tiene un "yo" volitivo capaz de fijarse a sí mismo sus fines; se trata sólo de un medio para el cumplimiento de fines predeterminados. La ciencia del Estado según Kelsen –como hace notar N. Achterberg[6]– radica en su identidad con el Derecho; de ahí la fórmula: *Staatsfunktion ist Rechtsfunktion*. En tanto que no debe su existencia a una eficacia causal o moral, sino exclusivamente normativa, no puede existir dualismo alguno entre Estado y Derecho. Dada

---

3    F. Weyr *(Reine Rechtelebre und Verwaltungsrecbt, en Gessellschaft, Staat und Recht; Untersuchungen zur reinen Rechtslehre,* Festschrift Kelsen, Veríag Sauer & Aurermann, Frankfurt, 1967, p. 369) señala que "Voa dem Standpunkte des kritischen Idealismus im Sinne Platons und Kants ausgehend, hat es die Reine Rechtslehre Kelsens unternommen, die Rechtswissenschaft methodologisch zu fundieren und dadurch ihren wissenschaftlichen Charakter ais einer den Naturwissenschaften ebenbürtigen Disziplin wieder zu Ehren zu bringen".

4    Sobre la superación por el método kelseniano, de las vías metodológicas sociológicas, *vid.* F. Weyr: *op. cit.,* pp. 366 y ss.

5    *Cfr.* H. Kelsen: *Compendio de Teoría General del Estado,* Editora Nacional Madrid, 1980.

6    N. Achterberg: *Hans Kelsens Bedeutung in der gegenwärtigen deutschen Staatslehre,* en *op. cit.,* p. 59.

la identidad entre Estado y Derecho, éste también tiene la categoría de medio. El Estado y el Derecho, es decir, lo jurídico radica en el *cómo* la sociedad se propone el logro de determinados fines.

Esta específica concepción del Estado y el Derecho permite a Kelsen superar el tradicional enfoque de los poderes (legislativo, ejecutivo y judicial) como correlativos a otras tantas funciones del Estado. Si toda función del Estado es función del Derecho (dada la identificación entre uno y otro), la teoría de las funciones del Estado ha de concebir el Derecho en su funcionamiento, es decir, el movimiento propio y específico del Derecho o, dicho de otro modo, el Derecho desde la perspectiva de su dinámica. Esto significa que función del Estado es igual a *función creadora de Derecho*, es el proceso graduado o escalonado y sucesivo del establecimiento de las normas.

El Derecho tiene la peculiaridad de que él mismo regula su propia creación, de modo que la producción de una norma constituye una situación regulada por una norma "superior" y, al propio tiempo, la norma inferior creada por ésta determina el modo de creación de otra norma a ella subordinada. A su vez, toda producción de una norma representa con respecto a la superior que la regula un acto de ejecución de ésta y así sucesivamente en la escala normativa. En el curso de este proceso productor del Derecho (incesantemente renovado), que va siempre de una situación abstracta a otras más concreta, se van rellenando las normas más generales con un contenido cada vez más preciso.

Si se tiene en cuenta que los tres poderes tradicionales pueden reducirse a dos (englobando Administración y Justicia en el concepto genérico de "ejecución"), es bien claro que el contraste entre creación del Derecho (legislación) y aplicación del Derecho (ejecución) no es tan nítido como se pretende, sino más bien flexible y relativo, toda vez que expresa únicamente la relación existente entre dos grados sucesivos del proceso productor del Derecho. De otro lado, la reducción por la teoría política de los poderes a tres es puramente convencional y obedece a la referencia a los momentos de mayor importancia en la formación dinámica del Derecho positivo. La conclusión es la de que las funciones tradicionales no están separadas, no son radicalmente distintas ni operan en planos diversos, pues consisten únicamente *"en una serie de grados de la producción del Derecho que determinan una relación de subordinación"*.

La producción del Derecho descansa en la Constitución, que –a su vez– sustenta la unidad del orden jurídico en su relación dinámica. De la Constitución cabe hablar en un sentido lógico-jurídico (aludiendo, así, a la norma fundamental, la constitución presupuesta u órgano constituyente determinante de la base del sistema jurídico entero) y en un sentido jurídico-positivo (la Constitución establecida o positiva). Ambos sentidos pueden reunirse en un concepto material de Constitución, que sería equivalente a norma o conjunto de normas que regulan la creación de las restantes normas. La legislación ordinaria es el grado- inmediatamente inferior al de la Constitución en sentido material y significa el establecimiento de normas jurídicas generales, cualquiera que sea el órgano que lo realice. Sin embargo, el concepto de legislación aparece en el plano teórico con mayor nitidez, cuando la producción de normas generales se separa del dictado de normas más individualizadas, o sea, de la ejecución de aquellas. Esta separación ocurre cuando la Constitución determina que toda creación general de Derecho debe llevarse a cabo

133

por el pueblo o su representación (el Parlamento). En las Constituciones de los Estados contemporáneos se admite, sin embargo, la posibilidad de que ciertas normas generales (los Reglamentos), e incluso y en determinadas circunstancias, todas las normas generales (los Reglamentos de circunstancias excepcionales o de necesidad) puedan ser dictadas por órganos distintos del que ordinariamente tiene encomendado el poder de hacerlo. Los Reglamentos (salvo los de necesidad), en cuanto han de ser dictados sobre la base de las leyes, constituyen respecto de éstas un grado inferior, continuándose en ellos –a través de una mayor concreción de la ley– el proceso de creación del Derecho. En el último escalón de éste se sitúan la sentencia, el negocio jurídico y el acto administrativo, que no son sino manifestaciones diversas de un mismo fenómeno: la individualización o concreción definitivas del Derecho, que pasa, así, del estado abstracto al concreto. No obstante, en la individualización del Derecho cumplida por la Administración debe distinguirse entre una actuación de ésta, mediata o indirecta y otra inmediata o directa. La primera se ofrece como declaración del Derecho y la segunda se diferencia en que la Administración no se limita a imponer a los ciudadanos el deber de seguir determinada conducta (a los efectos de la realización de los fines de la Administración), sino que asume ella misma la consecución de éstos. La significación jurídica de esta asunción radica en que la correspondiente actividad pasa a ser obligatoria para ciertos individuos cualificados como "órganos del Estado".

Las consecuencias del pensamiento de Kelsen para el Derecho Administrativo han sido de primera importancia. Siguiendo a F. Weyr[7] podrían sintetizarse así:

1. En tanto que la teoría pura del Derecho es una teoría general del Derecho fundada en la existencia autónoma de éste como debe ser, es decir, como existencia normativa susceptible de un método de conocimiento propio estrictamente jurídico (de ahí la calificación, a *veces* peyorativa, de positivismo del método keiseniano), pone en cuestión los fundamentos mismos sobre los que se venía asentando (y aún hoy en parte continúa haciéndolo) el Derecho Administrativo como disciplina independiente. En concreto, la distinción básica entre Derecho público y Derecho privado, tomada del Derecho Romano, distinción que en la construcción normativista del ordenamiento antes sintéticamente expuesta queda, obviamente, relativizada por completo.

Pero precisamente en dicha distinción y, por tanto, en la existencia de una peculiar persona –el Estado–, representante de cualificados intereses y actuantes para el cumplimiento de fines especialmente trascendentes, cuya peculiaridad radica en el dato de regirse –en esa representación y actuación– por un Derecho específico, el público, se había encontrado hasta entonces el sustento mismo de la autonomía del Derecho Administrativo. Pues el objeto propio de éste radicaba en el tratamiento jurídico del fenómeno representado por una "potentior persona" que, si bien sometida al Derecho, lo estaba en unas condiciones distintas de las del súbdito, administrado o ciudadano. Y la causa última de esa diferenciación no era otra que la detentación del poder.

Ahora bien, esta perspectiva resulta radicalmente contradictoria con la tesis normativista, pues ésta prescinde por completo de cualquier elemento o

---

7   F. Weyr: *op. cit.*, pp. 380 y ss.

concepto que –como el poder o la fuerza– tengan una naturaleza extrajurídica (por extranormativa).

2. Como consecuencia de lo anterior y de la propia estructura dela teoría pura del Derecho (que persigue la construcción de categorías cada vez más abstractas, capaces de reducir a unidad realidades jurídicas aparentemente diferentes), ésta pone en cuestión la metodología iuspublicista tradicional, consistente en la identificación de las particularidades de las relaciones de "imperium" y su diferenciación respecto de cualesquiera otras jurídicas.

Así, por ejemplo y además de la distinción entre Derecho público y privado, pone en cuestión o relativiza las diferenciaciones radicales entre derecho subjetivo y derecho objetivo, actos constitutivos y declarativos, órganos judiciales y órganos administrativos, etc.

3. Pero la influencia más notable del pensamiento kelseniano sobre la dogmática jurídico-pública puede cifrarse en la juridificación del Derecho Administrativo.

Esta reducción a método estrictamente jurídico de la disciplina cabe ejemplificarla en tres órdenes de cuestiones.

–En primer término, la aceptación por la dogmática jurídico-pública tradicional –como punto de partida– de la distinción radical entre Derecho público y Derecho privado, significaba, en definitiva, la admisión de una "persona" (el Estado) que, por su peculiar posición (su poder; dato extrajurídico), tenía realmente un pie dentro y otro fuera del Derecho, consistiendo el Derecho Administrativo en el específico esfuerzo por explicar esta específica situación.

Con la negación radical de la básica distinción entre Derecho público y Derecho privado, en el sentido del rechazo de la posibilidad de la existencia de una rama de Derecho cualificada –respecto de la otra– por un elemento extrajurídico, cual el poder, la teoría pura del Derecho logra –sin negar la existencia obvia de relaciones de poder– la construcción estrictamente jurídica de éstas. El poder, de un lado, y la sujeción o subordinación, de otro, no descansan en la voluntad de una *potentior persona* (situada sobre, junto o al margen del Derecho), sino *exclusivamente en una norma considerada válida y vigente*. De esta forma el *imperator, la potentior persona* se reduce a mero supuesto de la norma, a cuya declaración de voluntad la norma conecta la constitución de deberes u obligaciones, situaciones de sujeción, etc.... El salto cualitativo es decisivo.

Ese avance puede ejemplificarse en la superación de la doctrina (Otto Mayer) de la vinculación negativa para expresar la posición de la Administración en el ordenamiento. La Administración tiene una posición propia, está habilitada para actuar autónomamente, jugando el ordenamiento simplemente como límite negativo, impeditivo, pues aquélla puede hacer todo lo que éste no prohíba. A partir de ahora, la base necesaria radica en la norma, sin cuya habilitación no cabe afirmar como válida actuación alguna, con lo que está dado el paso decisivo –al colocarse el acento sobre el deber y no sobre el poder de acción– para la formulación de la doctrina, hoy vigente pacíficamente, de la vinculación positiva.

–Conforme a la construcción tradicional, el Estado administrador no es sino el ejercicio de una de las tres funciones típicas estatales derivadas de la tripartición del poder operada por Montesquieu. Lo administrativo consiste en la función de ejecutar. Ahora bien, esta construcción –según quedó visto– conduce a un callejón sin salida, precisamente por imposibilidad de la identificación de la sustancia de la ejecución como típica de la actividad de la Administración.

Kelsen pone de relieve que todo intento de aislamiento de distintas funciones tiene que tomar una referencia superior, capaz de suministrar el necesario punto de apoyo en el proceso de diferenciación de los cometidos estatales. Y esa referencia superior es el sistema normativo, respecto del cual puede ya hablarse de una ejecución, puesto que el "deber ser" en que consiste precisa de un cumplimiento, que se produce mediante la satisfacción del deber normativamente estatuido. Ahora bien, ese cumplimiento puede consistir (en función del supuesto de hecho de la norma a ejecutar) tanto en la realización de una actividad material de verificación del deber normativo (que produce el verdadero cumplimiento del mismo; *la solutio*) como en una actividad consistente nuevamente en la creación normativa (lo que sucede en el caso de los actos administrativos y de las resoluciones judiciales).

Con lo cual, los conceptos básicos pasan a ser los de creación del Derecho (Normsetzung) y ejecución normativa (Normvollzug), pero teniendo en cuenta que el primero engloba (en sentido amplio) el segundo. Con ello queda definitivamente relativizada toda distinción entre las funciones estatales, puesto que esa distinción radica exclusivamente en el carácter de las normas creadas o ejecutadas, que pueden ser bien originarias y generales (leyes) o secundarias y concretas (decisiones judiciales y administrativas). Ello significa que la tripartición del poder estatal se reduce a una bipartición, toda vez que el ordenamiento (de forma muy simplificadora) queda circunscrito a una jerarquía con dos escalones normativos,

–Finalmente y en conexión con lo anterior, la teoría pura del Derecho rechaza la construcción antropomórfica del Estado, su subjetivación para conseguir la imputación de las relaciones jurídicas derivadas de su actuación y la caracterización, en definitiva, de su esfera de acción por relación al "interés público" como algo cualitativamente distinto de cualquier otro interés y con sustantividad propia.

El Estado es simplemente un principio regulativo, una personificación del ordenamiento o, lo que es lo mismo, una construcción auxiliar para la comprensión de la unidad de dicho ordenamiento y de la actuación de los órganos estatales.

El Estado así concebido no precisa "administrar" en la misma forma en que lo hace una persona física, no siendo, pues, correcta la traslación al mismo del modelo antropomórfico u organicista. Para explicar la "administración" estatal basta con un sistema normativo concebido unitariamente, es decir, reconducible a un único y último centro normativo.

Si esto es así, es igualmente cierto que el sistema normativo (como conjunto plural de normas reconducido a la unidad) no puede segregar necesidades e intereses propios a imagen y semejanza (y por analogía) de los que generan las personas físicas. Este tipo de analogía sólo es posible a partir de la personificación del Estado. De aquí se deduce que *lo colectivo* no puede ser concebido (como lo hace la dogmática jurídico-pública) en términos de un *interés público* con sustantividad propia, sino sólo como *el -promedio de los ordinarios intereses privados.* De todo lo cual se deduce que para la teoría pura del Derecho la actividad administrativa del Estado no se aparece como una función desarrollada para el cumplimiento de un supuesto interés público, sino como una serie de acciones de personas diversas, consideradas por el orden jurídico como determinación de supuestos de hecho relevantes jurídicamente y que se manifiestan bien en calidad de cumplimiento del deber normativo *(solutio* de las normas), bien en calidad de creación de normas secundarias.

En resumen, pues, la incidencia del pensamiento kelseniano se re-conduce a poner de relieve la infructuosidad de todo intento de delimitar una función sustantiva como propia, típica y exclusiva de la Administración. El Derecho Administrativo puede delimitarse todo lo más por relación a criterios subjetivos (las organizaciones calificadas de Administración) y formales (el modo o manera específicos con que esas organizaciones proceden –mediante el dictado de Reglamentos, la producción de actos administrativos para la imposición coactiva de deberes a los ciudadanos y la realización directa de servicios públicos– para la satisfacción de los fines del Estado; satisfacción que es común a todas las otras manifestaciones estatales).

En razón a estas consecuencias del pensamiento kelseniano no resulta arbitrario exponer, a continuación del mismo, las tesis que conciben la Administración a través de los criterios residual y subjetivo.

# V

## EL CONCEPTO PURAMENTE NEGATIVO DE LA ADMINISTRACIÓN, COMO ACTIVIDAD QUE RESTA UNA VEZ DETRAÍDAS LA LEGISLACIÓN Y LA JUSTICIA

En Alemania, el estado de la cuestión que nos ocupa es –al tiempo en que formularon sus teorías Duguit y Hauriou en Francia y en razón a las peculiaridades propias de la evolución política y jurídico-constitucional de aquel país-diferente.

Otto Mayer,[1] el genial constructor del Derecho Administrativo alemán, parte de la afirmación de que la teoría del Derecho Administrativo encuentra su objeto en el Estado, que no es sino el "ser común ordenado". Para el cumplimiento de los fines del Estado se ejecuta una cierta actividad que –en su conjunto– puede calificarse de Administración, con lo que ésta sería –en principio y en un sentido muy general "Tätigkeit des Staates zur Erfüllung seiner Zewcke" (actividad del Estado para el cumplimiento de sus fines).

El contrapunto lo constituye la Constitución. El Estado se distingue de todos los otros entes colectivos en que posee un "poder superior" ("oberste Gewalt") y la Constitución representa el conjunto de reglas conforme a las cuales ese poder se establece y articula. Sin embargo, la evolución histórica ha añadido al concepto de Constitución la exigencia del otorgamiento al pueblo (sus representantes) de participación en el poder estatal a través de la legislación. Sólo el Estado que cumpla esta exigencia recibe, pues, la denominación de "Verfassungstaat" o Estado constitucional.

Pues bien, en la división o distribución en la titularidad y el ejercicio del poder estatal que comporta el Estado constitucional está el origen del Derecho Administrativo, de forma que puede decirse que "der Verfassungsstaat ist seine Voraussetzung" (el Estado constitucional es su presupuesto).

La actividad que justifica la existencia entera del Estado es realizada, consecuentemente, por los titulares constitucionales del poder y –por debajo o en situación de subordinación a los mismos– por servidores o representantes mediatos o directos. Desde esta perspectiva aparece claro, así, que la Administración supone tan sólo una parte de esa total actividad del Estado. En su conjunto ésta se ofrece más bien en la tradicional tripartición entre legislación, justicia y administración (el Gobierno es sólo lo general, lo que está por enci-

---

1    Otto Mayer: *Deutsches Verwaltungsrecht*, Verlag von Duncker & Humboldt, München y Leipzig, 1914, 2ªEd., Tomo I, pp. 1 y ss.

139

ma de esa tripartición: dirección superior del Estado, que influencia toda la actividad del Estado).

El paso siguiente radica en afirmar la diferenciación de las tres típicas actividades por *la forma* en que deben cumplir el fin del Estado. Ahora bien, esa diferenciación, que no es por razón de la sustancia y lo es por la forma, es únicamente el resultado de un proceso de conformación histórica. Sólo porque dicho proceso ha conducido a ese resultado de diferenciación total es válida, en efecto, la distinción entre las tres actividades.

Llegados a este punto, la conclusión se impone: por la forma en que los conceptos "legislación" y "justicia" se han determinado históricamente, resulta de suyo que la Administración (que es lo que resta de la actividad estatal) no puede ser delimitada sobre la base del tipo o carácter de su proceder. Por ello mismo, el concepto de "Administración" sólo es determinable por vía negativa, es decir, *"ais Tätigkeit des Staates die nicht Gesetzgebung oder Justiz ist" (actividad del Estado que no es ni legislación ni justicia)*.

No obstante, este concepto puramente negativo, para ser enteramente válido, requiere de la precisión consistente en que –a su vez– esa actividad residual no es, toda ella, administrativa, quedando fuera de la Administración las siguientes:

a) Las propiamente constitucionales, tales como formación y nombramiento del Gobierno, abdicación del trono, convocatoria y disolución de las Cámaras, etc... .

No forman parte de lo administrativo, porque quedan más allá de la línea que marca el inicio por el Estado constituido de sus actividades encaminadas al cumplimiento de sus fines. Son actividades constitucionales auxiliares.

b) Las actividades que, aún siendo ejecutadas para la consecución de los fines estatales, son realizadas al margen de su propio orden jurídico. Se trata de los actos internacionales, los de guerra y los actos estatales en situaciones de emergencia o excepción.

La razón de su exclusión trae causa de la específica conformación histórica de la Administración bajo el Estado constitucional; conformación que ha comportado la cualificación de la actividad administrativa como vinculada y sujeta por la ley. De ahí que en el Estado de Derecho, la Administración sea necesariamente actividad del Estado bajo su orden jurídico ("Tätigkeit des Staates, die bestimmt ist, unter seiner Rechtsordnung, unter der neu geschaffenen Form ihrer Erzeugung, unter seiner Gesetzbung zu stehen").

Como consecuencia de estas precisiones. O. Mayer, llega finalmente al siguiente concepto de Administración:

Verwaltung ist Tätigkeit des Staates zur Verwicklichung seiner Zwecke unter seiner Rechtsordnung, ausserhalb der Justiz.

(Administración es actividad del Estado para la realización de sus fines bajo su orden jurídico, con excepción de la Justicia).

Obviamente, el Derecho Administrativo es el Derecho (público) que tiene por objeto la Administración, el Derecho especial de la misma. El Derecho especial significa para Mayer que sólo hay Derecho Administrativo en la medida en que la relación trabada por la Administración sea de supremacía (desde la perspectiva de ésta) o sujeción (desde la del administrado). Este Derecho es, pues, "das dem Verhältnisse zwischen dem verwaltenden Staate und seinen ihm dabei begegnenden Untertanen eigentümliche Recht" (el Derecho peculiar de la relación entre el Estado administrador y el súbdito que entabla contacto con el mismo en dicha condición).

Esta determinación puramente negativa del objeto del Derecho Administrativo –la Administración– y, por ende, de éste va a dominar absolutamente, por obra de la tremenda autoridad de O. Mayer, el panorama doctrinal alemán hasta tiempos bien recientes.

Precisamente la última doctrina coloca su esfuerzo en lograr, superando esa situación, una caracterización positiva de la Administración y de la actividad administrativa, acudiendo a criterios materiales, tales como: la producción de decisiones vinculantes u obligatorias (Luhmann), la concreción de los fines estatales por propia iniciativa (Peters), la realización práctica de las tareas estatales (Nawiaski) o el empleo del poder soberano (Rumpf).[2]

Hasta cierto punto, la posición –en Italia– de Guido Zanobini[3] debe considerarse similar a la de O. Mayer. Porque para Zanobini el Derecho Administrativo es "la parte del diritto pubblico, che ha per oggeto l'organizzazione, i mezzi e le forme di attivitá della pubblica amministra-zione e i conseguenti rapporti giuridici fra la medesima e gli altri sogge*ti*". Y la Administración a que se refiere esta definición no es equivalente a función administrativa, cualquiera que sea el que la ejercite. Es más bien únicamente aquella organización en sentido subjetivo, caracterizada por ser su objeto el cumplimiento de los fines del Estado y que viene delimitado por no pertenecer a ninguno de los otros dos poderes del Estado: legislativo y judicial.

Cabe sumar a las posiciones de O. Mayer y G. Zanobini la asumida, en Francia, por L. Roiland.[4] Parte éste de una posición en principio idéntica a la de Jeze: el Derecho Administrativo es, esencialmente, el Derecho de los servicios públicos, es decir, el conjunto de reglas referido a la organización y funcionamiento de los servicios públicos y a sus relaciones con los particulares.

Ahora bien, la diferencia radical con la tesis de la escuela de Burdeos comienza a aflorar cuando se cae en la cuenta que Roiland no utiliza el concepto de "servicio público" en sentido equivalente a actividad de este carácter, sino aludiendo a los organismos o instituciones que desarrollan esa actividad. Servicio público es sólo, pues, lo que tiene una dimensión o plasmación orgánica como tal. En palabras de Roiland: "Servicio público significa *empresa o institución* colocada bajo la alta dirección de los gobernantes y destinada a dar satisfacción a las necesidades colectivas del público".

Hasta aquí, la tesis de Roiland –aunque radicalmente diversa de la funcionalista del servicio público– se ofrece como definición positiva del Derecho

---

2   Citados por H. J. Wolff y O. Bachof: *Verwaltungsrecht*, Verlag C. H. Beck, München, 1974, 9ª Ed., Tomo I, p. 7

3   Guido Zanobini: *Corso di Diritto Amministrativo*, Ed. Dot., A. Guiffré, Milán, 1958, 8ª Ed. Tomo I, pp. 26 y ss.

4   *Vid.* la exposición de la misma por Ch. Eisenmann: *op. cit.*, pp. 80 y ss.

Administrativo. Pero esta apariencia se desvanece en el momento en que dicho autor se ve precisado a dar una respuesta a lo que sea la Administración. Pues ésta es para él, cabalmente, el conjunto de los servicios públicos, salvo los dependientes de la Cour de Cassation, es decir, el judicial. La Administración es la suma de los agentes que aseguran el funcionamiento de los servicios públicos distintos del de la justicia. Queda claro, pues, que se trata de una definición por sustracción o resta, es decir, negativa.

Las posiciones negativas en orden a la definición del Derecho Administrativo, indudablemente motivadas por la infructuosidad de la búsqueda del elemento característico de la función o actividad administrativa, no representan, sin embargo, avance alguno en orden a la captación del fundamento mismo de la autonomía del Derecho Administrativo. Pues se limitan a señalar todo lo más, aquello que no se considera como materia propia de éste, dejando en la penumbra el porqué esta última constituye el objeto de una específica disciplina.

# VI

## El cansancio en la búsqueda del elemento definidor de lo administrativo; las posiciones sincréticas o mixtas como características de la doctrina contemporánea

El cansancio inducido por el prolongado esfuerzo doctrinal, que ha quedado sumariamente reflejado, dirigido al hallazgo y fijación de la nota característica y explicativa de lo administrativo en su totalidad, por la comprobación final de la inexistencia de una función administrativa capaz para explicar agotadoramente la actividad administrativa, así como de la imposibilidad de la construcción de la autonomía del Derecho Administrativo sobre la base de su identificación con un Derecho público exorbitante, ha conducido a los autores, bien a refugiarse en posturas sincréticas o mixtas, bien a ensayar nuevas explicaciones. Así puede, en efecto, describirse global y sintéticamente el panorama actual de la cuestión. Abordaremos ahora la primera de las dos vías expuestas, facilitando una visión de la situación de la misma –postura en la que se refugia la mayoría de los autores– por países.

### 1. Francia

A. de Laubadere[1] parte del relativismo, la imprecisión y, aun, la arbitrariedad de toda definición del Derecho Administrativo. Es fácil, en efecto, ofrecer, con carácter muy general, una descripción de cuál sea el dominio de lo administrativo; descripción que, en palabras de dicho autor, se reconduce a la conceptuación del Derecho Administrativo como "la branche du droit public interne qui comprend l'organisation et l'activité de ce qu'on apelle couramment l'Administration, c'est-a-dire l'ensemble des autorités, agents et organismes, chargés, sous l'impulsion des pouvoirs politiques, d'assurer les multiples interventions de l'Etat moderne". En cuanto se pretenda una mayor concreción para la definición de lo que sea el Derecho Administrativo, la cuestión se torna mucho más compleja, toda vez que el ámbito de dicho Derecho no se corresponde exactamente con la noción de poder ejecutivo o administrativo y el tratamiento de diversos servicios públicos, por contra, se realiza al margen de tal Derecho. Ante estas dificultades, Laubadere opta por refugiarse en la idea de la unidad del Derecho público, pues considera que su fraccionamiento en

---

1   André de Laubadere: *Traite de droit Administratif*, Librairie General de Droit et de Jurisprudence, París, 1973, 6a Ed., Tomo I, pp. 11 y ss.

diversas disciplinas es puramente convencional y motivado más por razones pedagógicas que científicas. Lo que otorga unidad–en sus principios y técnicas– al Derecho público es la presencia en todas las relaciones jurídico-públicas del Estado y del interés general que representa.

Jean Rivero[2] arranca de la afirmación de que el Derecho Administrativo no es sino la rama del Derecho que rige la Administración, para precisar luego esta fórmula a través de la definición de esta última y del análisis de las relaciones entre la misma y el Derecho. La Administración se caracteriza por dos notas: ser una organización cuya acción es desinteresada y tiende a la satisfacción del interés general y emplear como medio de acción la "puissance publique" (aunque se admite que el recurso a este medio no es indispensable, aunque sí predominante). Pero la caracterización de la organización administrativa se completa, además, situando la misma en el contexto del resto de las actividades públicas, a través de los puntos de vista *material* (que comporta su distinción con respecto a la legislación, la jurisdicción y el gobierno) y *orgánico* (que supone su identificación como el conjunto de organismos que tienen por objeto la satisfacción de las diversas necesidades de la colectividad).

Desde la perspectiva de las relaciones de la Administración con el Derecho, el Derecho Administrativo resulta ser el conjunto de reglas jurídicas derogatorias del Derecho Común (aunque esta nota sea sólo característica y no necesaria en todas dichas reglas) que rigen la actividad administrativa de las personas jurídicas.

Como se ve, también aquí, como en el caso de Laubadere, una utilización simultánea de varios criterios: material, formal, orgánico y subjetivo. El propio Rivero[3] ha dejado escrita la necesidad de abandonar la ilusión del criterio único explicativo de la materia, formulando esta pregunta: Si no se ha podido, después de tantos esfuerzos, alcanzar un acuerdo sobre el criterio buscado, ¿no será simplemente por la razón perentoria de que no existe, de que el Derecho Administrativo no es más reductible a la unidad que el resto de las disciplinas jurídicas, que la esperanza de un criterio único reposa sobre una ilusión; en una palabra, que el criterio del Derecho Administrativo no existe?

Georges Vedel[4] afirma que la definición de la Administración ha de hacerse conservando necesariamente algunos de los elementos tradicionales de su configuración en Derecho público. Entre esos elementos incluye los siguientes: 1) La imposibilidad de una definición funcional o material de la Administración y la comprobación de que lo específico de la Administración no es su contenido funcional, sino el hecho de que –desde un punto de vista formal u orgánico– se trata de una actividad atribuida o confiada a los órganos del Poder Ejecutivo; 2) Esta adscripción al Poder Ejecutivo comporta que las personas públicas distintas del Estado tengan un carácter exclusivamente administrativo y que los organismos privados pueden participar en la Administración.

---

2    Jean Rivero: *Droit Administratif*, Ed. Dalloz, París, 1962, 2a ed., pp. 9 y ss.

3    Jean Rivero: *Existe-t-il un critére du droit administratif?*, Revue du Droit Public, 1953, p. 291.

4    Georges Vedel: *Droit Administratif*, Ed. Presses Universitaires de France, París, 1958, 6ª Ed., pp. 50 y ss.

Pero, junto a los elementos tradicionales que quedan dichos, han de tenerse en cuenta también –para obtener un concepto correcto' de la Administración– determinados y nuevos elementos, que se reconducen a la comprobación de que la actividad administrativa ha dejado de ser una actividad excepcional con respecto al resto de las actividades estatales, para pasar a ser estrictamente una actividad de Derecho común. De esta forma la Administración no es otra cosa que la actividad estatal de *Derecho común.*

A lo dicho se añade, desde otra perspectiva, que la Administración puede actuar tanto en régimen de Derecho privado como de Derecho público, pero lo que caracteriza ambos tipos de actuación es que forman parte materialmente de la Administración. Teniendo en cuenta esta circunstancia, es decir, que cuando se alude a lo administrativo se está englobando a estas dos formas de actuación, la definición de la Administración puede prescindir de una de ellas: la verificada en régimen de Derecho privado.

Se llega así, finalmente y por vía de síntesis a la afirmación de que el régimen administrativo es el régimen de Derecho común de las actividades del Estado y de las personas públicas y, más sintéticamente aún, de que el Derecho Administrativo es el Derecho común del poder público.

Por último, P. Weil[5] renuncia a la formulación de un concepto de la disciplina. Su posición es la de que, para ser satisfactorio, a un sistema jurídico le basta con ser, a la vez, inteligible y eficaz. Aún hoy, el Derecho Administrativo descansa en exceso sobre ideas vagas, nociones ambiguas y fundamentos contradictorios. Cierto que puede decirse que el Derecho Administrativo es el conjunto de las reglas que rigen la acción administrativa, entendiendo por ésta la caracterizada por su finalidad y comprensiva tanto de un núcleo esencial o seguro (la acción de los órganos adscritos al Poder Ejecutivo) como de un ámbito más nebuloso (la acción de ciertos organismos no gubernamentales). Pero forzoso resulta reconocer que los elementos de esta definición no están al resguardo de toda objeción e incertidumbre. Es decir, que no existe una definición satisfactoria, que haga realmente inteligible lo que sea el Derecho Administrativo. Pero las instituciones humanas no precisan de la lógica, les basta con que las reglas jurídicas que les son de aplicación sean conocidas y respondan a sus fines. Y las normas de Derecho Administrativo son –con un cierto margen de irreductible incertidumbre– cognoscibles, aunque ciertamente no respondan ya a las necesidades de la sociedad actual.

## 2. ITALIA

G. Miele,[6] tras comprobar que no toda la actividad administrativa en sentido material (es decir, en razón a su contenido) o formal es realizada por los órganos administrativos y, de otro lado, que no toda la actividad de éstos órganos ejecutivos (es decir, de la Administración en sentido subjetivo) puede calificarse de administrativa por su contenido o su eficacia, concluye que el

---

5    Prosper Weil: *Le Droit Administratif,* Ed. Presses Universitaires de France, Colección Que sais-je?, París, 1964, 6a Ed., pp. 125 y 126.

6    Giovanni Miele: *Principi di Diritto Amministrativo,* Ed. Cedam, Padua, 1953, 2a Ed., Tomo I, pp. 16 y 17.

objeto propio del Derecho Administrativo habría de ser únicamente aquella actividad que pueda conceptuarse como administrativa por su contenido (actividad administrativa en sentido objetivo) con entera independencia del sujeto que la realice. No obstante rechaza la aceptación de esta conclusión por tres razones: a) en Derecho positivo italiano la referencia al acto administrativo sobreentiende su origen en un órgano o autoridad del Poder Ejecutivo (órganos estatales y entes); b) los actos materialmente administrativos emanados de otros poderes revisten la forma y la eficacia propias de las manifestaciones típicas de dichos poderes; y c) la actividad materialmente administrativa desarrollada por los órganos legislativos o judiciales está normalmente sujeta a principios diversos de los que rigen la actividad del Poder Ejecutivo.

En último término y por aplicación de los criterios formal y sustancial el Derecho Administrativo se define como "quel ramo del diritto *(pubblico) che* arriene *all'organizzazione e all'attivita degli organi statali e degli enti pubblici* minori inquadratí nel potere *esecutivo".*

R. Alessi[7] mantiene asimismo una posición conjugadora de los dos criterios funcional y orgánico o formal. Para él la Administración pública es un concepto complejo que no resulta de la *noción sustancial de* función administrativa (la división de poderes no coincide con una clasificación correspondiente de funciones materiales), que tiene –aun desde la perspectiva subjetiva formal– un doble sentido: como el conjunto de los órganos a los que está atribuida, como competencia característica o normal (no absoluta o exclusiva, por la razón dicha), la función administrativa y como "aparato administrativo" en el contexto más amplio del "aparato estatal". Determinada de esta forma la Administración, el Derecho Administrativo es definido como el complejo de las normas que disciplinan el desarrollo de la función administrativa (criterio material), en el sentido de la función desplegada por la organización establecida en razón a la misma y los órganos a los que está atribuida (criterio orgánico o formal).

Para M. S. Giannini[8] la Administración como objeto del Derecho Administrativo no puede ser caracterizada por razón del contenido material de su actividad. No existe una función única administrativa que coincida exactamente con el contenido de la Administración. Los Derechos positivos contemporáneos sólo conocen concretas funciones administrativas en tanto que funciones atribuidas a determinados aparatos de la organización administrativa. Consecuentemente, de función administrativa sólo puede hablarse en sentido subjetivo, como equivalente al conjunto de actividades propias de la organización compleja que se conoce como Administración. Aunque Giannini se acerque a una concepción subjetiva de lo administrativo, no es estrictamente encuadrable su postura en las que suelen incluirse en dicha categoría.

---

7    Renato Alessi: *Principi di Diritto Amministrativo,* Ed. Dott. A. Guiffré, Milán, 1978, 4a Ed., Tomo I, pp. 1 y ss.

8    Massimo Severo Giannini: *Diritto Amministrativo,* Ed. Dott. A. Guiffré, Milán, 1979, Vol. I, p. 79

A. M. Sandulli,[9] por último, parte de la afirmación de que la definición del Derecho Administrativo presupone el concepto de Administración pública, para establecer el cual forzoso resulta determinar la noción de Estado. De Estado puede hablarse como comunidad o como organización y, en este último sentido, es consustancial al mismo su vinculación a fines, lo que da lugar a la distinción de funciones estatales. Estas, basadas o fundadas en la Constitución, no son otras que las caracterizadas por la trilogía tradicional de la división de los poderes.

No todas las funciones estatales se despliegan por órganos del Estado-aparato reconducibles al Estado-comunidad (fundamentalmente, a través, de la técnica de la representación). Pues el Estado actúa también como sujeto sometido al ordenamiento jurídico. Y cuando tal hace se está ante el Estado-Administración, que es uno de los componentes múltiples del Estado-Comunidad y una de las articulaciones del Estado-aparato.

De otro lado, en el cuadro de las funciones estatales, la Administración designa la actividad mediante la cual el Estado sujeto provee a la satisfacción de los fines al efecto al mismo señalados. Pero, en sentido estricto, de actividad administrativa debe hablarse sólo en relación con la acción desarrollada por el aparato orgánico dependiente del Gobierno (central o regional), pero –más aún– no toda ella, sino sólo la desplegada en régimen de Derecho público.

De esta forma, el Derecho Administrativo viene determinado tanto por el concepto de Administración (el conjunto orgánico correspondiente), puesto que regula su organización, como por el de actividad administrativa sujeta al Derecho público (pues éste es el campo propio del mismo). Se llega, así, a la siguiente definición:

> il diritto amministrativo come quel corpo autónomo di norme che regolano l'organizzazione della pubblica Amministrazione nonché l'azione da essa svolta con l'efficacia e il valore fórmale degli atti amministrativi e i rapporti nei quali essa interviene nella veste di autorità amministrativa. Rimangono precio escluse, da una parte, le norme che riguardano le attivita di amministrazione degli organi di Poteri diversi dall' "esecutivo" (attivita che di massima, per ragioni di garanzia delle istituzioni, sonó sottratte all disciplina propria delle attivita amministrative della pubblica Amministrazione), nonche le norme che reguardano attivita formalmente legislative, giurisdizionali o politiche di autoritá inquadrate nel Potere "esecutivo" (per es, decreti-legge, dichiarazioni governative di "gradimento" dell'acreditamento di diplomatici straniere, sentenze dei Commissari per gli usi civici, ecc) norme le quali, sia le une le altre, fanno capo al diritto costituzionale o al diritto processuale (speciale). Da un'altra parte, rimangono escluse le norme che disciplinano (ancho se in modo diverso) rapporti giuridice in regime non diverso a seconda che vi partecipi o non un soggetto pubblico (p. es. disposizioni sulle compravendite, sugli appalti, sulle succesioni). Tali norme appartengono al diritto civile.

---

9    A. M. Sandulli: *Manuale di diritto amministrativo*, Jovene Editore, Nápoles, 1982, 13ª Ed., pp. 3 y ss.

Como se ve, pues, nuevamente en este autor mezcla de diversos criterios para llegar a un concepto del Derecho Administrativo.

## 3. ALEMANIA

De la doctrina alemana citaremos tan sólo la posición de autores tan destacados como H. J. Wolf y O. Bachof.[10] Parten éstos de la comprobación de que el concepto de Administración no ha conseguido determinarse aún de forma satisfactoria y definitiva. La dificultad para alcanzar este objetivo radica en que no existe un concepto único y válido en todos los aspectos de Administración. Cuando menos existen un concepto material, un concepto orgánico y un concepto formal de la misma.

El concepto material deriva de la referencia de la noción general de Administración al objeto consistente en la satisfacción de las necesidades públicas. Porque, en efecto, "administración" es una voz que tiene un significado lato equivalente a la asunción o gestión de negocios o asuntos ajenos, para su resolución o ejecución bajo la propia responsabilidad, de contenido múltiple, caracterizada por su fin u objetivo y, como regla general, organizada. De esta significación lata resulta la de Administración pública, que no se distingue sino por estar referida a asuntos públicos. Pero por Administración pública en estricto sentido debe entenderse sólo la integrada no por cualesquiera asuntos públicos, sino únicamente por aquellos que están encomendados formalmente al Estado o a otros entes titulares de una organización de carácter público. Consecuentemente, la "administración pública" en sentido material no se identifica ni con la asunción de cualesquiera asuntos públicos ni con cualesquiera actividades de las organizaciones públicas. Es más bien sólo la realizada por éstas en tanto que dirigida a la satisfacción de necesidades públicas calificadas como tales y atribuidas a aquellas.

De Administración pública en sentido orgánico se habla para referirse al conjunto total de los miembros y órganos de la organización global interna del Estado, que tienen por cometido principal la administración pública en sentido material, por diferencia de lo que sucede con los órganos de la legislación, del Gobierno y de la Justicia, así como con las organizaciones eclesiales.

Finalmente, Administración pública en sentido formal es sólo aquella actividad, pero también toda ella, desplegada por los órganos de una entidad pública que tienen por cometido principal la administración en sentido material, con independencia de que actúen esta última o realicen actos de gobierno, normativos o jurisdiccionales.

Pues bien, la ciencia del Derecho Administrativo, concluyen estos autores, tiene por objeto el Derecho propio de la Administración pública en sentido material, pero con restricción a la calificable de interna, no judicial, sea directa o indirecta y con inclusión de la autoadministración, municipal o no.

---

10     Hans J. Wolff y Otto Bachof: *Verwaltungsrecht*, Ed. C. H. Beck, München, 1974, 9ª Ed., Tomo I, pp. y ss.

### 4. España

En tanto que el subsiguiente análisis de las nuevas formulaciones de lo administrativo estará centrado en la doctrina española, baste aquí con aludir, a título de ejemplo, a la posición de un autor: J. M. Boquera Oliver.[11]

Por más que afirme que su concepción del Derecho Administrativo es estrictamente jurídico-formal, lo cierto es que es una resultante de mayor número de criterios y, concretamente, de los siguientes: la noción de los "fines públicos", es decir, de las necesidades colectivas o intereses generales (criterio teleológico), el concepto de poder público o poder de "creación unilateral e imposición de obligaciones y derechos" (el viejo criterio de la forma de la actuación administrativa) y la distinción de gradaciones en dicho poder y, correlativamente, de titularidades de los mismos (que, al final, no es otra cosa que la utilización del criterio orgánico e, incluso, del subjetivo). Con lo cual, el objeto del Derecho Administrativo se acota por relación al poder administrativo ejercido por las organizaciones titulares del mismo con vistas a la satisfacción de los fines públicos.

---

11 José María Boquera Oliver: *Derecho Administrativo,* Ed. I.E.A.L., Madrid, 1977, 2ª Ed., Vol. I, pp. 73 y ss.

# VII

LAS PRINCIPALES CORRIENTES ACTUALES, CON ESPECIAL REFERENCIA A LA
DOCTRINA ESPAÑOLA, RESPECTO AL CONCEPTO DEL DERECHO ADMINISTRATI-
VO; LA SUPUESTA CRISIS DE LA CONCEPCIÓN SUBJETIVA O ESTATUTARIA

Como más arriba dejamos apuntado, junto a la actitud sincrética e, incluso, de desfallecimiento y escepticismo, existe en la doctrina actual otra que
retoma con nuevos bríos el viejo reto de la identificación de la esencia misma
de lo administrativo. En el análisis de las posiciones a que ha conducido esta
segunda actitud nos detendremos especialmente en la doctrina española, no
ya sólo porque es imperativo principal dar cuenta del estado de la cuestión
en nuestro país, sino porque en ella se ha producido la última y original gran
explicación del Derecho Administrativo, que aún debe considerarse plenamente vigente y capaz para dar cuenta cabal de lo que sea eso que llamamos
Derecho Administrativo.

Las dos tesis que hoy dominan el panorama español y que pueden caracterizarse como la tesis orgánica (su representante más destacado Garrido Falla)
y la subjetiva (su formulación es debida a García de Enterría), tienen en común –como ha destacado Muñoz Machado[1]– el abandono de la perspectiva
de la materialidad de la actuación administrativa, para centrar la cuestión en
la propia Administración. Difieren, sin embargo, en su conceptuación de ésta.
Debe resaltarse que el paso que representa este nuevo enfoque es decisivo,
toda vez que si existe un punto mayoritariamente aceptado en la doctrina hoy
es precisamente –según ha quedado visto– el de la inexistencia de una función
administrativa típica que colme la actividad de eso que se llama Administración y, por tanto, explique por entero y de manera definitiva dicha actividad.

## 1. LA POSICIÓN ORGÁNICA

La tesis orgánica ha sido formulada y es mantenida, con mayor o menor
pureza, por autores destacados fuera de nuestras fronteras.

En Francia, Ch. Eisenmann[2] construye su posición, como intento de superación de las anteriores y fracasadas posturas, comprobando como verdad
primera que la existencia de un Derecho Administrativo depende o está en

---

1   Santiago Muñoz Machado: *Las concepciones del Derecho Administrativo y la idea de participa-*
    *ción en la Administración*, RAP, núm. 84, p. 526.
2   Ch. Eisenmann: *op. ch.*, pp. 95 y ss.

función de la existencia de una Administración, en el sentido de un cuerpo de agentes, de un conjunto de órganos, en suma, de una institución denominada Administración; proposición esta que vale tanto para el Derecho Administrativo-sistema normativo, como para el Derecho Administrativo-disciplina científica. Quiere decirse, pues, que el Derecho Administrativo está vinculado a una cierta estructura u organización del aparato estatal, por lo que la Administración-institución constituye el fundamento mismo de toda definición de aquel Derecho.

Consecuentemente, si el Derecho Administrativo no es ni puede ser más que el Derecho de una de las ramas del aparato estatal, la delimitación de su objeto propio ha de hacerse preferentemente –lo que ha sido de siempre descuidado– en el seno mismo del Derecho público. Es, pues, incorrecto pretender encontrar su especificidad en su diferenciación respecto al Derecho privado, ya que la cuestión más decisiva radica en la justificación de su independencia en el marco del Derecho público.

Dicho esto, se alcanza una ulterior precisión de suma importancia: todo problema jurídico concerniente a la Administración es una regla de Derecho Administrativo. La cualificación del Derecho Administrativo en torno al fenómeno Administración, hace indiferente que sus reglas sean peculiares (propias sólo del mismo) o comunes con otros Derechos (sea el civil, sea el constitucional, el procesal, etc....). Una regla podrá ser propia también de otra rama del Derecho, pero al ser aplicable también a la Administración pasa a ser, por ello sólo, regla del Derecho Administrativo. Y esto vale, como queda dicho, tanto para las que pertenezcan también al Derecho privado como para las que se apliquen asimismo en el Derecho público (si bien esto último usualmente se ha venido desconociendo). Así, en modo alguno puede sostenerse que el principio de legalidad sea una regla específica o característica del Derecho Administrativo, puesto que dicho principio vale también para el Poder Judicial y para otros órganos estatales. En resumen, pues, la peculiaridad de sus normas no hace el contenido propio del Derecho Administrativo, toda vez que a la Administración se aplican tanto reglas que rigen las relaciones *inter privatos,* como reglas que valen igualmente para otros grupos de órganos estatales.

Se llega, así, a la siguiente definición del Derecho Administrativo:

> Le droit administratif est l'ensemble des regles de droit dont l'Administration est sujet, soit actif, soit passif, ou: qui valent pour l'Administration, dans une mesure quelconque. En bref, c'est: le droit de l'Administration.

En el Derecho Administrativo así definido cabe distinguir, a primera vista, dos grandes grupos de normas: las que se refieren a la organización de la propia Administración y las que regulan las tareas a cumplir por ésta respecto de los administrados.

En cuanto al primer grupo de reglas, la noción clave es la de Administración y no la de función administrativa, inexistente desde luego como única. Porque el análisis de las funciones estatales es una cuestión metajurídica, que no guarda relación con el problema, éste sí propiamente jurídico y de Derecho positivo, de la distribución de competencias entre los distintos órganos del Estado. La confusión entre ambas y el no reconocimiento del hecho de que, de Derecho positivo, entre las competencias de un órgano pueden figurar, mezcladas, varias funciones materiales ideales, ha determinado el inútil y prolongado esfuerzo por identificar una función administrativa característica. De ahí precisamente que no sea posible definir el Derecho Administrativo por relación a la noción de administración (función administrativa), porque dicho Derecho se ha constituido en torno a la Administración y ésta no es un conjunto de órganos ejercientes de una cierta y única función (la administrativa).

Pero entonces, la clave radica en saber exactamente qué es la Administración. Eisenmann, después de rechazar las respuestas tradicionales (la organización que realiza la función administrativa; la organización estatal que resta después de detraer el Parlamento y los, Tribunales) afirma que el *criterium* para una correcta respuesta radica en la combinación de los caracteres específicos de los actos de los agentes administrativos y de su estatuto orgánico. A través de los mismos llega, finalmente, a la conclusión de que la Administración es:

> la partie de l'appareil exécutif oú ne se rencontrent pas, a la fois, cette independance des organes (l'independance par rapport au gouvemement, independance fonctionelle, dans la fonction, que viennent assurer des garanties d'independance personnelle, touchant l'emploi et sa teneur) et cette réglementation de la procedure d'action (les divers traits caractéristiques de la procédure juridictionnelle).

En Suiza, T. Fleiner,[3] mantiene también una posición conceptuable como orgánica, al sostener que la Administración tiene como características: a) el interés público (toda actividad de la Administración debe servir a la satisfacción del bienestar de la comunidad; b) la precisión de habilitación legal, pues "Verwaltung ist Tätigkeit im Auftrag der Verfassung, des Gesetzes oder der Verordnung" (Administración es siempre actividad por mandato de la Constitución, de la ley o del reglamento); y c) la dependencia, ya que "die Verwaltung entscheidet im Auftrag, auf Weisung und Grund eines Pfichtenheftes der Regierung" (La Administración decide por mandato, bajo dirección y con fundamento en un cuaderno de deberes del Gobierno). Por los dos primeros se distingue la Administración de los intereses privados y, en razón al tercero, de los poderes legislativo y judicial (que son independientes).

Definida así la Administración, el Derecho Administrativo resulta ser el que "regelt also das Verhältnis des einzelnen zur Verwaltung, es umschreibt die Grenzen und Möglichkeiten der hoheitlichen Verwaltungstätigkeit und legt die venvaltungsinterne Ordnung fest" (regula la relación del individuo con la Administración, delimita las fronteras y las posibilidades de la actividad autoritaria de la Administración, y fija el orden interno de ésta). Cierto que en la definición hay una referencia a la actividad de la Administración y que ésta se determina por unas características de su actividad, pero no lo es menos que esa caracterización de la actividad no se hace en términos sustan-

---

3    Th. Fleiner: *Grundzüge des allgemeinen und schweizerischen Verwaltungsrechts*, Schulthess Polygraphischer Verlag, Zürich, 1977, pp. 23 y ss.

tivos, sino formales, es decir, por relación a la *organización ubicada en el Poder Ejecutivo y bajo la dependencia del Gobierno,* con lo que éste pasa a ser el elemento básico de toda la concepción del Derecho Administrativo.

La concepción orgánica parece ser la que priva también en el mundo anglosajón, concretamente en Norteamérica. S. G. Breyer y R. B. Stewart[4] definen el Derecho Administrativo como el que

> consists of those legal rules and principies that define the *authority and-structure of administrative agencies,* specify the procedurae formalities that agencies employ, determine the validity of particular administrative decisions, and define the role reviewing courts and other organs of government *in their relation to administrative agencies.*

Todo el concepto de Derecho Administrativo aparece montado, en efecto, sobre la noción de "administrative agency", sin que la naturaleza de la actividad por ésta desarrollada influya en el mismo.

En nuestra doctrina, F. Garrido Falla[5] parte, una vez más, de la pregunta acerca de cuál sea la posición que a la Administración corresponde –en tanto que actividad estatal– en el contexto de las tres funciones típicas del Estado (funciones que se entienden irreductibles, toda vez que todo acto estatal debe reconducirse necesariamente a una de ellas). Precisamente por este carácter irreductible de las funciones típicas, niega toda posibilidad de configuración de la Administración como una cuarta e independiente función. La cuestión se presenta así, en términos de decidir con cuál de las funciones típicas debe identificarse la administrativa, es decir, en los términos tradicionales. Pero la comprobación de que la actividad administrativa engloba acciones (la reglamentación) no encuadrables en la categoría de ejecución de la ley, conduce derechamente a la negación de la antigua identificación de función ejecutiva y función administrativa. En otras palabras, conduce a la afirmación de que "el concepto de Administración pública no se puede obtener adoptando el punto de vista de las funciones del Estado", ni siquiera por la vía del método de sustracción seguido por la dogmática alemana desde O. Mayer.

Ahora bien, lo dicho no significa que la división de poderes no tenga ningún alcance (tiene un valor sobreentendido en la literatura política y jurídica) y no permita una cierta aproximación al concepto de Administración pública. Porque, en efecto, desde un punto de vista objetivo es claro que la Administración supone o integra "una zona de la actividad desplegada por el Poder Ejecutivo". Ocurre, sin embargo, que esa actividad se exterioriza sustantivamente en actos de ejecución, pero también en actos de legislación (reglamentos) y de jurisdicción, por lo que resulta ser esencialmente no homogénea. De este último dato se desprende que el único punto de vista desde el que es posible reconducirla a unidad, es el del poder que emana. Actividad administrativa, es, pues, toda la desarrollada por el Poder Ejecutivo con el triple carácter indicado.

---

4  St. G. Breyer y R. B. Stewart: *Administrative Law and Regulatory Policy,* Little, Brown and Company, Boston y Toronto, 1979, pp. 10 y ss.

5  Fernando Garrido Falla: *Tratado de Derecho Administrativo,* Ed. I.E.P., Madrid, 1966, 4ª Ed. Vol. I, pp. 28 y ss.

La caracterización de la actividad administrativa así obtenida permite sostener un concepto de Administración pública en sentido subjetivo. Dicha Administración no es sino el sujeto de esa actividad o, dicho de otra forma, *"un complejo orgánico integrado en el Poder Ejecutivo"*.

La posición orgánica sostenida por Garrido Falla ha logrado una cierta generalización en nuestra doctrina. A ella pueden adscribirse, en efecto, los siguientes autores:

–J. A. García Trevijano Fos[6] define el Derecho Administrativo como:

> un conjunto de normas y principios referibles al sujeto Administración, que tiene por objeto el estudio y la regulación de la Administración pública subjetivamente considerada, con todas las funciones que desarrolla, y, además, accesoriamente, el estudio de las funciones administrativas de los demás poderes del Estado, así como la justicia administrativa.

La definición está cercana a la tesis subjetiva pero no alcanza a identificarse con ésta, puesto que no sostiene el dato de la personificación de la Administración como necesario.

–R. Entrena Cuesta[7] establece un concepto muy sintético de Derecho Administrativo. Es aquél

> ...conjunto de normas del Derecho público interno que regulan la actividad de las Administraciones públicas.

Interesa destacar que, para este autor, el criterium del Derecho público radica en la implicación necesaria en la relación jurídica correspondiente de un ente público. El Derecho Administrativo pasa a ser, así, la parte de ese Derecho público interno que se refiere precisamente a las organizaciones administrativas, tanto en sí mismas consideradas, como en sus relaciones con terceros.

–J. L. Villar Palasi y J. L. Villar Ezcurra,[8] tras manifestar la inexistencia de una definición omnicomprensiva del Derecho Administrativo, mantienen que el criterio más descriptivo radica en el elemento necesario destacado por la posición subjetivista y constituido por la presencia de una Administración pública en el seno de una determinada relación o situación jurídica. Con lo cual, el Derecho Administrativo es, cabalmente, el comprendido por las parcelas del ordenamiento jurídico en donde se encuentra presente la Administración pública.

Es evidente la conexión o entronque de la tesis orgánica con las primeras explicaciones del Derecho Administrativo en torno al concepto de Poder

---

6  J. A. García Trevijano Fos: *Tratado de Derecho Administrativo,* Ed. Revista de Derecho Privado, 2ª Ed., Madrid, 1968, Tomo I, p. 138.

7  R. Entrena Cuesta: *Curso de Derecho Administrativo,* Ed. Temas, 7ª Ed., Madrid, 1981, Vol. I, pp. 67 y ss.

8  L. Villar Palasi y J. L. Villar Ezcurra: *Principios de Derecho Administrativo,* Tomo I, "Concepto y Fuentes", Sección de Publicaciones de la Universidad Complutense, Facultad de Derecho, Madrid, 1982, pp. 30 y ss.

Ejecutivo. Baste recordar la definición de nuestro clásico M. Colmeiro,[9] para el cual Derecho Administrativo es "el conjunto de leyes que determinan las relaciones de la Administración con los administrados" (si bien aquí Administración se confunde totalmente con poder ejecutivo).

## 2. LA POSICIÓN SUBJETIVA O ESTATUTARIA

Partiendo también de la perspectiva de la Administración, pero llegando a una conclusión distinta y absolutamente original, se produce la construcción del concepto de Derecho Administrativo debida, en nuestra doctrina, a E. García de Enterría. Este autor,[10] establece su tesis sobre dos bases de partida: la Administración no es para el Derecho una determinada función objetiva o material (de ahí el fracaso de las teorías funcionalistas), ni existe de una técnica formal de administrar aislable como prototípica, pues esta técnica es tan contingente históricamente como la función administrativa (de ahí el fracaso de la doctrina del servicio público).

Como se ve, pues, la tesis estudiada prescinde (y, por tanto, supera) los escollos contra los que se han estrellado una y otra vez los sucesivos esfuerzos de la conceptuación de lo administrativo; esfuerzos que habían girado una y otra vez en torno a los criterios material, teleológico o formal. Solo por ello, constituye ya un avance decisivo.

El rechazo, en todo caso, de las anteriores perspectivas sitúa el problema de nuevo ante el sujeto que realiza la actividad administrativa, punto éste al que –como vimos– también llega por otras vías Garrido Falla. Pero el ulterior discurso de García de Enterría, profundamente influenciado por el pensamiento institucionalista de Hauriou y haciendo fructífero ese pensamiento por otros derroteros (aunque desde las bases que había establecido y en la dirección que había intuido Hauriou), sigue un camino original, negando que el sujeto de la actividad administrativa sea simplemente un complejo orgánico más o menos ocasional y concluye (aquí no parece aventurado encontrar la huella del pensamiento de Santi Romano) que dicho sujeto es cabalmente, para el Derecho Administrativo, una persona jurídica. La personificación de la Administración se erige, así, en el dato primario, en la condición *sine qua non* del Derecho Administrativo. Este es, en definitiva, el Derecho que:

> Se dirige a la regulación de las singulares especies de sujetos que se agrupan bajo el nombre de administraciones públicas, sustrayendo a estos sujetos singulares del derecho común.

Ahora bien, ese Derecho, en cuanto su centro de gravedad está constituido precisamente por la singularidad de los sujetos que regula, es –aplicando la conocida clasificación de los derechos generales (caracterizados por su refe-

---

9     M. Colmeiro: *Derecho Administrativo Español,* Imprenta de José Rodríguez, Madrid, 1865, Tomo I, p. 27.

10    E. García de Enterría: "Verso un concetto di Diritto Amministrativo come Diritto statutario", *Rivista Trimestrale di Diritto Pubblico,* 1960, pp. 137 y ss.; también: *Curso de Derecho Administrativo* (en colaboración con T. R. Fernández), Ed. Cívitas, Madrid, 1979, 3ª Ed., Tomo I. pp. 31 y ss.

rencia y aplicabilidad a todos los sujetos) y estatutarios (reguladores únicamente de cierta clase de sujetos, en tanto que singulares o específicos, sustrayéndolos al imperio del Derecho común) un Derecho estatutario.

Las consecuencias de este concepto del Derecho Administrativo –extraídas por el propio García de Enterría– son las siguientes:

1. El Derecho Administrativo es un Derecho público.

En tanto que la Administración pública es la única personificación interna del Estado y constituye el instrumento de relación permanente y general con los ciudadanos, el Derecho Administrativo es, en efecto, el Derecho público interno del Estado por excelencia.

2. El Derecho Administrativo es el Derecho común de las Administraciones públicas.

El carácter estatutario del Derecho Administrativo significa que él ha de satisfacer tendencialmente todas las necesidades propias de las personas a que se refiere en el tráfico jurídico. Es, pues, en sí mismo un microcosmos jurídico, un ordenamiento jurídico autónomo dentro *del ordenamiento general del Estado. En definitiva, se trata de un* Derecho común de las Administraciones públicas. Es aquí, en este punto, donde afloran las raíces institucionalista (Hauriou) y ordinamentalista (Santi Romano) del pensamiento de García de Enterría, y

3. La presencia de una Administración pública es requisito necesario para que exista una relación jurídico-administrativa.

Por último, debe señalarse algo que suele olvidarse –a pesar de su trascendencia– al exponer el concepto estatutario del Derecho Administrativo. Y ello es que este concepto no olvida, sino que destaca, que lo específico del Derecho Administrativo, lo que lo caracteriza por entero, es el equilibrio entre privilegios (autoridad) y garantías (libertad). Como se ve, aflora aquí el elemento genético históricamente del Derecho Administrativo, del *regime administratif,* que quedó expuesto en la introducción.

**3. Las críticas a la teoría subjetiva y estatutaria; su falta de fundamento**

La crítica que, desde la postura simplemente orgánica, se ha hecho a esta tesis –la personalidad no es un *prius* con respecto al Derecho, sino un producto de éste– no es aceptable. Se mueve, en efecto, en el plano de la consideración del Derecho como norma positiva, que desde Santi Romano ha quedado arrumbada. El hallazgo fundamental de la explicación personalista es precisamente éste: la Administración pública es una institución-ordenamiento complejo (la pluralidad de Administraciones reconducible así a unidad) que tiene su fundamento mismo en el dato organizativo y no en el normativo-positivo. Este último no es sino el reconocimiento o la consecuencia de aquella realidad jurídica.

Se llega, así, a la madurez misma del Derecho Administrativo, a su estado de Derecho evolucionado que ya había intuido con toda lucidez, Hauriou.

El avance es definitivo y puede cifrarse en las dos siguientes notas:

a) La personificación interna del Estado, a través de la consideración como persona de las Administraciones públicas, supone la conquista plena por el

Derecho de aquél. En su actuación en el ámbito interno del Estado es sujeto de derecho, aunque dotado de un estatuto singular (lo que no excluye la aplicación al mismo de otras reglas no pertenecientes a su estatuto propio).

b) El reconocimiento de la personalidad, tal como se realiza, obvia radicalmente los inconvenientes de la concepción alemana del Estado persona en su totalidad. Este es, si, en su actuación interna, persona, pero persona sometida al Derecho general del Estado, en cuanto ordenamiento integrado (y, por lo tanto, subordinado) en el más amplio y complejo estatal. Aquí se articulan, pues, los principios de constitucionalidad y legalidad de la Administración y, por ende, del Derecho-Administrativo.

c) La estabilización de la ciencia del Derecho Administrativo, en cuanto que su concepto queda independizado de la circunstancialidad propia tanto de la actividad material administrativa, como de las técnicas de administrar, pero sin dejar de captar por ello el dato determinante del tipo estructural del Estado en régimen de Derecho Administrativo: la habilitación de la Administración con facultades exorbitantes y la consecuente caracterización entera de aquel Derecho por la tensión entre los principios de autoridad (privilegios) y libertad (garantías).

El impacto y la influencia de esta tesis estatutaria del Derecho Administrativo han sido y continúan siendo enormes, de tal manera que puede afirmarse sin hipérbole alguna que domina por completo el panorama doctrinal español.

De otro lado y por sus propias características expuestas, este concepto del Derecho Administrativo es capaz de integrar otras formulaciones doctrinales que han destacado concretos aspectos relevantes de dicho Derecho: es el caso de la garantía de Parada Vázquez,[11] el predominio del interés colectivo sobre los derechos o intereses privados en Nieto[12] y del dato teleológico-funcional de la actividad dirigida a finalidades de interés público, para cuya consecución el ordenamiento concede potestades singulares en Martín Mateo,[13] autor este último que expresamente manifiesta la compatibilidad y aun complementariedad de su posición respecto a la subjetiva.

El Derecho positivo confirma desde luego esta construcción del Derecho Administrativo. Al nivel de legislación ordinaria, ello es obvio (art. V, LR-JAE). El hecho de la promulgación reciente de la Constitución, ruptura con el ordenamiento anterior y fundamento de un nuevo ordenamiento estatal, exige la comprobación del anterior aserto a la luz de los preceptos de aquélla.

El único precepto constitucional referido globalmente a la totalidad de la Administración, el 103.1, no expresa ciertamente el dato de su personalidad, limitándose a consignar los principios de organización interna y actuación y el fundamental de su sumisión plena a la ley y al derecho. Pero el tratamiento de la Administración local –Ayuntamientos y Diputaciones– descansa en el

11    Ramón Parada Vázquez: *Derecho Administrativo, Derecho Privado y Derecho garantizador.* RAP, Nº 52, pp. 57 y ss.

12    Alejandro Nieto García: *La discutible supervivencia del interés directo.* REDA, Nº 12, y *La vocación del Derecho Administrativo de nuestro tiempo*, RAP, Nº 76.

13    R. Martín Mateo: *La sustantividad del Derecho Administrativo*, RAP, Nº 53, pp. 35 y ss.

dato básico de la personalidad jurídica propia de estas corporaciones (arts. 140 y 141). Si bien la configuración de la Administración de las Comunidades Autónomas queda remitida prácticamente a los correspondientes estatutos, el artículo 152.3 señala que la creación por éstos, de circunscripciones territoriales propias conlleva la "plena personalidad jurídica" de éstas, lo que permite concluir que el montaje de aquella Administración ha de hacerse sobre la base de su personificación, como de hecho se viene haciendo y se hizo ya en los regímenes preautonómicos. Finalmente, tampoco la Administración del Estado aparece calificada expresamente como persona, pero el artículo 103.2 la da por supuesta al hablar de "los órganos" de dicha Administración. Todo ello permite afirmar que en la alusión global a la Administración pública en el artículo 103.1, está implícita su consideración como persona jurídica (complejo reconducido a la unidad de las diferentes personas jurídico-públicas) sometida por entero al Derecho y responsable de sus actos (art. 106), diversa del gobierno político (dirección de la política interior y exterior; art. 97), aunque en su órgano superior concurra un desdoblamiento funcional.

Más concluyente aún, en el sentido de confirmación de la tesis estatutaria, es el hecho de que el artículo 103 deba considerarse expresivo de una verdadera garantía institucional, es decir, de una protección constitucional reforzada del objeto normado, cabalmente la Administración pública, similar a la de que gozan los derechos fundamentales y las libertades públicas.[14] Ha de destacarse, que el precepto constitucional se refiere a la Administración pública en su conjunto, es decir, al complejo (reconducible a la unidad como fenómeno jurídico) integrado por la pluralidad de Administraciones concretas existentes. Quiere decirse, pues, que la garantía institucional se refiere a la Administración como fenómeno, como institución, que ha adquirido carta de naturaleza en cuanto regulación u ordenamiento jurídico-público específico y que, por ello mismo, ha podido ser incorporado al texto constitucional en calidad de realidad dada y de contornos y perfiles jurídicos perfectamente definidos (hasta el punto de que el solo concepto "Administración pública" ha sido estimado suficientemente significativo y expresivo por el constituyente). Más aún, se trata de una institución, cuya asunción y garantía constitucionales comportan la personificación de la misma, es decir, su actuación por organizaciones que se constituyen en centros de imputación de las consecuencias jurídicas derivadas del ejercicio de los contenidos y cometidos institucionales. Este dato de la personificación resulta claramente –para las Administraciones locales– de los artículos 140 y 141 del texto constitucional, pero se desprende –en general– para el resto de las administraciones no sólo del artículo 103.2 antes aludido, sino especialmente del artículo 106.2 del propio texto constitucional, en tanto que sanciona el principio de la responsabilidad administrativa objetiva. De todo ello resulta, que la garantía constitucional de la institución "Administración pública" se extiende a su titularidad por organizaciones montadas sobre el principio de la personalidad.

La garantía institucional de la Administración pública aunque supone la fijación institucional de ésta como elemento constructivo necesario del orde-

---

14    Sobre la doctrina de las garantías institucionales, *vid.,* mi trabajo: *Garantía institucional y autonomías locales.* Ed. I.E.A.L., Madrid, 1981.

namiento estatal en su conjunto y necesario en el sentido de indisponible –al menos en cuanto hace a la esencia misma de la institución– por el legislador ordinario. En otras palabras, la garantía constitucional significa que el ordenamiento estatal ha de articularse de forma tal que la satisfacción –en el ámbito interno– de los intereses generales, es decir, la prestación de los servicios públicos *lato sentido,* se cumpla por intermedio de organizaciones personificadas re-conducibles a la categoría genérica y unitaria de "Administración pública". Consecuentemente: la presencia de organizaciones administrativas y su conceptuación como personas son elementos fijos de nuestro Derecho y aglutinantes de un específico régimen jurídico (o estatuto), hasta el punto, de que éste aparece considerado por el artículo 148.18 de la Constitución como una materia homogénea, propia e independiente (entre las incluidas en el listado de las materias objeto de las reglas de distribución de competencias entre el Estado y las Comunidades Autónomas).

Este examen de nuestro Derecho positivo corrobora plenamente la corrección de las bases en las que se asienta y de las que se nutre la tesis estatutaria del Derecho Administrativo: el enfoque institucional y ordenamentalista y la visión subjetiva del fenómeno administrativo. Permite, además, sostener con rotundidad que dicha tesis representa la concepción del Derecho Administrativo que cuadra con nuestro Derecho positivo.

Desde la perspectiva alcanzada aparece claro lo injustificado de otra de las críticas que se han formulado a la concepción estatutaria: la imputación de que ésta prefigura el Derecho Administrativo como una normación "estamental" análoga a la que tenían en la Edad Media algunas clases o grupos profesionales y, consecuentemente, la objeción de que las Administraciones no actúan como un grupo corporativo; crítica que ha sido formulada por M. S. Giannini,[15] y cuya falta de fundamento resulta de su propio contenido, toda vez que éste evidencia la no captación del sentido y alcance de la tesis estatutaria, la cual en modo alguno pretende resucitar el viejo orden estamental o gremial.

Se habla ya, sin embargo, de crisis de estas últimas concepciones de la disciplina, como consecuencia –fundamentalmente– de dos fenómenos: la pérdida por los entes públicos del monopolio de la acción administrativa y la intervención directa o participación de los particulares en las tareas administrativas, más concretamente en la Administración.

El primero se concreta en el dato real del cumplimiento por particulares de actividades de interés general, calificadas por la jurisprudencia como administrativas. Si los particulares pueden desarrollar acciones sometidas al Derecho Administrativo, parece –en efecto– que habría que concluir la quiebra de las doctrinas subjetivistas. Esta no es, sin embargo, *mis* que aparente, como ha demostrado Fernández Rodríguez,[16] la posibilidad de que existan actos administrativos emanados de una persona formalmente privada se explica por el hecho de que dicha persona no actúa como simple sujeto privado, ni ejercita poderes propios, sino que opera como órgano, delegado o agente de la

---

15    Massimo Severo Giannini: "Premisas sociológicas...", *op. cit.,* p. 51.

16    Tomás Ramón Fernández Rodríguez: *Derecho Administrativo, Sindicatos y Autoadministración.* Ed. IEAL, Madrid, 1972.

Administración en virtud de cualquier mecanismo de transmisión por ésta a aquélla de poderes originariamente administrativos. Con carácter más general, el fenómeno es enteramente explicable desde la teoría del ordenamiento de Santi Romano antes aludida. Se olvida, en efecto, que la Administración es un ordenamiento complejo –inserto en el más vasto estatal–, que puede utilizar instrumentalmente otros ordenamientos distintos. Más recientemente, L. Morell,[17] ha analizado la evolución en los últimos tiempos de las estructuras sociales, concretada en la complejidad de las posiciones jurídicas de los sujetos en el ordenamiento administrativo (con la consecuencia doble de la ruptura de la imagen clásica de una dualidad radical Administración-administrado, toda vez que éste último puede estar hoy en situaciones múltiples como las de concierto, colaboración o, incluso, incorporación; así como de la quiebra de la también dualidad radical entre entes públicos y entes privados en tanto que no sólo la Administración se rige indistintamente por el Derecho público y el privado y a los particulares, a la inversa, les es de aplicación en ocasiones el primero, sino que las organizaciones sociales reciben una caracterización múltiple que hace difícil su exacto encuadramiento en rígidos y simplistas esquemas), pero ha demostrado, al mismo tiempo, cómo aquella evolución y las transformaciones por ella inducidas no suponen una quiebra de la tesis subjetiva, si se acude al criterio del *status,* identificando en el seno del ordenamiento aquellas organizaciones a las que se atribuye la cualidad de ente administrativo (cualidad específica, diversa de la genérica de entidad de Derecho público).

El segundo de los fenómenos antes apuntados es más complejo y difícil y a él ha hecho referencia recientemente Muñoz Machado.[18] Sus manifestaciones básicas son dos: insuficiencia del mecanismo de representación política articulado a través de elecciones periódicas y reclamación del control social de la actividad administrativa o, dicho de otro modo, cuestionamiento de la legitimidad de la definición burocrático-administrativa del interés general o público. Nieto,[19] lo ha resumido perfectamente, al señalar que el ciudadano ya no se conforma con elegir a sus representantes, confiarles sus asuntos y desentenderse de los asuntos públicos, sino que, además, quiere seguir actuando paralelamente a sus representantes parlamentarios y agentes administrativos, manteniendo un control sobre los mismos.

La solución más radical al problema consiste sin duda en la sustitución del sistema de democracia representativa actual por el de democracia directa, que desde luego eliminaría de raíz todas las disfunciones y contradicciones de aquél; solución, sin embargo, que cuando menos debe calificarse de utópica. El camino practicable se sitúa, pues, en la línea de la complementación de la democracia representativa, con fórmulas de democracia directa, insertando éstas en los niveles más bajos y operativos de la organización social,

---

17    L. Morell Ocaña: *El criterium de la Administración Pública y el Derecho Administrativo contemporáneo.* REDA, Nº 29, pp. 253 y ss.

18    Santiago Muñoz Machado: *Las concepciones del Derecho Administrativo y la idea de participación en la Administración.* RAP, Nº 84, pp. 528 y ss.

19    Alejandro Nieto: *La vocación del Derecho Administrativo de nuestro tiempo.* RAP, Nº 76, pp. 9 y ss.; también: *La discutible supervivencia del interés directo.* REDA Nº 12.

lo que implica –a su vez– una operación paralela de descentralización de la estructura de poder. En el plano puramente administrativo, esta segunda alternativa significa la extensión de la fórmula participativa tradicional –la procedimental– por otra que la realidad misma viene exigiendo –la orgánica–. Así lo ha expuesto Chitti;[20] se trata de articular la presencia de los intereses comunitarios en el interior de la propia estructura administrativa. En definitiva, de pasar de una Administración con participación a una Administración participada.

El enunciado de esta consecuencia permite hablar, en efecto, de una crisis del modelo administrativo subjetivista, toda vez que sus bases ideológicas aparecen profundamente socavadas. Sin embargo, tal conclusión es, a mi juicio, precipitada y peca de desconocer la verdadera dimensión de la crisis a que alude, que no es específica del ámbito administrativo, sino general del modelo de organización política. Lo que no supone desconocer la validez de la crítica a las disfunciones propias del sistema burocrático-administrativo de gestión del interés general; disfunciones ya analizadas por Max Weber y crítica realizada desde la sociología de la burocracia por Crozier, perspectiva a la que ha dedicado atención entre nosotros Nieto.[21]

Pero el verdadero problema no reside en las disfunciones generadas por el modelo de gestión institucional-burocrático (como lo prueba concluyentemente el hecho de que la demanda o exigencia de la participación ciudadana se da, asimismo y con idéntica intensidad, respecto del prototipo de gestión más legitimada y cercana a sus destinatarios: la municipal, en la que las decisiones son adoptadas por representantes directos de los ciudadanos), sino más bien en las causas más profundas que han creado y continúan manteniendo el proceso no ya de conservación, sino de desproporcionado crecimiento de dicho modelo. Cuando se pretende corregir esta desviación a través de la participación directa ciudadana en el mismo, no sólo se está simplemente atacando la sintomatología de una crisis más profunda, sino que se está introduciendo un nuevo factor de perturbación, de contradicción en la estructura global de organización política y social. Porque una consecuencia previsible de la fórmula "Administración participada" es la sustitución, a nivel de causa legítima y fin del poder político, del interés general como algo distinto y superior (al menos, no necesariamente equivalente) a la suma o composición de los intereses individuales, de grupo o sector simplemente por esta última; en definitiva por un "nuevo corporativismo" no institucionalizado, paralelo y en contradicción por arriba con la representación política general y por abajo con la reducción jurisdiccional de los conflictos sociales, como nuevo factor de distorsión y no alternativa al Estado social de derecho y a sus pautas de comportamiento ante el Derecho trabajosamente alcanzadas.

Es a este último nivel donde se sitúa el problema. Porque vivimos ya en el llamado "Estado social de Derecho" (artículo 1.1. de la Constitución), alumbrado en Europa como superación del simple Estado de Derecho de corte

---

20   M. Chitti: *Participazione popolare e pubblica amministrazione.* Pisa, 1977; citado por Muñoz Machado: *op. cit.,* en nota 130.

21   Además de los trabajos citados en la nota N° 131, *vid.* del mismo autor: *De la República a la Democracia: la Administración española del franquismo.* I y II REDA, N° 11 y 15.

liberal, pero sin embargo, dicha superación dista de ser una realidad efectiva, porque aún no se ha logrado establecer las necesarias consecuencias (en lo que aquí interesa, por lo que respecta a la relación Estado-Derecho) de las profundas transformaciones políticas, sociales y económicas motivantes de la calificación como "social" del Estado y éste continúa viviendo básicamente sobre las ruinas del viejo edificio.

En efecto, los perfiles del Estado social de Derecho –sobre todo en el plano jurídico– se ofrecen en términos embrionarios y desdibujados, porque básicamente el Estado actual continúa operando sobre las técnicas tradicionales, diseñadas para un modelo diferente: el del Estado liberal de Derecho, escasamente comprometido con la sociedad, al menos en comparación con lo que hoy nos parece normal y exigible.

Paralelamente a esta pervivencia de la articulación del Estado sobre principios y técnicas cuando menos insuficientes e inadecuadas a sus actuales exigencias y características, está el mantenimiento acrítico y por inercia del espacio de libertades-derechos ciudadanos especialmente resistentes o, incluso, exentos de la acción estatal, tal como éste fue definido por la revolución liberal, sin reordenar claramente el mismo en función de la nueva escala de valores derivada de la asunción de la filosofía del Estado social.

No se trata de poner en cuestión el orden de las libertades y los derechos fundamentales, ni siquiera su catálogo, sino tan sólo de poner de relieve que éste y sus consecuencias jurídicas fueron formulados en el contexto de un determinado Estado, por lo que la modificación de éste en su misma escala de valores ha de comportar –como condición misma para su viabilidad– un replanteamiento desde la perspectiva de sus consecuencias jurídicas del orden de las libertades públicas y de los derechos fundamentales con vistas a su reacomodo recíproco. El hecho de que así no se haya hecho aún, explica no sólo la ambigüedad del modelo de Estado social de Derecho (cuya significación y alcance concretos aún no están determinados), sino las dificultades que presenta en la vida real la aplicación del referido orden. En definitiva, la permanencia aún del concepto "Estado social de Derecho", en el ámbito de lo etéreo y vaporoso obedece, básicamente, a la indeterminación de la proyección que sobre el resto del orden constitucional y, por tanto, en el entero ordenamiento jurídico deba tener la calificación "social" del Estado y cual haya de ser la solución de la tensión de su simultánea conceptuación como "social" y "de Derecho".

La confluencia de todas las circunstancias de distorsión expuestas conduce al que cabe calificar de proceso de concreción sucesiva del marco legal, es decir, a la tradicional ejecución de las leyes (lo administrativo) a un estado de máxima tensión y conflictividad, agudizando el fenómeno de "falta de legitimidad democrática de la Administración".

La crisis más profunda, pues, no está tanto en la existencia misma de la Administración como aparato burocrático de interpretación objetivo-jurídica del interés público, es decir, en la técnica de administrar, sino más bien en el modelo de Estado y en la construcción positiva y dogmática de su comportamiento ante el Derecho; modelo y construcción que no se han acompasado a las transformaciones reales, sobrecargando las categorías técnicas formuladas para soportar otros contenidos. Esta sobrecarga se manifiesta fundamentalmente en dos puntos:

a) La incapacidad del mandato político representativo para justificar y sustentar la imputación al pueblo soberano y, por tanto, a los ciudadanos la pluralidad y diversidad de decisiones que hoy deben ser tomadas, en una sociedad tan compleja, por las asambleas parlamentarias, así como la remisión por éstas, a su vez, de gran parte de dichas decisiones a la Administración, limitándose su intervención prácticamente a una habilitación genérica para la toma de decisiones por aquélla.

b) La no correspondencia con sus verdaderos contenidos de los continentes jurídicos por lo que se continúa explicando por entero la actuación administrativa, de forma que decisiones de contenido y alcance en todo similares a las parlamentarias han de encuadrarse y formalizarse necesariamente como reglamentos o actos, a los que se aplican sin más –en caso de conflicto– las técnicas convencionales (judiciales) de reducción de los mismos; técnicas absolutamente inadecuadas e insuficientes para resolver satisfactoriamente en los términos actuales, los conflictos de que se trata. Este desfase entre contenido y continente es el que explica la tendencia a su corrección mediante la participación social directa –orgánica o procedimental– en los procesos administrativos. Pero, a su vez, esta compensación a través de la participación, lejos de solucionar el problema, provoca una nueva y no menos grave disfunción, a la que ya hemos apuntado: la apropiación "pseudocorporativa" de las decisiones administrativas por las fuerzas sociales, organizadas o no, que se adueñan o prevalecen en la participación.

Consecuentemente, no es sólo ni principalmente la Administración burocrática, sino en general el Estado en cuanto ordenamiento jurídico y los procesos de integración, declaración y ejecución de su voluntad los que están en crisis. La solución, por tanto, no pasa tanto –aunque también– por la transformación de la Administración (para cuya subsistencia no es determinante su carácter participado o no), sino por una auténtica reconstrucción del Derecho público. Es lo que García de Enterría,[22] ha llamado la ruptura de las estructuras burocráticas, tanto por arriba (replanteamiento de su subordinación y de su relación con las instancias políticas superiores), como por abajo (descentralización política a nivel regional o local y articulación de estas instancias sobre bases auténticamente representativas).

Como se ve, pues, esta línea doctrinal alusiva a determinados factores supuestamente determinantes de la crisis de una concreta explicación del Derecho Administrativo, la subjetiva y estatutaria, acierta cuando menos a conducir hacia los verdaderos problemas de fondo hoy planteados, que no se reducen a la insuficiencia de los criterios elaborados para aprehender la sustancia propia de lo administrativo, sino que consisten en el cuestionamiento mismo de la actual articulación del Derecho público interno, así como de la validez de los principios, esquemas, conceptos y técnicas vigentes aun en las disciplinas que lo componen. Quiere decirse, que la cuestión radica ni más ni menos que en la necesidad de la reconstrucción del Derecho estatal interno y

---

22 E. García de Enterría: "La cuestión regional. Una reflexión"; trabajo aparecido en las ediciones del periódico *El País*, de los días 21 a 26, ambos inclusive, de septiembre de 1976.

en la nueva ubicación y explicación en su marco de la Administración pública y de su Derecho. Este y no otro es el verdadero acotamiento de la cuestión, pues sólo él ofrece la imprescindible perspectiva. A intentar identificar los puntos básicos de la aludida labor de reconstrucción y sentar unas líneas de solución estará dedicada, pues, la última parte de esta Memoria, a título de aportación personal al básico problema del objeto propio de la disciplina.

Prueba de la corrección del enfoque que queda expuesto la constituye la última y también la más reciente de las críticas formuladas a la tesis subjetiva y estatutaria. Pues ésta, iniciada por L. López Guerra,[23] toma pie en la exigencia radical del Estado de Derecho de la limitación del poder público para señalar que una de las técnicas elaboradas (por la dogmática alemana en la primera mitad del siglo XIX, y luego extendida por toda Europa, con la excepción significativa de España) ha sido la de la personificación del Estado como un todo. Después de analizar las causas históricas que, a su juicio, han determinado en nuestro país una tradición de no atribución de personalidad al Estado (el predominio político de poder ejecutivo y la consecuente negativa a reducir éste a un órgano del Estado, conducentes a la personificación exclusiva de dicho poder) y el mayor desarrollo de la ciencia jurídico-administrativa (implicante del predominio en el Derecho público de la perspectiva procesalista de contraposición del interés público y el privado y la necesidad de otorgamiento de medios de garantía y defensa del segundo frente al primero), concluye –con G. Anabitarte–[24] en que la posición de E. García de Enterría es el final del proceso de sustantivación del Derecho Administrativo español desde los condicionamientos tradicionales expuestos. Sostiene, en efecto, que la tesis subjetiva, al reconocer personalidad jurídica solamente a la Administración, deja reducido el Estado a un mero *compositum* orgánico e identifica en la práctica de nuevo (según la tradición española), Estado y Administración en el ámbito jurídico. Y esta situación la considera hoy, en que se hace preciso –tras la Constitución de 1978– construir un nuevo "edificio expositivo e interpretativo" de la norma fundamental, inadecuada e insatisfactoria a dicho objeto.

Es preciso, en efecto, según López Guerra, superar la dicotomía existente entre las perspectivas del Derecho Administrativo y del Derecho constitucional para enfocar los fenómenos del *jus publicum*. Para ello hay que comenzar fijando con precisión los conceptos claves de la dogmática jurídico-pública, para cuya tarea la negación de personalidad jurídica al entero Estado no contribuye a facilitar una base sólida. Desde un punto de vista doctrinal, porque obliga a la construcción de la naturaleza de las instituciones parlamentaria y judicial como "órganos del pueblo" y "órganos del Derecho", conceptos ambos de poca precisión jurídica y que dificultan el tratamiento de las competencias y de las relaciones interinstitucionales. Desde un punto de vista práctico, porque no facilita fundamento adecuado para la explicación de las relaciones

---

23  L. López Guerra: "Sobre la personalidad jurídica del Estado", *Revista del Departamento de Derecho Político de la UNED*, Nº 6, pp. 17 y ss.

24  Gallego Anabitarte: *Derecho Público, Derecho Constitucional, Derecho Administrativo*. Prelección al programa de Derecho Administrativo, Univ. Autónoma de Madrid, Madrid, 1980. En realidad, el comienzo de la crítica de la explicación subjetiva y estatutaria del Derecho Administrativo puede situarse en este autor.

de las Cortes, la Corona y el Poder Judicial con particulares, al no quedar cubiertas las mismas por el manto de la personalidad.

La solución estriba, en opinión del autor comentado, en la admisión de la personalidad del Estado en cuanto tal (que la Constitución no sólo permite, sino parece incluso requerir, sin que sea contradictoria con la continuación de la personalidad de la Administración del Estado, puesto que la atribución de personalidad a un órgano de una persona más amplia es algo admitido), pues la misma abriría mayores perspectivas y posibilidades constructivas al Derecho público y, en particular, "permitiría conjugar la necesidad de contar con un punto de imputación a la hora de defender los intereses del ciudadano particular (necesidad de tipo procesal) con la exigencia de comprender a la Administración como parte de una entidad estatal de nivel superior".

Al trabajo de L. López Guerra se vino a sumar, poco después, otro de J. A. Santamaría Pastor,[25] en el que –tomando nota del anterior– se vuelve a abordar la temática de la personalidad del Estado, apuntando los pro y los contra de su afirmación de nuestro Derecho, para, tras señalar que dicha afirmación conduciría lógicamente a la negación de la personalidad de la Administración (reducida, así, a mero órgano del Estado, con los inconvenientes técnico-jurídicos que ello comportaría), acabar sosteniendo que las dificultades que la no personificación de otras instituciones estatales (singularmente las Cortes, a las que se refiere el trabajo) comporta en orden a la concreción del régimen jurídico relativo a los actos, los contratos, el personal, los bienes y las garantías patrimoniales y procesales deberían encontrar, quizás, solución por la vía del reconocimiento de la personalidad en favor de cada una de ellas.

Finalmente, tomando pie en la posición asumida por J. A. Santamaría, L. López Rodó[26] entra en la polémica para, discrepando de dicha posición, afirmar rotundamente que en nuestro ordenamiento jurídico el Estado tiene personalidad jurídica en cuanto tal.

Por de pronto, conviene adelantar que la posición desarrollada por J. A. Santamaría no tiene por objeto tanto cuestionar la tesis de García de Enterría, cuanto poner de relieve que de la no personificación interna del Estado –combinada con la atribución de personalidad en principio sólo al aparato administrativo– derivan problemas relevantes para la adecuada construcción jurídica de órganos estatales como el Parlamento y de sus relaciones con terceros, así como para la determinación del régimen jurídico aplicable a las mismas (al quedar éste en una zona gris, no cubierta propiamente por ninguna rama jurídica y desde luego no por el Derecho Administrativo –precisamente por su estructuración en torno a la Administración–, a pesar de que su selectiva aplicación en cuanto Derecho Público interno común, resulta procedente).

La dificultad del tratamiento jurídico de las relaciones con terceros de los órganos estatales no personificados es cuestión ajena al tema que nos ocupa, resolviéndose en el plano puramente técnico y positivo de la admisión (ab-

---

25    J. A. Santamaría Pastor: "La personalidad jurídica de Las Cortes", *Revista de Derecho Político,* Univ. Nacional a Distancia, Nº 9, pp. 7 y ss.

26    L. López Rodó: "Personalidad jurídica del Estado", *Revista de Derecho Político,* Univ. Nacional a Distancia, Nº 11, pp. 57 y ss.

solutamente posible) del establecimiento de relaciones y de la gestión patrimonial por órganos no personificados o, en su caso, la opción (para mayor congruencia lógica y formal) entre la utilización de la Administración personificada como puro instrumento de ejecución para la materialización y cumplimiento de dichas relaciones y su gestión, de un lado, y la personificación directa de los diferentes órganos estatales de otro (solución perfectamente posible como bien señala Santamaría, pero que no es necesaria como demuestra en nuestro ordenamiento el caso del Consejo General del Poder Judicial). No sucede otro tanto con la problemática relativa al régimen jurídico de los bienes, personal, contratos, etc..., de los órganos no personificados, pues la misma parece cuestionar la plena validez de la explicación subjetiva del Derecho Administrativo, al hacer aflorar la realidad de que deja fuera del ámbito de éste, actos y relaciones jurídicos materialmente administrativos, sólo que cumplidos por organizaciones públicas distintas de la Administración.

Pero este fenómeno, que se reconduce en definitiva a la vieja cuestión de la inexistencia de una exacta correlación entre la tripartición del poder del Estado y las funciones desarrolladas por cada uno de los tres poderes (de modo que, además de los actos típicos –legislativo, ejecutivo y judicial– cada poder realiza, con carácter accesorio, otros no identificables con aquellos y propios de la "función" correspondiente a otro poder y, concretamente, al Ejecutivo-Administración), en modo alguno constituye argumento ni mucho menos definitivo contra la tesis subjetiva-estatutaria, a la que no es desconocida la circunstancia expuesta. Esta, que es una consecuencia inevitable de la irreductibilidad del completo aparato estatal en su estructura y funcionamiento real al simplista esquema tripartito de Montesquieu, es una realidad insoslayable que no enerva la utilidad de las construcciones que atienden a las situaciones normales. El hecho de que, excepcionalmente y en calidad de actividades secundarias y auxiliares, los órganos constitucionales como el Parlamento o los Tribunales de justicia realicen actos materialmente administrativos, no hace de los mismos organizaciones pertenecientes a la Administración, ni los coloca en el ámbito normal u ordinario del Derecho Administrativo, y, por tanto, no afecta ni minusvalora la construcción de éste en torno a la idea de la Administración-persona. Significa más simplemente, que los referidos órganos y tribunales realizan secundariamente actos que, por su naturaleza, precisan estar regidos por Derecho distinto al que gobierna los producidos en cumplimiento de la función característica o típica de los mismos. La resolución de este problema, que es de índole puramente práctica y alude básicamente al orden de las garantías y de la tutela judicial de los derechos e intereses de las personas que entablan relaciones con dichos órganos o son destinatarios de sus actos, viene dada con toda naturalidad –en razón a la condición de *jus publicum commune* del Derecho Administrativo– por la aplicación analógica de éste; aplicación para la que basta prácticamente con una determinación legal extensiva expresamente de la Jurisdicción Contencioso-Administrativa a este tipo de actos y que, obviamente, no pone por sí misma en cuestión la concepción estatutaria del referido Derecho. La prueba más contundente de ello reside en que ésta ha sido la solución adoptada por la Ley Orgánica del Consejo General del Poder Judicial para el ejercicio de la potestad disciplinaria sobre magistrados, jueces y restante personal del Poder Judicial (art. cuarenta y siete), sin que la misma haya sido considerada o valorada como una

167

innovación cualitativa que obligue a un replanteamiento en la concepción del Derecho Administrativo.

La intervención en la polémica comentada de L. López Rodó se circunscribe a la cuestión específica de si el Estado, en su conjunto o como tal, tiene o no personalidad jurídica, sin entrar para nada en el aspecto de la posible incidencia de la misma sobre la construcción del Derecho Administrativo. Con independencia, pues, de la posición que se adopte en torno a dicha cuestión (sobre la que hemos de volver inmediatamente), lo cierto es que ésta es, de principio, indiferente en el orden que ahora nos ocupa, puesto que la negación de personalidad al Estado no es indispensable técnicamente a la consideración de la Administración pública como conjunto articulado de organizaciones dotadas de personalidad y caracterizadas por estar sujetas a un estatuto específico, cabalmente el Derecho Administrativo. Esto es explícito en el caso de L. López Rodó, pero debe considerarse también implícita e incidentalmente reconocido en el trabajo de L. López Guerra. En definitiva, la admisión de la personalidad jurídica del entero Estado conduciría por sí misma todo lo más y únicamente a la necesaria doble consideración de la Administración como órgano (o conjunto de órganos) del Estado-aparato personificado, de un lado, y como persona (o conjunto coherente de personas jurídicas) actuante frente al ciudadano, de otro lado. Pues, como los mismos autores comentados reconocen, ningún obstáculo dogmático o de principio existe para la admisión del supuesto de persona integrada, en calidad de miembros, por otras personas; supuesto que, además, no es desconocido ni extraordinario para el Derecho positivo, bastando con la referencia a un ordenamiento tan tradicional como el relativo a los colegios profesionales, que –orgánicamente– está construido sobre dos niveles organizativos: los colegios territoriales (cuando existen, que es lo normal), que son corporaciones de primer grado, es decir, integradas –en calidad de miembros– por los profesionales correspondientes, y los consejos generales, que son corporaciones de segundo grado, compuestas –en calidad de miembros– exclusivamente por los colegios territoriales (dotados, por supuesto, de personalidad jurídica propia), es decir, que son corporaciones de corporaciones.

La argumentación de L. López Guerra, aunque referida desde luego a la procedencia de la consideración del Estado globalmente considerado como persona jurídica, va más allá, haciendo de esta cuestión el punto de referencia del necesario replanteamiento del Derecho público en su conjunto y, por tanto, de su actual articulación académica y científica en dos Derechos: el político y el administrativo, lo que le conduce a poner en cuestión la definición subjetiva-estatutaria de éste, afirmando su inidoneidad para aquella precisa reconstrucción del Derecho público.

El punto de partida radica en la consagración por la Constitución de 1978 del Estado de Derecho; consagración que para ser efectiva demanda no simples formulaciones ético-morales o religiosas, sino garantías estrictamente jurídicas, tanto formales (supremacía de la ley, separación de los poderes, principio de legalidad de la actividad administrativa, etc...), como materiales (en concreto, el respeto a los derechos fundamentales). De entre las técnicas formuladas para lograr la reducción del Estado al Derecho (y, por tanto, la limitación del poder y la conversión del súbdito en ciudadano), se destaca la de la personificación del Estado, que –por ello– se estima necesario introducirla en nuestro Derecho.

A esta introducción parece oponerse la concepción del Derecho Administrativo de E. García de Enterría, toda vez que ésta consiste en la personificación de la Administración y su fundamentación por dicho autor incluye una negación de la personalidad del Estado en su conjunto. En el hecho de que esa negación se haga precisamente desde la doctrina administrativista se pretende encontrar asidero para su crítica. Pues, tras un análisis del surgimiento y evolución históricos del Derecho público en nuestro país y de la afirmación, con base en el mismo, del fraccionamiento de éste al advenimiento del régimen liberal y de su ulterior desarrollo (a partir de mediados del siglo XIX), dejando de lado las ramas penal y procesal, en dos direcciones características: la que se refiere a los intereses de la Administración en su enfrentamiento con los de los particulares (dando lugar al Derecho Administrativo, caracterizado por ser un derecho practicado y volcado en los microproblemas de carácter procesal y procedimental) y la que atiende al Estado como un todo, como entidad trascendente a los individuos (dando lugar al derecho político, identificado por las notas de preocupación por los grandes problemas públicos y de visión de conjunto), se alcanza la conclusión del predominio hasta hoy del Derecho Administrativo, al haberse adelantado desde él la construcción del esquema conceptual y técnico-jurídico-público, habiendo faltado en los cultivadores del Derecho político –por la ausencia de continuidad y normalidad constitucionales de nuestra historia– todo desarrollo de Derecho positivo. De ahí que en la situación actual, en que, tras la Constitución, se hace inaplazable la elaboración de un Derecho público (afirmándose la conveniencia de la desaparición de la dicotomía Derecho Político-Derecho Administrativo,[27] parece obligado partir del préstamo que de técnicas y conceptos puede hacer ya este último; circunstancias, se sostiene, que comporta graves riesgos por las perspectivas que se reputan tradicionales y propias del mismo.

A probar precisamente esos riesgos en la formulación del elenco básico y único de conceptos consustancial al Derecho público propuesto, se dirige derechamente la crítica a la tesis de E. García de Enterría, que se pone en conexión con el problema fundamental de la realización del Estado de Derecho. Al servicio de la misma surgió en el siglo XIX, y en Alemania, la teoría de la personalidad del Estado (aunque se reconoce que su origen y trasfondo políticos radican en un compromiso entre liberales y absolutistas para hacer compatible el abandono teórico de los principios del absolutismo con la permanencia en la práctica de gran parte de los poderes en manos del monarca, a través precisamente de la atribución de la soberanía al Estado-persona,

---

27   Ya desde la propia doctrina administrativa se había propugnado la desaparición de la división académica y científica entre Derecho Político y Derecho Administrativo en favor de un único Derecho Público. Así, G. Anabitarte, *op. cit.*, p. 26, para quien "no hay Derecho Constitucional y Administrativo como categorías autónomas, sino sencillamente lo que hay es un Derecho Público que se ha ido elaborando desde la formación del Estado moderno, a principios del siglo XVI, y que está constituido por principios, conceptos, instituciones, técnicas, etc..., que estarán sometidas tanto a cambios y mutaciones político-constitucionales como a una mutación más directamente relacionada con la idea de Derecho"

del que tanto el monarca como el Parlamento serían meros órganos); técnica que se sostiene se generalizó por toda Europa, salvo en España, que siguió un camino distinto: el del reconocimiento de la personalidad tan sólo a la Administración del Estado. La explicación de esta peculiaridad española se encuentra en la especificidad del compromiso entre el principio monárquico y el de la soberanía de la nación (plasmado en las Constituciones de 1845 y 1876); especificidad que radica en que la soberanía pasa a reconocerse conjuntamente en el rey y las Cortes y mientras al primero se le otorga la condición de representante del Estado, a las segundas se *les considera sólo representante* de la sociedad. Alcanzada esta conclusión, se afirma que una tal fórmula respondía perfectamente al pensamiento y propósitos de los creadores de la Administración española (Olivan, Posada Herrera, Santamaría de Paredes), que no eran otros que los de afirmación del papel esencial del Poder Ejecutivo (en donde se sitúa precisamente el origen de la equiparación entre Estado y Administración y, consecuentemente y en perfecta congruencia con la misma, de la atribución de la personalidad jurídica sólo a esta última, dejando al Estado en una "nebulosa jurídica"), en cuanto que las elites dominantes no estaban dispuestas a reducir el Poder Ejecutivo a la condición de simple órgano del Estado. De este modo y por esta razón, acabó dominando en el Derecho público la visión procesalista propia del Derecho Administrativo, atenta más "a proveer un punto procesal de imputación que garantizase la salvaguardia de los intereses particulares afectados que a fijar los límites y funciones de los diversos órganos del Estado". Queda así consolidada una tradición de nuestro sistema jurídico-público, no rota en el corto período republicano, que alcanza su culminación positiva en el artículo 1° de la Ley de Régimen Jurídico de la Administración del Estado de 1958, y científica en la tesis de E. García de Enterría.

Tras la Constitución, esta construcción –se dice– no puede mantenerse, pues dicha norma fundamental sanciona la plena limitación del poder del Estado, su total reducción al Derecho, cosa que no garantiza la circunscripción de la técnica de la personificación a la Administración. Y ello porque:

a) Plantea dificultades enormes para el adecuado tratamiento de la naturaleza jurídica de instituciones constitucionales no personificadas; Parlamento, Poder Judicial, Corona.

La calificación del Parlamento como "órgano del pueblo" difícilmente puede aceptarse, pues, la relación pueblo-Parlamento es de representación, no siendo consecuentemente de organicidad. El Parlamento no es un órgano del pueblo, ya que éste puede actuar indirectamente (referéndum), incluso contradiciendo una decisión parlamentaria.

Mejor es, por tanto, la consideración del Parlamento como órgano del Estado de carácter representativo, la cual permite (cosa que no sucede con la anterior) diferenciar la soberanía popular de la soberanía parlamentaria.

b) Ofrece serios inconvenientes para explicar y articular las relaciones de las Cortes con terceros.

En la situación actual, el Parlamento ni es órgano del Estado-persona (cuya capacidad podría actuar) o, en todo caso, persona él mismo, ni requiere de la Administración como instrumento personificado para el establecimiento y cumplimiento de las relaciones jurídicas a él atinentes, es decir, se trata de una situación absolutamente atípica.

Y, sin embargo, la solución más idónea y, al propio tiempo, sencilla consistiría en el tratamiento de esas relaciones como entabladas entre el Estado-persona y los particulares terceros.

c) No facilita una caracterización coherente del Poder Judicial, pues su conceptuación como "órgano del Derecho" sólo resultaría adecuada en el contexto del *common law* (en que la creación judicial del Derecho es lo común), pero no así en el Derecho europeo-continental, en el que el juez *está* plenamente sometido a la ley.

De ahí que frente a tal caracterización convenga mejor al Poder Judicial la de órgano del Estado que aplica el Derecho y sólo muy excepcionalmente lo crea.

d) No explica la posición de la Corona, que en el actual ordenamiento constitucional no sólo carece de cualquier participación en la soberanía, sino de toda vinculación con los tres poderes del Estado. De ahí, que su única caracterización posible –dado su peculiar *status* constitucional– sea la de órgano del Estado, cuyas funciones vienen determinadas por la norma fundamental.

Resumiendo, la admisión de la personalidad del Estado superaría las deficiencias y, además, representaría un criterio de la máxima importancia en orden a la limitación del poder, pues los conflictos de competencias entre poderes del Estado se resolverían con mayor facilidad desde la perspectiva de la consideración de los primeros como simples órganos del segundo. En definitiva, la posición de los poderes e instituciones constitucionales debe determinarse en relación al Estado y no a realidades extra-jurídicas. Siendo así que la Constitución vigente no sólo permite, sino que propicia esta última posición (admitida, además, en la Exposición de Motivos de la Ley de Régimen Jurídico de la Administración del Estado), a la misma debe estarse, toda vez que es ella la que ofrece consecuencias más fructíferas a la hora de comprender, sistematizar e interpretar las disposiciones de nuestro Derecho público después de la Constitución. Sobre ello, permite conjugar la necesidad de contar con un punto de imputación a la hora de defender los intereses del ciudadano particular (pues nada impide que la Administración-órgano del Estado sea persona jurídica) con la exigencia de comprender a la Administración como parte de una entidad estatal de nivel superior.

Por de pronto, debe observarse que los argumentos desarrollados sobre la base del texto constitucional no son ni mucho menos concluyentes en favor de la tesis analizada. En efecto:

1. Es obvio que la Constitución (por ejemplo, en sus artículos 1º, 3.1. y 97) habla del Estado como una realidad constituida precisamente por ella. Pero de ello no se puede seguir la interpretación de que el texto constitucional ha partido o siquiera propiciado la configuración del Estado como una persona jurídica, es decir, como una entidad ideal propia y distinta de los miembros que la componen y de la cual los órganos constitucionales serían simples instrumentos de actuación de su capacidad de obrar.

Lejos de ello, un manejo cuidadoso de los preceptos constitucionales en su conjunto revela que la Constitución se ha apartado de una tal mixtificación.

Así, el artículo 1.2. –precepto clave, en tanto que referido al ser último del Estado: la soberanía, es decir, el poder público en que aquél consiste, capaz de imponerse a los ciudadanos– refiere claramente dicha soberanía no a una entidad suprahistórica más o menos vaporosa, sino concretamente al pueblo, es decir, a la comunidad territorial en su composición real en cada momento histórico (la suma o reunión de los ciudadanos con derechos constitucionales), especificando –y esto es decisivo– que de esa comunidad *emanan* todos los poderes del Estado. El artículo 66 define las Cortes sencillamente como representante del *pueblo español,* de modo que el poder más característico del Estado democrático –el legislativo o parlamentario– no es otra cosa que la representación de la comunidad (realidad histórica) de la que deriva su potestad legislativa (potestad legislativa, que el número 2, del mismo precepto califica como "del Estado"). E igual sucede con la justicia, que según el artículo 117 de la Constitución *emana* asimismo del pueblo y es simplemente administrada en nombre del rey (en cuanto éste, a tenor del artículo 56, es el Jefe del Estado y *símbolo* de su unidad y permanencia) por jueces y magistrados.

Consecuentemente, el simple repaso a estas disposiciones constitucionales permite afirmar que, si bien en la Constitución resuenan los ecos de los tradicionales dogmas (consolidados a fines del siglo XIX y principios del XX, con el apogeo del nacionalismo y de la ideología liberal) del Estado y nación, éstos tienen en ella ya un mero valor formal, hueco de toda consecuencia práctica, y resultan contradichos por el propio diseño material constitucional, acorde ya con las concepciones actuales, superadoras de los viejos mitos y conforme a las cuales el Estado es simplemente la institucionalización de las relaciones de convivencia en el seno de una comunidad territorial, para cuya construcción y desarrollo no es preciso acudir a conceptos ideales más bien perturbadores y enmascaradores de la realidad.

2. Desmontada, así, la afirmación de base de la tesis comentada, queda al descubierto el escaso valor de las consideraciones referidas a los diversos órganos constitucionales.

La negación de la pertinencia de la caracterización del Parlamento como órgano del pueblo se disuelve en una pura argumentación formal, que padece una sustantivación inaceptable de simples técnicas y términos. Prueba de ello es que la solución a la que aboca –el Parlamento como órgano del Estado– no es cualitativamente distinta (en la Constitución el poder, es decir, el Estado emana del pueblo) de la rechazada y, sin embargo, tiene el inconveniente de introducir el nuevo factor del Estado-persona, que precisa ser teorizado, con todos sus riesgos inherentes. De otro lado, la posibilidad de la actuación directa del pueblo (referéndum), incluso contradiciendo una decisión parlamentaria, no constituye razón válida en contra de la caracterización del Parlamento como órgano del pueblo, pues ésta no impide ni dificulta (como se pretende) la diferenciación entre soberanía popular y parlamentaria. Lejos de ello, la aplica perfectamente en el contexto de una democracia representativa (en que la directa no es factible), puesto que la titularidad última de dicha soberanía está retenida en el pueblo, ejerciéndose la misma por el Parlamento a título de representación política (que no cabe confundirla con la civil, ni siquiera con otras técnicas representativas conocidas en el Derecho Administrativo); representación, que implica un mandato específico en los términos constitucionales (en los que se incluye la posibilidad de apelación directa a la soberanía popular). Consecuentemente, ni es preciso acudir a la personalidad del Estado para establecer la apuntada diferenciación, ni dicho dogma mejora esa diferenciación, además de que tampoco ofrece por sí mismo un mejor encuadre de la representación política para su construcción jurídica. Incidentalmente debe decirse que el hecho de que la relación pueblo-Parlamento sea de representación no inhabilita la utilización de la categoría "órgano" para referirla al Parlamento.

Por lo que respecta a la explicación de las relaciones de las Cortes con terceros, ya ha sido abordada y resuelta al tratar de la posición de J. A. Santamaría. Baste aquí con señalar que las relaciones de las Cortes con terceros tienen carácter esporádico, ya que el núcleo de sus funciones propias no conduce al establecimiento de las mismas. Consecuentemente, tales relaciones –al constituir un problema radicalmente accesorio o secundario– no pueden erigirse en causa determinante de la configuración jurídica del Parlamento. Tanto más cuanto la única cuestión jurídica relevante en las referidas relaciones no es esa, sino la de la garantía jurídica de los derechos e intereses de las personas que las establezcan con las Cortes. Y para esa garantía basta desde luego con la justiciabilidad de las relaciones en cuestión, lo que se consigue sin más que establecer la misma y atribuir la competencia correspondiente a una jurisdicción. El hecho de que la solución lógica en este terreno sea la de designación de la Jurisdicción Contencioso-Administrativa no deriva sino de la circunstancia de la analogía o similitud materiales de las relaciones consideradas con las de orden jurídico-administrativo. Por tanto, la pretensión de la necesidad de explicación de tales relaciones por relación a una personalidad jurídica responde a un prurito jurídico-formal, que tampoco es correcto. En efecto, el derecho conoce la posibilidad de la actuación en el mundo jurídico de organizaciones y de patrimonios no dotados de personalidad. En todo caso, la satisfacción del aludido prurito exigiría como máximo la personificación del Parlamento (como apunta J. A. Santamaría), pero en modo alguno la del ente místico Estado.

Por lo que respecta al Poder Judicial, no se comprende bien por qué su caracterización como órgano del Estado le conviene mejor que la de órgano del Derecho. No es válida la razón de que nuestra justicia, por contra de la propia del *common law*, está sometida a la ley y no crea propiamente Derecho a través de sus decisiones. Con independencia de que la ausencia de creación del Derecho sea una afirmación científicamente discutible, aun aceptándola, no es posible extraer de ella la consecuencia que se pretende, pues en cualquier caso el juez *establece* el Derecho en el caso enjuiciado. Desde esta perspectiva se descubre que la objeción no encuentra realmente su fundamento en la función propia del juez, sino en un prejuicio organicista y formal: el de que todos los órganos constitucionales, para que puedan merecer realmente ésa calificación, precisan serlo de una persona jurídica en la que se encuadren, por lo que es imperativo concluir la personalidad del Estado. Es claro, pues, el vicio que padece la tesis comentada: la erección del efecto deseado en causa eficiente del mismo.

Ese vicio se patentiza en toda su extensión en el último de los argumentos a analizar, el referido a la Corona. Partiendo de la evidente peculiaridad del *status* constitucional de la Corona, López Guerra no se adentra en la necesaria interpretación constitucional para alzar sobre la misma una determinada construcción jurídica, sino que hace derivar sin más de aquella peculiaridad la necesidad del refugio en el dogma de la personalidad del Estado, en tanto que éste daría inmediatamente una satisfactoria explicación: la Corona es un órgano del Estado. Pero lo cierto es que esta conclusión no ofrece explicación alguna a los problemas derivados de la específica regulación constitucional de la Corona; explicación que, es obvio, sólo puede alcanzarse a partir de una interpretación de las propias disposiciones constitucionales. Con lo cual, la solución ofrecida nos deja exactamente en el mismo lugar donde supuestamente estábamos. Ello sólo justifica su rechazo, toda vez que a la dificultad misma de la adecuada construcción jurídica de la figura real añade, innecesariamente, los problemas teóricos suplementarios que el dogma de la personalidad del Estado comporta. Rebasa ampliamente el marco de nuestros objetivos intentar siquiera aquí un encuadramiento constitucional de la jefatura del Estado. Pero sí conviene decir, que la peculiaridad" de la regulación constitucional sólo representa una verdadera dificultad desde el mantenimiento acrítico y en sus términos tradicionales del viejo dogma de la división de poderes (que clasifica taxativamente éstos en tres, supuestamente agotadores de las funciones y cometidos materiales propios del poder estatal); dogma hoy rebasado y en crisis en los expresados términos. Partiendo del estado actual de esta cuestión (que niega la sustantividad de la división material de los poderes y coloca el acento en la cooperación de éstos en razón a la unidad última esencial del poder –recognoscible en la necesidad de una *Staatsleitung,* en cualquier caso existente–, toda vez que su división formal supone únicamente un arbitrio instrumental en beneficio de su control y reducción a límites), la posición de la Corona en nuestra Constitución, tal como ésta aparece definida en el artículo 56, puede y debe reinterpretarse como encarnación jurídico-constitucional de aquella unidad radical del poder estatal, que se traduce en lo interior en la *Staatsleitung* o arbitrio o moderación-del funcionamiento regular de las instituciones (o sea, de los poderes clásicos) y en lo exterior en la representación del Estado como sujeto de Derecho internacional. Precisamente este equilibrado y complejo diseño constitucional (especialmente su distinción de los planos interno y exterior del Estado) constituye un argumento decisivo en contra del intento de fundamentar en la propia Constitución la necesidad de una concepción idealista y mística del Estado.

Las precedentes consideraciones permiten sostener que la admisión de la personalidad del Estado no despeja ninguno de los problemas de interpretación constitucional examinados y que, por tanto, no representa, desde ese punto de vista, ventaja alguna sobre la posición de la negación de dicha personalidad. Pero es más, esa pretendida superioridad tampoco se da en punto a la resolución de los problemas de competencias entre órganos constitucionales (que sólo pueden ser adecuadamente resueltos desde la regulación constitucional concreta) o a la construcción de nuestro Derecho público interno sobre bases nuevas a partir del dato trascendental de la Constitución. Justamente aquí late, a nuestro juicio, la verdadera razón motriz de toda la argumentación de López Guerra: el nuevo Derecho público no debe hacerse desde las categorías del Derecho Administrativo (peligro que él mismo considera más que real, en función del mayor desarrollo adquirido por esta disciplina), sino desde las más amplias del Derecho constitucional, por lo que para ello entiende preciso desmontar la supuesta posición preeminente (desde el punto de vista técnico), adquirida por aquél sobre la base de su articulación como Derecho de la personificación interna del Estado en las personas de las Administraciones públicas, mediante la atribución de la personalidad al Estado en cuanto tal. De este modo, los órganos constitucionales superiores lo serían del Estado-persona y la Administración pública pasaría a ser una organización compleja y subordinada en el marco también del mismo (o, en todo caso, un conjunto de personas jurídico-públicas *partes* de la entidad estatal superior, concebida como persona pública compleja).

Fácilmente se comprende que se trata de una posición apriorística y puramente formal, a fin de "reconducir" el Derecho Administrativo al puesto que, en el marco del Derecho público interno, se entiende le debe corresponder, conjurando así el peligro de una "administrativización" de este Derecho. La construcción, así expuesta, conduce a poner en cuestión la concepción subjetiva del Derecho Administrativo, ya que el concepto de Administración-persona dejaría de explicar por entero dicho Derecho y habría de acudirse irremediablemente, de nuevo, a criterios funcionales ya ensayados y fracasados. Pero parece claro que el apriorismo y formalismo propios de dicha construcción la desacreditan. La personalidad del Estado, en efecto, no aparece justificada en razones objetivas y realidades jurídicas. Sí, como el propio López Guerra afirma, el Estado debe dejar de caracterizarse por relación a realidades extrajurídicas, preciso resulta denunciar que no existe noción más idealista y metafísica que la del Estado-persona.

Interesa resaltar, no obstante, que ni siquiera el laudable fin perseguido con la construcción (la consecución de una base sólida para la edificación de un Derecho público interno) es capaz de otorgarle cobertura. Pues, la afirmación de la personalidad del Estado no es en absoluto necesaria a dicho fin, ni de la misma se sigue la "reducción" pretendida del Derecho Administrativo; "reducción", de otro lado, que resulta del orden constitucional (y no ha de buscarse, pues, en dogma alguno metapositivo) y es perfectamente superflua, toda vez que propia ya del Derecho Administrativo (y, desde luego, de su concepción subjetiva), que entiende la Administración simplemente como una parte organizativa del Estado, enmarcada en éste y subordinada (en tanto que organización de carácter estrictamente servicial) a los poderes y órganos constitucionales (principio de legalidad; dirección de la Administración por el gobierno; plena justiciabilidad de la actuación administrativa). Y de otro lado, la puesta a punto de un sistema dogmático jurídico-público que no aparezca lastrado indebidamente por la específica perspectiva jurídico-administrativa, no depende en modo alguno de la aceptación o no del dogma de la personalidad del Estado; aceptación que, en todo caso, tampoco favorece la misma (desde luego no en punto al principio de la sumisión del Estado al Derecho).

En efecto, desde esta última perspectiva (trascendente para todo el Derecho público y, en particular, el Derecho Administrativo), resulta sorprendente que se pretenda en nuestro ordenamiento (que había escapado al mismo) la implantación del principio de la personalidad del Estado, una vez que en los países en que se produjo –bajo una u otra vía– su teorización (Francia y Alemania) ha caído en descrédito, precisamente por ser más un concepto ideal mixtificador que una realidad jurídica o siquiera una técnica útil para la resolución de los problemas de la teoría del Estado (más bien lo contrario, como vamos a ver).

La teorización del Estado como una entidad superior arranca de la superación del Derecho natural como fundamento del orden estatal y la paulatina aceptación de la idea sostén del poder político en el consenso de todos, que se desarrolla a lo largo de los siglos XVII y XVIII. En el ámbito anglosajón, el proceso conduce a la afirmación de una comunidad civil (civil society), en la que el poder se ejerce por algunos, sólo a título de mandato limitado y controlado (trust) y las libertades individuales representan límites claros al gobierno (government). En el continente, sin embargo, y como ha expuesto U. Scheuner,[28] derivó, sobre la base de la colocación del acento en la unidad corporizada por el imperante, en una doble imagen estatal: la francesa, montada sobre la idea de la soberanía nacional, heredera del príncipe, desligada de cualquier orden superior y en principio ilimitada, y, de otro lado, la alemana, caracterizada por la concepción de una entidad estatal superior, que engloba incluso al imperante y alimentada por el idealismo hegeliano (el Estado como forma espiritual del pueblo). Ambas imágenes abocan desde luego en una diferenciación entre Estado y sociedad, la cual es ajena al mundo anglosajón, que, sin embargo, constituyó el modelo de la revolución democrática.

En Francia, la revolución de 1789, consagra la soberanía nacional, concepto que incorpora elementos romanos (el *imperium* y el *dominium*), feudales (el señorío) e ideas teológicas católicas y protestantes, así como del enciclopedismo. En cualquier caso, la soberanía (definida ya por J. Bodin) acaba teorizándose como una voluntad, cuya esencia radica en su determinación exclusivamente por sí misma (voluntad superior que no reconoce ninguna otra más potente que ella) o, dicho en terminología de la dogmática alemana, que posee la competencia sobre su propia competencia. La voluntad soberana así entendida es única, indivisible e inalienable, planteándose el problema tanto de su titularidad como de su legitimación. El primero se resuelve admitiendo que la nación es una entidad transpersonal, distinta a los individuos que la componen y, por ello, con conciencia y voluntad propias (en definitiva, con personalidad moral). En tanto que la nación es superior a los individuos es titular natural de la soberanía. Al propio tiempo, ejerciéndose ésta sobre la base del consenso social es una voluntad imperante legítima.

Pero esta imagen del Estado fue desmontada, en la propia Francia, a principios del siglo, por L. Duguit.[29] Se trata, ciertamente, de una construcción lógica en sí misma, pero carente de toda realidad y que nunca ha sido justificada. La única fundamentación de la misma continúa radicando en la obra de Rousseau, cuyos argumentos no son de recibo. Por de pronto no lo es el que da para justificar la titularidad en la nación de la soberanía y que consiste en

---

28 Ulrich Scheuner: *Staatstheorie und Staatsrecht, Gesammelte Schriften.* Ed. Dunker & Humblot. Berlín, 1978, p. 23.

29 León Duguit: *Souveraineté et Liberté; Leçons faites à l'Université Columbia,* New York, Librairie Félix Alcan, París, 1922, especialmente lecciones 5ª y 6ª.

la idea de que el individuo, precisamente por quedar subordinado a la nación, conserva su libertad. Dice, en efecto, textualmente Rousseau:[30]

> Además, estando formado el cuerpo soberano por los particulares, no tiene ni puede tener interés contrario al de ellos; por consecuencia, la soberanía no tiene necesidad de dar ninguna garantía a los súbditos, porque es imposible que el cuerpo quiera perjudicar a todos sus miembros. Más adelante veremos que no puede dañar tampoco a ninguno en particular. El soberano, por la sola razón de serlo, es siempre lo que debe ser.

La objeción que Duguit opone a esta idea es bien simple. La voluntad de la nación, para traducirse necesita expresarse precisamente a través de una mayoría y una minoría. Por tanto, la afirmación de que es sólo la voluntad general la que se impone a los individuos y que éstos se limitan a obedecer a su propia voluntad (que ha concurrido a formar la general), es sencillamente falsa. Lo único cierto es que la mayoría se impone a la minoría. El propio Rousseau fue consciente de este básico problema y pretendió resolverlo sosteniendo:[31]

> Pero fuera de este contrato primitivo (el pacto social), la voz de la mayoría se impone siempre, como consecuencia de él. Más, se preguntará: ¿Cómo puede un hombre ser libre y estar al mismo tiempo obligado a someterse a una voluntad que no es la suya? ¿Cómo los opositores son libres y están sometidos a leyes a las cuales no han dado su consentimiento? Respondo que la cuestión está mal planteada. El ciudadano consiente en todas las leyes, aun en aquellas sancionadas a pesar suyo que le castiguen cuando ose violarlas. La voluntad constante de todos los miembros del Estado es la voluntad general; por ella son ciudadanos y libres. Cuando se propone una ley en las asambleas del pueblo, no se trata precisamente de conocer la opinión de cada uno de sus miembros y de si deben aprobarla o rechazarla, sino de saber si ella está de conformidad con la voluntad general, que es la de todos ellos.

> Cada cual, al dar su voto, emite su opinión y del cómputo de ellos *se deduce la declaración de la voluntad general. Si, pues, una opinión contraria a la mía prevalece, ello no prueba otra cosa sino que yo estaba equivocado y que lo que consideraba ser la voluntad general no lo era. Si por el contrario, mi opinión particular prevaleciese, habría hecho una cosa distinta a la deseada, que era la de someterme a la voluntad general.*

La sola trascripción de las palabras de Rousseau justifican por entero el juicio de Duguit: se trata de un puro sofisma. De lo que concluye este último autor que el dogma de la soberanía nacional como entidad transpersonal no es sino una elucubración metafísica, carente de realidad, nunca demostrada por indemostrable. Este juicio ya había sido adelantado por dos pensadores

---

30  J.J. Rousseau: *El contrato social*. Ed. Universidad Nacional Autónoma de México, México, 1978; Libro I, Cap. VII, p. 25.

31  J. J. Rousseau: *op. cit.*, Libro IV, Cap. II, pp. 140 - 141.

franceses decimonónicos, que cita el propio Duguit: Saint Simón (para quien la soberanía nacional sólo tiene significado por oposición a la soberanía por la gracia de Dios, pues se trata de dos dogmas recíprocos, cuya existencia depende de esa reciprocidad; son los restos de una larga guerra metafísica que ha tenido lugar en Europa a partir de la Reforma) y Comte (para el que la soberanía nacional es una mixtificación opresiva). Además, para Duguit, el dogma en cuestión debe ser rechazado por tener las dos siguientes negativas consecuencias: a) En primer término, la separación entre Estado y sociedad, gobernantes y gobernados; separación que expresan muy bien las siguientes palabras de Renán (citado por Duguit): "Des nations comme la France, l'Allemagne, l'Angleterre agissent a la maniere de personnes ayant une caractére, un esprit determinés; on peut raisonner d'elles comme on raisonne des personnes. La nation, l'Englise, la cité existent plus que l'individu, puisque l'individu se sacrifie pour ces entités quún réalisme grossier regarde comme pures abstractions". con los peligros de todo orden que esta radical diferenciación encierra, y b) En segundo término, la posibilidad de la legitimación de la ilimitación del poder político o estatal; posibilidad que se hace evidente en la afirmación kantiana de que la ley del soberano es tan sagrada e inviolable que es un crimen incluso ponerla en duda, puesto que no parece venir de los hombres sino de un legislador supremo e infalible, por lo que el gobernante no tiene deberes y sí sólo derechos frente a los gobernados.

En Alemania, la influencia del idealismo hegeliano condujo a la afirmación del Estado como entidad superior incluso al príncipe. Esta transpersonalización del Estado es teorizada por los juristas alemanes (Gerber, Laband, Jellinek), reconociendo personalidad moral a dicho Estado, de modo que las organizaciones en que éste se traduce pasan a explicarse como órganos del Estado-persona, que tiene una voluntad imperante propia. Surge, así, la misma básica dificultad que en la construcción basada en la soberanía nacional. Y el resto que implica es resuelto de una forma ingeniosa por Ihering, sosteniendo que la reducción del Estado a límites jurídicos, al Derecho, es fruto de una decisión de autolimitación estatal (con lo que se compagina el dogma de la voluntad soberana imperante y que, por su propia esencia, no puede reconocer límites, con la exigencia del Estado de Derecho). Pero es bien evidente la fragilidad de una tal solución y el sofisma que encierra, como denunció también tempranamente L. Duguit,[32] puesto que nada obsta a que el Estado vuelva en cualquier momento sobre su acuerdo de sumisión meramente voluntaria al Derecho por él mismo creado. De otro lado, los peligros que encierra esta construcción del Estado son claros, toda vez que, en ella, el propio pueblo queda reducido a elemento del Estado-persona, de modo que éste puede llegar a superponer su propia y supuesta voluntad independiente al mismo (la propia experiencia histórica alemana demuestra que el peligro no es simplemente teórico).

Como quiera que sea, es indiscutible que, como demuestran las precedentes consideraciones, las concepciones sobre la personalidad jurídica del Esta-

---

32    León Duguit: *Leçons de Droit Public general faites à la Faculté de Droit de l'Université égyptienne pendant les mois de Janvier. Février et Mars, 1926.* Ed. E. de Boccard, París, 1926, Lección 7ª.

do como un todo, representan construcciones jurídico-formales idealistas que nada explican realmente sobre la naturaleza del Estado y, por contra, introducen dificultades de primer orden para su teorización en el contexto de los principios democráticos. Más aún, con su aparente simplicidad y logicidad conducen a un conformismo formal encubridor de los reales problemas de estructuración y funcionamiento del Estado. De ahí que estas concepciones hayan entrado en crisis al no resistir el más ligero análisis desde posiciones rigurosas, científicas y realistas.

Con el abandono de la creencia en que el método (y, por tanto, también el jurídico) podía determinar el objeto y el auge del positivismo, quedó roto el tratamiento unitario del Estado, pasando a ser éste estudiado y explicado desde las diferentes disciplinas, predominando una visión sociológica centrada en los procesos de organización y formación del poder (Max Weber). Puede decirse, pues, que los conceptos unitarios y metafísicos del Estado fueron sustituidos por un elenco diverso de conceptos del mismo, establecidos atendiendo a concretos aspectos destacados desde la metodología específica de cada disciplina. Y esta situación de ruptura de la imagen unitaria del Estado ha llegado prácticamente hasta nosotros habiendo surgido en la actualidad –como consecuencia de la acción interdisciplinar– la necesidad del reencuentro de una explicación global del Estado. Pero esta necesidad no ha vuelto a conducir en modo alguno a simplistas explicaciones metafísicas o ideales, de modo que éstas deben considerarse hoy definitivamente arrumbadas, por cuando ha dejado de poder creerse en que sea posible captar por entero la verdadera realidad de un fenómeno como el estatal exclusivamente desde la perspectiva jurídica. No puede constituir argumento la invocación indiscriminada e imprecisa de la afirmación por los administrativistas franceses de la personalidad del Estado, pues –teniendo en cuenta las peculiaridades del Estado francés y de su ordenamiento– tales afirmaciones deben entenderse referidas en principio a la Administración del Estado y no al Estado en su conjunto. Y en la doctrina alemana, la que más y con mayor profundidad se ha ocupado de la cuestión, el estado actual de la misma es perfectamente claro. Baste a tal fin con la cita de algunos textos de U. Scheuner,[33] claramente expresivos:

–En primer término, la inanidad de las construcciones jurídico-formales:

Alle rein formalen Konstruktionen..., die mit einer "ursprünglichen Herrschermacht" (Jellinek) operieren, durch den Verweis auf die Rechtspersönlichkeit des Staates der Frage nach den tragenden sozialen Kräften der Politik ausweichen oder gar den Staat mit der Rechtsordnung identifizieren (Hans Kelsen) und damit die Spannung wirklicher und normativer Ordnung aufheben, tragen mit ihren realitätsfernen Aussagen nichts zum Verständnis bei.

(Todas las construcciones puramente formales, que operan con un imperium originario [Jellinek], esquivan mediante la referencia a la personalidad del Estado la cuestión de las fuerzas sociales determinantes de la política o identifican simplemente el Estado con el ordenamiento jurídico [Hans Kelsen] y superan así la tensión entre

---

33    U Scheuner: *Staatstheorie. ..*, *op. cit.*, especialmente, pp. 24, 30, 38, 39 y 417.

orden real y normativo, no aportan nada a la comprensión [se entiende del Estado] con sus declaraciones ajenas a la realidad).

–En segundo lugar, la deficiencia dogmática de la teoría del Estado como una de las causas de las dificultades para la cabal comprensión del fenómeno estatal:

> Die Schwierigkeiten der heutigen Betrachtung liegen in einem doppelten Grunde. Einmal in dem Mangel einer modernen Staatstheorie, die Natur des Staates als institutioneller Zusammenarbeit der Bürger, ais Ordnung von Ämtern und Aufgaben auffasst und nicht durch eine substanzhafte gedachte "Staatsgewalt" mit "Trägern" und einem "Willen" die Probleme eines des steten menschlichen Einsatzes und der Bestimmung des Gemeinwohls bedürftigen Personenverbandes verdeckt.

> (Las dificultades de la actual comprensión [del Estado] radican en una doble razón. Primero en la deficiencia de una moderna teoría del Estado, que conciba la naturaleza del Estado como cooperación institucional de los ciudadanos, orden de órganos y tareas, y no encubra los problemas de una asociación de personas, siempre precisada de la aportación del esfuerzo humano y de la determinación del bien común, mediante un "poder estatal" concebido sustantivamente y dotado de "titulares" y de una "voluntad" propia).

–En tercer lugar, la verdadera realidad de eso que llamamos Estado y lo que de él, jurídicamente, importa:

> Der moderne Staat ist ein kunstvoll gegliedertes System, je nach Staatstyp das einer Konzentration der Dezision urd Überwachung von oben (gegebenenfalls in durch Partei und Bürokratie gedoppelter Form) oder das einer gegenseitigen Ergänzung und Kontrolle vieler Organe. Die mit der Bestimmung der Staatsziele und der Festlegung der Richtlinien der gesamten Staatstätigkeit betraute Regierung (einschliesslich der politischen Zwecken dienenden Gesetzgebung) hat in hierarchischer Unterordnung Ämter, Beauftragte und unter Umständen sogar autonome Vereinigungen für die Ausführung zur Verfügung. Im modernen, Staat können diese exekutiven Stellen auch mit begrenzter Selbstständigkeit der Entscheidung (Autonomie) ausgestattet oder von Weisungen in Bindung auf eine Sachauf-gabe freigestellt (Richter, Wissenschaftler) sein.

> (El Estado moderno es un sistema cuidadosamente articulado; según el tipo de Estado, el de una concentración de la decisión y supervisión desde arriba [en su caso duplicada por el partido y la burocracia] o el de una complementación y un control recíprocos de muchos órganos. El gobierno, al que se confía la determinación de los fines del Estado y la fijación de las directrices de la actividad global del Estado [incluyendo la legislación, servidora de los fines políticos] cuenta, para la ejecución, con órganos y delegados jerár-

quicamente ordenados y, en su caso, asociaciones autónomas. En el Estado moderno estos centros ejecutivos pueden estar dotados de una independencia de decisión limitada [autonomía] o estar libres de directrices aunque vinculados a una tarea material [jueces, científicos]).

Die rechtliche Erfassung des staatlichen Lebensvorganges stellt zwei Aufgaben: Es gilt die überpersönliche Kontinuität über den Wechsel der Regierenden und die Selbstständigkeit des Ganzen gegenüber seinen Gliedern zu sichern. Lange Entwicklung hat die Fortdauer des Ganzen über dem Wechsel regierender Personen und Regime hinweg erreicht, hat Recht und Vermögen der Gesamtheit von den individuelien Gliedern geschieden und die Zurechnung des Handelns beauftragter Vertreter (Organe) zum Ganzen von deren persönlichen Verhalten getrennt. Heute dient die Figur der Rechtspersönlichkeit des Staates diesen Zweck, ohne mehi zu sein ais eine rechtliche Hilfskonstruktion, die nicht darüber täuschen darf, dass der politische Prozess keinen substanzhaften Willen erzeugt, sondern das ständige vertretende Handeln von Personen für die Einheit und deren integrierendes Zusammenwirken erfordert.

Die rechtliche Ordnung, in der für das Ganze das Zusammenspiel der leitenden Institutionen, die grundrechtliche Sicherung der Bürger sowie grundlegender Einrichtungen, endlich die Festlegung von Leit-prinzipien des politischen Handelns erfolgt, ist die Verfassung, ihrer Natur nach ein Entwurf, der die politische Zukunft formell und materiell einfangen solí, ihrem Bestande nach im besonderen abhängig von einer Gewähr in sich selbst und der fortbildenden Anwendung ausgesezt.

(La comprensión jurídica del proceso vital del Estado plantea dos tareas: Se trata de asegurar la continuidad transpersonal más allá del cambio de los gobernantes y la independencia del todo frente a sus miembros. Una larga evolución ha logrado la persistencia del todo por encima del cambio de régimen y de personas gobernantes, ha diferenciado el Derecho y el patrimonio del conjunto de los miembros individualmente considerados y separado la imputación al todo de la actuación de representantes con mandato [órganos] del comportamiento personal de éstos. *Hoy sirve la figura de la personalidad jurídica del Estado a este fin, sin ser más que una construcción jurídica auxiliar que no debe inducir a error acerca de que el proceso político no engendra* voluntad sustantiva alguna, sino que exige el permanente actuar en representación de personas para la unidad y su cooperación integradora.

*El orden jurídico, en el que se produce para el todo, el juego combinado de las instituciones directoras, el aseguramiento de los derechos fundamentales de los ciudadanos y de institutos básicos y finalmente la fijación de principios rectores de la actuación política, es la Constitución,* que por su naturaleza consiste en un proyecto que debe diseñar el futuro político formal y materialmente y que, por su contenido, está especialmente condicionado por una garantía propia y su ulterior aplicación constructiva).

Concluyente es, con la autoridad que tiene reconocida, la postura en este punto del constitucionalista K. Hesse.[34] Para este autor, si en el pasado la unidad y entidad del Estado pudo aparecer como cosa natural y teorizarse sobre la base de una concepción estática del mismo (en la que el Estado aparece como una entidad existente por sí y para sí de forma incuestionable, suscitando sólo el interrogante de su naturaleza: organismo moral, persona jurídica), ello se debió a la corporización del Estado en la persona del príncipe, la existencia de condiciones de vida relativamente estables y la creencia en valores u órdenes de validez universal y suprahistóricos. En la actualidad, cuando se ha adquirido conciencia de la historicidad no sólo del Estado sino de su teorización, esa historicidad ha quedado elevada a la condición de estructura interna misma del Estado y del Derecho, por lo que resulta impracticable cualquier vuelta a concepciones del Estado afirmativas de su sustantividad como realidad dada y situada más allá de las fuerzas históricas, tanto más cuanto que la moderna evolución industrial y los cambios por ella inducidos no permiten ya prescindir del problema real de la formación misma de la unidad política, aislando el Estado de su sustrato sociológico. Esa misma evolución ha determinado una complejidad de las actividades y estructuras sociales y un incremento de las tareas estatales progresivos, con el resultado de una estrecha imbricación de Estado y sociedad, al pasar aquél a ser responsable cuando menos de las condiciones sociales básicas (si antes los grupos sociales resolvían sus conflictos por debajo o encima del marco ordenador del Estado, hoy dirigen sus pretensiones y demandas directamente al poder político y su centro: el Estado gobernante y administrador). De esta forma, el Estado democrático de hoy, que no reconoce ya un único sujeto titular del poder, pasa a ser simplemente una pieza más, si bien principal, de la autoorganización de la moderna sociedad industrial, cuyos conflictos se insertan en el proceso de formación de la unidad política y de la voluntad estatal y deben ser abordados y resueltos en su contexto. El Estado, pues, sólo es aprehensible como unidad en permanente proceso de creación, mantenimiento y desarrollo y actuación de los "poderes" constituidos sobre esta base ("Der Staat lässt sich nur erfassen, wenn er in diesen beiden Dimensionen, ais stets zu bildende, zu bewahrende und fortzubildende Einheit und ais Handeln und Wirken der auf dieser Grundlage konstituirten «Gewalten» begriffen wird").

Así pues, desmitificado el Estado como realidad capaz de generar una entidad transpersonal superpuesta a la comunidad que lo sustenta e identificado sin más como complejo sistema institucionalizado de la convivencia social en una comunidad dada, cuya unidad y capacidad de *imperium* se justifican precisamente en la nota institucionalizadora (desmitificación e identificación decisivas para una conformación *democrática* del Estado, al no encubrir con construcción ideal alguna el principio básico de la residencia de la totalidad del poder en el pueblo, en la comunidad real), de modo que el dogma de la

---

34    Konrad Hesse: *Grundzüge des Verfassungsrechts der Bundesrepublik Deutschland.* 11ª Ed., Ed. C. F. Müller, pp. 6 y 7.

personalidad del Estado –allí donde se había aceptado– ha quedado reducido a una pura construcción técnica auxiliar, queda descarnadamente al descubierto no sólo el anacronismo, sino la improcedencia de la importación de dicho dogma a un ordenamiento como el nuestro, que no ha precisado de él y al que, desde luego, no hace falta alguna, en especial tras la promulgación de la Constitución de 1978 y para abordar la necesaria construcción del Derecho público interno. Y ello porque ese dogma:

a) Entendido como captación en el plano jurídico de una realidad óntica es falso y, en todo caso, basado en la premisa errónea de que el método puede determinar el objeto. En todo caso y además, es claramente perturbador en la dimensión política, sustentando la idea de una irreal separación entre sociedad y Estado.

b) Reducido, como debe estarlo, a su condición de construcción técnica auxiliar para solventar problemas prácticos, su utilidad se reduciría, entre nosotros, a solucionar los problemas apuntados por J. A. Santamaría y los de garantía de intereses de particulares más arriba abordados; problemas que, como quedó visto, tienen una solución técnica simple y satisfactoria sin necesidad de recurrir al arbitrio de la personalidad del Estado.

Concluyendo, puede estarse de acuerdo con López Guerra, en la necesidad absoluta de la construcción de un Derecho público que sirva de armazón e instrumento del nuevo Estado democrático y social, pero no así en su afirmación de que esa construcción ha de basarse en la personalidad del Estado. Antes al contrario, la aceptación de esta personalidad sería claramente perturbadora, por lo que el nuevo Derecho público ha de descansar más bien en la reducción del fenómeno estatal a sus verdaderas dimensiones históricas y sociopolíticas, en el reconocimiento de que el Estado no es más que un sistema institucionalizado de autoorganización de una sociedad dada para la resolución de los problemas y conflictos en su seno, suscitados a través de los poderes en el mismo constituidos y así legitimados. Sólo éste puede constituir un punto de partida válido para la actualización del Derecho del Estado, del Derecho público y la redefinición de la posición y el sentido en su seno, del Derecho Administrativo.

# VIII

## EL CARÁCTER MÁS AMPLIO DE LA VERDADERA CRISIS.
## LA REAFIRMACIÓN DE LA TESIS SUBJETIVA DESDE LA PERSPECTIVA
## DE LA NECESARIA RECONSTRUCCIÓN DEL DERECHO PÚBLICO

**1.** PLANTEAMIENTO GENERAL; LAS CAUSAS Y LAS DIMENSIONES DE LA VERDADERA CRISIS

Como ha quedado expuesto, algún sector doctrinal pretende haber detectado signos evidenciadores de la quiebra de la concepción subjetiva, que estaría en trance así –al igual que las sucesivas que con anterioridad intentaron dar con la clave de lo administrativo– de verse superada por la evolución de la realidad del objeto que pretende aprehender. Los principales fenómenos aislados como factores desencadenantes de esa quiebra, ya lo vimos también, no eran otros que los de pérdida por los entes públicos del monopolio de la acción administrativa y la intervención directa o participación en las tareas administrativas, más concretamente en la Administración, de los particulares.

Pero, ¿en verdad evidencian estos fenómenos el error de la tesis subjetiva, la demostración por el desarrollo de la organización y actividad administrativas de la inadecuación o la obsolescencia del criterio subjetivo como elemento definitorio de la disciplina? La respuesta a este básico interrogante ha de ser, de principio, negativa, toda vez que, en realidad, se trata de meros síntomas de una crisis más amplia y profunda (por extendida al entero Estado y afectante a la articulación de su organización y funcionamiento), que –por tanto– no puede ser reducida al plano jurídico-administrativo, ni analizada y resuelta satisfactoriamente en el marco que le es propio.

Si la pérdida por los entes públicos del monopolio de la actividad administrativa refleja la progresiva imbricación de la sociedad y del Estado que ha tenido lugar en los últimos decenios (al que aún no se han adaptado entera y satisfactoriamente los esquemas jurídico-públicos), la exigencia en incremento de participación, de incardinación de los particulares en la Administración, a fin de intervenir en la toma de decisiones, es aún más significativa en el sentido indicado. Pues, esta exigencia se explica y encuentra su causa principal en el proceso de constante degradación de la credibilidad de las estructuras estatales a ojos del ciudadano y, consecuentemente, de la confianza del mismo en la capacidad de dichas estructuras, en su conjunto, para afrontar, analizar y resolver con racionalidad y eficacia los cada vez más complejos e intrincados problemas sociales y comunitarios. Este proceso, claramente perceptible y que, por ello, es conocido y no precisa ser demostrado, se traduce,

185

en definitiva, en una pérdida de credibilidad y de confianza en la virtualidad ordenadora y configuradora del Derecho, como primaria y principal manifestación del Estado.

La explicación radica indudablemente en que la vertiginosa y tópica ampliación experimentada por las tareas estatales (ampliación que, como ha señalado Giannini,[1] no ha sido fruto tanto de una opción libre y deliberada, cuanto más bien una consecuencia del tránsito a un Estado pluriclasista y, por ello, de un cambio de la Constitución material), es decir, y en terminología acuñada por Guarino,[2] el paso del *Stato limitato* (construido según las categorías dogmáticas elaboradas en el siglo XIX y concebido como una entidad dirigida a fines concretos: el orden público, la justicia, la defensa, etc. . .) al *Stato responsabile* (responsable del desarrollo de la entera sociedad), ha determinado –como ha razonado este último autor– la pérdida de relevancia de los efectos jurídicos de los actos públicos (perspectiva propia del primer tipo de Estado) y la colocación en primer plano de los efectos de orden económico y social que los efectos jurídicos públicos han de inducir, o lo que es igual, de la producción de un determinado *efecto final*. La legitimidad de la acción estatal se mide, pues, principalmente en el Estado actual por su eficacia, por su capacidad de conseguir y mantener unas determinadas condiciones de vida.

Generalizada en el cuerpo social la conciencia de esa suerte de incapacidad estatal antes aludida, no puede extrañar –teniendo en cuenta la doble circunstancia de que la Administración pública es la pieza organizativa clave de la actividad interna del Estado entero y que la evolución de éste que acaba de describirse ha comportado de suyo un desplazamiento de la vida política hacia la Administración– su repercusión especial en esta última, con la consecuencia inevitable de la desconfianza en el tradicional modelo de gestión institucional burocrática, de un lado, y el intento de las fuerzas sociales organizadas por influir o insertarse en la Administración. De este modo, es claro que la crisis de aquel modelo de gestión, que se manifiesta en la reclamación de y la tendencia a una "Administración participada", no radica única ni principalmente en las disfunciones propias de dicho modelo, sino que arrancan de las circunstancias más profundas expuestas. El remedio de la participación no puede ser, pues, más que una terapia correctora exclusivamente de la sintomatología que no de los factores causales del proceso patológico real en ella expresado.

En este orden de cosas, la crítica a la concepción subjetiva del Derecho Administrativo formulada por López Guerra más arriba examinada, aunque errada en sí misma según hemos creído haber razonado, acierta a poner en evidencia –y en ello tiene un mayor tino que las basadas en los fenómenos ahora analizados– la imposibilidad de seguir explicando la Administración y el Derecho Administrativo sin situarlos en el contexto más amplio del Derecho del Estado, es decir, de un Derecho público general superador de la actual división, artificial y limitadora, de éste en Constitucional y Administrativo.

---

1    M. S. Giannini: *Diritto Amministratho*. Tomo I, Milán, 1970, p. 48.

2    Guarino: "Efficienza e legittimitá dell'azione dello Stato: le funzioni della Regioneria dello Stato nel quadro di una reforma della pubblica amministrazione". *Rivistít trimestrale di diritto pubblico*, 1969, p. 673.

La pregunta inmediata ha de ser, por tanto, la del origen de la perturbación de la confianza social en el Estado. Ciertamente, esa perturbación no tiene forzosamente un origen simple, reconducible a unos pocos factores desencadenantes. A pesar de esa complejidad, desde la perspectiva jurídica que nos es propia, parece factible destacar como capital uno, ya antes apuntado. Puede resumirse diciendo que la transformación profunda experimentada en su justificación, fines y cometidos por el Estado no se ha visto acompañada por la necesaria reelaboración de los principios de su organización, funcionamiento y formas de actuación. El orden estatal permanece así, a pesar del cambio sufrido en todo caso por su Constitución material (y, en algunos casos, por su Constitución formal, como sucede en el caso alemán y también en el nuestro) en un sistema de principios, categorías, conceptos y técnicas establecidos a la vista y para un modelo ya superado política, social y económicamente. Quiere decirse, que el tránsito del Estado liberal de Derecho al Estado social de Derecho se ha realizado en la práctica sin una paralela revisión de las ideas básicas sobre las que descansa el Derecho público, aun anclado en el primero. La doctrina iuspublicista alemana –especialmente significativa por ser la Constitución de Bonn la primera que ha positivizado el principio del Estado social de Derecho– ha hecho notar, en efecto, que:

1° Las categorías tradicionales y aún vigentes del Derecho público están construidas en función de y referidas a un concreto orden estatal (el Estado liberal-burgués de Derecho), por lo que su funcionalidad necesariamente ha de resentirse con la alteración de este orden y su sustitución por otro distinto.[3]

2° Al haberse producido efectivamente esa alteración del orden estatal, las categorías del Derecho público aún en uso no son, en su mayor parte, adecuadas a las exigencias actuales, a pesar de lo cual no han sido aún reelaboradas, faltando por ello todavía el sistema jurídico -público apropiado al actual Estado.[4]

Este análisis de la doctrina alemana es tanto más aplicable a nuestro país, toda vez que en él –con independencia de que en la realidad haya tenido lugar una evolución dirigida al Estado intervencionista garante de unas determinadas condiciones de vida– al dilatado régimen franquista y sus consecuencias en el orden de la construcción de un verdadero y coherente Derecho público ha seguido la implantación de un Estado constitucional instaurador de un orden avanzado, que incluye su proclamación como Estado social de Derecho, cuando aún ni siquiera en Alemania –en la que esa proclamación data de 1949– ese principio capital ha logrado perfilarse y depurarse técnicamente en su contenido, alcance e incidencia sobre el orden constitucional tradicional.

Consecuentemente, la imprescindible reconstrucción del Derecho público (entre nosotros más bien construcción) ha de partir forzosamente del nuevo

---

3 En este sentido Georg Müller: *Inhalt und Formen der Rechtssetzung ais Problem der demokratischen Kompetenzordnung.* Ed. Helbing & Lichtenhahn, Basel y Stuttgart, 1979, p. 13, que cita la opinión de otros autores, como Achterberg, Böckenforde, Eichler, Jesch, Kopp, Ossenbühl, Rupp y Starck.

4 En este sentido G. Müller: *op. ctt.,* p. 13, citando la opinión de Wildhaber, Eichenberger, Scheuner, Rodig y Achierberger.

y capital principio, en tanto que definitorio del entero Estado mismo,[5] ya que sólo su elaboración técnica puede permitir identificar las categorías jurídico-públicas incompatibles, inadecuadas o simplemente obsoletas, así como –en lo que aquí principalmente interesa– redefinir la posición y el significado de la Administración en el complejo estatal; única vía esta para comprobar la validez o no, de la concepción subjetiva del Derecho Administrativo. En esa tarea la experiencia alemana tiene una importancia de primer orden, porque la Constitución de Bonn ha influido de modo ostensible en nuestro propio texto constitucional, hasta el punto de que precisamente en esta cuestión trascendental de la definición misma del Estado constituido este último ha asumido la fórmula alemana.

## 2. EL SIGNIFICADO, CONTENIDO Y ALCANCE BÁSICOS DE LA CLAUSULA DEL ESTADO SOCIAL

### A. La cláusula del Estado social en Alemania

La idea del Estado social es anterior a su consagración constitucional primera en la Ley Fundamental de Bonn de 1949. Aparece por primera vez, con una formulación precisa, en el trabajo publicado en 1930, por H. Heller, bajo el título: ¿Estado de Derecho o dictadura?, trabajo en el que se sostiene la tesis de que sólo la transformación del Estado de Derecho en un Estado social de Derecho podría evitar la caída en un régimen dictatorial (tesis clarividente, como la historia se encargó inmediatamente de demostrar). La diferencia entre el Estado de Derecho y el Estado social de Derecho radicaría, según Heller, en que el primero atiende sólo a la vertiente formal del principio de igualdad (lo importante es que, para el Derecho, todos tengan iguales derechos, con independencia de que no estén realmente en situación de disfrutarlos y ejercitarlos por igual) y prescinde de las relaciones sociales de poder (incurriendo en el riesgo de que la igualdad formal de todos se convierta en el derecho de los más poderosos de hacer valer sin contemplaciones su superioridad real), mientras que para el segundo lo decisivo ha de ser la igualdad en sentido material (por lo que tiene la obligación, atendiendo a las relaciones sociales de poder, de corregir las desigualdades, garantizando que los débiles socialmente cuenten efectivamente con una libertad y una protección judicial equivalente a los socialmente favorecidos).

Como se ve, pues, la idea del Estado social de Derecho surge de la crítica a las disfunciones del Estado de Derecho, siendo pertinente la cita de su origen en el pensamiento de Heller por una doble razón. De un lado, porque pone de relieve que esa idea no se formula en el vacío, no precede a las circunstancias sociopolíticas y económicas para las que está pensada, sino que es una consecuencia de las profundas mutaciones inducidas por la sociedad industrial e identificables sintéticamente en la ruptura de la identidad entre Estado y

---

5   En este sentido E. Forsthoff, para quien la compatibilización entre las exigencias del principio social y del principio del Estado de Derecho constituye el problema cardinal del orden constitucional de Derecho bajo las condiciones actuales de su vigencia (preámbulo al libro colectivo: *Rechtsstaatlichkeit und Sozialstaatlichkeit*, Ed. Wissenschaftliche Buchgesellschaft, Darmstadt, 1968).

clase burguesa, la dependencia individual y social de la acción estatal y la consecuente responsabilización del Estado con la creación y conservación de condiciones de vida aceptables y estables. Y de otro lado, porque la influencia de las ideas de Heller –aun a pesar de las críticas de que fueron objeto, incluso por autores tan relevantes como H. Triepel, que se opuso a la relativización del Estado de Derecho consumada a través de su adjetivación como liberal o social, al sostener que aquel constituye un valor permanente– dio lugar a la primera positivización del nuevo tipo de Estado en la Constitución de Bonn, de 1949, ya que ésta se produjo a petición de Carl Schmid, conocedor de la obra de Heller.[6]

Esa positivación se produce, en efecto, en los artículos 20.1 y 28.1 de la ley fundamental germano-occidental, en los siguientes términos:

–Art. 20.1:

La República Federal de Alemania es un *Estado* federal *democrático* y *social.*

–Art. 28.1:

El orden constitucional en los Länder debe responder a los principios de *Estado de Derecho republicano, democrático y social,* en el sentido de esta Constitución.

Estas son las únicas disposiciones en las que se plasma o recoge el nuevo principio estructurante del Estado, con lo que su formulación queda reducida a un plano excesivamente principial, poco expresivo de su contenido y alcance jurídico. El Estado social aparece así, *prima facte,* como una cláusula abierta, susceptible de ser objeto de diversas interpretaciones a la hora de su determinación. De hecho los múltiples intentos realizados en este sentido en Alemania, desde las más diversas disciplinas y perspectivas, acreditan dicha dificultad. Las principales direcciones seguidas a la hora de la captación del contenido de la cláusula constitucional, tal como las expone T. Schiller,[7] son ilustrativas al respecto:

a) *Estado social como expresión misma del conjunto de acciones de intervención social del Estado;* posición esta que toma pie –explícita o implícitamente– en la contraposición del Estado de Derecho (en sentido clásico, como limitado a la normación general simplemente reguladora de la vida social) y el moderno Estado social, que se caracteriza por la regulación y conducción de los procesos sociales a través de intervenciones realizadas mediante leyes-medida y una Administración prestadora de servicios. Aquí el concepto aparece formulado en el contexto de los tópicos de la "socialización del Estado" o de la "estatalización de la sociedad". No puede ponerse en duda, ciertamente, que la evolución experimentada por los cometidos del Estado tiene cuando menos

---

6    Sobre el origen de la cláusula del Estado social, *V.* E. Stein: *Staatsrecht,* 7ª Ed., J. C. B. Mohr (Paul Siebeck), Tubinga, 1980, pp. 61 y 68.

7    Theo Schiller: "Probleme einer Sozialstaatstheorie", En la obra colectiva: *Sozialstaatund Sozialpolitik. Krise und Perspektiven.* Ed. Luchterhand, Neuwied y Darmstadt, 1980, pp. 16 y ss.

un curso paralelo al de la aparición del sentido social del Estado, pero esta circunstancia no justifica la confusión en que la postura comentada incurre entre *presupuestos* del Estado social y *contenido y concepto* mismo de éste, pues, tal confusión aboca en la reducción del Estado social al papel de simple *denominación* del Estado real actual.

b) *Estado social como estado o situación social de bienestar* ("gesellschaftlicher Wohlfahrtszustand"); postura en que el concepto Estado social se emplea como sinónimo de los de Estado de bienestar o "Wohlfahrtsstaat" y sociedad del bienestar o "Wohlfahrtsgesellschaft", al tomar como criterio determinante el de un determinado grado de bienestar (que implica, naturalmente, un juicio sobre condiciones de vida con carencias de ciertos individuos, el nivel material de vida del conjunto social y un modelo de distribución del potencial global de bienes entre las situaciones individuales). Se trata de un concepto claramente insuficiente, que adolece de la dificultad intrínseca del criterio básico que utiliza y que es en todo caso impreciso, pues comprende –desde la perspectiva decisiva del modelo de distribución de la riqueza– tanto la tesis extrema del "igualitarismo" (o igualdad estricta y enfatizada)como la menos exigente de "elevación de las capas sociales más deprimidas", es decir, de transformación del "estado de los sin estado",en un *"status* en el seno de la sociedad y del Estado". En todo caso, esta orientación acierta a expresar la vocación de corrección de las condiciones socioeconómicas del nuevo Estado según el valor de la "igualdad social" o de la "justicia social".

c) *Estado social como política social y sistema de la seguridad social;* tesis esta que identifica dicho Estado con una parte específica de la actividad estatal, concretamente aquella en la que se expresan la política y el sistema social aludidos. Nadie puede negar que el Estado social ha de comprender esos ámbitos, pero de ello no se sigue que dicho Estado quede reducido o limitado a los mismos. Consecuentemente, se trata de una posición claramente limitadora del concepto e insuficiente para explicar la nueva realidad.

d) *Estado social como función del orden constitucional de carácter social;* posición esta que responde ya claramente a una perspectiva y metodología jurídicas. El punto de partida lo constituye la determinación funcional propia de la cláusula del Estado social como aspecto relevante y que puede y debe considerarse caracterizador por entero de dicho Estado y elemento sustentador, por tanto, de su concepto. Más allá de este punto de partida no existe coincidencia a la hora de la delimitación de la función. Para unos, se trata de una función de estabilización. Para otros, de una función de progreso y reforma social.

La hipótesis de la función estabilizadora presenta, a su vez, diversas variantes, que van desde las que ponen el acento en las necesarias compensaciones de las desigualdades sociales o autoestabilización del Estado transmitida a la sociedad (grupo en el que pueden incluirse las posiciones, mas bien conservadoras, de Krüger, Bockenforde y Forsthoff) a las que –desde una perspectiva neomarxista– insisten en la integración funcional de la sociedad capitalista a través de las necesarias intervenciones estatales o autoestabilización del sistema social inducida por el Estado (grupo en el que cabe incluir a Lenhardt, Ródel, Offe), pasando por las que se limitan a considerar el aspecto de ordenación comunitaria, en su caso coactivamente impuesta, de los ciudadanos con la finalidad de conseguir una convivencia lo más pobre en conflictos sociales posible (Fechner, Bull). Salvo esta última, las dos primeras variantes convergen a la hora de la identificación de las contradicciones estructurales de la sociedad como causa generadora de la función social del Estado (que se expresa muy bien en la afirmación de Bockenforde[8] de que el Estado está obligado a emplear de forma teleológicamente predeterminada su poder público de regulación, a fin de preservar a la sociedad de su autodestrucción).

La hipótesis del carácter reformador y de progreso de la función social estatal es más homogénea en su contenido, pues a todos sus partidarios es común la idea de que la actividad social del Estado no se encuentra predeterminada por imperativos funcionales de la sociedad, sino que el Estado goza de una cierta autonomía en orden a configurar su función ofensiva de constitución de la sociedad. Y ello, a partir de los valores consagrados en la Constitución y de su ponderación de conjunto y relativa.

El interés de la precedente sucinta exposición de los distintos ensayos de precisión de la cláusula constitucional del Estado social, no radica sólo ni principalmente en que ponen de relieve la dificultad que reviste esa precisión, sino en que revelan dos datos de la máxima significación. De un lado, la referencia indudable de la cláusula –sin perjuicio de la referida dificultad– a la imbricación y el compromiso sociales del Estado, con lo que aquélla constituye la expresión jurídico-constitucional de la superación del viejo dogma de la separación de Estado y sociedad cara al Estado liberal de Derecho (de ahí que aparezca, en principio, como principio contrapuesto al de Estado de Derecho y en ello radique, como veremos, uno de los obstáculos para su delimitación jurídica) y la afirmación de la responsabilidad del Estado (en tanto que parte misma de la sociedad) en las condiciones sociales, de modo que a los fines del mismo se incorporan las necesidades y las metas sociales, correspondiéndole la satisfacción de necesidades comprobadas y la consecución de objetivos prefijados; en definitiva, el logro y el mantenimiento de determinadas conquistas sociales y niveles de calidad de vida (en todos los órdenes) en común. Y, de otro lado, esta última circunstancia hace que el Estado social, más que por la naturaleza, contenido o amplitud de sus responsabilidades sociales, aparezca caracterizado por razón del fin: la producción y el mantenimiento de determinados resultados sociales. La imagen global resultante, ciertamente extrajurídica, de el nuevo Estado podría resumirse afirmando que representa el, por ahora, último estadio de una sociedad secularizada, que ha sustituido su cohesión en razón a un orden de valores religioso o ético-moral por un orden de principios objetivos constitucionales, único capaz de expresar la vinculación social a un proyecto de vida en común.

Desde un punto de vista estrictamente jurídico, la cuestión acerca del alcance de la cláusula del Estado social fue suscitada tempranamente (1949), en Alemania por una conferencia pronunciada por Hans Peter Ipsen[9] en la Uni-

---

8   E. W. Böckenforde: "Die Bedeutung der Unterscheidung von Staat und Gesellschaft im demokratischen Sozialstaat der Gegenwart", en la obra: *Staat-Gesellschaft-Freiheit*. Frankfurt, 1976, p. 209, citado por T. Schiller, *op. cit.*, p. 21.

9   H. P. Ipsen: *Über das Grundgesetz. Rede, gehalten anlässlich des Beginns des neuen Amtsjahres des Rektors der Universität Hamburg am 17 November, 1949*. Ed. de la Universidad de Hamburgo, Hamburgo, 1950, pp. 19 y 25. *V.* el resumen que hace Hans Gerber: "Die Sozial-

versidad de Hamburgo con el título: "Sobre la Ley Fundamental", cuya tesis fundamental –en lo que interesa– puede resumirse así:

–La Constitución ha tomado una decisión en favor del Estado social y si esta decisión ha de significar algo más que una fórmula hueca, fruto del compromiso y la concesión o una declaración de buena voluntad, debe comportar predisposición y responsabilidad, tarea y competencia del Estado para la configuración del orden social. Sólo esta interpretación se acomoda a la esencia del actual Estado.

–En especial, aquella decisión debe entenderse como determinante de una función social y no meramente liberal de los derechos fundamentales.

–Aun cuando la simultánea proclamación del Estado como de Derecho representa una obstaculización o limitación de la función social de éste, resulta imperativa –respetando desde luego el orden constitucional– una interpretación del mismo acorde con dicha función, allí en donde sea factible.

Frente a esta posición, Grewe[10] adujo que el principio del Estado social no era más que un "substanzloser Blankettbegriff", es decir, un concepto en blanco carente de sustancia, desprovisto de todo contenido normativo.

Esta primera controversia dio lugar al tratamiento de la cuestión en la reunión de Profesores de Derecho público (Staatsrecht) del año 1953, en Bonn, bajo el prisma del interrogante acerca de si el mismo principio había o no supuesto una alteración de la imagen del Estado de Derecho; reunión que suscitó una nueva polémica entre las tesis de Forsthoff y Bachof.[11]

La posición de E. Forsthoff[12] puede sintetizarse así:

–El Estado social está ya realizado en amplias partes del Derecho (por ejemplo, en el Derecho Administrativo, el Derecho económico y Derecho laboral) y es, por ello, una realidad jurídica dada, radicando mas bien la cuestión, por tanto, en si dicho Estado puede ser y de hecho está garantizado en el plano constitucional y si, consecuentemente, de la fusión de elementos estructurales propios del Estado de Derecho y del Estado social puede surgir y de hecho ha surgido el tipo constitucional del Estado social de Derecho como tipo institucionalmente realizado.

–La respuesta a la cuestión así planteada no es posible en el contexto de una pura interpretación de los concretos preceptos constitucionales, dependiendo más bien de los límites constitucionales del Estado de Derecho.

–El Estado de Derecho es, conforme al orden constitucional, el valor primario y dotado de todas las garantías jurídicas. Consecuentemente, debe entenderse constitucionalmente excluida toda posibilidad de conexión del Estado

---

staatsklausel", en la obra colectiva: *Rechtsstaatlichkeit und Sozialstaatlhhkeit*. Ed. Wissenschaftliche Buchgesellschaft, Darmstadt, 1968, pp. 340 y 346.

10    Grewe: *Das bundesstaatiiche Prinzip des Grundgesetzes*. DRZ, 1949, p. 349.

11    *V.* sobre dicha polémica H. Gerber: *op. cit.*, pp. 347 y ss., así como Jörg Manfred Mössner: *Staatsrecht*. Ed. Werner Verlag, Dusseldorf, 1° Ed., 1977.

12    E. Forsthoff: "Verfassungsprobleme des Sozialstaats", en la obra colectiva: *Recbtsaatlihkeit und Sozialstaatlichkeh*. Ed. Wissenschaftliche Buchgesellschaft Darmstadt, 1968, pp. 197 y ss.

de Derecho y del Estado social por la vía del recorte de los elementos constitucionales propios del primero.

–En la evolución histórica aparece el elemento de sumisión al Derecho conectado a la Constitución, mientras que el social lo hace vinculado a la Administración.

–Una Constitución de Derecho es por principio una Constitución garantizadora y, por ello mismo, ligada en gran medida al *statu quo* social.

La garantía del Derecho sucede normalmente bajo la forma de la delimitación ("Ausgrenzung"), por lo que los derechos fundamentales clásicos responden a esa forma.

–El establecimiento de garantías en orden a la participación en bienes sociales sólo es posible para una Constitución de Derecho en la medida en que el derecho garantizado sea absoluto, es decir, no permita gradaciones o diferenciaciones, y la materia en la que se ubique ese derecho esté altamente regulada.

–Los derechos de participación en bienes sociales precisan la gradación, ya que sólo tienen sentido en el marco de lo adecuado o posible en cada momento. Por ello no son susceptibles de una garantía a través de una norma constitucional, que forzosamente lapidaría e incapaz de sustituir o hacer innecesaria la regulación legal ordinaria. Una norma de estas características no podría ser en ningún caso una norma constitucional de Derecho, pues sería más bien un cheque en blanco no susceptible de ejecución bajo las formas propias del Estado de Derecho: su ejecución no seria ya la propia de una Administración sujeta al principio de legalidad.

–No obstante, aquellas garantías sociales que descansen sobre delimitaciones jurídicas son factibles en una Constitución de Derecho.

–El término "social" está referido a la distribución de bienes y puede tener una doble significación. Puede estar dirigido polémicamente contra el vigente sistema de distribución o reparto de bienes y puede ser la cifra misma de las normas y las instituciones existentes en el ordenamiento y remitir, así, a lo establecido.

–Lo social como concepto polémico no se deja armonizar congruentemente con el Estado de Derecho, toda vez que no son compatibles la tendencia polémica con la intención garantizadora del Estado de Derecho, sin que sea posible, de otro lado, una fijación –útil al Derecho– de lo social.

–Aun entendido lo social en su sentido no polémico, el Estado social continúa siendo –como concepto jurídico– inejecutable. La aceptación de que supone una garantía del *statu quo* social es inaceptable y su entendimiento como remisión a las reales circunstancias de cada momento conduce al vacío.

De todas las consideraciones anteriores se siguen las siguientes conclusiones:

1º    La declaración constitucional del Estado social es una determinación teleológica, dirigida a la apreciación del legislador y vinculante a la hora de la interpretación de las leyes.

2º    El Estado social y el Estado de Derecho no son susceptibles de mezcla en el plano constitucional. El espacio propio de desarrollo del Estado social es el de la ley y la Administración. El Estado social es la denominación tipológica de un Estado, que comprende la Constitución, la legislación y la Administración, pero no es un concepto jurídico.

3º Esta afirmación no minusvalora la significación de los componentes sociales del ordenamiento a la vista de la intensidad y el peso de la moderna Administración en relación con las funciones del Estado. La relación dialéctica entre Estado social y Estado de Derecho es fructífera. Es tarea de la doctrina y la jurisprudencia velar por que cada uno reciba lo suyo.

Resumiendo, puede decirse que para Forsthoff, Estado de Derecho y Estado social son principios distintos, no reductibles a uno nuevo y que están en relación dialéctica. El Estado no puede ser sólo "Schutzburg der beati possidentes", o castillo de los poseedores, pues incumpliría el mandato social. Pero, a su vez, no puede traspasarle enteramente la función social, por cuanto se convertiría en un Estado administrativo integral. No obstante, en esa relación dialéctica, los principios no están en pie de igualdad, al tener superior rango el del Estado de Derecho. De ahí que el Estado social quede reducido a lo que en cada momento sea realizado efectivamente como tal por el legislador.

Frente a esta tesis, Bachof[13] sostuvo la siguiente:

–La Ley Fundamental de Bonn no se ha limitado a restaurar el llamado Estado de Derecho "liberal". El Estado de Derecho de la misma es un Estado dirigido a la realización y el aseguramiento de la justicia; sus elementos formales sirven sólo a la garantía de este contenido material.

–La declaración del Estado social significa apoderamiento y mandato del Estado para la configuración del orden social. Este mandato, en cuanto a su contenido, tiene por objeto la consecución y conservación de la justicia social y la ayuda en caso de necesidad social a través de la "Daseinsvorsorge".

–El principio social no sólo está contenido en los artículos 20 y 28 de la Constitución, sino aludido también en algunos preceptos de la tabla de derechos fundamentales. En todo caso, los derechos fundamentales han de ser interpretados a la luz del principio del Estado social, especialmente el proclamado en el artículo 3º (principio de igualdad, principio de equiparación de derechos del hombre y de la mujer, interdicción de toda discriminación ilegítima).

–El apoderamiento y el mandato en orden a la configuración social están dirigidos primariamente al legislador. Para la Administración y la Justicia son directrices de apreciación e interpretación. En caso de ausencia de regulaciones legales específicas son igualmente apoderamiento positivo para la actuación de la Administración prestacional.

–El Estado de Derecho y el Estado social son realizables y están realizados en parte en el plano constitucional y en parte en el plano del ordenamiento infraconstitucional. Para el Estado de Derecho el punto de gravedad radica en la Constitución, mientras que para el Estado social ese punto se sitúa en el Derecho infraconstitucional.

---

13    Otto Bachof: "Begriff und Wesen des sozialen Rechtsstaates", en la obra colectiva: *Rechtsstaatlichkeit. ..., op. cit.,* pp. 253 y ss.

–Los principios del Estado de Derecho y Estado social sólo en medida limitada son autonómicos.

El Estado social de Derecho descansa en un sistema de equilibrio. Significa un rechazo tanto de la omnipotencia del legislador (incluso en el campo de la configuración social) como en la desvinculación del individuo y la autonomía del orden social.

–No puede establecerse una relación de jerarquía entre libertad y vinculación social, sino sólo entre el comportamiento social libremente decidido y coacción estatal al efecto. El acento constitucional está puesto sobre el comportamiento social libremente decidido. Por ello sería inconstitucional una planificación global del orden social. El sistema del Estado social de Derecho sólo puede funcionar sobre la base de la libre-asunción de la responsabilidad social.

Para Bachof, pues, los principios social y de Derecho predicados respecto del Estado son de igual rango (aunque de distinta textura en su realización en el ordenamiento), pudiendo afirmarse su autonomía sólo en medida limitada. De ahí que el Estado social de Derecho no sea otra cosa que un sistema de equilibrio entre los dos principios, dosificados en el ordenamiento estatal.

En esta controversia entre Forsthoff y Bachof debe llamarse la atención sobre un doble dato:

a) En primer lugar, que se desarrolla ya aceptando el calificativo constitucional de "social" como un principio efectivo, inspirador y articulador del Estado, discutiendo tan sólo el valor y el alcance de este principio.

De ahí que se hable[14] de esta polémica como una segunda etapa de la determinación jurídica del Estado social de Derecho, habiendo concluido la primera con el reconocimiento –con base en la tesis de Ipsen– de la condición de principio constitucional operativo del carácter social del Estado.

En efecto, inmediatamente después de la obra de Ipsen pasó a ser opinión mayoritaria en la doctrina la de que el Estado social era un principio constitucional de *inmediata aplicación* (si bien susceptible y, al propio tiempo, precisado en alto grado de configuración concreta). Y esta opinión se convirtió en doctrina del Tribunal Constitucional Federal, hoy firmemente establecida (BVerfGE 1,105; 3,381; 6,41 y 198; 10,370; y 17,23).

Más aún, como exponen Erich Fechner y Wolfgang Abendroth,[15] recogiendo una opinión doctrinal extendida (Herrfahrdt, V. Mangoldt, Ipsen), el principio del Estado social, al igual que los principios de Estado federal, democrático y de Derecho, es un principio estructural de especial valor y eficacia, en tanto que perteneciente al orden constitucional nuclear y último inmodificable. El artículo 79.3 de la Ley Fundamental de Bonn establece, como excepción a la regulación del régimen de modificación del texto constitucional (mediante ley aprobada por el *quorum* reforzado de los 2/3 en ambas Cámaras), la pro-

---

14  En este sentido, J. M. Mössner: *op, cit.,* p. 171.

15  Erich Fechner: "Freiheit und Zwang im sozialen Rechtsstaat", en la obra colectiva: *Rechtsstaatlichkeit...*, *op. cit.*, p. 74; Wolfgang Abendröth: "Zum Begriff des dernokratischen und sozialen Rechtsstaates im Grundgesetz der Bundesrepublik Deutschland", en la misma obra colectiva, pp. 116 y 117.

hibición de la modificación de la misma cuando ésta afecte a la articulación del Estado en Länder, la principal participación de los Länder en la legislación o los principios establecidos en los artículos 1 (la dignidad del hombre, los derechos fundamentales como fundamento del orden jurídico; precepto en el que la doctrina entiende implícitamente recogido el principio de Estado de Derecho a efectos de su cobertura por la cláusula de "inmodificabilidad" examinada) y 20 (principios del Estado federal, democrático y *social*). Consecuentemente, el principio que aquí nos interesa forma parte de los que conforman el orden último sustentador del entero Estado y su ordenamiento; orden tan fundamental, que la propia Constitución lo declara inalterable, lo que significa que su alteración o supresión significaría una subversión, una ruptura violenta con el orden constituido.

b) En segundo lugar, que el debate en torno al valor y alcance del principio así afirmado se produce a partir de la comprobación primaria de que éste se establece en el texto constitucional junto con los del Estado de Derecho, republicano, democrático y federal. Esta circunstancia conduce a que el debate se centre primordialmente en la delimitación recíproca de esos principios, siendo obvio que de entre éstos el primariamente a tener en cuenta es el del Estado de Derecho. Porque éste aparece en principio ligado a concepciones tradicionales del Estado, predicantes de una imagen auténtica de la que, asimismo en principio, parece querer postular el principio del Estado social.

No puede, pues, extrañar que la segunda etapa, la controversia entre Forsthoff y Bachof se haya centrado básicamente en la cuestión del juego recíproco de esos principios, a fin de determinar si la fórmula constitucional "Estado social de Derecho" supone tan sólo una yuxtaposición de principios y sistemas ya conocidos, que han de manejarse y aplicarse con independencia y partiendo bien de su valor equivalente o de su jerarquización (pero siempre de su relación dialéctica, de su tensión recíproca) o bien, representa la instauración de un nuevo modelo de Estado, en el que esos principios han de conformarlo de forma específica.

El ulterior desarrollo de la investigación dogmática ha discurrido precisamente por estos derroteros. No es posible hacer aquí una exposición exhaustiva de ese desarrollo. Lo reflejan con suficiente exactitud las siguientes y principales posiciones doctrinales.

Erich Fechner[16] sostuvo ya en 1953 que el problema crucial radicaba en la libertad y la coacción como expresión del pensamiento social; perspectiva desde la cual el Estado social se deja concebir como un rechazo, tanto del Estado totalitario (en el que la coacción está primada) como del Estado liberal (en el que la libertad se malinterpreta y se ejerce mal). El Estado social de Derecho, en tanto que Estado de Derecho, no puede ser totalitario, pero en cuanto Estado social tampoco puede ser liberal. Consecuentemente, ha de admitirse que el Estado social de Derecho, al excluir esas dos posibilidades, está formulado en función de una tercera (que no sea ni la una ni la otra). El problema radica, pues, en las relaciones entre libertad y coacción. Esas relaciones no son aleatorias sino que responden a un esquema basado en la contraposición. Ello significa que libertad y coacción tienen la tendencia a acomodarse, por su juego

---

16    E. Fechner: *op. cit.*, pp. 80 y ss.

recíproco, en una situación de equilibrio, lo que se manifiesta especialmente en el Derecho. Hasta ahora en éste el acento se encontraba en el derecho más que en el deber y, por tanto, en la posibilidad de su exigencia, en su caso, mediante el empleo de la coacción (deber y coacción sólo eran posibles allí donde había una obligación y las obligaciones en orden a un comportamiento positivo de contenido social eran la excepción). Este es el punto en el que aparece el contenido del nuevo Estado. Así como el Estado de Derecho persigue como valor superior la libertad (aun a costa de la debilitación del Estado), el Estado social se dirige primariamente a la obligación de los individuos en la satisfacción de la tarea global, incluso cuando para ello sea preciso el empleo de la coacción.

Para W. Abendroth[17] la plasmación constitucional del principio social significa la transformación del acervo de ideas sustentadoras del Estado liberal de Derecho, pero, al propio tiempo y en razón a su consagración paralela a los principios democráticos y de Derecho (relacionados con la tabla de derechos fundamentales), *implica* también *la* negación de toda posibilidad de vuelta al concepto de Estado de Derecho en sentido formal. Alcanzado este punto, ha de negarse asimismo, que el nuevo Estado pueda ser compatible con el Estado de Derecho en sentido material, tal como éste fue formulado a lo largo del siglo XIX, ya que éste descansa en la aceptación de la justicia inmanente del orden económico y social dado, mientras que el Estado social debe significar la ruptura con la idea de que el libre juego de las fuerzas económicas y sociales puede producir como resultado una situación justa. El principio social no sólo abre la posibilidad o permite simplemente intervenciones estatales esporádicas o concretas a fin de corregir determinadas disfunciones en el orden social, sino que –y esto es lo decisivo– pone a disposición de la formación de la voluntad política del pueblo el propio orden social como tal. Ahora bien, como quiera que el criterio de justicia es forzosamente diferente entre los diversos grupos sociales, surge para la concreción del contenido del principio social la dificultad específica de la interpretación del principio de igualdad. Esta dificultad sólo puede resolverse si se tiene en cuenta que la posición del principio social en el sistema de Estado democrático y social de Derecho ha de determinarse a través de la extensión de las categorías propias del Estado democrático y de Derecho al campo del orden económico, social y cultural, dándole así vida propia. Quiere esto decir que el alcance propio del elemento social del complejo Estado sancionado por la Constitución radica en que *el pensamiento democrático se proyecta, a través de las formas propias del Estado de Derecho, en el orden social y económico.* Consecuentemente, el Estado proclamado en la Constitución es un nuevo Estado, una unidad integrada por una diversidad de principios, actuantes en esa unidad en la forma indicada. Ahora bien, la tarea social del Estado no aparece definida materialmente en la Constitución. De todo ello se concluye que la constitución del Estado sobre la trilogía democracia, socialidad y sumisión al Derecho sólo cabe entenderla correctamente cuando se reconoce en ella la voluntad, no sólo de obligar al Estado de forma directa a la garantía de un mínimo de justicia social, sino, al propio tiempo, de imponer a dicho Estado –como representante democrático de la sociedad– la tarea de la ampliación constante de su actividad conforma-

---

17    W. Abendroth: *op. cit.,* pp. 126 y ss.

dora de los órdenes económico y social; todo ello sin que la Constitución haya prefigurado el modelo definitivo de tales órdenes.

T. Maunz[18] sostiene que "social" en sentido constitucional significa que el Estado ha de ser construido según los principios de la justicia social o, dicho de otro modo, que el ordenamiento ha de tener, en su conjunto, una orientación social. De este modo, el principio de Estado social pasa a ser una directriz vinculante tanto para el legislador como para la Administración. La afirmación de este valor del principio no se ve, sin embargo, complementada con una mayor precisión acerca de su alcance. Todo lo más que llega a afirmar Maunz es que el Estado social debe ser un Estado que rechace, combata y trate de superar la regresión o grave postergación económica o cultural de capas o grupos sociales.

F. Klein[19] parte de la afirmación de la simultánea proclamación constitucional de los principios de Estado social y de Derecho como antinomia, puesto que a todas luces la Ley Fundamental no ha aceptado la dimensión puramente formal del Estado de Derecho y el nuevo Estado parece concebido *prima facte* como algo distinto, incluso contrapuesto, al Estado de Derecho liberal-burgués. Sin embargo, el resto del texto constitucional no aparece establecido en función de ese nuevo modelo, sino más bien de este último. Ello es tanto más grave, cuanto que el principio del Estado social no puede entenderse como un mero programa, una simple doctrina, un principio sin actualización, sino más bien un principio eficaz en la inmediata interpretación del entero ordenamiento y que, por ello, impone a todos los órganos públicos (los de la legislación, la Administración y la justicia) la obligación de respetar en todas sus decisiones el valor de la justicia social. Empero, tal principio es inejecutable, toda vez que está positivizado en forma de determinación finalista no concretada en ulteriores preceptos jurídicos que modifiquen el Derecho vigente. Consecuentemente, ha de reconocerse en el hecho de que la Constitución afirme primero el Estado social de Derecho, pero organice y desarrolle luego el orden constitucional según el modelo tradicional del Estado liberal de Derecho, una contradicción difícilmente comprensible y resoluble. No obstante, a la hora del desarrollo y de la aplicación de la Constitución corresponde a todos los poderes públicos federales y territoriales la búsqueda de una solución a esa contradicción en cada caso concreto (el equilibrio entre los principios antagónicos no es, pues, global sino producido de cada vez y para cada problema). En concreto y por lo que respecta a la cuestión crucial de los derechos fundamentales, éstos –en tanto pertenezcan a la categoría de los llamados de libertad– deben contraponerse a los derechos calificables de sociales, los cuales aparecen como limitadores en cierta medida de los anteriores.

G. Dürig[20] mantiene que no es posible afirmar que el principio social debe ser interpretado desde el "relativismo democrático", puesto que –al menos

18    Theodor Maunz: *Deutsches Staatsrecht,* citado por H. Gerber: "Die Sozialstaatsklausel", en la obra colectiva: *Rcchtsstaatlichkeit. . ., op. cit.,* pp. 357 y ss.

19    Friedrich Klein: "Bonner Grundgesetz und Rechtsstaat", ZgesStW, 1950, pp.390 y ss.; también en la obra en colaboración con V. Mangoldt: *Das Bonnet Grundgesetz. Kommentar,* pp. 59 y 71.

20    G. Dürig: *Verjassung und Verwaltung im Wohlfahrtsstaat.* JZ, 1953, p. 197.

respecto de los valores a que se contrae la prohibición de modificación del texto constitucional, establecida en el artículo 79.3 (y el principio social está entre ellos, según ya nos consta)– la Constitución ha prescindido de todo relativismo para fijar unos principios de valor pretendidamente permanente. Consecuentemente, lo social no cabe interpretarlo ya –como la democracia relativista– en el sentido de una exclusión negativa de todo comportamiento antisocial, siendo preciso darle una dimensión positiva de mandato de un comportamiento social. De otro lado, al estar consignado el principio social junto con otros principios (como el de Estado de Derecho) igualmente dotados de validez permanente, es imposible establecer entre los mismos diferenciación o gradación alguna ni en el plano temporal, ni en el material. Se llega, así, de nuevo a la aparente contradicción entre libertad y exigencia social. Para Dürig, sin embargo, no existe en realidad esa contradicción, pues la Constitución ha consagrado la libertad en un sentido distinto al de su imagen liberal. Ese sentido es el de la libertad vinculada socialmente a "sozialgebundene Freiheit". Este concepto de libertad inmanente a la Constitución se proyecta sobre el entero catálogo de los derechos fundamentales clásicos, impregnándolo de su sentido propio y determinando, así, la exigencia constitucional, al menos en un sentido mínimo de esta forma precisado, de justicia social; exigencia que por decisión de la propia norma fundamental, fundamenta la competencia del Estado para crear el orden social. El principio de justicia en que el razonamiento concluye se traduce en la obligación del Estado de garantizar a todos un mínimo existencial; obligación que se corresponde con un *status positivus socialis* del ciudadano en orden a ese mínimo existencial.

V. Scheuner[21] parte también de la aparente contradicción entre Estado de Derecho y Estado social, para resolverla en la afirmación de que la Constitución ha proclamado *el principio del Estado de Derecho bajo la forma específica del Estado social de Derecho*. Esta última configuración ha de entenderse, pues, como expresiva de un concepto unitario compuesto de diversos momentos o facetas, uno de los cuales es el social. El elemento social no es puramente ético sino de valor y eficacia jurídicos. Sin embargo, su falta de concreción por la Constitución y su consignación no en la parte dogmática sino en la organizativa (si bien en su encabezamiento), obliga a una interpretación cautelosa de su alcance. Este no es otro que el de una directriz interpretativa del catálogo de derechos fundamentales. Con ello quiere Scheuner significar que, dada la limitación de la parte dogmática de la Constitución a las libertades clásicas y el poco desarrollo otorgado por la misma a las garantías de tipo social, el principio que nos ocupa pertenece a los preceptos del tipo de los continentes de directrices o criterios provocadores de aplicaciones y desarrollos creadores y progresivos.

Hans Gerber[22] arranca de la afirmación de que el calificativo "social" empleado por los artículos 20 y 28 de la Ley Fundamental de Bonn no obedece a un giro puramente ornamental carente de eficacia normativa, sino que es un

---

21    Ulrich Scheuner: "Grundfragen des modernen Staates", en *Recht, Staat, Wirtschaft*. Ed. Tomo III, p. 154.

22    H. Gerber: "Die Sozialstaatsklausel des Grundgesetzes. Ein Rechtsgutachten", en la obra colectiva: *Rechtsstaatlichkeit...*, *op. cit.*, esp., pp. 408 y ss.

concepto constitucional de importancia capital, equivalente a los conceptos "republicano" y "democrático" y que, junto con ellos, integra el instrumento técnico de cualificación de la estructura básica de las relaciones estatales en el plano federal y estatal interno. Aunque comprensiva de la llamada legislación social, la cláusula social no se agota en ella, pues expresa más bien un rechazo tanto a la preclitada concepción liberal del Estado como a un socialismo de corte leninista. Más bien la cláusula se reafirma en el mantenimiento del principio de Estado republicano, democrático y de Derecho como fundamento del orden constitucional, hecho compatible con la alteración radical de las condiciones socioeconómicas. El Estado social es, pues, un principio de justicia, pero que no precisa por sí mismo el valor o patrón material de esa justicia, limitándose a establecer el marco (los límites) de la libertad de valoración de los ciudadanos e impidiendo, así, que ésta pueda transformarse en un peligro para el propio Estado. La cláusula del Estado social y la misma realidad de éste determinan el sentido mismo de la entera Constitución. Esta fuerza determinante se manifiesta de forma directa, sin necesidad –para su efectividad– de desarrollo o precisión normativos alguno.

Por su parte Ernst Rudolf Huber[23] comprueba que la garantía constitucional de la idea del Estado social no ha sido hecha aislada sino conjuntamente con la del Estado de Derecho, a través de la expresión Estado social de Derecho. Con ello queda establecida una conexión insoslayable entre ambos principios, aun cuando no sean materialmente idénticos ni quepa simplemente tratarlos como instituciones susceptibles de ser yuxtapuestas y sumadas. De ahí se desprende la conclusión de que el Estado de Derecho y el Estado social se encuentran en una relación de específica diferencia, que debe ser tenida en cuenta antes de abordar la cuestión de en qué sentido ha podido la Constitución realizar su proclamación simultánea. El problema de la contradicción a la compatibilización de ambos principios pasa a ser así el nudo gordiano del moderno Estado constitucional. A este respecto, lo que primero salta a la vista es que la contraposición entre Estado de Derecho y Estado social se expresa incluso en la diversidad de su origen y evolución históricos: mientras que el Estado de Derecho surge de la lucha de la sociedad burguesa contra el Estado, el Estado social deriva de la lucha de la sociedad industrial por el Estado. Pero también se expresa: a) En la diversidad de los bienes a proteger y realizar, ya que el Estado de Derecho atiende primariamente a la protección de la vida, la libertad y la propiedad y el Estado social, por el contrario, a la garantía de la existencia del pleno empleo y del trabajo de los desfavorecidos socialmente; b) En la contraposición de su posición respecto a la extensión del poder estatal: el Estado de Derecho exige la limitación de la incidencia estatal en la libertad y en la propiedad, mientras que el Estado social exige esa incidencia en la medida en que venga exigida por la satisfacción de sus fines propios; y, finalmente (aunque la lista podría prolongarse), c) En el orden económico: el Estado de Derecho propende a un orden económico en el que la empresa se basa en el poder de determinación del propietario y el mercado descansa en la libre concurrencia de los empresarios; por contra, el Estado social sujeta el orden económico del mercado de libre iniciativa y concurrencia a las mo-

---

23    E. R. Huber: "Rechtsstat und Sozialstaat in der modernen Industriegesellschaft" en la obra colectiva: *Rechtsstaatlichkeit...*, *op. cit.*, esp. pp. 611 y ss.

dificaciones y restricciones que se derivan de la función social de mercado y de la competencia del Estado para la intervención social. Consecuentemente, Estado de Derecho y Estado social no sólo son cosas distintas sino cosas, hasta cierto punto, antagónicas. A pesar de lo cual la Constitución exige el Estado social de Derecho, es decir, la *conexión del Estado de Derecho y del Estado social en una unidad*. Esta síntesis no constituye una paradoja constitucional, pues parecidas exigencias de síntesis se encuentran con frecuencia en el texto fundamental, ya que éste no consagra un específico modelo de sociedad en toda su pureza. Se está, pues, ante principios diferentes, que deben ser considerados y valorados en su diferencia, pero, desde ella, llevados a una síntesis fructífera por mandato constitucional. Ello responde, además, a la actual realidad social, en la que el principio máximo del Estado de Derecho –la libertad personal, la dignidad humana– tiene como presupuesto mismo de su efectividad unas determinadas condiciones de seguridad social (de modo que el Estado de Derecho sólo es, en nuestro tiempo, posible, siendo al mismo tiempo Estado social) y, por contra, la sobrevaloración del principio de seguridad social conduce al colectivismo social despreciativo de la personalidad individual (de forma que el Estado social sólo puede ser tal en la medida en que, al propio tiempo, sea Estado de Derecho). La conclusión es la que se encierra en las siguientes frases: El Estado social de Derecho es un Estado que descansa en la composición dialéctica de los momentos de lo personal y lo social (lo primero adquiere sentido por su impregnación de vinculación social y lo segundo por su impregnación con libertad personal). Ninguno de los dos principios tiene primacía sobre el otro. Ambos tienen idéntico rango, en la medida en que se determinan y limitan recíprocamente. De ahí que el Estado social no sea un ideal absoluto, debiendo mantenerse su realización en los límites del Estado de Derecho garante de la libertad, y el Estado de Derecho tenga su fin en una protección de la personalidad sólo factible en una sociedad industrial sobre la base de seguridad y justicia sociales.

Las posturas doctrinales expuestas permiten establecer el resultado del debate desarrollado a partir y desde las posiciones de Forsthoff y Bachof en los siguientes términos:

1. Existe una práctica coincidencia en que todo intento de precisión del Estado social de Derecho ha de hacerse a partir de la insoslayable comprobación, de que el principio social está proclamado por la Constitución conjuntamente con los principios democráticos y de Estado de Derecho.

2. El intento de resolver la cuestión suscitada por el dato anterior mediante una gradación o jerarquización del valor y la eficacia de los principios, aparece claramente abandonado por la mayoría. Ello significa el claro apartamiento de la doctrina mayoritaria de la tesis formulada por Forsthoff (reconducible a la primacía del principio de Estado de Derecho sobre el social), que sólo aparece sostenida también por K. Stern. La postura mayoritaria reconoce, pues, rango y eficacia idénticos a los principios social, democrático y de Estado de Derecho.

3. La dificultad que esa equivalencia de rango evidentemente plantea, en especial por lo que hace a los principios de Estado social y de Derecho, toda vez que éstos se aparecen *prima facie* como contradictorios o antagónicos entre sí, se resuelve por la vía del equilibrio o de la síntesis entre ambos. En el

plano político, ello significa la concepción del Estado social como una tercera fórmula entre el viejo y rebasado Estado liberal de Derecho y los Estados socialistas de corte totalitario. En el plano jurídico, esa concepción se traduce en la afirmación bien de la actuación concurrente entre los principios sin más o de lo social como sustancia y el Derecho como forma, bien del equilibrio en la vinculación social de la libertad.

Sea, pues, bajo la forma de composición específica entre principios concurrentes o de síntesis de éstos productora de nuevos valores, la abrumadora mayoría de los autores parece entender que el Estado social de Derecho es un nuevo y específico Estado, superador del tradicional Estado de Derecho.

4. En qué consista ese nuevo Estado y, por tanto, cual sea en concreto el contenido y alcance de la formulación "Estado social de Derecho", no existe ciertamente una completa conformidad, ni las elaboraciones doctrinales alcanzan tampoco a precisar realmente la propia tesis.

En todo caso, y salvo alguna opinión más tímida (como las de Maunz y Scheuner), es posible identificar los siguientes puntos de acuerdo:

a) La "socialidad" del Estado implica un deber jurídico de los poderes públicos de actuar positivamente sobre el orden social, conformándolo. Ese deber constitucional representa el abandono de las habilitaciones específicas de intervención social, determinando la responsabilización al Estado *in totun* del orden de la sociedad (lo que se corresponde con la desmitificación del Estado que exige el principio democrático: Estado es sólo una parte organizada de la comunidad a los efectos de servir de instancia y cauce de planteamiento y resolución de los conflictos sociales, para lo que aparece investida de *imperium*). Ahora bien, esa responsabilización del Estado no se hace sobre la base de una prefiguración constitucional del modelo social que debe ser alcanzado a través de la actuación estatal, lo que significa que el principio social es sólo un valor constitucional, no un fin en sí mismo.

Desde otro punto de vista, la intervención social, al referirse al entero orden social, no se limita al plano de la justicia social en los bienes materiales, alcanzando también al ámbito de los bienes de la cultura. En todo caso, esa justicia social aparece caracterizada por encontrar su fundamento inspirador en la dignidad humana (exigente del libre desarrollo de la personalidad); fundamento en que se expresa la síntesis superadora del nuevo Estado.

b) La no prefiguración constitucional del orden social sustantivo final a que debe conducir el Estado social de Derecho no comporta un desfallecimiento de éste como principio jurídico, directamente aplicable, Y ello porque esta indeterminación corresponde propiamente al carácter abierto, pluralista y no hecho de la sociedad industrial actual, que necesariamente ha de reflejarse en el Estado como organización de la misma. La precisión, pues, de la justicia social y, por tanto, del principio ha de producirse precisamente sobre la base de los otros dos únicos valores fijos: el democrático y el de Estado de Derecho. Quiere decirse, en palabras de Abendroth, que la determinación del principio social debe tener lugar mediante decisiones democráticamente legitimadas y a través de las formas del Estado de Derecho.

c) El Estado social de Derecho es, pues, un Estado construido sobre un principio estructural complejo, por ser principio de principios, cuya esencia radica en que su contenido y alcance deriva de la recíproca interacción de los valores de la democracia, lo social y la idea del Estado de Derecho en sentido material.

Las consecuencias que en orden al alcance jurídico del específico "principio social" se derivan del estado actual de la doctrina, tal como éste ha quedado resumido, se contienen en la concepción tridimensional del mismo de H. Ridder.[24] La primera dimensión del principio es la de la "vinculación social del Estado" o "sozialpflichtigkeit des Staates", que implica el deber de todos los poderes públicos de velar –a través de la legislación, la administración y la justicia– por la mayor adecuación de las instituciones de carácter social a las correspondientes necesidades, entendiéndose por instituciones sociales las medidas públicas de previsión, distribución e igualación tanto en el ámbito de los bienes materiales como en el de los de la cultura. La segunda dimensión es la *referencia social de los derechos fundamentales* o "Sozialbezug der Grundrechte", que se traduce en la imperatividad de la interpretación de los derechos fundamentales más favorable al resultado de garantía a todos de una medida lo más igual posible de libertad. Y la tercera, la *obligación del Estado de articular la sociedad sobre bases democráticas* o "Homogenisierung von Staat und Gesellschaft", que supone la exigencia de que el Estado (montado sobre el principio democrático y consistente sólo en la parte organizada bajo forma pública dotada de *imperium* de la sociedad) reopere sobre ésta para conseguir su estructura democrática (a fin de que el Estado –la parte– y la sociedad –el todo– sean homogéneos); dimensión esta última que parece excesiva, no tiene respaldo en la doctrina mayoritaria (por contra de las otras dos) y el propio Ridder predica más bien del principio democrático más que del social.

En las dos primeras dimensiones indicadas se centra hoy, en efecto, todo el esfuerzo de determinación jurídica del principio social en Alemania. Con arreglo a la jurisprudencia del Tribunal Constitucional Federal la consistencia propia del principio en esas dimensiones es la siguiente:[25]

### a. Vinculación social del Estado (especialmente del legislador)

Se considera que esa vinculación se manifiesta de tres maneras:

–En primer término, incidiendo en la interpretación de la legislación existente. En tanto que toda norma legal ha de ser objeto de una interpretación conforme a la Constitución es imperativo partir de la atención por el legislador a las exigencias del principio social. Consecuentemente, ha de ser la interpretación más favorable a la igualdad social (al principio social) la que prime sobre otras posibles (BVerfGE 1,105; 5,198; 27, 36, 248).

–En segundo lugar, justificando determinaciones legales que, en otro caso, atentarían contra el principio de igualdad. El cumplimiento preceptivo del principio social exige del legislador el tratamiento diferenciado de las situaciones, sobre todo en el campo de la distribución de bienes materiales, el otorgamiento de prestaciones públicas o la configuración del sistema fiscal, sin

---

24    .E. Stein, *op. cit.*, pp. 68 y 69, de quien se toman las referencias a la doctrina de H. Ridder.

25    Se sigue en este punto a J. M. Mössner: *op. cit.*, pp. 172 y ss.

que esa diferenciación de trato por motivos de justicia social pueda reputarse inconstitucional oponiéndole el principio de igualdad (BVerfGE 13,259; 17,56; 29,402).

–En último término, concretando límites a la potestad legislativa. Sin perjuicio de la dificultad intrínseca de la concreción positiva del contenido propio del principio, la operatividad jurídica de éste ha de manifestarse en todo caso a través de la posibilidad de la declaración de inconstitucionalidad de aquellas medidas legales que, en todo caso, regulen una materia de forma insatisfactoria, es decir, desatendiendo radicalmente el principio. El Tribunal Constitucional Federal ha actuado al menos en un caso esa posibilidad, concretamente con ocasión de una reforma de la legislación procesal civil, sosteniendo que el principio del Estado social requiere la garantía de la tutela judicial a aquellos que no cuenten con los medios económicos precisos para sostener el proceso pertinente para la defensa de sus derechos o intereses, de modo tal que, habiendo ya el legislador hecho frente a esta exigencia a través de la institución de la declaración de pobreza del litigante, toda disposición que pretenda la desaparición de la misma debe reputarse inconstitucional (BVerfGE 22, 83; 35, 355).

Hasta aquí la triple eficacia reconocida, efectivamente, en Alemania al principio social. Ahora bien, esa eficacia –en tanto que circunscrita en todo caso bien a la habilitación del legislador para la adopción de medidas, bien al control constitucional de las que haya adoptado– puede parecer insuficiente, en la medida en que no alcanza a concretar un específico y positivo contenido del principio ni a conceder al ciudadano acción alguna para hacerlo valer frente a los poderes públicos, requiriendo de ellos una determinada actuación.

Más allá de la posición de la jurisprudencia constitucional (el principio social, como principio constitucional, legitima y obliga al legislador y al Poder Ejecutivo a la asunción de las tareas de contenido social, pero sin fundar mediante este mandato global derechos individuales frente al Estado; BVerfGE 1,97), la doctrina y, en concreto, K. Hesse[26] ha intentado, por ello, conseguir una mayor consistencia del principio en cuestión, a través de la *Nichtumkehrbarkeits theorie* o teoría de la irreversibilidad. Consiste la misma en aceptar que de la propia Constitución, directamente, no es posible inducir el contenido sustantivo de la vinculación social del Estado. Este ha de ser "hallado" pues, por el propio legislador y, en su caso, la Administración. Pero, una vez que se han producido las correspondientes regulaciones en los diferentes campos, es decir, una vez que ha tenido lugar la conformación legal o reglamentaria en éstos del principio, éste determina la inconstitucionalidad de toda medida regresiva que afecte al contenido esencial de las regulaciones establecidas, es decir, la irreversibilidad –al menos en su contenido esencial– de las conquistas sociales alcanzadas.

A esta teoría, que no puede considerarse aceptada mayoritariamente, se le ha opuesto (así, por todos, Maunz, Dürig, Herzog)[27] el argumento de peso

---

26  K. Hesse: *Grundzüge des Verfassungsrechts der Bundesrepublik Deutschland*. Ed. C. F. Müller, 11° Ed., Heidelberg y Karlsruhe, 1973, pp. 86 y 87.

27  Maunz, Dürig, Herzog: *Grungesetz. Kommentar*. Ed. C. H. Beck, 3ª Ed., Munich, 1970, comentario al art. 20, número marginal 170.

basado en la *Ressourcen-Abhangigkeit des Sozialstaates* o dependencia de los recursos económicos del Estado social. En épocas de desarrollo y crecimiento de la economía, con presupuestos estatales bien nutridos, es posible la creación y puesta a punto de instituciones de carácter social que luego, en épocas de crisis económica, con presupuestos estatales limitados por la misma, resultan de difícil mantenimiento. De ahí que aparezca muy problemática la afirmación de la exigencia constitucional del mantenimiento, en tales épocas de crisis, de prestaciones otorgadas en situación de alta coyuntura económica. Esta fue / precisamente la razón, se añade, por la que el constituyente se negó a incluir en el texto constitucional derechos fundamentales de contenido social. La necesidad de contrarrestar el indudable peso que tiene esta argumentación ha llevado a Hesse a limitar la garantía derivada del principio social al núcleo esencial (empleando aquí la misma técnica seguida para la construcción de la garantía institucional directamente derivada del texto constitucional) de las regulaciones sociales establecidas, obligando así a distinguir en las mismas entre unos componentes elementales y básicos (garantizados) y otros suplementarios (propios o imputables a la coyuntura económica y sujetos, por tanto, a los avatares de ésta, de lo que resulta su disponibilidad para el legislador ordinario); distinción esta que parece haber sido recogida por el Tribunal Constitucional Federal (BVerfGE 5,198; 35,236; 40,133).

A la tesis de K. Hesse se añaden los intentos de justificación en el principio social de posiciones activas individuales frente al Estado, es decir, de verdaderos derechos subjetivos esgrimibles contra éste. Pero una tal construcción es rechazada por la doctrina mayoritaria.[28] El argumento principal para este rechazo radica en el desarrollo experimentado de hecho por las instituciones de contenido social, que impide –por su extensión y alcance, determinantes de una situación de garantía real de los mínimos existenciales– reconocer incluso verdaderos derechos a prestaciones o, al menos, determina que esta cuestión no sea imperiosa ni prioritaria. En todo caso, tal derecho sólo podría formularse en relación con y a partir de la teoría de la irreversibilidad, en su núcleo esencial, de las conquistas sociales alcanzadas.

De todas formas, la cuestión ofrece cuando menos un doble aspecto. Por de pronto, el de la afirmación del derecho subjetivo frente al legislador que –salvo en la medida de la teoría de la irreversibilidad– es objeto de una negativa rotunda, especialmente por lo que se refiere a la cuestión de la inconstitucionalidad de la inactividad de legislador (BVerfGE 1,100; 2,244; 6,264; 11,261; 12,142; 23,249). En segundo lugar, el de la afirmación del derecho subjetivo frente a la Administración. En este plano y sin perjuicio del reconocimiento principal a la Administración de un amplio margen de apreciación a la hora del empleo de los medios puestos a su disposición para el cumplimiento de cometidos de contenido social, no se excluye enteramente el supuesto de la reducción de ese margen –en función de los términos concretos de la regulación de cuya ejecución se trate– hasta el punto de la consolidación de verdaderos derechos subjetivos en los ciudadanos.

---

28    En este sentido, por todos, Maunz-Dürig-Herzog: *op. cit.*, comentario al art. 20, número marginal 175.

## b.  Referencia social de los derechos fundamentales

El punto de partida aquí es doble:

a) La Constitución ha abandonado la concepción, propia del Estado liberal de Derecho, de los derechos fundamentales como posiciones jurídicas individuales formalmente iguales, sin conexión alguna con la situación real de poder o no social de los titulares, es decir, desde la perspectiva de dichos derechos fundamentales como disponibilidades jurídicas igualmente ofrecidas a los ciudadanos, con independencia de si éstos estaban o no en condiciones reales de acceder a las mismas.

b) En la actualidad, la significación real de los derechos fundamentales debe medirse no tanto (ni sólo) por su garantía jurídica como por su realización social efectiva. Y ello, porque los derechos de libertad, cuando benefician sólo a una minoría y sirven sólo para consolidar la posición de privilegio real de ésta, se transforman realmente en derechos de no libertad.

Sobre esta base (teniendo en cuenta que la Constitución alemana no consagra expresamente ninguno de los derechos fundamentales calificados de sociales, como los de derecho al trabajo, derecho a la educación, derecho a seguridad social, derecho a un medio ambiente adecuado, *etc.),* se sostiene que el principio constitucional del Estado social significa la opción en favor del disfrute efectivo por el mayor número posible de ciudadanos de las posiciones jurídicas aseguradas por los derechos fundamentales y, consecuentemente, la responsabilización del Estado con la tarea de procurar la consecución de una situación en que esa opción se haga realidad.[29]

Este alcance del principio social comporta, por de pronto, dos consecuencias seguras:

–La primera, la interdicción de toda perversión de los derechos de libertad, convirtiéndoles en garantía de situaciones de falta de libertad por olvido de las verdaderas condiciones de poder social. La relevancia social de las libertades públicas comporta que su garantía lo es de un *status* de libertad e igualdad. De ello se sigue la consecuencia de la potenciación de la protección de los débiles sociales con simultánea debilitación de la protección de los socialmente poderosos o privilegiados. Respecto de los primeros el Estado está obligado a la tutela sobre todo judicial, de sus intereses garantizados constitucionalmente. Respecto de los segundos ha de velar porque el ejercicio de su propia libertad no vaya en perjuicio de otros. Y, por tanto, se sigue también la habilitación del Estado para intervenir compensatoriamente, desmontando las posiciones privilegiadas. Así el Tribunal Constitucional Federal –BVerfGE 8,274– ha confirmado la legitimidad de la restricción de la libertad de comercio e industria a través de medidas de control de precios fundadas en razones económicas y sociales.

–La segunda, la ilegitimidad constitucional de la interpretación del principio de igualdad como mera exigencia de igualdad formal de las posiciones, es decir, la preceptividad de su inteligencia desde la realidad social en términos de igualdad material (en este sentido, la jurisprudencia constitucional –BVerfGE 22,83– sobre igualdad real de las partes en el proceso).

---

29    *Vid.,* J. M. Mössner: *op. cit.,* p. 175.

Mayor problematicidad presenta el intento de construcción de los cerechos fundamentales como "derechos sociales de participación en las prestaciones estatales", aunque no puede decirse que la jurisprudencia constitucional haya cerrado el paso a la misma. En esta línea, como señala J. M. Mössner,[30] los derechos fundamentales pasan a ser fundamento de verdaderas posiciones subjetivas activas frente al Estado, según la fórmula "Principio de Estado social –derecho fundamental–, derecho subjetivo a garantía real de la posición que el derecho fundamental atribuye". Dicho de otro modo, los derechos fundamentales no sólo otorgarían un *status negativus* (como derechos de libertad) y un *status activus* (como derechos de participación en los procesos políticos), sino además un *status positivus* (como derechos de participación social).

El Tribunal Constitucional Federal, como queda dicho, no ha negado la posibilidad de semejante construcción. De un lado, ha sostenido que –además de su dimensión como derechos reaccionales frente a inmisiones del Estado– los derechos fundamentales son también normas objetivas que establecen un orden de valores, que reclama validez en todos los ámbitos del Derecho en su calidad de decisión básica constitucional (BV erfGE 21,362) y, de otro lado, ha señalado que cuanto más se compromete el moderno Estado en la seguridad social y en el fomento cultural de los ciudadanos, tanto más aparece en las relaciones entre éstos y el Estado, junto al viejo postulado de la garantía de la libertad, la exigencia complementaria de garantía fundamental de la participación en las prestaciones públicas o estatales (BV erfGE 33,304). Más aún, partiendo de la comprobación elemental de que en las actuales condiciones sociales importantes ámbitos de la libertad personal no precisan tanto de la protección frente al Estado cuanto de la garantía por el Estado (es éste, entendido como sociedad organizada, el que crea las condiciones vitales precisas), ha llegado a manifestar que el Estado prácticamente se ha convertido en una mutualidad de riesgos de los ciudadanos, a fin de solventar los problemas de la vida en común (BVerfGE, 11,56; 17,216; 19,3168; 27,238).

La pretensión de la dogmatización, con base en esta jurisprudencia constitucional, de unos derechos complementarios de participación en las prestaciones públicas, cuyo título radica en los propios derechos fundamentales, ha sido, no obstante, objeto de fuertes críticas. Estas se montan sobre dos argumentos sumamente plausibles:

a) Jurídicamente son distintas de todo punto la delimitación de derechos de poderes o de esferas de actuación y la configuración de deberes positivos de hacer. Es ésta una objeción que coincide con la línea argumental básica de Forsthoff, en su momento expuesta, en su tesis sobre el Estado social. Mientras la pura garantía tradicional de las libertades públicas precisa sólo de la fijación normativa, bien del ámbito positivo de éstas, bien de la prohibición negativa al Estado de determinadas acciones, es decir, se agota en dicho plano normativo, de modo que puede hacerse efectiva directamente a partir de su consagración en el mismo, no sucede otro tanto con el reconocimiento de los "derechos complementarios", toda vez que su efectividad requiere, además de su establecimiento normativo, una conducta positiva por parte del Estado, que el Derecho por sí mismo no puede asegurar.

---

30    J. M. Mössner: *op. cit.*, pp. 175 y 176.

b) De reconocerse los pretendidos "derechos complementarios", la Constitución se transformaría en un catálogo inagotable de requerimientos al Estado imposibles de cumplir, sencillamente por la limitación de medios del Estado. Y, tal como recuerdan Maunz-Dürig-Herzog,[31] los constituyentes tuvieron expresamente en cuenta y cuidaron, por tanto, de no introducir en el texto constitucional promesas de todo punto imposibles de satisfacer. En todo caso, es bien evidente que no todas las exigencias al Estado pueden ser atendidas al mismo tiempo y que la realidad enseña que es forzoso el establecimiento de prioridades.

Incluso los autores que admiten los "derechos complementarios" reconocen lo acertado de estas objeciones. Es claro que la satisfacción de las demandas de prestaciones sociales ha de tener lugar primariamente en el marco de formación de la voluntad política (opinión pública, elecciones y legislatura) en un Estado democrático y no en el del proceso judicial (los Tribunales no podrían asumir la responsabilidad de la programación y la decisión sobre las actividades del Estado), que sólo podría tener cabida en el plano del control de estas actividades. Ante estas dificultades por ahora al menos insuperables, la teoría de los "derechos complementarios" se reduce a otorgar a éstos el mismo alcance que al propio principio del Estado social.

Ahora bien, esta conclusión debe tenerse por cierta sólo en términos generales, admitiéndose cuando menos una excepción a la misma. Esta se da cuando el Estado mismo dispone del derecho fundamental. Así, cuando el Estado interviene en el proceso económico, determinando en sus aspectos básicos la vida económica (por ejemplo, a través de la socialización con monopolio, pero con gestión indirecta, de una determinada actividad). Porque en estos supuestos el Estado tiene, por decisión propia, la disposición sobre la realización misma de los derechos fundamentales implicados. El caso más claro, por haberse pronunciado expresamente el Tribunal Constitucional Federal sobre él (BVerfGE 33,303; la Sentencia llamada de *numerus clausus*), es el del monopolio estatal *de facto* sobre la educación superior. En esta ocasión el Tribunal señaló que: "Del derecho a libre elección de la profesión y del centro educacional garantizado en el artículo 12.1, en relación con el principio general de igualdad y el principio del Estado social, *se deriva un derecho constitucionalmente consagrado del ciudadano que* cumpla los requisitos subjetivos de acceso *a su admisión a los estudios superiores de su elección*. Este derecho sólo está sujeto a la reserva de lo posible, en el sentido de lo que cada uno pueda demandar razonablemente de la sociedad". Quiere decirse, pues, que en los supuestos excepcionales examinados, los derechos fundamentales pueden llegar a desarrollar efectivamente una vertiente de posición activa frente al Estado.

## B. *La cláusula del Estado social en España*

Nuestra Constitución de 1978, al igual que la Ley Fundamental de Bonn, caracteriza al Estado como democrático, social y de Derecho, planteando, pues, el mismo básico reto que ésta en un punto a la definición técnica del Estado así determinado.

---

31    Maunz-Dürig-Herzog: *op. cit.*, comentario al artículo 20, número marginal 170.

No obstante, la situación del intérprete es más ventajosa en el caso español, toda vez que –en este punto al menos y aprovechando, con toda evidencia, la experiencia constitucional comparada acumulada desde 1949 a 1978– nuestro texto constitucional presenta una mayor perfección técnica.

Ello se manifiesta ya en la propia caracterización del Estado. En Alemania ha de jugarse con una interpretación conjunta de los artículos 20.1 (único referido al Estado federal que proclama el principio social, mencionando junto con éste sólo los principios federal y democrático, pero no así el de Estado de Derecho) y 28.1 (que tiene por objeto ya el orden constitucional propio de los Länder y en el que se consagran, conjuntamente, los principios de Estado de Derecho, republicano, democrático y social) de la Ley Fundamental para obtener la imagen global del Estado constituido. La Constitución española encabeza su texto dispositivo (art. 1.1) precisamente con ésta:

> España se constituye en un *Estado social y democrático de Derecho*, que propugna como valores superiores de su ordenamiento jurídico la libertad, la justicia, la igualdad y el pluralismo político.

Queda, así, claro desde un principio, con mayor énfasis si cabe que en el caso alemán, que el orden estructural básico y definitorio del Estado no es simple por reductible a un único principio sustentador, sino complejo en tanto que integrado –simultáneamente y con idéntico rango– por los de sujeción al Derecho, carácter democrático y contenido social. Se trata, pues, de un Estado que ha de ser y es *al mismo tiempo* orden inspirado y que responde a todas sus exigencias. Con lo cual el problema primero que plantea esta caracterización –supuesta la neutralidad o, al menos, compatibilidad del principio democrático con los otros dos– es, justamente, el objeto de debate en Alemania Occidental: la resolución de la cuando menos aparente contradicción entre los principios social y de Derecho.

Pero antes de entrar en esta crucial cuestión, debe precisarse que las tres notas constitucionalmente determinantes del Estado tienen consistencia jurídica y no mero valor político. Se trata de verdaderos principios de *Derecho*. El *Tribunal Constitucional les otorga, sin duda esa naturaleza:*

–El voto particular formulado al motivo primero de la Sentencia de 13 de febrero de 1981, señala que:

> Los derechos y libertades fundamentales son elementos del ordenamiento, están contenidos *en normas jurídicas objetivas que forman parte de un sistema axiológico positivizado por la Constitución y que constituyen los fundamentos materiales del ordenamiento jurídico entero* (*véanse artículos* 1.1, 9.2., 10.1 y 53 de la Constitución...).

–La Sentencia de 14 de julio de 1981 afirma:

> Pero al propio tiempo (los derechos fundamentales) son elementos esenciales de un ordenamiento objetivo de la comunidad nacional, en cuanto ésta se configura como marco de una convivencia humana justa y pacífica, *plasmada históricamente en el Estado de Derecho y, más tarde, en el Estado social y democrático de Derecho, según la fórmula de nuestra Constitución (artículo 1.1).*

Así ha de ser, en efecto, so pena de desvalorizar los principios derivados de las notas caracterizadoras del Estado, a los que el propio artículo 1.1 de la Constitución otorga el rango de valores superiores del ordenamiento, la doctrina más autorizada reconoce el carácter de principios primarios" jerárquicamente superiores y dotados de una "enérgica pretensión de validez[32] y que el Tribunal Constitucional aplica efectivamente como tales. Así, por ejemplo, en la Sentencia de 2 de febrero de 1981, al afirmar que "En un sistema de pluralismo político (artículo 1° de la Constitución), la función del Tribunal Constitucional es fijar los límites dentro de los cuales pueden plantearse legítimamente las distintas opciones políticas. . .".

Prueba concluyente la constituye el tratamiento que la jurisprudencia constitucional da específicamente a la cláusula del Estado social como principio directamente aplicable desde la Constitución, que no sólo ha de informar el ordenamiento, sino que es capaz de comportar deberes positivos para los poderes públicos. En este sentido, son claras las dos siguientes Sentencias:

–La de 16 de marzo de 1981, cuando dice:

> La libertad de los medios de comunicación, sin la cual no sería posible el ejercicio eficaz de los derechos fundamentales que el artículo 20 de la Constitución enuncia, entraña seguramente la necesidad de que los poderes públicos, además de no estorbarla, adopten las medidas que estimen necesarias para remover los obstáculos que el libre juego de las fuerzas sociales pudieran oponerle. La cláusula del Estado social (artículo 11) y, en conexión con ella, el mandato genérico contenido en el artículo 9.2. imponen sin duda actuaciones positivas de este género.

–Y la de 8 de abril de 1981, que establece:

> Además de ser un derecho subjetivo la huelga se consagra como un derecho constitucional, lo que es coherente con la idea del Estado social y democrático de Derecho establecido por el artículo 1.1. de la Constitución, que, entre otras significaciones, tiene la de legitimar medios de defensa a los intereses o grupos y estratos de la población socialmente dependientes, y entre los que se cuenta el de otorgar reconocimiento constitucional a un instrumento de presión que la experiencia secular ha mostrado ser necesaria para la afirmación de los intereses de los trabajadores en los conflictos socioeconómicos, conflictos que el Estado social no puede excluir, pero a los que sí puede y debe proporcionar los adecuados cauces institucionales.

Más aún, tratándose de verdaderos principios jurídicos de los que –en cuanto caracterizadores y determinantes del entero Estado, cuyo ordenamiento ha de tener como valores superiores los otros principios que proclama el artículo 1.1. de la Constitución y, por tanto, ser conforme a este precepto– derivan los principios superiores, de mayor rango y energía de aquel ordenamiento,

---

32    En este sentido, E. García de Enterría: *La Constitución como norma y el Tribunal Constitucional*. Ed. Cívitas, Madrid, 1981, pp. 98 y 99.

forzoso resulta concluir que se trata *de principios de principios,* constitutivos del basamento último del orden constitucional, del sistema axiológico al que ha de ser reductible toda interpretación y aplicación de la Constitución. Por ello mismo, gozan también de la especial consistencia que resulta del hecho de que toda modificación constitucional que pretenda alterarlos (aun cuando se limite a ellos) ha de sustanciarse –según preceptúa el artículo 168.1 de la Constitución– como una revisión total de la misma.

Esta traducción de los caracteres estructurantes en "valores superiores" del ordenamiento, es decir, en principios más concretos y sustantivos que han de primar en éste, otorga en nuestro Derecho constitucional un perfil más concreto al Estado social de Derecho, pues esos valores o principios tienen ya una significación convencional en la dogmática, que permite –en una primera aproximación– afirmar:

a) La correspondencia de los "valores superiores" con las notas definitorias del Estado, salvo por lo que hace a la "justicia", que –en este sentido y sin adjetivación– puede estimarse neutro. Esa correspondencia no es otra que la del principio "democrático" con el valor "pluralismo político", la del principio Estado de Derecho con el valor "libertad" y la del principio Estado social con el valor "igualdad".

b) Es obvio que la correspondencia así establecida no es rigurosa y sí meramente aproximativa, pero ello no le hace perder un ápice de su expresividad. En especial, confirma la condición compleja o compuesta de la noción "Estado social de Derecho", por asunción en ella –conjuntamente– de diversas ideas rectoras de la organización política: la de la conquista histórica del Estado por el Derecho (en cuya base está la contraposición de Estado y sociedad y la afirmación de la esfera de libertad del individuo frente al primero), la de la soberanía popular (que, en una sociedad plural, exige el pluralismo político) y la de responsabilidad del Estado en orden a las condiciones de vida comunitaria (fruto de las profundas mutaciones operadas por el desenvolvimiento de la sociedad industrial, que se sintetizan en la exigencia a la organización política de una intervención social dirigida a la corrección de desigualdades). Es claro, pues, que los principios superiores del ordenamiento, inducidos de las notas definitorias del Estado, determinan necesariamente una articulación del ordenamiento estatal de conformidad con la caracterización global del Estado que de dichas notas resulta y que extraen su específica y privilegiada posición en aquel ordenamiento precisamente de esa circunstancia.

Un examen sistemático del texto constitucional revela que la precisión del Estado social de Derecho no se detiene en el artículo 1.1. de dicho texto, sino que el sistema axiológico prefigurado en éste ha determinado claramente la estructura y el contenido de su parte dogmática.

Por de pronto, conviene llamar la atención sobre el hecho de que el título preliminar en que se ubica el artículo 1.1., además de otras determinaciones básicas (la forma política del Estado, la indisolubilidad de la nación sin perjuicio de las autonomías reconocidas, el régimen de las lenguas y modalidades lingüísticas habladas en la nación, la bandera, la capital del Estado, el papel de las Fuerzas Armadas), contiene ulteriores e importantes concreciones sobre los tres principios identificados como derivados de las tres notas determinantes del Estado:

–Los artículos 6 y 7, relativos, respectivamente, a los partidos políticos y a los sindicatos de trabajadores y asociaciones empresariales, están en la órbita de los principios democráticos y de pluralismo político, como resulta sin duda alguna del propio tenor literal de los mismos.

El hecho de que estos preceptos agoten su objeto en las expresadas organizaciones sociales, se explica por el carácter fundamental de las mismas, precisamente para la efectividad de los principios expuestos (sin perjuicio de la que indudablemente poseen otras organizaciones –como las asociaciones en general– y los colegios profesionales, por ejemplo, o instituciones –como los medios de comunicación social–, que, en todo caso, o es menor o deben tener su ubicación sistemática en el catálogo de las libertades públicas) y por la procedencia de la regulación del mandato político representativo en la parte organizativa del texto constitucional.

–Y el artículo 9, tras proclamar una regla absolutamente básica (la vinculación de los ciudadanos y de los poderes públicos a la Constitución y al resto del ordenamiento), establece otras no menos trascendentes, que explicitan sin duda las consecuencias jurídicas que la propia Constitución extrae de los principios de Estado social y de Derecho o de libertad e igualdad.

El número 3 establece, en efecto, las garantías tradicionales típicas del Estado de Derecho, a saber, el principio de legalidad, la jerarquía normativa, la publicidad de las normas, la irretroactividad de las disposiciones sancionadoras no favorables o restrictivas de derechos individuales, la seguridad jurídica, la responsabilidad y la interdicción de la arbitrariedad de los poderes públicos.

Y el número 2, por su parte, expresa un mandato de positiva actuación, de un hacer de los poderes públicos para producir unos determinados resultados sociales, con lo que ninguna duda puede caber de que está concretando el alcance de los principios de Estado social e igualdad (así lo tiene establecido, en todo caso, como hemos visto, nuestro Tribunal Constitucional). El precepto impone, en efecto, a los poderes públicos (a todos, por tanto; al legislativo, como al ejecutivo –y a la Administración con él– y al judicial) el deber de promover las condiciones para que la libertad y la igualdad del individuo y de los grupos en que se integra sean reales y efectivos, así como de remover los obstáculos que impidan o dificulten su plenitud y de facilitar la participación de todos los ciudadanos en la vida política, económica, cultural y social.

Consecuentemente, el resumen del análisis sistemático del título preliminar de la Constitución, en lo que aquí interesa, arroja el siguiente resultado:

1. La caracterización del Estado por las notas de democracia, sujeción al Derecho y carácter social; notas que, conjuntamente, lo definen y constituyen, así, el fundamento axiológico último del orden constitucional.

2. El desarrollo de dichas notas (principios de principios) en los principios de libertad, justicia, igualdad y pluralismo político; principios éstos que pasan a ser así los superiores del ordenamiento del Estado, derivando su fuerza de su inmediata deducción de las notas estructurales de éste.

3. La ulterior precisión de los principios o valores superiores, según su naturaleza, bien en *principios organizativos* (articulación de la vida socioeconómica y política en partidos políticos y sindicatos y asociaciones empresariales

como presupuesto básico del *pluralismo*), bien en *garantías jurídicas* (las expresadas en el art. 9.3., tradicionales del *Estado de Derecho* para la salvaguarda de la esfera de *libertad,* de los ciudadanos) o en *deberes positivos de hacer* (los impuestos por el art. 9.2 a los poderes públicos desde la idea de *responsabilidad social* del Estado).

4. El sistema de determinaciones constitucionales así establecido y jerarquizado se proyecta, al estar establecido en el título preliminar, sobre *la totalidad del orden constitucional.*

Esa proyección se manifiesta claramente en el fundamental Título I de la Constitución, toda vez que en él se plasma el orden material de valores sobre los que se asienta el ordenamiento.

Por de pronto y desde un punto de vista sistemático, destaca la diferenciación –dejando de lado el estatuto de nacionalidad y extranjería– entre un catálogo de "derechos fundamentales y libertades públicas" (Sección 1ª del Cap. 2°), objeto de la máxima protección y tutela (reserva de ley, indisponibilidad del contenido esencial por el legislador, tutela judicial reforzada: art. 53.1 y 2) y otro de meros "derechos y deberes" (Sección 2ª del Cap. 2°), al que sólo alcanza una protección y una tutela más limitada (reserva de ley, indisponibilidad del contenido esencial por el legislador, tutela especial sólo a través del recurso directo de inconstitucionalidad: art. 53,1), así como la regulación de un elenco de "principios rectores de la política social y económica" (Cap. 3°) y no ya de derechos o deberes, que tienen sólo la eficacia propia de los principios (vertebrar el ordenamiento, de modo que su reconocimiento, respeto y protección han de informar la legislación positiva, la práctica judicial y la actuación de los poderes públicos), gozando sólo (sin perjuicio de su aplicación directa, desde luego por la justicia constitucional, como tales principios constitucionales) de la tutela judicial ordinaria y en la medida de su conformación positiva por la legislación que los desarrolle. Esta construcción sistemática y sus consecuencias adquieren toda su significación si se tiene en cuenta que, como revela una simple lectura del Título I, en la Sección 1ª del Cap. 2° se contienen preferentemente derechos de libertad o derechos de la personalidad (sin referencia directa, por tanto, al orden económico-social), en la Sección 2ª del Cap. 2°, por el contrario, se incluyen los derechos y deberes relacionados con ese orden económico y social (significativamente los de propiedad y libertad de empresa) e, incluso, alguno netamente de carácter social (como el derecho al trabajo y a una remuneración suficiente), y en el Capítulo tercero se regulan los de este último carácter, es decir, los denominados "derechos sociales", sólo que bajo la forma de principios de la actuación o intervención social del Estado (que únicamente se cristalizan, en su caso, como derechos en los términos de la legislación ordinaria). Es evidente que la estructura y el contenido del Título I responden al orden axiológico básico sentado en el Título preliminar, su carácter complejo y la específica textura jurídico-constitucional de los diversos principios de que se compone. Porque no otra explicación puede tener la gradación expresa y perfectamente delimitada del alcance y eficacia jurídicos de los derechos, deberes y principios regulados y, consecuentemente, de la disponibilidad por el Estado (los poderes públicos) de los mismos. En efecto:

–En el ámbito de las libertades individuales o derechos de la personalidad, es decir, en el propio del valor que representa la dignidad del hombre prima la *garantía* y, con ella, los principios del artículo 9-2 reconducibles al valor superior de la libertad y, en definitiva, al principio último del Estado de Derecho.

–En el campo de los derechos de orden socioeconómico (propiedad, trabajo, libertad de empresa) más fundamentales de éste y, al propio tiempo, relacionados con la concepción de la dignidad humana, rige un equilibrio entre la *garantía* (con su entronque con los más altos valores constitucionales ya expuestos) y la *intervención estatal*, reconducible al mandato de actuación positiva establecido en el artículo 9.3 y, por tanto, al principio radical del Estado social.

–Por último, en la esfera del orden social y económico, de las condiciones de vida de la comunidad, prima indudablemente la *intervención estatal* y, por ende, el principio básico del Estado social, en detrimento del de Estado de Derecho, es decir, de la idea de *garantía*.

Esta gradación de la disponibilidad de los contenidos del Título I por el Estado pone de evidencia que éste aparece construido por el constituyente sobre la base de la específica tensión entre los principios del Estado de Derecho y Estado social. La interpretación en la que su comprobación descansa, resulta, de otro lado, corroborada por los preceptos a los que el propio constituyente ha reservado un alcance general, sobre todo el Título I. Porque éste se encuentra encabezado por el artículo 10, situado antes y fuera de la división en Capítulos y Secciones y, consecuentemente, fuera también del ámbito de aplicación del artículo 53. Esta peculiar posición del precepto responde necesariamente al hecho de que en él se han querido consignar determinaciones rectoras del orden material de valores fijado en el Título I en su conjunto. El contenido mismo del artículo así lo confirma, al disponer –junto a una regla interpretativa general a todos los derechos fundamentales y libertades públicas (número 2)– que la dignidad de la persona, los derechos inviolables que le son inherentes, el libre desarrollo de la personalidad, el respeto a la ley y a los derechos de los demás son *fundamento del orden político y de la paz social*. Se condensa aquí, pues, en clave principial, la filosofía, los criterios axiológicos a que responde por entero y que sustentan el orden dogmático constitucional. El valor último es, obviamente, la dignidad humana (los derechos humanos y el libre desarrollo de la personalidad no son más que manifestaciones del mismo), sin connotación o conexión alguna con un determinado orden económico y social, pero considerada evidentemente no como valor propio del individuo aisladamente considerado (capaz de conducir a una esfera de libertad del corte propio del Estado liberal-burgués de Derecho), sino del individuo en sociedad y, por tanto, conducente a un ámbito de libertad en el marco de las leyes y del respeto a los derechos de los otros (en definitiva a una libertad vinculada socialmente).

Justamente la primacía de la dignidad humana como quicio mismo del orden dogmático constitucional explica y, por tanto, corrobora la gradación que en la validez y eficacia propias de los contenidos de dicho orden antes se comprobó: cuanto más cerca están éstos de la personalidad humana mayores garantías gozan frente al Estado y, por contra, cuanto mayor es su alejamiento de ese valor menores son dichas garantías y mayores son las habilitaciones para una intervención positiva del Estado.

De otro lado, la dimensión social de la dignidad humana proclamada constitucionalmente se patentiza en la colocación sistemática del principio de igualdad (la interdicción de cualquier discriminación incluso por circunstancias sociales) como precepto (art. 14) de validez para todo el Capítulo II, es decir, para todos los derechos proclamados por la Constitución, incluso para los de índole fundamental o libertades públicas; principio de igualdad que, como manifestación jurídica por excelencia del de Estado social, según ha quedado visto (ya que el art. 9.2 de la Constitución impide de todo punto su interpretación como mera igualdad jurídico-formal), viene así a mitigar cualquier sobrevaloración individualista y absolutización de los derechos públicos subjetivos, imponiendo su interpretación más conforme a dichos principios.

Desde el artículo 10, es diáfano, pues, que la estructura y alcance específico del Título I de la Constitución (la concreta gradación de la validez y eficacia de sus diversos contenidos) no responden ni se justifican sólo desde el principio del Estado de Derecho, sino de éste en unión con el de Estado social, ya que la dignidad de la persona constitutiva del fundamento mismo del orden político y de la paz social, no se respeta ni se realiza para la Constitución sólo con el respeto por el Estado de las esferas de libertad ciudadana, sino además con la acción estatal positiva de remoción de los obstáculos y de creación de las condiciones precisas, para que esas esferas de libertad no se transformen de hecho en cegadoras de la auténtica libertad, sean reales y efectivas, por tanto, para los ciudadanos y éstos estén en situación no meramente formal sino verdadera de disfrutar y ejercer esa libertad.

De este modo, puede decirse que el artículo 10, en relación con el 14, de la Constitución es un precepto clave para la interpretación, desarrollo y aplicación de la parte dogmática de la misma, toda vez que determina los criterios axiológicos que, en función del superior y más general sistema de principios (arts. 1.1 y 9.2 y 3), deben regir las correspondientes acciones y tareas por lo que respecta a dicha parte dogmática. Esta función y conexión sistemática del artículo 10 está, de otro lado, establecida por la jurisprudencia constitucional, cuando menos en el voto particular formulado al motivo primero de la Sentencia de 13 de febrero de 1981, que señala que *"los derechos y libertades fundamentales* son elementos del ordenamiento, están contenidos en *normas jurídicas objetivas que forman parte de un sistema axiológico* positivizado por la Constitución y que constituyen los fundamentos materiales del ordenamiento jurídico entero (véanse *artículos 1.1, 9.2, 10.1* y 53 de la Constitución)".

Consecuentemente, la complejidad de la caracterización del Estado y la consecuente heterogeneidad del sistema de principios básicos vertebrantes del ordenamiento *in totum,* tienen una proyección definida y decisiva en el orden de valores sustantivos proclamado en la parte dogmática de la Constitución, planteando graves problemas interpretativos. Queda claro así que en nuestra Constitución, al igual que sucede en la alemana, la dificultad primera a resolver (pues de ella depende en gran medida la correcta resolución de aquellos problemas) es la de la determinación del alcance de la fórmula "Estado democrático y social de Derecho", en tanto que condensatoria del orden fundamental último del Estado. Esa dificultad se plantea también entre nosotros (teniendo en cuenta que el principio democrático no ofrece *prima facie* problema alguno de compatibilidad con los otros dos atributos del Estado) en términos de resolución de la aparente contradicción o antinomia que representa la simultánea calificación del Estado como social y de Derecho. De principio, ha de llamarse la atención, tal como se ha hecho ya por la doctrina alemana, que, en todo caso, la proclamación de principios antagónicos no es un hecho inusual en los textos constitucionales, por lo que tampoco debe abordarse el supuesto que nos ocupa como una anormalidad excepcional precisada de todo punto de una reducción total, a fin de hacer manejable y operativo el nuevo concepto de Estado. En un mundo como el actual, en que ha quedado definitivamente atrás toda referencia a un orden de valores con pretensiones de permanencia de carácter religioso, filosófico, ético o ius-naturalista, capaz de servir de fundamento y medida en el plano jurídico, y éste, por tanto, ha de sostenerse por sí mismo y garantizar la coherencia de una sociedad pluralista y compleja, el sistema jurídico forzosamente ha de resultar un difícil equilibrio entre principios no siempre armónicos entre sí, pues su finalidad radica precisamente en constituirse en marco y cauce de resolución de los conflictos sociales.

Pero sobre ello, ha de significarse que la investigación sobre el alcance y el contenido del nuevo Estado aparece fuertemente lastrado, como lo demuestra la experiencia del Derecho público alemán, por el arrastre histórico de categorías e ideas formuladas y cristalizadas sobre un modelo de Estado –el de Derecho– del que justamente el objeto de investigación pretende ser superación. De ahí que normalmente dicha investigación se aborde desde el repertorio de ideas tradicionales (que se dan por recibidas en el nuevo Estado, en tanto que también de Derecho) para determinar en qué medida el modelo ha sido modificado por la introducción del nuevo principio "social", en vez de partir del análisis de la nueva realidad constitucional para inducir de él (prescindiendo en lo posible de apriorismos) la imagen del Estado en ella prefigurado. Obvio resulta aclarar que no se desconoce la dificultad que entraña el hecho de que ninguna construcción constitucional se hace con materiales enteramente nuevos y que, por tanto, no es factible prescindir de las categorías heredadas. La crítica se centra exclusivamente en la posición metodológica, que para ser fructífera requiere tener constantemente presente lo dicho.

Hechas estas aclaraciones, conviene apuntar que, como demuestra el precedente análisis de nuestro texto constitucional, éste ha llevado a cabo una precisión del Estado social de Derecho, mucho mayor que la realizada en su época por la Ley Fundamental de Bonn, por lo que ofrece una base más sólida y consistente cara a la teorización del nuevo Estado.

Esta mayor concreción constitucional entre nosotros de la cláusula del Estado social de Derecho despeja, por de pronto, la cuestión –en la que la doctrina alemana, sin embargo, hubo de consumir considerables esfuerzos– acerca de la diferencia o la igualdad de rango y validez entre los principios supuestamente encontrados. Es indudable la igualdad en nuestro Derecho, a la luz del artículo 1.1. de la Constitución, puesto que éste hace derivar por igual de los tres atributos básicos del Estado, el elenco de principios o valores superiores (todos ellos, a su vez, con idéntica exigencia de validez) que han de presidir el ordenamiento en su conjunto. No es posible, pues, sostener –como en su momento lo hizo en Alemania Forsthoff y luego mantuvo también Stern– una diferencia de rango entre los mismos por razón de su distinta textura: al principio de Estado de Derecho le basta para realizarse con operaciones puramente jurídicas (la delimitación de poderes públicos), mientras que al Estado social le son necesarias, además, otras operaciones requirentes del empleo de medios económicos. Esa distinta textura (en términos generales) puede y debe motivar efectivamente un diverso régimen jurídico, pero de ello no se sigue necesariamente una jerarquización de los principios en el plano estrictamente jurídico.

En todo caso, de la comprobación de Forsthoff se sigue una importante consecuencia, extraída ya por Huber (véase la exposición que sobre la doctrina alemana quedó hecha en el epígrafe anterior). A saber, que sólo entendiendo el principio de Estado de Derecho tal como cristalizó en un determinado momento histórico (es decir, como se elaboró a partir de la ideología liberal-burguesa), cabe hablar realmente de antinomia o antagonismo del mismo con el de Estado social, pues en otro caso ha de hablarse más bien de *diferencia* para calificar la relación entre ambos. Esta precisión es tanto más importante en el caso de la Constitución española, cuanto que ésta, al proclamar el Estado de Derecho, no se ha ajustado en modo alguno al patrón formal y liberal del mismo. Tal patrón descansaba en la idea de una sociedad homogénea (la caracterizada por la burguesía) con intereses asimismo homogéneos (la libertad individual y la propiedad) y autónoma respecto del Estado (concebido como organización diferenciada garante del marco en el que debía desenvolverse la sociedad) y entendía, por tanto, el Estado de Derecho como una garantía de la sociedad frente al Estado, a fin de que éste no pudiera inmiscuirse en la vida social. La variante meramente formal de ese modelo, posible desde una exacerbación del positivismo, propugnaba, a su vez, la simple sujeción del Estado al Derecho, sin referencia a valores materiales algunos que hubieran de ser respetados por éste. Ni una ni otra formulación se encuentra en nuestra Constitución. Ello habría supuesto en primer término una anacronía, dado que las condiciones sociales actuales no responden a las existentes al tiempo de la cristalización del Estado liberal de Derecho. El examen del texto constitucional revela en todo caso que la idea del Estado de Derecho en él mismo presente es la que arrojan las siguientes consideraciones:

a) El abandono de la falsa e idealista construcción del Estado como entidad sustantiva distinta de la sociedad. Sobre este punto nos hemos extendido ampliamente al tratar de las críticas actuales a la tesis subjetiva del Derecho Administrativo, por lo que –en aras a la brevedad– a dicho lugar remitimos ahora. Baste aquí con señalar que su abandono lo acreditan sin más la atribución de la titularidad plena de la soberanía al pueblo (que no es otra cosa que la comunidad política real en cada momento, pero continuamente renovada –lo que le otorga permanencia)– y de los principios democrático y del pluralismo político. El Estado no es más que la instancia social institucionalizada para el debate y la resolución de los problemas colectivos y la imposición, en su caso, con el *imperium* legitimado en esa institucio-nalización democrática, de las decisiones o soluciones adoptadas.

b) El reconocimiento no sólo del pluralismo ideológico, sino social y económico de la sociedad. Esta ha dejado de ser homogénea, contemplándose en el orden constitucional en su misma heterogeneidad de concepciones e ideas políticas, así como de intereses. La sociedad pasa a ser, pues, un fenómeno plural y complejo, consistente por esencia en situaciones de conflicto y tensión. Así resulta sin más, no ya del principio de pluralismo político, sino –significativamente– de la verte-bración social sobre la base de la libertad de asociación y, específicamente, de la relevancia en este orden de los partidos políticos, sindicatos de trabajadores y organizaciones empresariales, así como de la configuración del orden material constitucional de valores, en el que destaca la ausencia de un preciso modelo económico o social (antes al contrario, en él se hacen presentes principios, ideas y valores diversos e, incluso, contrapuestos). Baste, a este último respecto, con remitir a los principios rectores de la política social y económica del Capítulo III del Título I, puestos en relación con las disposiciones del Título VII sobre economía y Hacienda del texto constitucional.

c) El Estado de Derecho continúa manifestándose técnicamente, de forma primaria, en la garantía de la libertad (art. 1.1.) y, a su servicio, en los principios que tradicionalmente han conformado su imagen (art. 9.3, siempre de la Constitución), pero todas estas técnicas (principios jurídicos) no actúan en un plano formal, abstracción hecha de cualquier referencia a valores sustantivos y, consecuentemente, con independencia de los que persiga la actuación estatal que formalizan.

Muy por el contrario y como se desprende de las extensas consideraciones anteriormente desarrolladas para la interpretación de los Títulos preliminar y primero del texto constitucional, son vicarias –a través precisamente del valor capital de la libertad, tal como éste es proclamado constitucionalmente– de los principios constitutivos según el artículo 10.1 de la Constitución, del "fundamento del orden político y de la paz social": los derechos inviolables inherentes a la persona (es decir, el catálogo de ios derechos fundamentales y las libertades públicas), el libre desarrollo de la personalidad, el respeto a la ley y a los derechos de los demás, es decir, y en suma, *la dignidad de la persona*. Ese fundamento representa el suelo mismo en el que pueden y deben moverse los principios prototípicos del Estado de Derecho, fuera del cual pierden su legitimidad.

En definitiva, pues, nuestro orden constitucional descansa por entero no en un relativismo axiológico, articulado y hecho posible por la sobrevaloración de los principios de la democracia y el pluralismo (de modo que éstas fueran las únicas referencias absolutas, haciendo válidas las decisiones que de su aplicación resulten), sobre el que pudieran operar las teorías de la integración (Smend) o de la Constitución sin Derecho Natural (Haberle), sino en la afirmación de sí mismo como un sistema material de valores en el que lo primero y principal es, cabalmente, la dignidad de la persona. Esta conclusión, como bien pone de relieve E. García de Enterría,[33] no encierra la de la calificación de ese sistema como acabado, insusceptible de evolución, sino porta en sí misma el entendimiento de una sociedad abierta, inacabada y perfec-cionable. Esto

---

33   E. García de Enterría: *La Constitución como norma...*, op. cit., p. 101.

es claro en el reconocimiento constitucional (art. 10.2), de la validez de la interpretación del sistema según las ideas comunes o universales, naturalmente evolutivas.

Es diáfanamente claro, en razón a lo dicho, que el principio del Estado de Derecho tiene, en nuestra Constitución, un sentido material y no meramente formal.

d) De otro lado, aunque –como ya se ha dicho– el principio de Estado de Derecho aparezca vinculado o conectado en nuestra Constitución (como desde su origen mismo lo ha estado) al de libertad (art. 1.1 del texto fundamental), éste y, por tanto, el de Estado de Derecho no tiene ya la significación tradicional y tópica. Por de pronto, la cláusula de libertad no es ya equiparable sin más a la de "libertad y propiedad" propia de la ideología burguesa liberal. La ruptura con ésta se manifiesta con especial claridad en el plano socioeconómico. El comercio y la industria, es decir, la actividad económicamente relevante no queda entregada a la sociedad *in totum,* es decir, no es objeto ya de una libertad pública primaria. Se reconoce ciertamente la libertad de empresa en el marco de la economía de mercado (art. 38), pero no como derecho fundamental y sí sólo como derecho entregado a la libertad de configuración social del legislador (con la salvedad de su núcleo esencial), capaz de manifestarse bajo la forma de planificación de la actividad económica (art. 131), que ha de convivir, por lo demás, con la iniciativa pública (art. 128.1); iniciativa que puede alcanzar hasta la exclusión de sectores enteros de la disponibilidad de los particulares, es decir, de la iniciativa privada. De otro lado, se proclama y garantiza asimismo la propiedad privada (art. 33), si bien tampoco con el carácter de derecho fundamental, sino únicamente de derecho constitucionalmente protegido pero disponible por el poder legislativo de configuración social (salvo también en su núcleo esencial). Más aún, de derecho cuyo contenido positivo y real viene delimitado, es decir, creado por la decisión legislativa y que aparece subordinado, es decir, vinculado o funcionalizado por las exigencias del interés general (art. 128.1). Sólo la libertad personal, es decir, los derechos de libertad ligados con la personalidad humana aparecen revestidos de la validez y eficacia propia de los derechos fundamentales, pero incluso éstos se encuentran enmarcados por los principios de respeto a los derechos de los demás y a la ley (art. 10.1) y de igualdad, incluso social (art. 14), es decir, presididos por la idea de la solidaridad social sin las connotaciones, pues, de la concepción individualista propia del Estado liberal de Derecho. Ello responde al hecho de que la libertad está diseñada por entero en la Constitución desde el valor fundamental de la dignidad de la persona, lo que presupone una idea integral del hombre, comprensiva de sus dimensiones espiritual y socioeconómica. La libertad que de ello resulta puede definirse con las siguientes palabras de F. Wieacker:[34] "Verantwortung gegenüber der Gemeinschaft ohne Aufgabe der Personalität", es decir, "responsabilidad respecto de la colectividad sin renuncia a la personalidad".

Por esta última razón, es decir, porque para que la dignidad del hombre se realice son precisos determinados requisitos en las dos expresadas dimen-

---

34    F. Wieacker, en una conferencia inédita; cita recogida de C-F Menger: "Der Begriff des sozialen Rechtsstaates", en la obra colectiva: *Rechtsstaatlichkeit...,* op. cit., p. 68.

siones básicas, la libertad no es, en la Constitución española, un principio de afirmación exclusivamente de valores individuales desprovistos de toda vinculación u obligación social. Por el contrario, la presencia efectiva de ésta como componente inherente a la libertad (que hace de la misma un valor social) se refleja en la estructura misma de la validez y eficacia jurídicas de los elementos integrantes del orden constitucional material (Título I), que más arriba quedó analizada y que evidencia la vocación de igualdad (art. 1.1) de la libertad (o, dicho de otro modo, la concepción de ésta como libertad efectiva y real de todos los ciudadanos) a través de la intervención correctora del Estado (como única instancia capaz, en la compleja sociedad industrializada, de servir la procura de ese objetivo) montada sobre el "interés general" (art. 9.2, en relación con los arts. 103.1 y 128.1). Porque aquella específica estructura de la validez y eficacia del orden sustantivo o material de la Constitución que ya conocemos, sólo se explica y encuentra justificación desde la perspectiva de la idoneidad de los medios para alcanzar su efectividad (garantías jurídicas frente al Estado y al abuso del propio derecho en el caso de las libertades públicas; configuración de los tradicionales derechos como funciones [derechos-deberes] y articulación de potestades públicas en el campo de la actividad socioeconómica y cultural; articulación de potestades públicas en el plano de las prestaciones sociales) y, en definitiva, de la libertad propia de la dignidad de la persona (entendida como ser integral, ser en sociedad).

En resumen, pues, la libertad –valor inmanente y propio del Estado de Derecho– no se establece en nuestra Constitución en los términos clásicos del modelo "Estado liberal de Derecho". Se trata de una libertad que, como valor constitucional, sólo puede entenderse en una relación de complemento mutuo con el de igualdad, en tanto aue necesarios ambos para otorgar consistencia al suelo axiológico mismo del texto constitucional: la dignidad de la persona, que –a su vez– sustenta por entero el ordenamiento jurídico en calidad de fundamento del orden político y de la paz social.

Quiere decirse, así, que la libertad está en la Constitución en una indisociable y permanente relación dialéctica con la igualdad y que sólo su aplicación desde esta perspectiva, es decir, al servicio de la dignidad de la persona, otorga legitimidad a las decisiones articuladas sobre la base del principio democrático, respecto del cual aquella dignidad juega no sólo (al igual que el resto del marco constitucional) como límite externo, sino como fundamento del mismo. Justamente, pues, en la dignidad de la persona como valor axiológico último (de síntesis) se encuentran las tres notas caracterizadoras del Estado, superando dialécticamente sus iniciales posiciones antitéticas.

Por esta capital razón, los principios técnicos en que se *traduce* y perfila más específicamente el Estado de Derecho (los del artículo 93) y que son los clásicos de este modelo de Estado, jamás pueden sustantivarse o absolutizarse más allá de su simple condición de instrumentos técnicos al servicio del sistema material de valores que ha quedado definido; singularmente, queda excluida toda posibilidad de reducción de su funcionalidad y significación al plano de las garantías formales, con sobrevaloración de éste y su superposición incluso a los valores axiológicos constitucionales.

Las breves consideraciones que quedan hechas acreditan lo erróneo de los planteamientos que, partiendo de categorías apriorísticas y, singularmente, la del Estado de Derecho en su versión tradicional, forzosamente obligan a partir del pie forzado de una irreductible contradicción entre los principios de Estado de Derecho y Estado social y, por tanto, a construir la teorización del Estado social de Derecho sobre esa esencial contradicción. Lo que no significa desconocer la diferencia entre dichos principios y por tanto su relación en términos de una específica tensión dialéctica. Pero se trata de una tensión de la que es consciente el constituyente y que es justamente la que está en la base misma del nuevo modelo de Estado. El constituyente ha querido expresamente que el Estado social sea un Estado de Derecho, es decir, un Estado en que los dos principios se complementen de una forma específica.

La determinación de esa forma específica de complementariedad exige naturalmente la precisión técnico-jurídica del principio de Estado social.

Toda primera aproximación al concepto de Estado social ha de consistir precisamente en la simple comprobación de que su formulación constitucional es una consecuencia de las profundas transformaciones inducidas en el orden político, económico y social por la evolución misma de la sociedad industrial hasta su estado avanzado actual; transformaciones que se pueden sintetizar en la precisión tanto por el individuo aisladamente considerado como por los grupos sociales y finalmente el cuerpo social en su conjunto del Estado como instrumento corrector, configurador y prestador en la vida social y económica –en definitiva, la total interpenetración del Estado y sociedad, de modo que la cuestión no se centra tanto en la defensa del ámbito de libertad propia frente al Estado cuanto en la exigencia a éste de la resolución positiva de problemas y conflictos sociales. Ahora bien, este hecho evidente no puede conducir sin más a la identificación del Estado social con alguna forma histórica y organizativa de intervención social del Estado, significativamente con el Estado de régimen administrativo y prestador a través de su aparato administrativo de determinados servicios. La Administración prestadora de servicios sociales puede ser una manifestación del Estado social, pero no tiene por qué agotar el concepto.

Se debe a Forsthoff[35] la inicial identificación del Estado social, desde la perspectiva que nos ocupa, como superación de la idea propia del Estado burgués de la condición dada del orden económico y social (de hecho el orden capitalista liberal). Este deja de ser para el Estado actual algo externo, que viene dado como realidad propia de la sociedad y en principio justa (en todo caso no alterable por el Estado) para pasar a ser el objeto mismo del Estado, realidad existente pero sometida a la potestad (facultad-deber) de configuración del poder público. A partir de esta idea, W. Abendroth[36] ha destacado que el momento decisivo de la idea del Estado social consiste precisamente en el abandono de la creencia en la justicia inmanente del orden económico y social existente y la colocación de dicho orden en manos de los órganos del Estado en los que se manifiesta la autodeterminación democrática del pueblo, de modo que todos los poderes del Estado quedan vinculados por principio al contenido otorgado a este principio constitucional en cada momento por

---

35    E. Forsthoff: *Lehrbuch des Verwaltungsrechts.* München, 1ª Ed., 1951, pp. 59 y ss.
36    W. Abendroth: *Zum Begriff. . ., op. cit.,* p. 119.

la actividad configuradora del legislador, mientras que dicho contenido se mantenga dentro del marco prefigurado por la Constitución.

Es evidente que este es el sentido que el principio del Estado social tiene en nuestra Constitución, tal como resulta de su sucesiva concreción en el principio de la igualdad (art. 1.1) y en los deberes genéricos de actuación positiva plasmados en el artículo 9.2, pero especialmente de su mayor precisión en la regulación de los derechos y deberes de los ciudadanos (arts. 30 a 38, ambos inclusive), y más aún en la de los principios rectores de la política social y económica (arts. 39 a 52, ambos inclusive) y la economía y la hacienda (art. 128 a 136, ambos inclusive). Desde el punto de vista jurídico se trata, pues y como ya sabemos, de un verdadero principio jurídico, del mismo rango que el del Estado de Derecho, que aparece ligado a la intervención estatal en la vida social, económica y cultural (por exigente de la misma); principio, cuya eficacia –podemos precisar ahora– consiste en constituir en los poderes públicos competentes en cada caso según la propia Constitución, la estricta obligación de realizar las actuaciones pertinentes a la eficacia de los valores por dicha norma sancionados. Así lo tiene establecido desde luego la jurisprudencia de nuestro Tribunal Constitucional:

–Ya en el voto particular formulado a la Sentencia de 13 de febrero de 1981 dice:

Los poderes públicos, en virtud del artículo 9.2. CE, están obligados a "promover las condiciones" para que las libertades individuales y las de los grupos sean "reales y efectivas". La doctrina más autorizada ha destacado que, en virtud del artículo 9.1, todas las normas constitucionales vinculan a todos los Tribunales y sujetos públicos y privados, pues si bien es verdad que no todos los artículos de la Constitución tienen un mismo alcance y significación normativa, todos, rotundamente, enuncian efectivas normas jurídicas.

–La Sentencia de 16 de marzo de 1981 señala que:

La libertad de los medios de comunicación, sin la cual no sería posible el ejercicio eficaz de los derechos fundamentales que el artículo 20 de la Constitución enuncia, entraña seguramente la necesidad de que los poderes públicos, además de no estorbarla, adopten las medidas que estimen necesarias para remover los obstáculos que el libre juego de las fuerzas sociales pudieran oponerle. La cláusula del Estado social (artículo 1.1.) y, en conexión con ella, el mandato genérico contenido en eí artículo 9.2 imponen sin duda actuaciones positivas de éste género.

–Y, finalmente la Sentencia de 20 de julio de 1981 afirma:

Los principios constitucionales invocados por los recurrentes: irretroacti-vidad, seguridad, interdicción de la arbitrariedad, como los otros que integran el artículo 9.3 de la Constitución –legalidad, jerarquía normativa, responsabilidad– no son compartimientos estancos, sino que, al contrario, cada uno de ellos cobra valor en función de los demás y en tanto sirva a promover los valores superiores del ordenamiento jurídico que propugna el Estado social y democrático de Derecho. . .

El acto del Legislativo se revela arbitrario, aunque respetara otros principios del 9.3 cuando engendra desigualdad. Y no ya desigualdad referida a la discriminación –que ésta concierne al artículo 14–, sino a las exigencias que el 9.2 conlleva, a fin de promover la igualdad del individuo y de los grupos en que se integra, finalidad que, en ocasiones, exige una política legislativa que no puede reducirse a la pura igualdad ante la ley.

Cierto que con esta configuración jurídica del principio éste deja de ser etéreo para adquirir consistencia. Pero no lo es menos que ésta es aún reducida, concediendo escaso margen para una efectiva aplicación del principio, pues posibilita desde luego un rechazo por el Tribunal Constitucional de una medida legislativa o de cualquier otro poder público que no tenga en cuenta, es decir, omita el cumplimiento del deber de configuración social, es decir, abre la vía a un control negativo de la actuación de los poderes públicos, pero no alcanza a facilitar el sustrato necesario para un control positivo basado en la valoración de la suficiencia del cumplimiento del principio y su corrección constitucional y capaz, por tanto, para imponer ulteriores o distintas, pero concretas medidas. No digamos ya la base precisa para sostener que al deber de actuación estatal corresponde en cada caso un verdadero derecho del ciudadano a su efectivo cumplimiento en determinadas condiciones. Toda mayor consistencia del mismo pasa, sin embargo, y como se vio en el ejemplo alemán, por el aislamiento e identificación del contenido mismo de la actuación positiva a que el Estado queda obligado; paso prácticamente irrealizable en Alemania por la ausencia en la Grundgesetz de todo atisbo de carta de derechos sociales o económicos, así como de compromiso constitucional en punto a modelo económico. Pero esta no es la situación en nuestra Constitución, toda vez que ésta –como se vio al analizar los Títulos preliminar y primero de la misma– entra decididamente en ambas cuestiones. La regulación constitucional ofrece, pues, un asidero para la concreción del contenido sustantivo del principio social, en los siguientes términos:

–Aunque el texto fundamental no se pronuncie en favor de un concreto modelo económico, no es dudoso que la interpretación sistemática de ios artículos 38, 128 y 131 ofrece un esquema de límites jurídicos objetivos y determinables que acotan el poder de configuración social del legislador.

En efecto, la Constitución excluye la socialización o estatalización de la economía, toda vez que sólo autoriza la reserva al Estado (en régimen o no de monopolio) de los recursos o servicios esenciales (la esencialidad podrá ser un concepto interpretable, pero con toda evidencia impide no ya la extensión de la reserva a la totalidad de los recursos o servicios, sino incluso la mayoría, en tanto que aquel concepto implica la existencia de recursos o servicios no esenciales y el carácter restrictivo de los que sí lo son por su relevancia). De este modo y con independencia de la posible participación privada en la gestión de los servicios esenciales, el ámbito externo a éstos aparece presidido por la libertad de empresa. Esta, a su vez, se halla ciertamente sujeta a las exigencias del interés general –concretadas a través de la política económica o de la planificación–, pero protegida constitucionalmente en su núcleo esencial. Esta última protección constituye, de otro lado, un obstáculo último a la expansión ilimitada a la iniciativa pública –en competencia con la privada– en el campo económico, pues en ningún caso deberá comportar el sofocamiento de hecho de la libertad de empresa.

Interesa destacar que esta "ambigüedad" del orden económico constitucional no puede interpretarse, como de común se hace, en términos de impedimento a la concreción del principio social, una deficiencia constitucional por incapacidad de alcanzar la definición última del nuevo Estado. Por el contrario, ella es justamente la consecuencia por excelencia del principio social, que demanda ciertamente la intervención social del Estado, pero desde el convencimiento de la historicidad de las soluciones y conquistas en este terreno y, en definitiva, de la dependencia de éstas, no sólo de la evolución ideológica y política, sino económica y científico-tecnológica. Al Estado social es consustancial, por tanto, la esencial adaptabilidad del orden económico a las circunstancias de cada momento, si bien dentro de un marco de referencia infranqueable y constituido en la forma expuesta; marco que –importa precisarlo– es reflejo del sistema axiológico último de la Constitución: la dignidad de la persona, fruto de la justicia en tanto síntesis de la libertad y la igualdad.

Desde esta perspectiva adquiere su verdadero sentido la objeción que en Alemania se opone a la construcción como derechos de los objetivos sociales del Estado: la dependencia de las disponibilidades económicas de éste. El principio social, aunque fundado en un valor absoluto (la dignidad de la persona) como el orden constitucional entero, implica una pretensión de realización del mismo no inmediata y plena, sino relativa e históricamente factible. La razón es bien sencilla: suponiendo el principio social la implicación o responsabilidad estatal en la vida social y siendo el Estado sólo autoorganización de la sociedad para la resolución de sus problemas, contradicciones y conflictos, resulta obvio que la responsabilidad del Estado derivada del principio social no puede sobrepasar la capacidad misma de la sociedad de la que el Estado forma parte. Lo que no impide, sin embargo, que su validez y eficacia jurídicas sean constantes y determinadas, a saber, las referibles a la exigencia de la mayor igualdad real y efectiva de los ciudadanos posible en cada momento, en atención a los condicionantes y circunstancias propios del mismo (dejando por ahora de lado la cuestión de si este relativismo autoriza verdaderas regresiones en las conquistas sociales alcanzadas o sólo estancamiento en una evolución lineal siempre en el sentido del progreso).

En todo caso, esa relatividad de la pretensión constitutiva del principio social explica la falta de precisión, en el nivel constitucional, del modelo económico y el distinto tratamiento en el mismo de los derechos de libertad, los derechos de contenido patrimonial y los derechos de contenido social. El modelo económico y los derechos de contenido social quedan entregados por entero, por lo que hace a la precisa configuración de los mismos, al legislador ordinario, en tanto que instancia de representación democrática idónea –a través de los principios democrático y del pluralismo político y mediante la formalización de las correspondientes decisiones– para actualizar el marco constitucional con la legitimación que le es propia.

–No obstante, y esto es decisivo, esa remisión al legislador ordinario no se produce en blanco. La Constitución establece, en su Capítulo III del Título I, unos principios rectores de la política económica y social, que juegan –cada uno en sus propios términos y según se especifica modulación constitucional– como criterios materiales vinculantes para el legislador o, en su caso, la Administración. El ejercicio, pues, de las potestades de configuración social ha de atenerse a dichos criterios.

Como es obvio, no es posible entrar aquí en el análisis pormenorizado del contenido propio de cada uno de los principios aludidos. Interesa de ellos sólo su eficacia común determinadora del mandato o deber de actuación positiva (promoción de condiciones, remoción de obstáculos) que el principio de Estado social comporta. Esa determinación no es una conclusión interpretativa más o menos fundamentada, es un efecto perfecto y expresamente previsto por la Constitución en su artículo 53.2, de que resulta que se produce en un doble plano:

a) En primer término, operando directamente como tales preceptos constitucionales sobre el proceso de desarrollo o aplicación del texto constitucional; efecto directo que se manifiesta en la información de dicho proceso en términos de reconocimiento, respeto y protección de los principios rectores de la política económica y social.

Todo nuevo acto legislativo ha de responder, ser conforme con estos principios como condición misma para su validez. De esta forma, el juicio de constitucionalidad de una norma legal por razón del principio de Estado social encuentra una medida de referencia mucho más completa que la aportada por la mera enunciación y diseño general del principio en los artículos 1.1 y 9.2 de la norma fundamental. Pero, además, el ordenamiento infraconstitucional ya existente ha de interpretarse necesariamente en el sentido más favorable a los principios en cuestión.

Por su parte, la actuación no normativa ha de ajustarse asimismo a dichos principios como condición para su validez.

Aun siendo importantes estas consecuencias, no puede dejar de admitirse su carácter primario. Es obvio el amplio margen de apreciación, de discrecionalidad política que al legislador postconstitucional resta aún, no obstante la fijación de los principios comentados. De todas formas, conviene llamar la atención sobre el hecho de que ese margen de valoración y decisión puede tener y de hecho tiene diversa amplitud, en directa dependencia de la regulación constitucional (así, cuando ésta va más allá del plano principial para establecer –como en el caso de la Seguridad Social: artículos 41 y 129– verdaderas garantías institucionales, lo que comporta la aplicación al caso de la técnica de protección institucional correspondiente, conforme a la propia jurisprudencia constitucional: Sentencia de 26 de julio de 1981). Y por su mismo carácter principial, éstos sólo ofrecen un mecanismo muy impreciso de control de la actuación no normativa de los poderes públicos y, en especial, de la acción administrativa.

b) En segundo lugar, y este es el momento decisivo, actuando por intermedio de la legislación promulgada en su desarrollo. El efecto directo desde la Constitución tiene una doble dimensión: de un lado, el deber positivo del

Estado de hacer efectivos los principios y, de otro, la conformación sustantiva (en los términos expuestos) de las medidas estatales de cumplimiento. Pues bien, esa doble dimensión supone que la legislación promulgada en desarrollo de la Constitución (supuesta su conformidad a la misma) concreta y cristaliza, en tanto esté vigente, el principio de Estado social en la materia correspondiente; cristalización de la que se deducirán las correspondientes consecuencias jurídicas y, en concreto, la tutela judicial efectiva de las mismas en cuanto comporten derechos para los ciudadanos.

La consolidación de derechos en los ciudadanos deberá producirse siempre que ésta venga prefigurada por la regulación constitucional correspondiente y, desde luego cuando se trate del establecimiento de servicios y prestaciones estatales.

Es obvio que la naturaleza y el alcance del principio del Estado social así explicitados presuponen –en tanto que exigentes, en aras a la pretensión de la máxima igualdad posible, de una redistribución de los bienes materiales y culturales– una incidencia más o menos directa, más o menos intensa sobre los derechos patrimoniales e, incluso, sobre los derechos de libertad igualmente garantizados por la Constitución; circunstancia esta en la que se ha visto una de las manifestaciones más claras de la contradicción constitucional inherente a la simultánea proclamación del Estado como social y de Derecho. Sin embargo, como creemos que han acreditado convincentemente nuestros anteriores discursos sobre el contenido, la estructura y el alcance del principio del Estado de Derecho en ella, los derechos fundamentales en estricto sentido y los simples derechos constitucionalmente reconocidos a los ciudadanos, aparecen en nuestro texto fundamental expresamente sujetos a la que pudiera calificarse de "vinculación social". Pues tanto estos derechos como los principios de la política social y económica se nutren de un mismo suelo axiológico: la dignidad de la persona (Art. 10.1), de modo que el valor libertad predominante en los primeros debe entenderse como libertad solidaria socialmente o libertad en igualdad, como hace presente el encabezamiento del propio Capítulo de derechos y libertades con el principio de igualdad (Art. 14). Consecuentemente, no existe tal supuesta antinomia radical e insuperable entre los principios de Estado de Derecho y de Estado social, tal como los recoge y conforma la Constitución. Pues ambos han de actuar y de hacer efectivas sus exigencias propias y diferenciables desde, sobre y en un mismo sistema fundamental de valores (presidido por la dignidad de la persona), que determina la superación de su tensión recíproca en una superior unidad.

Cual sea en concreto ese sistema fundamental de valores capaz de inducir a unidad armoniosa la tensión inmanente a los principios estructurales básicos examinados, resulta de la reinterpretación a partir del fundamento último del orden político y de la paz social (es decir, del orden material o sustantivo constitucional): la dignidad de la persona, de los principios o valores superiores del ordenamiento, derivados de aquellos estructurales –libertad, justicia, igualdad y pluralismo político (art. 1.1)– y de los principios técnicos en que éstos, a su vez, se traducen (art. 9).

Es claro, por de pronto, que los valores superiores se corresponden en principio con las notas características del Estado (Estado democrático-pluralismo político; Estado de Derecho-libertad; Estado social-igualdad), salvo el de la justicia (que es neutro desde esta perspectiva), así como que todos esos valores tienen idéntico rango y validez. Su diferencia no es de carácter jurídico, sino metajurídico (resultante de la dificultad material o real de su efectiva materialización).

Todos esos valores deben operar conjuntamente, pues, y a través de sus principios técnicos (los del artículo 9°), al servicio de la realización del proyecto constitucional de orden político y paz social, es decir, encuentran su justificación y legitimidad en la consecución de la dignidad de la persona. Pero si ésta resume el orden ideal de convivencia social a que se aspira, quiere decir que encierra y expresa también el ideal de justicia del orden constituido.

La conclusión que se extrae no es otra que la de la complementa-riedad de los valores superiores expresados en el artículo 1.1. y, por tanto, de los principios estructurales correspondientes. El Estado democrático y social de Derecho representa, pues, la aspiración de la consecución de una sociedad justa (entendida como sociedad montada sobre la dignidad de la persona concebida como ser integral y social), es decir, de la justicia social como valor resultante de la libertad en la igualdad, habilitando y aún exigiendo para ello a los órganos estatales una actuación positiva de configuración social con vistas a la igualdad, pero desde el respeto a la libertad y en el contexto del pluralismo político o, dicho de otro modo, sin renunciar al orden material de las libertades públicas y de los derechos de los ciudadanos y a través y por el intermedio de las decisiones públicas legítimas por democráticamente establecidas en el marco de las exigencias del Estado de Derecho. Cobra así todo su verdadero sentido no sólo el orden estructural básico contenido en el Título preliminar de la Constitución, sino especialmente el orden dogmático material del Título I (estudiado en su contenido y articulación más arriba), que no es otro sino el de garantizar la primacía del interés general o público sobre el particular o privado, según el grado de contradicción entre uno y otro medido en función del sistema axiológico constitucional y de la realización de éste en el orden social dado: máxima disponibilidad por el Estado de los bienes más alejados de los propios de la personalidad (lo que se corresponde con una mayor distancia entre la realidad social efectiva y el valor constitucional último de la libertad en la igualdad) y mínima en los inherentes a la persona.

La conclusión alcanzada supone, desde el principio del Estado social, que el *novum* del actual Estado radica en su vinculación indisociable con el valor de la justicia social, es decir, en la permanente responsabilización al Estado con la tarea de crear y asegurar en cada momento las mayores cotas posibles de libertad en la igualdad, en definitiva, con el progreso social según el proyecto-programa (ciertamente abierto, pero suficientemente preciso) contenido en la Constitución. Por ello mismo, los principios democráticos y de Estado de Derecho adquieren una nueva coloración. La legitimación como producto del principio democrático no resulta ya sólo del simple valor de las reglas propias del sistema democrático, sino, además, de la capacidad de éste para servir al efectivo cumplimiento de la tarea estatal. Y el principio de Estado de Derecho deja de ser un valor en sí mismo, un complejo de técnicas para entrabar al Estado desde la desconfianza del ciudadano y de la sociedad en sus excesos, para transformarse en la pauta de comportamiento del nuevo Estado.

227

La medida primaria de legitimidad en el Estado democrático y social de Derecho es, pues, y ello interesa sobremanera resaltarlo, su capacidad para resolver los problemas y conflictos sociales desde la perspectiva de la justicia social inspirada por la dignidad de la persona, es decir, su capacidad para cumplir su fin de instancia de ordenación social, de servicio efectivo a la sociedad (de la que no es el Estado más que una manifestación en régimen de autoorganización institucionalizada).

Es aquí realmente donde surge la contradicción entre los principios de Estado social y de Estado de Derecho y no tanto por antinomia real entre los mismos, cuanto por la ausencia de una reelaboración de las categorías propias del último. Porque, por lo dicho, la organización y las formas de actuación del Estado deben estar en función de su nueva configuración, de los nuevos principios estructurales que lo alimentan. Esa organización y esas formas de actuación en modo alguno pueden erigirse en remoras u obstáculos al cumplimiento de su misión. Y sin embargo, ello es lo que viene sucediendo, toda vez que las mismas continúan produciéndose con arreglo a ideas y categorías históricamente rebasadas, pero aún vigentes por arrastre histórico fuera del contexto en que tuvieron justificación. Falta, por completo, una teoría organizativa y de funcionamiento del nuevo Estado, con las consecuencias que de ello se siguen. Es aquí, con toda segundad, donde se sitúa el origen y la causa de los síntomas detectados como propios de una crisis del Derecho Administrativo. Pues, como es obvio, el sentido del nuevo Estado tiene una evidente y decisiva repercusión sobre la Administración y su actividad propia, que aparecen como primariamente vinculadas a la tarea social del Estado. Y ha de tenerse en cuenta que –como señala K. Hesse–[37] la creación y distribución de competencias y funciones constituyen el presupuesto mismo de la actividad estatal y, por tanto, de la eficacia de ésta y, en último término, de la legitimidad del Estado que depende de estos factores.

**3.**   La inadecuación de las fórmulas organizativas y de funcionamiento del Estado a las exigencias del Estado democrático y social de Derecho; la precisión de su construcción adecuada a éstas como tarea del Derecho público

Si bien la consagración expresa constitucional del principio del Estado social, al coincidir la misma con una evolución real de los fines del Estado, ha llevado a la aceptación generalizada –con independencia de las dificultades de su precisión técnica– de las consecuencias materiales o sustantivas de dicha consagración, no sucede otro tanto en el plano de la organización y del funcionamiento estatales. Aquí, aparentemente, los textos constitucionales siguen estableciendo el modelo tradicional (el Estado liberal de Derecho) y, por tanto, continúan aceptándose y aplicándose las categorías propias de dicho modelo. Todo lo más, cuando la realidad de las cosas pone de evidencia la obsolescencia de dichas categorías (por ejemplo, en los fenómenos de la planificación, de las Leyes-medida, del concierto entre la actividad pública y la privada), el esfuerzo se ha dirigido a comprobar e identificar las desviaciones

---

37    K. Hesse: *op. cit.*, pp. 77 y 78.

y a explicarlas, pero intentándolas reconducir al esquema vigente o, cuando menos, a teorizarlas desde el mismo. En ningún momento se ha extendido ese esfuerzo a poner en cuestión por completo, como parece necesario, el cuadro de ideas y conceptos tradicionales, para reconstruirlo en función de las exigencias actuales.

Esta situación es reconducible con toda seguridad al hecho de que el principio de Estado de Derecho es el más antiguo y de mayor tradición entre los que estructuran la actual organización estatal y, por tanto, el más depurado y concreto técnicamente. No obstante y, como es obvio, no se trata de un principio estático, de contenido suprahistórico, habiendo experimentado notables variaciones en su alcance a lo largo de la historia.

En su consagración actual, la doctrina iuspublicista alemana entiende que este principio constitucional se compone de los siguientes elementos:[38]

–Primacía del Derecho, que comporta los principios de superioridad de la Constitución sobre cualquier otro acto estatal, superioridad de la ley sobre cualquier otro acto normativo de los poderes públicos y reserva a la ley de determinadas materias.

–División de los poderes del Estado.

–Principio de legalidad de la Administración.

–Tutela judicial por Tribunales independientes.

–Principio de seguridad jurídica.

–Vigencia de los derechos fundamentales para la protección de la libertad individual.

De estos elementos, los básicos en el orden organizativo y que aquí, por tanto, nos interesan prioritariamente son los de división de poderes, legalidad de la Administración y tutela judicial por Tribunales independientes, de los cuales –a su vez– el fundamental es el primero, en el que –por tanto– centraremos nuestra atención.

## A.  El principio de división de poderes y su problemática actual

Como señala K. Meier[39] la teoría de la división de poderes, tal como ha sido dogmatizada, ha ejercido y continúa ejerciendo una influencia decisiva, sin parangón con otra alguna, sobre el Derecho y la política constitucionales. Todas las Constituciones de las democracias occidentales están en el ámbito de esa influencia. Así es desde luego en el caso de la Constitución española conforme a la cual las Cortes Generales ejercen *la potestad legislativa y* controlan la acción del gobierno (art. 66.2), el gobierno dirige la política interior y exterior y la Administración del Estado y ejerce *la función ejecutiva* y la potestad reglamentaria (art. 97), y el ejercicio de *la potestad jurisdiccional* corresponde a los jueces y magistrados integrantes del *Poder Judicial*. Resulta, pues, claro que nuestro texto fundamental, al igual que las Constituciones de nuestra misma

---

38    En este sentido J. M. Mössner: *op. cit.*, p. 104; y K. Hesse: *op. cit.*, pp. 79 y ss.

39    K. Meier: *Kooperation von Legislative und Erekutive bei der Rechtssetzung im Bunde*. Ed. Helbing & Lichtenhahn, Basel y Stuttgart, 1979, p. 79.

área política y cultural, parte de y consagra –no obstante su formulación novedosa del Estado como democrático, social y Derecho– el clásico principio de la división tripartita del poder estatal.

Este hecho, si bien debería en principio llamar la atención (por la aparente incongruencia entre lo avanzado de la parte estructural y dogmática, de un lado, y lo clásico y tradicional de la organizativa, de otro), es normalmente aceptado como algo natural e, incluso, consustancial con una Constitución que pueda reputarse de democrática. Más aún, el principio de la división de poderes es aceptado, manejado y aplicado no según su específica y positiva regulación constitucional, sino según su teorización dogmática, única definidora de su verdadero contenido y alcance. Para Alemania, así lo pone de relieve K. Hesse,[40] quien destaca que en los preceptos de la vigente Grundgesetz no existe apoyo suficiente para el dogma en cuestión en su versión generalizada y aceptada. En efecto, mientras el artículo 20.2 de dicha norma fundamental se limita a disponer que "todo el poder del Estado emana del pueblo. Se ejerce por el pueblo en elecciones y votaciones y a través de órganos específicos de la legislación, del Poder Ejecutivo y de la jurisprudencia", la doctrina, la praxis y la jurisprudencia constitucionales alemanas entienden que el principio de división de poderes comporta: a) La diversificación del poder estatal entre poderes sustantivamente distintos y considerados como lógicamente dados; b) La correspondencia de esos tres poderes con otras tantas funciones materiales, asimismo dadas, distintas: legislación, ejecución y justicia, y c) La independencia de los poderes y la exclusividad de las funciones correspondientes a cada uno, con prohibición de la interferencia recíproca (división de poderes en sentido estricto) y control y limitación asimismo recíprocos (equilibrio de los poderes). Esta es la idea del principio vigente sin ninguna duda también en el Derecho español, a pesar de que en la Constitución de 1978 tampoco se contienen los elementos precisos para sostenerla: el art. 1.2 habla de poderes del Estado en general, reconduciendo su titularidad al pueblo, residencia de la soberanía nacional; el art. 66.2 se limita a atribuir a las Cortes Generales la potestad legislativa, añadiendo a la misma el control del gobierno y "las demás competencias que les atribuya la Constitución"; el art. 97 se circunscribe a conferir al gobierno la función ejecutiva, pero también la dirección de la política del Estado y de la Administración y la potestad reglamentaria; y sólo el art. 117, al establecer la potestad jurisdiccional, determina su exclusividad e independencia.

La explicación para esa disociación entre regulación constitucional y realidad constitucional radica en la fuerza y arraigo del dogma de la división de poderes, tal como éste cristalizó definitivamente a finales del siglo xrx y comienzos del presente, es decir, en el período histórico de predominio de la ideología política liberal-individualista; ideología que propugnaba un máximo de ámbito de libertad del ciudadano y la consiguiente restricción del poder estatal. El principio sirve precisamente a este fin de la limitación del poder en beneficio del individuo."[41] Esta cristalización dogmática del prin-

---

40 K. Hesse: *op. cit.*, pp. 194 y 195.
41 En este sentido Loewenstein: *Verfassungslehre*. Tübingen, 1959, p. 33.

cipio, como agudamente ha advertido K. Hesse,[42] supone una perversión de su mismo origen, puesto que en las formulaciones iniciales de Locke, Montesquieu o The Federalist, se trataba simplemente de arbitrios instrumentales –elaborados en función de una concreta situación histórica– con la pretensión de encuadrar las fuerzas políticas reales y su juego efectivo en un orden garante de la libertad. En el dogma la historicidad y el carácter instrumental se pierden, produciendo una sustantivación que formaliza el poder legislativo como legislación o normación y el judicial como actividad lógico-mecánica de aplicación de ésta al caso concreto y que postula validez suprahistórica. Y el dogma ha adquirido tal consistencia, que pervive incluso hoy a pesar de las profundas transformaciones que han tenido lugar. Más aún, la evolución histórica y las inevitables "infracciones" al principio en que han debido incurrir las Constituciones por razón de las exigencias sobrevenidas, lejos de quebrar esa consistencia, ha comportado una mayor formalización del principio. Este proceso se hace visible en el principal apartamiento constitucional del principio ortodoxo: la progresiva apropiación por los órganos titulares típicos de los diferentes poderes –junto a su función principal– de otras complementarias o accesorias a la misma; proceso que ha conducido al entendimiento de la división, no ya desde el criterio de la exclusividad de las funciones, sino desde el de la mera asunción de las funciones formales del órgano correspondiente. En palabras de K. Meier,[43] el principio se entiende cumplido hoy con tal que ningún órgano se inmiscuya en o interfiera *la forma típica de la actividad propia de otro.*

Frente a este estado de cosas ha reaccionado, en Alemania, la doctrina. Así, por todos K. Hesse[44] afirma que, al igual que en el origen mismo del dogma de la división de poderes, hoy esta división es inseparable del orden estatal histórico concreto y de sus presupuestos. Su configuración resulta del texto de la Constitución y no es, en definitiva, más que un principio constitucional sobre cuyo contenido no decide un dogma abstracto, sino su materialización normativa positiva. Por tanto, la correcta inteligencia del principio exige la ruptura con su imagen tradicional recibida, puesto que ésta no ve en él más que un medio para la limitación y restricción de un poder originario y único que ha de ser reducido a través de su fragmentación, división y controles recíprocos en beneficio de la libertad individual, siendo así que en la actualidad tanto el poder estatal como su presupuesto –la unidad política– no son realidades previas dadas, sino creadas y mantenidas por un proceso organizado de cooperación humana. Consecuentemente, en este proceso ordenado por la Constitución, la función del principio de división de poderes –en cuanto principio constitucional– no puede consistir en una ulterior y puramente negativa limitación del poder estatal. Su objeto debe encontrarse más bien en el diseño positivo de un orden cooperativo, que instituye los diferentes poderes, determina su ámbito y su actuación y colaboración recíprocas para conducir finalmente a la unidad del poder –ciertamente limitado– del Estado.

---

42    K. Hesse: *op. cit.*, p. 196.

43    K. Meier: *op. cit.*, p. 81.

44    K. Hesse: *op. cit.*, pp. 196 y ss.

La nueva posición doctrinal coloca el tratamiento del principio de división de poderes en sus justos términos, al destacar su carácter de verdadero presupuesto –como toda cuestión organizativa– de la correcta articulación de las funciones estatales y distribución entre los diferentes elementos del aparato orgánico estatal, es decir, en definitiva, de la adecuación del Estado para cumplir sus propios fines.

Esta es cabalmente la perspectiva decisiva desde la óptica del principio del Estado social, puesto que, consistiendo la esencia de éste en el deber del Estado de producir, por actuación positiva, un determinado resultado de configuración de las condiciones sociales, la realización misma del Estado social de Derecho depende de que se den los presupuestos organizativos (articulación de funciones y potestades, distribución de competencias) y de funcionamiento (configuración de los medios y formas de la acción estatal en razón a los fines a cumplir) precisos y adecuados. Quiere decirse, pues, que la efectividad del nuevo Estado depende en gran medida de la concreción del principio de separación de poderes conforme a las exigencias básicas del mismo. Procede, por tanto, analizar por separado cada uno de los elementos propios de dicho principio.

### a. La sustantividad de la trilogía de poderes y el agotamiento en ellos de los estatales

El principio significa, por de pronto y en su versión tradicional aún imperante, sustantividad e independencia de los poderes (y de las correspondientes funciones materiales), en los que acaba la actividad del Estado. En esta significación hay –así debe advertirse inmediatamente– una confusión entre dos cuestiones distintas: una, la distribución orgánica del poder del Estado, que hace relación a un problema de poder real, de equilibrio y limitación del mismo y, en definitiva, de carácter político; otra, la articulación de los modos, técnicas o actividades del Estado para cumplir sus cometidos o tareas, que hace referencia a las formas de manifestación del poder estatal; formas que no tienen por qué coincidir cada una con un concreto poder en sentido orgánico (de modo que a cada uno de éstos pertenezca una sola como típica). De esta confusión deriva la identificación entre Parlamento, Poder Legislativo, legislación y ley en sentido formal, de una parte; gobierno, Poder Ejecutivo y función de ejecución de las leyes, de otra; y Poder Judicial, tribunales y jueces y aplicación de la ley al caso concreto, desde un tercer punto de vista.

Esta específica concepción de la organización del Estado y de su actividad es claramente tributaria de la ideología liberal, pues tiene como presupuesto una sociedad teóricamente homogénea, estable y separada del Estado, parte de la limitación de las actividades del Estado (circunscrito básicamente al establecimiento del marco de referencia –en términos de licitud e ilicitud– de la vida social) y sirve al fin de la limitación y embridamiento del poder del Estado en garantía de la independencia de dicha vida social y de los individuos (en su libertad y propiedad). En efecto, según ese modelo y simplificando sólo es precisa la definición del marco de la vida social (función que se cumple a través de una normativa general, abstracta y tendencialmente estable: la ley), la "policía" del mismo y, en su caso, la excepcional intervención estatal (función que corresponde a la ejecución de la ley) y la resolución de los litigios que surjan en el caso concreto (en el ámbito civil) o la sanción de las transgresiones del orden jurídico (en el ámbito penal), función que pertenece al orden judicial.

Pero es evidente que los presupuestos mismos de tal entendimiento del Estado han desaparecido, siendo sustituidos por una realidad social, económica y política en todo diferente: la sociedad ha dejado de ser, al menos teóricamente, homogénea, para ser –de hecho y de Derecho– pluralista y compleja en los intereses que la integran; el Estado ha perdido su posición de distanciamiento de la sociedad en favor de su integración en ella; los cometidos del Estado no son ya limitados, sino potencialmente ilimitados por su confusión con los fines y las necesidades y aspiraciones sociales mismas; al Estado se le pide ahora no tanto no injerencia y garantía de las libertades formales, cuanto intervención, actuación y positiva conformación de las condiciones sociales como presupuesto de la libertad real. En estas condiciones, los tópicos sobre los que se asienta la versión tradicional del principio de división de poderes quiebran, porque:

1. En primer término, pasa a quedar claro que las funciones, los cometidos del Estado no son algo dado, resultante de un principio inmanente o inmutable a toda articulación estatal, sino más sencilla y desmitificadamente obra, resultado de decisiones constitutivas del Estado y en razón a los fines que éste deba cumplir.

En el actual Estado, cuyo acento radica en la intervención sobre el tejido social para la satisfacción de determinados valores y, por tanto, producción de determinados resultados y que, consecuentemente, precisa de una explicación profunda, de un lado, de la totalidad, continuidad y permanencia de su actividad, y, de otro, de superación de la complejidad interna de ésta en su servicialidad global a los mismos fines, pronto se pone de manifiesto que dicha actividad no se justifica adecuadamente desde la división en poderes y funciones típicos, que no sólo evoca un funcionamiento fraccionado y sincopado del Estado, sino que coloca el acento más en el entrabamiento recíproco de aquéllos que en su adecuada funcionalidad. De ahí, que, por ejemplo, en Alemania Occidental, la doctrina más reciente cuestiona abiertamente el agotamiento de la actividad del Estado en los tres poderes-funciones clásicos, en el sentido de que éstos y sus manifestaciones típicas se corresponden exactamente con el campo de acción material del Estado. Así, por ejemplo, S. Magiera,[45] sobre la base –naturalmente– de una previa y detallada elaboración doctrinal de la cuestión, afirma y sostiene la existencia necesaria en el Estado de una función primaria: la de la planificación, determinación y ejecución globales y básicas de la organización, los fines y los cometidos, así como del orden jurídico del Estado. Se trata de una función que, teóricamente, comprendería incluso la fase fundacional constituyente del Estado. No obstante, es bien evidente que, una vez establecida la Constitución, ésta rige por completo todas las manifestaciones estatales, por lo que aquella función ha de entenderse en el marco y con fundamento en el texto constitucional. Lo característico de esta

---

45   Siegfried Magiera: *Parlament und Staatsleitung in der Verfassungsordnung des Grundgesetzes.* Ed. Duncker & Humboldt, Berlín, 1979, *in totum.*

función, inmanente por esencia al Estado en tanto que creación instrumental y servicial de la comunidad que institucionaliza, es que no es reductible sin más a uno de los poderes clásicos. Es más, el principio constitucional de la división de los poderes –exigente de la asignación de las tareas o funciones estatales a los correspondientes órganos de forma tanto diferenciada como equilibrada– impide el encuadramiento sin más de la función que nos ocupa – la *Staatsleitung*– bien en el Parlamento, bien en el Gobierno o en cualquier otro específico órgano constitucional. Antes al contrario, demanda –en tanto que la *Staatsleitung* no aparece expresamente regulada en la Constitución ni como función específica ni como competencia de un preciso órgano– su asignación en razón a un examen analítico de las funciones estatales y las competencias constitucionalmente atribuidas. Pues bien, este examen arroja como resultado que la *Staatsleitung* –como conjunto continuado y racional de decisiones básicas o fundamentales– constituye un cometido no aislable sustantivamente, sino identificable tan sólo como resultado de un proceso de colaboración o cooperación entre Parlamento y Gobierno o entre Poder Legislativo y Poder Ejecutivo, que son y deben ser hoy concebidos como órganos constitucionales no separados y antagónicos, sino complementarios (de ahí que algún sector de la doctrina alemana califique la *Staatsleitung* como *kombinierte Gewalt* –poder combinado– o *zur gesamten Hand* –poder en mano común–). Quiere decirse, que la decisión constitucional de la distribución o "división" orgánica del poder estatal supone, desde luego, una moderación o limitación de éste, pero no es en modo alguno sustantivable en términos de independización, dislocamiento y tensión entre éstos, sino necesariamente enmarcada en un imperativo de cooperación recíproca a la consecución de los fines estatales. La idea de cooperación entre los Poderes Legislativo y Ejecutivo aparece, en efecto y como veremos, destacada como básica en estudios monográficos recientes como el de K. Meier, cuyo título *Kooperation von Legislative und Exekutive bei der Rechtssetzung im Blinde*,[46] es significativo en razón a las características mismas del funcionamiento del Estado actual, en el que el Parlamento –por sus propias características– es incapaz de afrontar con eficacia el reto de ordenación de la sociedad industrial, adquiriendo el Gobierno un claro predominio en la iniciativa y la formulación de la política legislativa, pero –al propio tiempo– la acción estatal precisa constitucionalmente en gran medida de la cobertura de la ley en sentido formal, de modo que la legislación constituye una pieza capital y necesaria del Estado social; en definitiva, en el que la gobernación del Estado es, en indisoluble unión, legislación, ejecución y administración.

Esta crítica a la transformación del principio de división de poderes de simple medio instrumental de la distribución de éstos (en su origen exclusivamente para la limitación del Estado frente al individuo y hoy para, además, la adecuada articulación de éste) en fin en sí mismo, es tanto más pertinente hoy en los Estados descentralizados, como lo es el español. Pues en ellos, a la división vertical de los poderes estatales se suma la división horizontal de los mismos por niveles territoriales (reproduciéndose, en los de contenido político y en el seno de los mismos, la división vertical). Pues existe el peligro radical de que esa división horizontal adquiera por contagio la perversión experimentada por la vertical, lo que entre nosotros ha dejado de ser una mera

---

46    K. Meier: *op. cit.*

posibilidad, como lo demuestra el debate jurídico y político en torno a la distribución constitucional de competencias entre el Estado y las Comunidades Autónomas, cuya importancia y profundidad se revelan en el tormentoso *iter* del proyecto de Ley Orgánica para la Armonización del Proceso Autonómico. Los riesgos inherentes a la división horizontal o territorial del poder estatal, especialmente por lo que hace a la capacidad de la organización política en su conjunto para afrontar y resolver con eficacia sus cometidos propios, han abocado igualmente al hallazgo de la fórmula cooperativa como técnica de en samblaje o coordinación entre las diversas instancias territoriales.[47]

En nuestra Constitución y a despecho del manejo del principio de división de poderes de forma tópica, están todas las bases para una interpretación del mismo conforme a las exigencias del Estado social y democrático de Derecho, pues:

a) Salvo para el Poder Judicial (lo que encuentra su justificación en la naturaleza misma de dicho poder), no se caracterizan los Poderes Legislativos y Ejecutivo por las notas de separación radical e independencia recíproca total, según hemos ya comprobado.

b) Se contienen expresas prescripciones –directamente recondu-cibles al principio del Estado social– en orden a la exigencia de funcionamiento coherente y racional, es decir, cooperativo de los poderes estatales en razón a los fines últimos justificativos de los mismos. Con carácter general, esa exigencia aparece en el artículo 9.2 y, en relación con específicos objetivos y de forma más palmaria, en los artículos 45 (medio ambiente adecuado, racionalidad de la utilización de los recursos naturales) y 47 (regulación de la utilización del suelo de acuerdo con el interés general). Pero donde se hace más intensa, por razones obvias, es en el plano administrativo, al disponer la actuación de la Administración Pública (es decir, del conjunto total de entes administrativos) de acuerdo con los principios, entre otros, de *eficacia y coordinación*.

c) Se diseña la Jefatura del Estado desde la preocupación de *la permanencia y el funcionamiento regular* de las instituciones. Normalmente ese diseño es, en el ámbito político pero también en el doctrinal, objeto de críticas, por entender que deja la posición y funcionalidad constitucionales de la más alta magistratura de la nación en una gran ambigüedad y, en todo caso, magra en contenidos competenciales concretos. Esta crítica no parece, desde la perspectiva que nos ocupa, enteramente justificada. Cierto que las funciones y las competencias que se le asignan carecen de un contenido de poder efectivo y perfiles perfectamente definidos, pero no lo es menos –y en este aspecto no se ha hecho suficiente hincapié– que ello obedece a la específica articulación de la Corona como compendio último del poder del Estado, política y jurídicamente necesariamente distribuido. Así resulta:

–De su papel como símbolo de la unidad y permanencia del Estado (art. 56.1).

---

47    Sobre la evolución de la técnica cooperativa en los Estados descentralizados, *V.* la obra colectiva: *La distribución de las competencias económicas entre el poder central y las autonomías territoriales en el Derecho comparado y en la Constitución española*, dirigida por E. García de Enterría, Ed. Instituto de Estudios Económicos, Madrid, 1980.

La función de encarnación de la unidad debe ponerse en relación con el principio estructural básico del artículo 2° (al que se corresponde el artículo 1.1 la nación se organiza en *un* Estado, sólo que compuesto) y, por tanto, con la división territorial del poder estatal. De este modo, la Corona hace visible que esa división responde ciertamente a unas realidades asumidas constitucionalmente, pero que ha de moverse necesariamente en el marco y al servicio de la superior unidad. La función de representación de la permanencia tiene que ver con la discontinuidad en el ejercicio de los poderes clásicos (al menos en el Legislativo y el Ejecutivo) que se produce como consecuencia de la propia organización de éstos, pero que no debe afectar a la permanencia de la organización estatal.

–De su cometido de arbitraje y moderación del funcionamiento regular de las instituciones, que revela hasta qué punto el legislador constitucional ha sido consciente de que la división de poderes comporta el riesgo de la sustantivación de éstos en detrimento del funcionamiento coherente del Estado para el cumplimiento de sus fines propios. Evidentemente, se trata de un cometido sólo enunciado y no precisado en sus medios y límites, pero que constitucionalmente aparece establecido en los mismos términos de concreción que las funciones propias de los poderes clásicos. Consecuentemente, de ello no puede seguirse una debilidad o inconsistencia del que ahora nos ocupa, que únicamente podrían justificarse en la novedad de la nueva función. Con todo, esta misma novedad y desde luego los peligros que encierra la propia función de arbitraje y moderación, exigen una interpretación más que cautelosa y restrictiva de la misma. Ello no impide, sin embargo, su plena validez y vigor como principio constitucional claramente evidenciador de la instrumentalidad de la división de poderes y, por tanto, su servicialidad para con respecto al valor superior, que aquí se expresa, del funcionamiento coordinado y cooperativo de los mismos.

2. En segundo lugar, la realidad social, económica y política actuales pone de evidencia que la compensación y control recíprocos de las fuerzas reales ya no puede articularse a través de la división clásica de los poderes. Esta tradujo a términos políticos la realidad del momento histórico en que se formuló: una sociedad homogénea (la burguesa, que era la que contaba políticamente), que era la representada en sus intereses en el Parlamento y el gobierno, por lo que el equilibrio y el contrapeso podían producirse mediante el debate parlamentario y el control de la asamblea sobre el ejecutivo; todo ello, a su vez, sobre la base de una centralización del poder político.

Esa realidad ha variado radicalmente. Por de pronto, ha desaparecido la centralización política, produciéndose una división horizontal del poder político. A ello se añade que la sociedad misma se ha hecho compleja y pluralista, coexistiendo en ella –sobre la base del principio democrático– ideologías e intereses diversos. Finalmente, ha habido una evolución socieconómica, que ha trastornado radicalmente el esquema de las relaciones Estado-sociedad-individuo y los cometidos del primero.

En razón a esa nueva realidad, la tradicional división de poderes no es ya capaz de traducir el esquema real de fuerzas operantes: en el plano político, los partidos, verdaderas piezas maestras del poder de este carácter, que no necesariamente juegan sólo en el seno de las instituciones de ejercicio de dicho poder; en el plano social y económico: los sindicatos, las organizaciones patronales, las organizaciones corporativas, los grupos de intereses, los medios de comunicación. De ahí que H. Frohn[48] haya señalado que:

La vieja máxima "le pouvoir arrete le pouvoir" ha de entenderse hoy, naturalmente en el contexto del sistema parlamentario, no en términos de una división horizontal del poder, sino de una división vertical del poder entre los diversos grupos sociales, que encuentran su expresión en el dualismo parlamentario mayoría-minoría. Porque, en efecto, ya no es posible sostener que el Parlamento como tal ejerza un control sobre el ejecutivo. Si éste –a través del partido que lo sostiene– cuenta con mayoría suficiente en aquél, esa clásica función de control resulta fallida: hoy existe una identidad entre Gobierno y mayoría parlamentaria. Por ello, el control parlamentario ha de concebirse más bien como interacción entre mayoría y minoría, en términos de consecución de la transparencia en la adopción de las decisiones e información pública sobre los procesos políticos, pudiendo describirse aquella interacción como la que se produce entre una mayoría cooperativa (con la minoría) y una minoría competitiva (con la mayoría).

La complejidad misma de la gobernación en la moderna sociedad comporta la obsolescencia del modelo tradicional Parlamento-órgano legislador, de un lado, y Gobierno-órgano ejecutivo (en su doble dimensión política y administrativa), de otro. La tradicional asignación de papeles o cometidos se ha visto desbordada por la realidad misma de las cosas.

La mayor idoneidad del Gobierno (por sus características de composición y funcionamiento, la infraestructura de apoyo con que cuenta y su relación política con el Parlamento antes descrita) para resolver incluso las cuestiones que constitucionalmente precisan de una decisión (legislativa) parlamentaria, ha determinado el predominio del ejecutivo sobre el legislativo. Esta situación ha conducido, a su vez, a este último a intentar compensar esa desigualdad mediante el desarrollo de una capacidad propia para afrontar la problemática actual; intento que se produce por la doble vía de la creación de una infraestructura de apoyo propia (burocratización parlamentaria) y de la readaptación de la propia organización (transferencia de la capacidad de decisión a las comisiones en detrimento del órgano plenario). Quiere decirse, pues, que la tradicional tensión entre Gobierno y Parlamento se ve desdibujada, al superponérsele, cada vez con mayor intensidad, la no orgánica entre burocracia (en el sentido no peyorativo de estructura profesionalizada, dotada de capacidad técnica e informada) y política (en el sentido de actividad no profesional, no exigente de conocimientos específicos en la materia, atenida básicamente a valores o a condicionantes reales). La gobernación como función global se mueve más en el plano de esta tensión que en el de la puramente orgánica y tradicional entre Gobierno y Parlamento.

Quiere decirse, en último término y en palabras de Crick,[49] que "the most important actual function of Parliament does not (and normally should not)

---

48    Hans Georg Frohn: *Gesetzesbegriff und Gewaltenteilung*. Ed. Athenäum, Frankfurt am Main, 1981, pp. 68 y ss.

49    Bernard Crick: *The Reform of Parliament*. Londres, 1970, p. 238; citado por H. Frohn, *op. cit.*, p. 79.

consist in the thread of overthrowing the government or of passing, refusing or amending legislation but in the need, to put relevant facts fancies before the electorate which sits in judgement upon government. Parliament is the broker of ideas and information; the government must carry the risks and responsabilities" (La función actual más importante del Parlamento no consiste y normalmente no debe consistir en el propósito de derribar el gobierno o en la aprobación, el rechazo o la enmienda de leyes, sino en la necesidad de mostrar hechos e ideas ante el electorado en tanto que instancia de juicio sobre el gobierno. El Parlamento es el agente de las ideas y la información; el gobierno debe asumir los riesgos finales y la responsabilidad), de donde se sigue que la legitimación democrática de la gobernación (de la *Staatsleitung*, en definitiva), es decir, de la autorización de la toma de decisiones, se produce en el complejo institucional compuesto por Parlamento y Ejecutivo (Gobierno más Administración), en la medida en que las premisas de las decisiones se establezcan en la interacción (caracterizada por la participación y la transparencia) de los diversos elementos de la clásica división de poderes y sean reconducibles a titulares individualizados del proceso de formación de la voluntad política e imputables a los mismos. Lo que importa, por tanto, no es la independización orgánica y funcional de los poderes, sino su interacción en aras a la eficiencia del Estado sobre la base indispensable de la participación, la transparencia y la legitimación política de las decisiones por responsabilización de las mismas.

La conclusión que de todo lo dicho se extrae, según el propio H. Frohn,[50] es la de que la tradicional y clásica, es decir, dualista, cualitativa y horizontal división de poderes ha de ser entendida hoy como vertical, cuantitativa y policéntrico-monista: todo acto del Estado es acto conjunto del Legislativo y del Ejecutivo, en relación con el cual la influencia relativa de cada "poder" es susceptible de ser cuantificada por medio de modelos formales y que produce tensiones en el seno de las instituciones entre la cúspide y el aparato de la burocracia gubernamental y entre los primeros e intermedios bancos de los grupos parlamentarios (división vertical); tensión esta última en la que la función parlamentaria de control (constitucionalmente atribuida al Parlamento como tal) es ejercida por partes concretas de este último, sin que por ello se pierda el carácter colectivo de la decisión orgánica (división policéntrico-monista).

No obstante las profundas transformaciones descritas, requirentes de un sustancial cambio de óptica por lo que hace al principio de división de poderes, es bien cierto que éste –en la praxis constitucional-no ha tenido lugar, al menos en medida suficiente, siendo apreciables sólo balbuceantes intentos de acomodación de los poderes clásicos –en su organización y funcionamiento- a las exigencias del Estado actual. No se trata, sin embargo, de la precisión de una radical superación del viejo principio, sino más bien de reducirlo nuevamente a su condición instrumental de articulación equilibrada de los poderes (conforme a las condiciones reales de las fuerzas sociales, económicas y políticas) al servicio del funcionamiento coherente y eficaz del Estado social de Derecho, desmitificando su sustantivación hasta el punto de condicionar por entero la visión y la explicación de la vida y la actividad del Estado. En defini-

---

50    H. Frohn: *op. cit.*, p. 80.

tiva el objetivo ha de radicar, como ha señalado U. Scheuner,[51] en la necesidad de la formación de una superior unidad en la dirección del Estado, en tanto que el Derecho constitucional contempla numerosas acciones y decisiones a las que tienen que cooperar el Parlamento y el Gobierno, y, consecuentemente, en el imperativo de la superación del método positivista-constructivo en el Derecho público y de la liberación del encorsetador esquema legislación-ejecución de la ley.

### b. La identificación de los poderes en sentido orgánico con las funciones estatales y la formalización de éstas; sus consecuencias para el Derecho público

Como más arriba dijimos, la determinación de las funciones estatales es una cuestión pragmática (ligada a las características y fines del concreto Estado de que se trate), por lo que pueden configurarse esencialmente con entera libertad, mientras que el problema de la división del poder es distinto, tiene carácter político y alude a la necesidad de evitar la concentración de poder.

A pesar de esta diversidad entre ambas cuestiones, lo cierto es que se han involucrado y continúan imbricadas en la formulación tradicional del principio de división de poderes. En su origen, éste fue ciertamente tan solo un arbitrio para solventar –de acuerdo con las circunstancias y la relación de fuerzas del momento– el problema político de la concentración y el exceso de poder, pero pronto la trilogía de poderes pasó a explicarse en razón a las funciones de los mismos y más tarde (a la vista de la desviación de la realidad respecto al modelo: un poder-una función) con base en el núcleo de esas funciones y aun, incluso, exclusivamente en la forma típica de ejercicio de las mismas. Este proceso se cumplió con arreglo a la ideología liberal-burguesa: la limitación de la acción del Estado básicamente a la ordenación (en términos de lo ilícito y lo lícito, quedando en segundo plano toda idea de positiva incidencia configuradora de la sociedad) del autónomo desenvolvimiento de la vida social, comporta la idea de la primacía de la ley como garantía frente al Estado; la estabilidad misma de la sociedad burguesa de referencia –unido a lo anterior– permite la construcción de la ley como norma general, abstracta y de validez en principio permanente; la idea básica del diseño de la organización de la convivencia sobre la cláusula general de la libertad y la propiedad, determina el acotamiento de estas materias como reservas de ley (reservas concebidas en términos absolutos). En definitiva, el Estado liberal de Derecho había de procurar sus fines no tanto a través de la positiva actuación configuradora del Estado cuanto de la regulación de conductas y comportamientos de los individuos, lo que evidentemente abocaba al esquema fundamental (aún hoy vigente): regla general (equivalente primariamente a ley) –acto de aplicación– (es decir, ejecución de la ley). De ahí, la confusión entre Poder Legislativo en sentido orgánico o Parlamento con la función legislativa o, mejor, la ley (como forma de expresión estatal) y la contraposición al mismo del Poder Ejecutivo en sentido orgánico o gobierno, identificado –a su vez– con la función ejecuti-

---

51    U. Scheuner: "Der Bereich der Regierung", en *Festschrift Rudolf Smend*. Göttingen, 1952, pp. 262 y 285.

va o de aplicación de la ley. Aunque desde el principio esta última función no consistió únicamente en ejecución, sino también en normación (Reglamento), esta desviación del esquema fue soportable –en tanto que excepción– hasta que, con la eclosión de la sociedad industrial y las profundas transformaciones consecuentes a la misma, pasó a ser un fenómeno de primera magnitud.

Esta específica construcción está en la base de categorías jurídico-públicas fundamentales, tales como las contraposiciones entre normación y ejecución, ley en sentido formal y sentido material, acto político y acto jurídico-administrativo (o política y administración), así como la delimitación del campo jurídico-administrativo a partir y por debajo de la ley en sentido formal y la definición de los poderes de control, judiciales con arreglo a idéntica frontera.

Si bien esa construcción pudo ser adecuada al modelo liberal-burgués, lo cierto es que no puede decirse lo mismo respecto del Estado social de Derecho, porque éste descansa principalmente sobre el abandono de la premisa de la exclusión principal de toda actuación estatal positivamente configuradora y, por tanto, alteradora del *statu quo* social. Dicho Estado pone más bien el acento en esa función de consecución de determinados objetivos o fines directamente por el Estado. Supone este cambio que las formas de actuación del Estado tienen que articularse sobre la base de la definición de objetivos precisos, la concreción de los medios idóneos para llegar a alcanzarlos y la puesta en práctica de la actuación correspondiente. En otras palabras, el Estado social de Derecho precisa de instrumentos jurídicos-formales de expresión de su voluntad, distintos de los elaborados bajo el Estado liberal. Y, no obstante, la categorización positiva y dogmática de dichos instrumentos sigue anclada en el Estado liberal, lo que comporta evidentemente un serio lastre a la hora de configurar técnicamente y de legitimar los nuevos contenidos con viejos continentes.

A lo dicho se añade el dato de que la sociedad sobre la que tiene que actuar el actual Estado no es la sociedad teórica (caracterizada sobre las notas de homogeneidad y estabilidad) de la que parte el Estado liberal. Las profundas transformaciones científicas, tecnológicas, sociales y económicas y la imbricación internacional de los procesos de las distintas sociedades, han determinado un cuadro caracterizado por las notas de complejidad, particularidad y mutabilidad. El nuevo Estado ha de actuar no genéricamente, ni en base a un ideal abstracto de justicia, sino a partir de unas exigencias concretas y para conseguir una justicia adecuada a las mismas, adaptando las soluciones permanentemente a la evolución de las circunstancias.

Todos estos fenómenos (unidos al vertiginoso aumento de los cometidos estatales) han supuesto no sólo la forzosa aparición de nuevos medios, tipos o formas de acción del Estado, sino –y esto es decisivo– la aparición de procesos de decisión más adecuados a la realidad misma de los problemas a resolver y que aparecen al margen y en paralelo (en contradicción incluso) con el cuadro competencial y procedimental formalmente fijado. Así lo ha señalado claramente G. Müller.[52]

---

52　Georg Müller: *Inhalt und Formen der Rechtssetzung als Problem der demokratischen Kompeten-zordnung.* Ed. Helbing & Lkhtenhahn, Basel y Stuttgart, 1979, p. 4.

Im planenden, knkenden und leistenden Staat sind die herkom-
mlichtn Vorstellungen iiber den Inhalt der Rechtsetzungsformen
und die damit verknüpfte Verteilung der Regelungskompetenzen
auf die Organe der Rechtssetzung vollends ins Wanken geraten. .
. Die Kompetenzordnung wird unterlaufen und überspielt durch
ausserhalb der oder quer zur Rechtssetzung ablaufende Entschei-
dungsprozesse wie Planungen, vertragliche Vereinbarungen usw.
. .

(En el Estado planificador, director y prestador han entrado totalmente en crisis las ideas tradicionales sobre el contenido de las formas de normación y la distribución de competencias entre los órganos de normación a la misma conectada. . . El orden competencial
es defraudado y transgredido a través de procesos de decisión que
discurren por fuera o a través de la actividad de normación, tales
como los planes, los conciertos de naturaleza contractual, etc....).

Quiere decirse, pues, que el orden tradicional al que aún sigue anclado el
Derecho público y articulado sobre la identificación de formas y contenidos
en la normación y la dependencia de la misma de la distribución de competencias a lo largo de la organización estatal, ha quedado obsoleto y rebasado
por la misma realidad, que ya no responde al mismo y que, por ello, encuentra dificultades para producirse (ejemplo significativo lo constituye la planificación y el nebuloso mundo de la concertación).

Cierto que se ha producido una cierta adaptación de las categorías clásicas de la actuación estatal a la nueva situación, exponente de lo cual son las
figuras de las leyes-medida, las leyes coyunturales y las limitadas a concretas intervenciones, pero es bien evidente que este proceso de adaptación es
absolutamente insuficiente. Prueba de ello, en lo que aquí nos interesa, es la
permanencia de los esquemas clásicos del comportamiento y las formas de
actuación de la Administración.

La imagen de la Administración propia del Estado de Derecho, aún básicamente vigente, es la de la organización limitada al cumplimiento de unos
determinados fines con sometimiento pleno al Derecho, entendido éste como
proceso de aplicación o ejecución del bloque de la legalidad, es decir, como
ejecución (en amplio sentido) jurídica (objetiva) o apolítica de decisiones políticas transformadas en orden jurídico. Pero, como ha puesto de relieve R.
Wahl,[53] esa imagen ya no se corresponde con la actual, como consecuencia de
la asunción por la Administración de tareas de positiva configuración social.
Pues, en razón a tal cometido, la Administración participa activamente de una
forma intensa e importante en la fijación de objetivos y en la programación de
los medios para alcanzarlos, de forma que se habla ya de una auto-programa-
ción de la Administración ("Selbstprogramierung der Verwal-tung") y de una
"Administración política" ("politische Verwaltung"). Esta nueva dimensión
de lo administrativo pone también en cuestión la tradicional tripartición del

---

53    R. Wahl: "Rechtsfragen der Landesplanung und Landesentwicklung", Tomo I, titulado:
      *Das Planungssystem der Landesplanung; Grundlagen und Grundlinien.* Ed, Duncker & Hum-
      boldt, Berlín, 1978, p. 43.

poder político, pero no por la obsolescencia misma de ésta, sino por la sencilla razón de que el legislador ya no puede cumplir en los mismos términos iniciales su función de decisión general de los conflictos sociales, toda vez que éstos han dejado de ser cognoscibles y determinables de forma general y abstracta y ser resolubles de forma definitiva (tendencialmente de una vez y para siempre). La función de configuración social presupone la incidencia sobre circunstancias complejas y la decisión de conflictos, cuyas causas son múltiples y cuyos factores no son determinables y resolubles con carácter abstracto, sino a la vista y en función de una concreta solución.

La insuficiencia de las categorías tradicionales para encuadrar y explicar la nueva realidad administrativa se evidencia con especial claridad –tal como estudia R. Wahl– en el fenómeno de la planificación. Es lo cierto que aquí la Administración realiza o produce verdaderas decisiones políticas (en el sentido de poder de elección entre varias opciones igualmente legítimas) que no son explicables como ejercicio de una competencia a partir de conceptos jurídicos indeterminados (establecidos por el legislador y en los que se concretaría la conversión de la decisión política en regla jurídica), sino que se asemejan más bien a las decisiones que toma el legislador a partir de la Constitución. Acudiendo a un ejemplo concreto, sólo desde una perspectiva formal puede afirmarse que el poder de configuración y de decisión entre posibles opciones de que goza el legislador a la hora de establecer el régimen legal de una determinada institución a partir de la Constitución es más amplio o, mejor, distinto del que disfruta la Administración competente a la hora de establecer el contenido de un Plan de Ordenación Municipal. De otro lado, únicamente también desde un punto de vista formal puede afirmarse que la trascendencia para la configuración positiva del derecho de propiedad del suelo es mayor en la Ley sobre Régimen del Suelo y Ordenación Urbana que en el Plan concreto establecido para un territorio.

La permanencia de las categorías tradicionales obliga, sin embargo, a la construcción de la planificación por el intermedio de la ley formal, a los efectos de cumplir la exigencia de la reserva material de ley y para configurar el proceso planificador como un fenómeno de particularización objetiva del marco legal, es decir, para clasificar la planificación en una de las formas típicas de actuación administrativa (reglamento o acto), a pesar de que –por la misma fuerza de las cosas– la ley ha de actuar prácticamente como llave desbloqueadora de la actuación administrativa, como mecanismo formal habilitante que –desprovisto de toda regulación sustancial– remite las decisiones de fondo al plan.

El precedente *excursus* pone por sí mismo de relieve cómo se hace absolutamente necesario el replanteamiento de la dicotomía normación-ejecución, de los contenidos asignados a las diversas formas de normación y, consecuentemente, de la distribución de competencias normativas. Y ello, volviendo a poner de relieve la pura instrumentalidad de las funciones estatales y su condición positiva, libremente disponible por el orden jurídico y en modo alguno inmanente a la división de poderes en sentido orgánico (cuyo papel debe limitarse al fin político cíe la evitación de la concentración de poder).

Básicamente, el principal problema se reduce a una redefinición de lo que se entiende por normación y por ejecución, es decir, de la dicotomía tradicional entre la una y la otra. Porque ciertamente, no parece que pueda prescindirse de la misma, ya que las investigaciones más recientes han demostrado que se trata de funciones estatales sustantivamente distintas. Así, Luhmann,[54] partiendo de la función básica del Derecho como reducción de la complejidad de los procesos sociales, afirma que debe distinguirse entre decisiones programadoras y decisiones programadas. Mientras la programación del Derecho acaece en condiciones de gran complejidad que hacen imposible la prueba definitiva (más que en términos hipotéticos) de la corrección de la decisión y debe, por ello, asegurarse a través de la posibilidad de su alteración para el caso de mejor conocimiento, la decisión programa ocurre en el ámbito de la racionalidad, hecha posible gracias a criterios previamente establecidos (el programa se acepta como premisa dada y no se problematiza). Por tanto, la actividad programada o, en términos tradicionales, la ejecución, es definible sólo como reverso de la actividad programación, es decir, de la normación, porque se trata siempre de una actividad referida no al futuro, sino a una situación determinada, regula un acontecer concreto y no uno de carácter repetitivo; es, en definitiva, un proceso en el que –como dice G. Müller–[55] se está a expectativas prefijadas y en él no se aprende.

Por tanto, la clave radica en la reconstrucción de la normación como función estatal. Siguiendo al autor últimamente citado[56] puede decirse que la misma ha de operarse por la vía que marcan las siguientes consideraciones:

–Aunque no sea posible quizás establecer criterios enteramente nuevos para determinar, en el actual Estado, el orden competencial y la asignación de contenidos normativos a los diversos escalones de la normación, sí que resulta clara la insuficiencia radical del método actual de condensación en unas pocas reglas generales, los contenidos propios del nivel constitucional, legal y reglamentario, así como los que deban quedar para la ejecución. Sólo un proceder sistemático (que incorpore los múltiples puntos de vista hoy determinantes al respecto) garantiza que cada forma normativa contenga las determinaciones que a su función corresponden y que cada órgano con competencia normativa decida sobre los contenidos adecuados a su función y capacidad.

–Aunque lo que sea normación sólo puede precisarse totalmente por comparación a otras funciones estatales y, en particular, la de ejecución, es posible determinarla positivamente en principio como función que sirve a la estabilización de expectativas y a la reducción de la complejidad social. Las normas jurídicas transmiten seguridad de orientación y realización; tienen la pretensión de obligatoriedad, por cuanto la exigencia en ella expresada propugna su efectividad. Pero, junto a este cometido (tradicional) de ordenación, estructuración y racionalización, la función normativa presenta hoy, además y cada vez con mayor intensidad, una vertiente directora, conformadora, prefiguradora; la norma sirve hoy básicamente a la conducción del proceso social y

---

54    Nikolas Luhmann: "Positivität des Rechts als Voraussetzung einer modernen Gesellschaften, en *Die Funktion des Rechts in der modernen Gesellschaft*. Jahrbuch für Rechtssoziologie und Rechtstheorie, Bielefeld, 1970, Tomo I, pp. 190 y ss.

55    G. Müller: *op. de.*, p. 18.

56    G. Müller: *op. ctt.*, pp. 208 y ss., en las que se establecen las conclusiones de la investigación realizada por el autor.

estatal hacia objetivos determinados, pretendiendo incidir en la realidad para alterarla, para influir en su evolución en un determinado sentido. Con lo cual, la actividad estatal de normación se aparece, simultáneamente, como proceso de ordenación y de opción política. La norma supone, en efecto, una decisión política, la elección de una entre varias soluciones políticas. Ambos aspectos –la función ordenadora y la política– se encuentran en una relación dialéctica: la ordenación tiende a la seguridad y estabilidad, así como a la generalidad y abstracción; la política exige cambio, reacción, frente a la evolución real, así como concreción. Como resultado, la norma puede hoy presentar y, de hecho, presenta características muy diversas: generalidad-abstracción, individualización-concreción, atemporalidad-temporalidad, formulación finalista y condicional, etc.; todo ello, en razón a las necesidades de los problemas a resolver.

–De lo dicho se sigue que en el Estado actual la atribución de competencias y contenidos normativos no puede establecerse a partir de unos pocos principios generales y abstractos, sino en virtud de la conjugación de las diversas perspectivas que deben coadyuvar a la precisión de la misma, sintetizable en la regla de que debe decidir siempre aquel órgano estatal que cuente con una legitimación democrática acorde con la importancia de la decisión. La distribución de las regulaciones (contenidos decisionales) pertenecientes al ámbito de la normación entre las diferentes formas de ésta debe hacerse, por ello, en función de la trascendencia de las decisiones. Así, las normas más importantes deben revertir la forma constitucional; las importantes, la forma legal; las menos importantes la forma reglamentaria.

Ahora bien, el grado de importancia requerido para que un contenido decisional deba corresponder a un determinado rango normativo sólo puede ser establecido, a su vez, teniendo en cuenta la posición y la funcionalidad del correspondiente órgano con capacidad normativa en el complejo del aparato estatal (para lo que es preciso, a su vez, una ponderación diferenciada según las características de la materia a regular).

–Dos son las técnicas adecuadas para conseguir una adecuada distribución de competencias y contenidos normativos:

a) De un lado, la fijación de la importancia de determinadas regulaciones, a través de las reservas en favor de determinadas formas de normación, y del ámbito de regulación propio de las funciones específicas de los órganos, mediante las asignaciones de competencias normativas. Pero estos dos procedimientos deben entenderse exclusivamente como decisiones sobre la importancia de las regulaciones correspondientes y de la función propia de los órganos que deben establecerlas, en modo alguno como habilitaciones o delegaciones en sentido tradicional.

b) De otro lado, la circunscripción de cada escalón orgánico, de cada órgano con capacidad normativa al ejercicio de ésta en lo que corresponda a su nivel de decisión y función propia, dejando el resto para el siguiente y sucesivos escalones.

**B.** *La vigencia de los derechos fundamentales, como mecanismos de protección de la libertad individual, en el Estado social de Derecho*

Junto a los elementos de marcado carácter organizativo o estructural componentes del principio del Estado de Derecho vimos en su momento que aparecían otros de índole sustantiva, entre los que el fundamental es, sin duda, el de la vigencia de los derechos fundamentales para la protección de la libertad individual.

La técnica de las libertades públicas o, si se quiere, de los llamados derechos de libertad surge precisamente como espacios o ámbitos especialmente resistentes a la acción estatal, como garantías de libertad individual frente a éste y, por tanto, características del denominado Estado de Derecho en sentido material.

Con la implantación del Estado social de Derecho es bien evidente, como en su momento vimos, que esa técnica ya no puede consistir en un instrumento de protección y defensa frente al Estado sin más, sencillamente, porque el valor material de referencia ha dejado de ser la cláusula de la libertad individual para pasar a ser la de la libertad en la igualdad, reconducible en último término a la dignidad integral de la persona. Como quiera que la realización efectiva de ese valor final tiene unos presupuestos exigentes de la intervención estatal, incluso en el ámbito tradicional de las libertades individuales, es clare que éstas –sin perder su originario carácter– han dejado rebajar su pretensión de garantía absoluta. Esto es lo que se quiere expresar con la frase vinculación social de los derechos fundamentales.

A pesar de esta clara transformación y de su plasmación incluso –según más arriba ha quedado visto– en la parte dogmática de nuestra Constitución (que se traduce en la gradación de la validez y la eficacia de los distintos derechos y principios en la misma recogidos), no puede desconocerse que la interpretación y aplicación de los derechos fundamentales clásicos sigue aún fuertemente lastrada por su concepción tradicional. Quiere decirse que aún no se ha operado y llevado a sus últimas consecuencias, conforme exige nuestro propio texto constitucional, la necesaria reordenación de esta materia en función de la nueva escala de valores derivada de la asunción de la filosofía del Estado social.

No se trata –como ya hemos dicho– de poner en cuestión el orden de las libertades y los derechos fundamentales, ni siquiera su catálogo, sino tan sólo de poner de relieve que éste y sus consecuencias jurídicas fueron formulados en el contexto de un determinado Estado, por lo que la modificación de éste en su misma escala de valores ha de comportar –como condición misma para su viabilidad– un replanteamiento desde la perspectiva de sus consecuencias jurídicas del orden de las libertades públicas y de los derechos fundamentales con vistas a su reacomodo recíproco. El hecho de que así no se haya hecho, aun explica no sólo la ambigüedad del modelo de Estado social de Derecho (cuya significación y alcance concretos aún no están determinados), sino las dificultades que presenta en la vida real la aplicación del referido orden. En definitiva, la permanencia aun del concepto "Estado social de Derecho" en ámbito de lo etéreo y vaporoso obedece, básicamente, a la indeterminación de la proyección que sobre el resto del orden constitucional y, por tanto, en el entero ordenamiento jurídico deba tener la calificación "social" del Estado y cual haya de ser ía solución de la tensión de su simultánea conceptuación como "social" y "de Derecho".

De esta forma y por estas razones, la dialéctica entre ámbito de libertad ciudadana –deber positivo estatal de "Gestaltung" no ha alcanzado aún, así, un nuevo equilibrio y su inestabilidad y falta de determinación amenaza con conducir en algunos ámbitos (singularmente en el de los derechos de contenido económico y patrimonial, incluyendo el de propiedad) a un callejón sin salida, en el que el Estado queda progresivamente trabado por sus propias actuaciones (más bien las repercusiones de éstas, traducidas en términos de derechos), para transformarse así, también progresivamente, en un Estado de conservación de derechos adquiridos. La recíproca interacción entre derechos derivados de la acción del Estado social y la falta de un adecuado equilibrio en la misma, se refleja claramente en las Sentencias del Tribunal Constitucional sobre aplicación del principio de igualdad jurídica (art. 14 de la Constitución) en el campo de los derechos pasivos, es decir, derivados o resultantes de la acción social estatal y, concretamente, en las Sentencias de fechas de 26 de febrero y 2 de mayo de 1982, que concluyen en la afirmación de aquel principio sin estimar lícitas las diferencias en las prestaciones por razón de criterios de pura temporalidad, con lo que todo avance social (es decir, la realización del principio de Estado social, condicionada –como es obvio– por las disponibilidades económicas de la colectividad) debe necesariamente incorporar las situaciones creadas con anterioridad al mismo, con las consecuencias que ello supone para el progreso efectivo mismo de las prestaciones estatales. En modo alguno quiere con ello hacerse una crítica de las soluciones de fondo de las Sentencias, sino sencillamente poner de relieve, a partir de la problemática que suscitan, cuan necesaria es la reordenación antes echada de menos.

4.  LA ADMINISTRACIÓN PÚBLICA EN EL ESTADO SOCIAL Y DEMOCRÁTICO DE DERECHO

A.  *La incidencia de las disfunciones apreciadas en la organización y el funcionamiento del moderno Estado social de Derecho en la Administración pública*

La crisis detectada por la doctrina afecta pues, como hemos visto, al modelo de Estado, en cuanto a la construcción positiva y dogmática de su organización y funcionamiento; construcción, que no se ha revisado al compás de las transformaciones reales, sobrecargando las categorías y las técnicas concebidas y formuladas para soportar otros contenidos. Esa sobrecarga ha incidido especialmente sobre la Administración pública, en cuanto parte del aparato estatal principalmente responsable de la acción interior del Estado y, por tanto, de la realización de los objetivos propios del Estado social. Esa incidencia puede sintetizarse, simplificadoramente, en los siguientes aspectos:

a) En primer término, el crecimiento constante (en extensión y profundidad) de la actividad del Estado (hasta la comprensión por éste de los fines mismos de la sociedad), acompañado de la progresiva complejidad, circunstancialidad y variabilidad de los problemas a resolver, ha determinado consecuencias de primera importancia.

De un lado, la quiebra de la exclusividad de la detentación del poder real o efectivo por los órganos estatales titulares del poder formal político, en razón a la mayor interpenetración del Estado y sociedad y, consecuentemente, la mayor importancia adquirida por organizaciones tales como los partidos políticos, los sindicatos, las organizaciones patronales, las organizaciones profesionales, etc. (además de los grupos de presión), así como el carácter pluralista del orden sociopolítico, que comporta el papel central de la opinión pública fuertemente condicionada por los medios de comunicación social. El resultado no es otro que el de la incapacidad del mecanismo clásico de representación política –el mandato representativo– para imputar eficaz y totalmente las decisiones tomadas por los correspondientes órganos estatales (no obedientes a dicho mandato, ya que mediatizadas por los partidos políticos, las organizaciones de intereses y la presión de la opinión pública). Tal resultado se traduce en una pérdida de contenido de la clásica democracia general (que no hace distingos entre los ciudadanos por su ideología, intereses, posición específica, etc....) en una sociedad que ya no es la homogénea que la alumbró, es decir, una pérdida considerable del control teórico político por el ciudadano sobre el aparato estatal y las decisiones sobre la conformación del ser colectivo (pérdida que es la que explica la tendencia a recuperar el control a través del incremento de la intervención social sobre la organización administrativa, en tanto que directamente relacionada con el ciudadano y encargada de la ejecución [lato sentido] de los cometidos públicos).

A lo dicho se suma el proceso, inducido por la profunda evolución de las tareas públicas, de traslado del centro de gravedad de las decisiones desde el clásico poder (en sentido orgánico) preeminente –el Parlamento– al Ejecutivo y, en definitiva, a la Administración. La Administración ha de actuar siempre y en muchas ocasiones no cuenta, en la materia concreta de que se trata, con una previa regulación legal o, mucho más frecuentemente, con una regulación lo suficientemente detallada para enmarcar la actividad "ejecutiva" en sus términos tradicionales. Con lo cual, el "ejecutivo", es decir, el Gobierno y la Administración quedan colocados necesariamente en el ámbito de discusión y debate propio de los sistemas democráticos y pluralistas, que en el esquema clásico debía haberse desarrollado en el ámbito propio de los órganos constitucionales y representativos. Este otro fenómeno intensifica y agudiza notablemente, como es obvio, la pérdida de eficacia del mandato representativo para soportar, en los términos exigidos por el sistema democrático, toda la acción del Estado, y, consecuentemente, la propensión a la "democratización" de la Administración antes aludido.

b) Pero, de otro lado, se ha producido asimismo una ruptura de la imagen tradicional de identificación de los poderes en sentido orgánico con las funciones del Estado (que pasan a integrar, pues, una trilogía típica: legislar, ejecutar y juzgar), con progresiva formalización de éstas (legislación como función es todo y sólo lo que contiene en la *forma* de ley; ejecución como función es todo y sólo lo que se contiene en la *forma* bien del reglamento, bien de acto; juicio como función es todo y sólo lo que se contiene en la *forma* de sentencia). Porque esa identificación y formalización se encuentran ligadas a un preciso sistema histórico de distribución del poder político y de las competencias (contenidos decisionales) que, como en su momento vimos, ha quedado rebasado y superado en el actual Estado. En éste, las necesidades reales han

247

determinado ya la sustitución efectiva de aquel sistema (aunque formalmente ello no sea así del todo) por otro en que las funciones y las competencias, los contenidos sustantivos de decisión son asumidos por las instancias del aparato estatal más idóneas en razón a la naturaleza y características de la materia o problema, su posición en dicho aparato y su funcionalidad propia. Esta situación conduce a que las categorías tradicionales (ley, reglamento, acto), porten hoy contenidos nuevos, impropios de ellas según su concepción establecida (además, naturalmente, de la aparición de formas de actuación difícilmente reductibles a dichas categorías: planificación, concertación). Quiere decirse, pues, que tiene lugar una no correspondencia con sus clásicos y sobreentendidos contenidos de los continentes jurídicos y que continúan explicando por entero la actuación administrativa, de forma que decisiones de naturaleza y alcance en todo equiparables por su trascendencia a las parlamentarias (ejemplo: la delimitación del contenido del derecho de propiedad del suelo a través de planes-reglamentos, incluso simplemente municipales) han de encuadrarse y formalizarse necesariamente como reglamentos o actos, a los que se han de aplicar teóricamente –en caso de conflicto– sólo las técnicas convencionales (judiciales) de reducción de los mismos. También este desfase entre contenido y continente, que no es sino la manifestación del que existe entre formal distribución del poder y de las competencias y real asunción y ejercicio de éstas, aboca a una tentativa de corrección mediante la participación social en los procesos administrativos de toma de decisiones; solución que, lejos de serla, provoca una nueva y no menos grave disfunción, a la que ya hemos apuntado: la apropiación "pseudo-corporativa" de las decisiones administrativas por las fuerzas sociales, organizadas o no, que logran adueñarse o prevalecer en la participación.

En definitiva, pues, la posición real actual de la Administración no es la que resulta evocada por el significado tradicional del principio de legalidad, conforme al cual aquélla se limita a precisar en el caso concreto supuestos definidos con carácter general y abstracto por la ley en sentido formal. La Administración es una organización servicial y vicaria ciertamente, pero con cometidos, tareas y responsabilidades *propias* desde el orden constitucional (cuya actuación no se explica por impulsos derivados de habilitaciones o mandatos emanados en cada caso o en bloque de la legislación o de la actividad gubernamental, sino por decisión directamente constitucional, que –sin embargo– la sujeta y subordina a estas últimas), y que debe cumplir y satisfacer a partir del mismo, con las inevitables consecuencias que de ello se siguen para la interpretación del principio de legalidad, las relaciones entre ley y reglamento, el papel de éste último, etc.... Quiere decirse con ello, que de hecho está rota la limitación fundada en la idea del ordenamiento jurídico referencia de la Administración como bloque de la legalidad culminado en la ley en sentido formal, por no entroncarse aquella directamente a la Constitución. Hoy la única línea demarcadora de lo administrativo pasa entre organización directa y estrictamente constitucional y funcionamiento de la misma sobre la base del mandato representativo (del que toma su legitimación y sentido), de un lado, y organización del poder público vicaria de la anterior para la acción estatal en el ámbito interno y cumplimiento de los fines del Estado, sobre la base de la aplicación e interpretación objetivo-jurídica del ordenamiento jurídico en su conjunto, tal como esté en cada caso integrado (método o técnica de funcionamiento, que caracteriza su específica legitimación). La progresiva incapacidad de la organización que hemos llamado constitucional para legitimar por sí sola (a través del mecanismo de la representación y según la construcción propia de la democracia general) la entera actividad estatal (a través de la concatenación de los siguientes mecanismos: encuadre de la Administración en el Poder Ejecutivo y consiguiente dependencia de la misma del gobierno; dependencia y control del gobierno respecto del Parlamento; y representatividad directa del Parlamento), ha provocado la aparente crisis de la organización administrativa y su forma de funcionamiento, crisis que, en realidad, lo es de la organización constitucional.

**B.** *El diseño de las líneas maestras de la posición de la Administración en el actual Estado*

En todo caso, es evidente que existe una crisis y que ésta debe ser resuelta y superada. Y también lo es que, para afrontarla correctamente, debe partirse necesariamente de las exigencias básicas que comporta el actual Estado social de Derecho. Estas exigencias pueden re-conducirse a las siguientes:

–El Estado social de Derecho se justifica sólo, según hemos repetido ya varias veces, en la efectiva conformación social conforme a los valores sustantivos proclamados constitucionalmente. Ello significa que la razón de ser básica del Estado radica en la real producción del resultado en que esa conformación consiste. Todo el aparato estatal debe estar, pues, al servicio de este fin justificante.

–Ocurre, sin embargo, que ese fin no puede perseguirse y realizarse de cualquier forma. No se trata sólo de que su materialización ha de producirse con respeto de los valores materiales constitucionalmente consagrados, sino –además– con la legitimación medial que deriva de los principios estructurales de Estado democrático (traducido en el pluralismo político) y de Estado de Derecho (traducido en la garantía de la libertad), de idéntico rango al de Estado social. Por tanto, la legitimación de la acción estatal se encuentra inducida por la específica combinación del fin perseguido (la igualdad presidida por la dignidad de la persona) y de los medios aplicados (el pluralismo político y la garantía de la libertad en los términos de Estado de Derecho en sentido material).

–Dadas las características del nuevo Estado, pues, resulta obvia la importancia decisiva en él de la Administración. Como tempranamente expuso Forsthoff, la Administración es la pieza capital en el cumplimiento del principio social propio de ese Estado. Ello significa que la tensión que late en el entero Estado entre legitimación (a través del pluralismo político y la sumisión al Derecho) y eficacia (satisfacción de los objetivos sociales: máxima igualdad posible en cada momento en la distribución de los bienes materiales y culturales) se hace especialmente acusada en el ámbito administrativo.

¿Significa lo dicho que, precisamente bajo las nuevas condiciones, la solución radica en la "democratización" (vía participación) de la Administración? La respuesta ha de ser negativa, por las razones que pasamos a exponer.

249

Precisamente en un Estado no agotador de las estructuras de poder real, articulado sobre la base del equilibrio y la limitación del poder político y vertebrado sobre el principio del pluralismo político, pero al propio tiempo exigente de que el fraccionamiento (en la opinión, en la composición y en el ejercicio del poder político, en la organización social y económica) resultante, lejos de convertirse en un entrabamiento del Estado, constituya un medio organizativo capaz de recomponer más eficazmente la superior coherencia del Estado en su conjunto y de incrementar su capacidad de resolución de los problemas sociales, resulta pertinente diversificar el equilibrio entre los principios del pluralismo político, Estado de Derecho y Estado social (y los de ellos derivados) atendiendo a la naturaleza, posición y funcionalidad de la organización de que se trate en el seno del aparato total del Estado. Es claro que mientras en los órganos constitucionales representativos y, en concreto, en las Cámaras parlamentarias, el principio democrático tiene una especial relevancia, puesto que en ellas se trata no tanto de la realización material de las tareas estatales cuanto de la adopción de las decisiones básicas de precisión del orden social y económico a partir de la Constitución, es decir, de verificar –desde perspectivas estrictamente políticas– opciones en el marco de la Constitución, en el caso de la organización administrativa (no montada sobre el principio representativo y carente, así de toda vocación de articulación institucional de alternativas políticas), aquel principio del pluralismo debe necesariamente perder todo protagonismo, toda vez que los objetivos finales estatales, tal como se encuentran prefigurados por el ordenamiento, es decir, en la misma ha de primar el deber constitucional de actuación positiva (reconducible al principio del Estado social) conforme al Derecho (principio del Estado de Derecho).

Así se desprende desde luego de la regulación constitucional de la Administración:

–De la interpretación sistemática de los artículos 103, 140 y 141 resulta que la Administración pública (con las solas excepciones de los escalones municipal y provincial, que por ello mismo han de ser precisadas como tales) está montada sobre el principio institucional-burocrático y no el corporativo-representativo.

–El artículo 103.1 caracteriza por ello la Administración pública en su conjunto como *organización servicial*. Esta nota de servicio no se ha ponderado aún lo suficiente tras la Constitución. Significa obviamente, en la línea señalada por E. García de Enterría,[57] que la organización administrativa es vicaria (no representa directamente a la comunidad; está más bien subordinada, al servicio de la misma a través de sus órganos representativos) y lo es en relación con los intereses generales (intereses que, en cuanto organización derivada, simplemente creada, pero no articuladora en su seno de la propia comunidad, no puede interpretar directamente en nombre de ésta y como su representante orgánico). Su fin es, pues, la gestión de intereses generales previamente definidos (con independencia del grado en que se produzca esta definición, más o menos precisa: constitucional, legislativa, etc...) y, por tanto, de intereses ajenos (cabalmente los de la comunidad), que, sin embargo, y a través del

---

57    E. García de Enterría: *Curso...*, *op. cit.*, en colaboración con T. R. Fernández.

dato de la servicialidad, pasan a ser apropiados por la organización, es decir, a constituir el objeto y la finalidad propios de ésta.

Y estos intereses han de ser gestionados, o dicho de otro modo, para el cumplimiento de su fin la Administración ha de *actuar* de acuerdo con los principios de *eficacia,* jerarquía, descentralización, desconcentración y *coordinación.* Dejando aparte los puramente instrumentales o intraorganizativos (jerarquía, desconcentración, descentralización), es claro que los principios informantes de la acción administrativa aluden al resultado de ésta: eficacia y coordinación. Es claro, pues, que en el ámbito administrativo –por decisión constitucional expresa– debe primar el principio estructural del deber positivo de actuación (art. 9.2), es decir, el principio del Estado social (art. 1.1), quedando totalmente en segundo plano el del pluralismo político (toda vez que éste ha de realizarse en otros ámbitos).

Y ello, por la razón radical de que la *legitimación* de la organización administrativa y de su actuación no reside sino mediatamente (a través del resto del aparato estatal representativo) en el principio democrático, sino cabalmente en su vinculación teleológica a los intereses generales y en su efectiva realización coherente y eficaz.

–La clave de cómo es posible la entrega de la realización última de los intereses generales a una organización no representativa, conectada a dichos intereses sólo por su fin institucional, la suministra el propio artículo 103.1: la Administración sólo puede manifestarse "con objetividad" y ello *con sometimiento pleno a la ley y al Derecho.*

Así como las restantes organizaciones constitucionales representativas tienen por objeto servir de cauce y constituir instrumento de expresión de las alternativas políticas en el marco de la Constitución, es decir, su fin mismo (tanto del Parlamento, en el que se expresa la mayoría popular, como del gobierno, que debe "ejecutar" la política respaldada por esa mayoría) es la transformación del ordenamiento estatal en el sentido de la propia opción social que incorporan (operando la Constitución como límite), la Administración *se caracteriza por entero* en la imposibilidad de cuestionar el orden dado (sometimiento *pleno a* la ley y al Derecho), tal como éste aparece configurado en cada momento por la Constitución y su desarrollo por la actividad de los órganos constitucionales representativos: su fin se agota en la materialización última de ese orden. Y para ello su *modo* de manifestación *único* es la *aplicación objetiva* del interés general, es decir, *su medio de manifestación* consiste sólo en la inducción objetiva (lo que es igual a jurídica) de dicho interés general. Pues, sólo este medio es capaz de otorgarle la necesaria legitimación: su actuación extrae validez y eficacia de su fidelidad al interés general por intermedio del Derecho.

Quiere decirse, pues, que la Administración no puede válidamente actuar por la vía de la transacción o la composición de los intereses en presencia, ni aún cuanto ésta quede en el marco de lo lícito (como, sin embargo, es posible y aun común para los órganos constitucionales representativos). El interés general no es nunca la mera suma, la simple media o el puro acomodo de los intereses que se manifiesten y hagan valer. Es más bien y tan sólo el precisado por el orden constituido, considerado como un bloque. Pues la normación, el ordenamiento (en su conjunto) tiene por finalidad precisamente la reducción de la complejidad de los conflictos sociales, introduciendo en ellos racionalidad y previsibilidad: reglas claras para la solución de dichos conflictos. Y una vez halladas esas reglas postulan (esta es una conquista irreversible del Estado de Derecho) su vigencia y efectividad como tales, es decir, su garantía para la validez misma del ordenamiento como instrumentó de convivencia social. Es lo que F. Garrido Falla[58] ha llamado "la eficacia indiferente" de la Administración, en el doble sentido de la "neutralidad" política de ésta y la "neutralidad administrativa" del gobierno. De ahí, que la propia Constitución *limite* la participación de los ciudadanos en la Administración, para evitar la desnaturalización de esta organización. El artículo 105 circunscribe esa participación, en efecto, a la audiencia (en el procedimiento de elaboración de disposiciones de carácter general y en el resto de los procedimientos administrativos) y al acceso a los archivos y registros de la Administración. Y, de otro lado, el artículo 103.3 garantiza la idoneidad de los medios personales típicos de la Administración (el funcionariado) respecto a los fines y modos de operar de ésta, a través del sistema de acceso y el estatuto de la función pública (caracterizado éste por las notas de incompatibilidad con el ejercicio de actividades que puedan condicionar aquella y de imparcialidad en el ejercicio de sus cometidos). En definitiva, la organización administrativa ha de ser capaz de interpretar y realizar objetivamente el interés general, su voluntad sólo debe ser manifestación objetiva de éste. Y para ello, la participación ciudadana (aunque deba fomentarse) debe articularse de forma tal que no sea posible que a través de la misma se desnaturalice la voluntad administrativa.

Más aún, precisamente por estas características específicas de la Administración, ésta aparece configurada constitucionalmente como una organización-institución dotada de autonomía. En efecto:

–El Título IV de la Constitución lleva la rúbrica "del Gobierno y de la Administración", con lo que queda claro que se trata de organizaciones independientes. La Administración –así lo ha destacado incluso F. Garrido Falla–[59] es, pues, concepto distinto del de gobierno.

–El artículo 97 determina que el gobierno entre otras competencias, dirige la Administración civil y militar, lo que confirma la aseveración anterior.

Esta distinción neta constitucional entre Gobierno y Administración conduce derechamente a la afirmación de esta última como verdadera institución, como *poder público* (en sentido constitucional) *diferenciado*. Así lo afirma también, con quien en este punto debe coincidirse, F. Garrido Falla,[60] para quien la institucionalización de la Administración se hace evidente en:

1. La apropiación por la organización de los fines que persigue (los intereses generales).

2. La actuación por la organización con una "fuerza propia", es decir, desde sí misma por imperativo constitucional (aquí radica la autonomía).

---

58    F. Garrido Falla: "La posición constitucional de la Administración Pública", en la obra colectiva: *La Administración en la Constitución*. Ed. Centro de Estudios Constitucionales, Madrid, 1980, pp. 43 y ss.

59    F. Garrido Falla: "La posición...", *op. cit.*, pp. 14 y ss.

60    F. Garrido Falla: "La posición... ", *op. cit.*, pp. 41 y 43.

3. El regimiento por reglas propias de comportamiento (es decir, aña-dimos nosotros, la manifestación de voluntad únicamente por la técnica objetivo-jurídica).

La previsión constitucional, en los términos expresados, de la Administra-ción, además de expresar una garantía institucional, indica claramente que dicha organización supone una pieza capital e imprescindible en el Estado social y de Derecho. *Es una organización necesaria al mismo:* la acción estatal de conformación de la vida social, es decir, el cumplimiento por el Estado de su deber positivo de actuación, ha de tener lugar precisamente *a través de la Administración* y conforme a las características propias de la actuación de ésta.

De otro lado, la institucionalización de la Administración como poder pú-blico autónomo se produce precisamente en las condiciones propias de la au-tonomía: *poder de gestión independiente, pero limitado.* La limitación del poder administrativo radica en su *subordinación* al gobierno o, lo que es lo mismo, al órgano (indirectamente representativo) que asume la titularidad de la clásica función ejecutiva. Así lo expresa claramente el artículo 97 de la Constitución, al colocar la Administración bajo la dirección del gobierno (con lo que este principio vale para otros niveles territoriales, políticos –comunidades autó-nomas– o no –Ayuntamientos y provincias–). De este modo se logra el en-garce de la Administración (aparato institucional-burocrático de gestión ob-jetivo-jurídica del interés general) con el resto de la organización estatal y, en definitiva, la garantía de la primacía –a través de la potestad de dirección gu-bernamental y de la responsabilidad política del gobierno ante el Parlamento, así como mecanismos equivalentes de los restantes niveles territoriales– del principio democrático en el marco del orden constitucional para el conjunto de la organización estatal.

Estas reflexiones pueden perfectamente concluirse con las de R. Schaeder[61] que, tras preguntarse quién otorga hoy sus funciones a la Administración, res-ponde que ni la teoría de la división de los poderes ni la de la representación política resuelven el interrogante. Pero, al propio tiempo, el apartamiento de las mismas comporta el peligro de caer en las simas del orden estamental-cor-porativo (de un lado) y del sistema sinodial o de consejos (de otro). De ahí que sólo cabe una respuesta: la Administración –precisamente en una concepción democrática de su papel– se otorga a sí misma caso por caso y en razón a la situación concreta sus funciones. La autonomía de la Administración es una necesidad, porque responde siempre al simple y permanente *principio de la autoconservación* (Selbsterhaltung):

> Wollte Sie, um tatig zu werden, jeweils erst auf das "Stichwort" des Gesetzes warten, so könnte Sie in doppeltem Sinne den rich-tigen Zeitpunkt ihres Auftretens Versáumen: einmal insofern die logische Distanz gerade von "editen" Gesetzen zum konkreten Fall vielfach so weit ist, dass die offentliche Verwaltung sich auch beim Vorhandensein derartiger an Sie gerichteter Normen doch schliesslich erst in sich selber darüber schlüssig werden muss, ob

---

61  Reinhard Schaeder: "Demokratische Tendenzen in der Pflege der Verwaltungs-wissens-chaft", en la obra: *Demokratie und Verwaltung; 25 Jahre Hochschule für Verwaltungswissens-chaften Speyer.* Ed. Duncker & Humblot, Berlín, 1972, pp. 169 y ss.

und wie Sie dann zu handeln hat; und weiter, weil Gesetze, und zwar am meisten die vorhin ais "echt" bezeichneten, oft Not-und Misstande-die allgemein ais solche empfunden werden, und in denen gerade eine demokratische Gesellschaft um so ungeduldiger vom "Staat", und das heisst insbesondere: von der "offentlichen Verwaltung, deren Absteliung erwartet «Zu spät» aufgreifen".

(Si quisiera [la Administración], para actuar, esperar en cada caso a la "indicación" de la ley, podría perder el momento adecuado para su intervención en un doble sentido: en primer término, en la medida en que la distancia lógica de, precisamente, las "genuinas" leyes respecto del caso concreto es con frecuencia tan grande, que la Administración Pública –incluso en el caso de la existencia de este tipo de normas a ellas dirigidas– precisa en todo caso, primero resolver ella misma si debe actuar y cuándo; y además, porque las leyes, y concretamente las antes llamadas "genuinas", captan normalmente muy tarde las situaciones de necesidad y catástrofe, que son sentidas generalmente como tales y en las que precisamente una sociedad democrática espera más impacientemente su resolución por parte del Estado, lo que significa especialmente por parte de la Administración Pública).

Por tanto, el motor de la Administración está en sí misma, en la autoconservación. En todo tiempo, lo que debe hacerse y hace la Administración es aquello que ha de ser cumplido por el Estado: el interés general. Consecuentemente la caracterización de la Administración ha de hacerse por relación a éste, ya que la misma determina "autónoma e independientemente" sus funciones, a fin de satisfacer dicho interés.

Resumiendo, puede decirse que en el moderno Estado social la Administración es una pieza clave e insustituible, en tanto que organización precisa para el cumplimiento efectivo del interés general (como resultado de una actuación positiva estatal). Se trata, pues, de una *organización necesaria* y de *una institución* caracterizada por sus fines (les expresados) y *sus medios* (la actuación *objetiva* del interés general con *sometimiento pleno* a la Ley y al Derecho, bajo la dirección del órgano directa o indirectamente representativo, titular de la función ejecutiva). Ello significa, que se trata de un *poder público autónomo*, caracterizado por su forma de actuación (sus medios) y la dirección de ésta (la sociedad, los ciudadanos), de modo que su acción se produce, toda ella en términos de *relación jurídica* (con independencia del régimen sustantivo, público o privado, de la misma): la acción administrativa da lugar *necesariamente* a relaciones jurídicas. Ello comporta la consecuencia capital de que el poder público administrativo ha de estar, *asimismo necesariamente, personificado*. Esta conclusión nada dice sobre la personificación de la restante organización estatal. Señala solamente que la necesidad de la misma (desde el punto de vista del Derecho interno) se da únicamente en la Administración, pues el resto de la organización estatal no presenta esa vocación de inmersión en el tráfico jurídico, produciéndose relaciones jurídicas con los ciudadanos o bien accesoriamente (no como resultado principal, sino fundamentalmente por necesidades exclusivamente organizativas –medios materiales, medios personales–

que no de la función) o bien en términos radicalmente distintos, es decir, de garantía de los límites y valores constitucionales. Y la problemática planteada por esas relaciones jurídicas secundarias y la necesidad de garantías jurídicas puede ser resuelta de diversas formas, incluso por la personificación, pero no con carácter necesario, pues es bastante la justiciabilidad de las decisiones de los órganos estatales y el cumplimiento obligatorio de los fallos judiciales. Prueba concluyente de lo dicho radica en que la Constitución sólo ha sentido la necesidad de establecer el principio de la responsabilidad patrimonial (que implica el dato de la personalidad, tal como viene establecida) para la Administración pública y no para el resto de la organización estatal.

En definitiva, la autonomía y la actuación objetiva de la Administración no hacen sino poner de relieve la decisión constitucional (en el marco y como consecuencia del Estado democrático, social y de Derecho) de trazar una línea divisoria del poder público (que se añade a las tradicionales o clásicas), que pasa horizontalmente entre el ejercicio de éste en términos político-constitucionales (bajo el juego pre-valente del principio democrático) y el ejercicio del mismo en términos objetivo-jurídicos (bajo el juego prevalente de los principios social y de Derecho y con subordinación, por tanto y a través de este último, al plano anterior, toda vez que éste se expresa normativamente). Esta concreta divisoria representa un mecanismo específico del equilibrio entre los principios estructurales básicos del Estado, que asegura la continuidad, la permanencia y la eficacia de éste conforme a su fundamental responsabilidad social, sin renuncia al valor de la democracia y el pluralismo político. Tal mecanismo es, en efecto, indispensable para cohonestar la democracia (la legitimación a través de la misma) con la eficacia del Estado (la legitimación por efectivo cumplimiento del fin de la organización política), pues en otro caso la estructura constitucional se rompería por abajo, por el plano administrativo (que reproduciría mal y deficientemente, sustituyéndolo, el ámbito de la discusión política que debe desarrollar y agotarse en otros niveles).

Así lo habían advertido y señalado muy tempranamente H. Helsen y A. Merkl,[62] para quienes:

a) Precisamente en una sociedad democrática la Administración ha de presentar rasgos autocráticos, en tanto rigen en ella las características establecidas por M. Weber para la burocracia e, incluso, porque son necesarios si la Administración ha de servir a la permanencia de la democracia política. En caso contrario y, desde luego, en el de la "democratización" de la Administración (de la que detectan tendencias), ésta puede convertirse en el enterrador de la democracia, en la medida en que prepara el camino, bien a un Estado totalitario bien a la pura anarquía.

b) Existe, pues, una relación recíproca o dialéctica, un "Kreuzver-háltnis" entre la "democracia general" y la Administración autocrática, al igual que en la economía existe una *cross relation* entre economía libre de mercado y orden monetario intervenido.

---

62   Hans Kelsen: Vortrag über die Demokratie, en Verhandlungen des Füntten Deutschen Soziologentagen von 26 bis 29 September 1926 in Wien (Schriften der Deutsche» Soziologentage. V. Band). Tübingen 1927, reedición Frankfurt 1969, pp. 37 y ss.; Adolf Merkl: Demokratie und Verwaltung. Wien y Leipzig 1923.

Más recientemente se ha manifestado en el mismo sentido C. H. Ule:[63]

Nur durch die hierarchische Orduung der Verwaltung ist es moglich, den Volkswillen, der sich in dem Wahlen zuden parlamentarischen Körper-schaften und in den von diesen gebildeten Regierungen ausspricht, bis in die untersten Stufen durchzusetzen. Eine Beteiligung aller in einer Verwal-tungsbehorde tátigen Personen an den Entscheidungsprozess müsstse dazu führen, dass die Entscheidungen nicht mehr in Einklang mit den von der Volksvertretung beschlossenen Gesetzen und den von der Regierung er-las-senen Verwaltungsvorschriften ergehen. Sie würden den Staat und seine Verwaltung in Anarchie auflosen.

(Sólo a través del orden jerárquico de la Administración es posible afirmar e imponer la voluntad popular que se expresa en las elecciones a las Corporaciones Parlamentarias y en los gobiernos formados por las mismas, hasta los más últimos escalones. Una participación de todas las personas activas en un órgano administrativo en el proceso de toma de decisión habría de conducir a que las decisiones no se produjeran, ya de conformidad con las leyes acordadas por la representación popular y con las disposiciones administrativas emanadas del gobierno. Esas decisiones diluirían el Estado y su Administración en anarquía).

Por tanto, la construcción de la Administración pública sobre la base de la participación, no ya procedimental, sino orgánica, descansa en un análisis erróneo y supone una propuesta equivocada. Cierto que la participación es una técnica deseable dados el crecimiento y la complejidad de las tareas administrativas, pero se tratará siempre de una técnica correctora del distanciamiento de la organización administrativa respecto del ciudadano y de la realidad, que no puede pretender erigirse en pivote de la construcción misma del fenómeno administrativo, a través de una suerte de "socialización" (por incorporación de los ciudadanos, organizados o no, a los órganos decisores) de la organización administrativa. La traslación del debate entre opciones y la contradicción entre intereses propios de los órganos de carácter político a la Administración supondría una perturbación de primera importancia en la organización del Estado en su conjunto: la quiebra del sistema democrático mismo, puesto que la acción estatal en el plano administrativo no sería imputable (al no ser objetiva y vinculada –en términos de previsibilidad y disponibilidad a la dirección– a las decisiones adoptadas en los niveles políticos) a estos últimos y, en definitiva, los órganos constitucionales representativos, con lo que dejaría de tener sentido la responsabilidad política –ejercida en último término por el pueblo directamente, a través de las elecciones y el mandato representativo– sobre la que se articula por entero el sistema democrático. Y sobre ello no se conseguiría tampoco el efecto deseado: la intensificación del control de la acción estatal por los ciudadanos. Porque ese mayor control

---

63    C. H. Ule: "Demokratisierung der Verwaltungsgerichtbarikeit?", en *Verwaltung und Verwaltungsgerichtbarkeit. Gesammelte Aujsätze und Vorträge 1949-1979-* Carl Heymanns Verlag KG, Köln, Berlín, Bonn, München, 1979, p. 544.

tendría que ser socialmente fraccionado (en función de los servicios públicos, con lo que se rompe el principio de generalidad o universalidad democrática, volviéndose a una suerte de estamentalización) y, además, forzosamente sería acaparado por los grupos sociales prevalentes, con la consecuencia de la introducción de un factor de desigualdad de incalculables proporciones (del que ya existen desde luego manifestaciones primeras).

La supuesta crisis del modelo de gestión objetivo-jurídica no lo es de este último, sino exógena al mismo. La Administración debe continuar estando construida sobre él, sin perjuicio de la utilización de la técnica de la participación como mecanismo idóneo para corregir las inevitables disfunciones de ese modelo, hoy –en el Estado social de Derecho– más que nunca vigente.

Es igualmente errónea –según la conclusión alcanzada– la línea que, interpretando incorrectamente las transformaciones en la comprensión de la organización y funcionamiento del nuevo Estado, cree llegada la hora del ocaso de la construcción de la Administración pública sobre el dato de su personalidad y del Derecho Administrativo, por tanto, sobre el mismo. En este sentido es significativa la posición adoptada recientemente por F. Garrido Falla,[64] tomando pie en la polémica ya más arriba estudiada sobre la personalidad jurídica del Estado y su relación con la personificación de la Administración.

Por de pronto, es todo punto maniqueo el argumento de que la personalidad de la Administración conduce al olvido del Estado en su conjunto y de que hay que recuperar la idea global del Estado precisamente a través del dato de la personalidad y del entendimiento de sus poderes como órganos del Estado. Pues olvida justificar por qué lo uno lleva a lo otro. La tesis subjetiva del Derecho Administrativo no tiene como presupuesto necesario la falta de personalidad del Estado, ni representa un olvido o una postergación de la visión global de éste. Antes al contrario, tiene muy presentes las exigencias de éste y concibe la Administración como organización subordinada y servicial, vicaria respecto de la organización representativa. Ocurre, sin embargo, que acierta a poner de relieve que, dentro del complejo aparato estatal, la Administración es la única organización que –desde el punto de vista interno– necesariamente debe estar personificada y en ello radica sus rasgos distintivos, con independencia de la personificación o no del Estado como tal. La propia línea de pensamiento objeto de crítica reconoce este hecho fundamental, cuando afirma que "la doctrina de la personalidad estatal tiene relevancia práctica normalmente en cuanto a personalidad de la Administración pública". Lo que dicha posición escamotea es la justificación del porqué la adecuada comprensión del Estado como un todo y la correcta ubicación de la Administración en él precisa pasar por la personificación de aquél; construcción esta históricamente revelada como superflua y mixtificadora, según se vio en su momento. Entre tanto no acredite y razone las ventajas que esa personificación reporta es evidente que no puede ser aceptada, al menos como demostración de la quiebra de la concepción subjetiva de la Administración. La prueba más contundente en orden a la superfluidad de la técnica de la personificación en la organización superior del Estado la suministra la Ley 1/1980, de 10 de enero,

---

64    F. Garrido Falla: Reflexiones sobre una reconstrucción de los límites formales del Derecho Administrativo español. Ed. Instituto Nacional de Administración Pública, Madrid, 1982.

que no ha precisado de ella para la construcción del Consejo General del Poder Judicial, ni para diseñar el Poder Judicial mismo, ni para explicarlo como órgano del Estado persona.

Más aún, la tesis del Estado como persona jurídica única y a todos los efectos es indebidamente simplificadora de una realidad compleja y, además, expresión de una concepción política última hoy insostenible (porque ninguna definición técnico-jurídica es inocente, ni desligada del correspondiente sustrato ideológico): El Estado-corporación o, como dice G. V. Rescigno,[65] el Estado como "unidad orgánica de los ciudadanos". Precisamente la posición de este último autor –enmarcado en uno de los ordenamientos de tradición en la concepción del Estado como persona– es altamente ilustradora de la obsolescencia de éste y de los peligros que encierra. Esa posición,[66] tras la afirmación inicial de que "se sostenía *en el pasado* que todos los Estados eran personas jurídicas y que en la personalidad jurídica se individualizaba el instrumento principal y la expresión inmediata de la unidad estatal... (pero hoy) se sostiene más modestamente que *en general* los Estados son personas jurídicas...", puede resumirse así:

a) Sólo en algunos concretos aspectos puede considerarse que el Estado actúa en el mundo jurídico como sujeto único y personalizado, es decir, como persona jurídica en sentido estricto: en el ámbito patrimonial o de la propiedad estatal, en el de responsabilidad jurídica, entre otros.

b) En muchos otros casos el Estado aparece y actúa más bien como un conjunto coordinado de partes relativamente autónomas entre sí.

Por ejemplo:

–Cuando un órgano mantiene relaciones con otro órgano (de cooperación, control, consulta, conflicto, etc.). En estos supuestos no tiene sentido decir que el Estado mantiene relaciones consigo mismo, porque la realidad misma (y sus consecuencias jurídicas) es que una parte del Estado entra en relación con otra parte del mismo y en esa relación ambas se comportan como *sujetos* autónomos y distintos. Si bien esta circunstancia es menos evidente de producirse la relación en el interior del aparato estatal, pasa a ser de lo más evidente cuando la relación (y, en su caso, el conflicto) entre órganos tiene una relevancia directa e inmediata para sujetos externos al aparato estatal, pues en tal caso es innegable que respecto a la colectividad y el ordenamiento jurídico general tales órganos en conflicto se ofrecen como sujetos en contradicción, es decir, como centros de poder independientes en contraposición y, por tanto, sujetos de derecho en todo comparables (por lo que hace al contenido de sus funciones en posición contradictoria) a las personas físicas y jurídicas.

–Cuando se trata de la actuación de partes del Estado (como las haciendas autónomas) que gozan, en el seno del complejo estatal y frente al exterior, de un estatuto específico derogatorio de las reglas generales propias del resto de la organización estatal. Pues aquí el Estado no puede decirse que opere

---

65  Giuseppe Ugo Rescigno: *Corso di diritto pubblico*. Ed. Nicolo Zanichelli S. p. A., Bolonia, 1979, p. 129.

66  G. U. Rescigno: *op. cit.*, pp. 129 y ss., especialmente las conclusiones contenidas en las pp. 160 a 164.

como una persona unitaria, ya que aquellas partes autónomas del mismo se comportan, y son reconocidas formal y positivamente como tales por el ordenamiento, en calidad de verdaderas personas jurídicas.

–Cuando –y aquí el fenómeno se hace más claro aún– un órgano del Estado, para ciertos fines y en determinados supuestos, aparece reconocido expresamente por el ordenamiento como persona jurídica en sentido técnico, dando vida a la figura del órgano-persona jurídica.

c) El Estado no se limita a actuar por intermedio de sus diversos órganos, así como de sus diversas partes en multiforme relación las unas con las otras. Antes al contrario, influencia y dirige, mediante controles más o menos intensos, gran número de entes públicos que, estando considerados y reconocidos por el Derecho como personas jurídicas y, por tanto, como centros de imputación jurídica independientes y separados *formalmente* del Estado, representan en definitiva instrumentos indirectos de *la voluntad estatal*.

De otro lado, modernamente se pone de relieve cómo el Estado ejerce un control más o menos intenso, incluso sobre entes o sujetos claramente de carácter privado, lo que –unido a lo anterior– conduce a la tentación de negar toda diferencia cualitativa (por afirmación de la existencia de sólo la cuantitativa) entre los diversos sujetos actuantes en el ordenamiento, de modo que la sociedad se aparece como un *continuum* orgánico que va –a partir del poder central– desde un máximo de control a un mínimo de éste.

Pero esta concepción "organicista" falsea la realidad, porque tiende a hacer uniformes y cualitativamente iguales fenómenos profundamente diversos.

Lo cierto es que, en el complejo galáctico de sujetos públicos, debe distinguirse según los criterios de autonomía e independencia de las partes del Estado (al menos para ciertos fines o funciones), aunque bajo una posibilidad de control permanente, sistemática y general desde el vértice del Estado, así como de personificación formal de entes sólo sujetos a determinados y limitados controles. De este modo, la cuestión de la personalidad del Estado se articula en una multiplicidad de cuestiones menores, abocando a la conclusión de que *el Estado no es siempre y no actúa siempre como persona jurídica única y unitaria* y ya sólo por esta razón *no es reconducible a la figura de persona jurídica típica del Derecho privado (en particular a la asociación personificada)*.

Esta irreductibilidad del Estado a la categoría de la personalidad jurídica se explica por el hecho capital de que el Estado actúa "como persona jurídica unitaria" sólo a ciertos fines y en ciertos casos, descomponiéndose en otros casos y para otros fines en partes relativamente independientes, toda vez que el Estado representa la entera colectividad nacional y, por tanto, incorpora en su seno los múltiples y conflictivos intereses presentes en ésta (hasta el punto de que algunas de las partes estatales están vinculadas a la tutela de intereses parciales y contradictorios con otros).

Quiere decirse que el Estado y, en general, los entes públicos, por contra de lo que sucede con las personas privadas (de composición interna homogénea), deben articularse necesariamente en muchas partes componentes, pues muchos y diferenciados son los intereses sociales que deben gestionar, de lo que resulta la posibilidad (y la necesidad) de que dichas partes entren en conflicto y se configuren con relativa autonomía.

El precedente relativo detenimiento en la posición reciente de G. U. Rescigno resulta pertinente y oportuno por un doble motivo:

–En primer término, porque desmonta el manido argumento de la singularidad, aun hoy, de nuestro país respecto al pensamiento jurídico europeo continental, en el que se considera aún plenamente vigente la idead del Estado-persona. Muy por el contrario, se trata de una idea cuando menos en franca revisión.

–En segundo lugar, porque desvela convincentemente el idealismo simplificador y mixtificador de la realidad propio del entendimiento del Estado como verdadera y unitaria persona jurídica. Se trata de un apriorismo, con un fondo ideológico organicista, que pretende imponerse por un puro prurito dogmático-teórico a una realidad compleja e irreductible con evidencia al mismo.

El Estado no es, ni puede ser una verdadera persona jurídica y, en particular, no puede serlo hoy cuando articula e institucionaliza una sociedad pluralista. Cosa distinta es que exista el Estado como un todo, como un complejo organizativo, exigente de su funcionamiento eficaz como tal, referencia y marco obligado de la totalidad de las organizaciones públicas y que, en cuanto tal, pueda considerarse, en ciertos aspectos, centro de imputación de determinadas relaciones (así, nuestra Constitución, cuando habla en su artículo 132,2, de bienes de dominio público estatal).

En todo caso y en clara contraposición a lo anterior, existen partes del Estado, centros de poder público que, dotados de cierta autonomía y vinculados a la realización de determinadas funciones, han de ser configurados necesariamente como estrictas personas jurídicas, en razón a las características mismas de los intereses que gestionan y a las funciones que tienen encomendadas. En el caso precisamente de la Administración pública, que es un complejo integrado por organizaciones inevitablemente montadas sobre el dato de su personificación a todos los efectos en razón a la naturaleza de su giro o tráfico. Y esto y nada más es lo que postula la tesis subjetiva del Derecho Administrativo.

De otro lado, la extensión del Estado de Derecho que se manifiesta en la fiscalización jurisdiccional incluso de los actos legislativos y, en general, de todos los actos de poder en caso de vulneración de los derechos fundamentales y libertades públicas, hace referencia a exclusivamente al plano de las garantías del ciudadano frente al poder público y en modo alguno al problema que nos ocupa. Como el propio Garrido Falla sostiene, en la Justicia Constitucional "se esfuma la necesidad técnica de contar con una persona jurídica demandada", porque el proceso se articula como un "proceso al acto". Esta circunstancia, lejos de poder valorarse como quiebra de la concepción subjetiva de la Administración, demuestra precisamente lo contrario: la innecesariedad de la personificación del Estado para la adecuada construcción de éste y, en concreto, la resolución de las exigencias de garantía judicial no sólo frente a la Administración, sino al resto de los poderes públicos.

En tercer término, tampoco la diversificación de los actos propios de los poderes clásicos (Legislativo, Poder Judicial) o de otros órganos constitucionales (el Tribunal Constitucional) más allá de los típicos o formalizados como propios de la función (ley, sentencia), constituye otra cosa que la quiebra de la concepción clásica de la división de poderes. Preciso resulta acomodar las categorías jurídico-públicas a la auténtica realidad del Estado, que demanda un adecuado funcionamiento de los poderes, tal como aparecen constitucionalmente configurados, para lo que es necesario que éstos desarrollen cometidos complementarios. Pero éstos no pueden erigirse, por razones obvias emanadas de su accesoriedad o complementariedad, en criterios determinantes. Porque estos cometidos secundarios (autoorganización, medios materiales, medios personales) pueden ciertamente calificarse de materialmente administrativos, pero no integran el fin mismo de las organizaciones que los realizan ni siquiera el núcleo fundamental o, al menos, cuantitativamente significativo de su funcionamiento. Integran actividades de apoyo a la función principal y caracterizadora, desarrolladas por la propia organización para la mejor garantía de la correcta realización de ésta y en razón, en último término, a motivos prácticos. Prueba de ello es que, como reconoce el propio Garrido Falla, nada obsta a un esquema organizativo de encuadramiento de las mismas (según un sistema horizontal) en la Administración. Por tanto, este fenómeno no desvirtúa el hecho radical de que es la Administración la organización a la que se encomienda como fin la acción estatal de gestión y cumplimiento del interés general. No hay confusión, porque no existe coincidencia ni entrecruzamiento del giro o tráfico propio de las diversas organizaciones administrativas y constitucionales. En realidad, las actividades "administrativas" de estos últimos no plantean ese problema y sí sólo (al implicar verdaderas relaciones jurídicas) el de la garantía correspondiente. De ahí que la legislación del Tribunal Constitucional y del Consejo General del Poder Judicial se ocupen tan sólo del aspecto de la jurisdicción competente para conocer de los correspondientes conflictos. Y si se inclinan por la contencioso-administrativa ello no es que implique la voladura de los límites propios del Derecho Administrativo, sino más sencillamente la elección en favor de aquella jurisdicción que, por sus características, es más idónea para conocer de los expresados conflictos, dadas las características jurídico-públicas de las relaciones a enjuiciar. Pero de ello no se sigue que éstas sean sin más jurídico-administrativas: más bien se rigen por su régimen propio (el establecido por la normativa específica al efecto establecida), sin perjuicio de la aplicabilidad supletoria del Derecho Administrativo (fenómeno este tan antiguo como el Derecho y que no cuestiona la independencia de dicha disciplina) en tanto que Derecho público interno común por su vía expansiva. En resumen, pues, todas las circunstancias expuestas conducen desde luego a una extensión del ámbito de la jurisdicción contencioso-administrativa, por razones evidentes de garantía jurídica (exigida por el artículo 24.1 de la Constitución), pero de ello no puede hacerse seguir sin más, cual se pretende, la quiebra de la concepción subjetiva del Derecho Administrativo. No es argumento bastante el que todo el ámbito de aquella jurisdicción no puede ya aplicarse por relación a los "actos de la Administración pública", pues ello no tiene por qué ser necesariamente así, ni influye para nada en el concepto de Administración y de Derecho Administrativo.

## C. La reafirmación y, por tanto, la validez actual de la concepción subjetiva de la Administración y del Derecho Administrativo

En las circunstancias actuales y en atención a las exigencias del nuevo Estado democrático, social y de Derecho no sólo no puede hablarse de crisis de la concepción subjetiva de la disciplina, sino que ésta debe ser reafirmada como la única que continúa siendo capaz de explicar el fenómeno administrativo. Pues hoy más que nunca resulta preciso enfatizar la condición de la Administración como organización-institución, vinculada a la satisfacción del interés general y caracterizada por la gestión objetivo-jurídica de éste; organización que, por ello, es, en términos políticos, un poder público específico y, en términos jurídicos, una persona dotada de autonomía, pero subordinada a la organización.

–El replanteamiento total de los medios de manifestación de la voluntad del Estado, revisando totalmente la distribución de las competencias, es decir, de los contenidos de decisión efectiva no es función de las formas en que ésta ha de expresarse (ley, reglamento, acto), sino de la naturaleza de la materia, la posición del órgano estatal y su funcionalidad en el complejo total del Estado.

## I. ALGUNAS CONSIDERACIONES SOBRE LA ÚLTIMA EVOLUCIÓN RELEVANTE PARA EL CONCEPTO DE DERECHO ADMINISTRATIVO.

### 1. EL PANORAMA GENERAL DE LAS TRANSFORMACIONES EN CURSO

Como sin duda resulta del libro que ahora, tras tantos años de haber sido escrito, se reimprime, la de la determinación conceptual del Derecho administrativo es, dado su objeto, una tarea siempre y necesariamente inacabada. Hoy dista también de ser fácil la que se corresponde con el Estado surgido de la evolución en él descrita -el Estado formal o materialmente social y democrático de Derecho (cuya consagración rotunda se encuentra en el artículo 1.1 de la Constitución española de 1978), que, sin embargo, se halla perfecta y sólidamente instalado.

Pues puede decirse que vivimos un momento histórico, aunque sumamente interesante, contradictorio y presidido por la incertidumbre. Ésta se debe, sin duda, al cambio, complejidad y rapidez del presente. Tales circunstancias hacen del momento un período de transición, en el que la nueva situación hacia la que se va, el nuevo sistema a alumbrar, está aún fraguándose y resulta más que difícil vislumbrar y prefigurar los principios y las coordenadas sobre los que éste va a quedar definitivamente asentado. No es posible realizar aquí un análisis mínimamente completo de las principales transformaciones que afectan al Estado. Nos hemos de limitar a señalar las más significativas a nuestro propósito.

Por de pronto, la mundialización de la economía ha conducido a la búsqueda de estructuras de poder público más amplias que las del Estado nacional, es decir, la tendencia a la integración supranacional no sólo económica, sino también política, proceso del que la Unión Europea puede ser un buen ejemplo. Esta transformación del Estado nacional clásico "hacia afuera" está siendo acompañada en el orden interno por un conjunto de procesos de porte, contenido y alcance muy diversos. En primer lugar, la progresiva complejidad de la sociedad ha servido y sigue sirviendo de base para la extensión de la creencia de que la acción configuradora y redistribuidora del Estado tiene límites. Como bien explicó en su momento el constitucionalista español M. García Pelayo[1], el Estado, encerrado aún en los esquemas establecidos y sujeto a la inercia de su propia evolución desde el Estado liberal al social, se revela incapaz para absorber la creciente complejidad de su ambiente, de reaccionar

---

1    M. García-Pelayo, Las transformaciones del Estado contemporáneo, 2.ª edic., 6.ª reimp., Madrid, 1992.

con prontitud a las nuevas exigencias planteadas por las transformaciones sociales y los requerimientos derivados de las mismas para la dirección y el control de la sociedad. Correlativamente, se impone un pragmatismo en el que las palabras claves, la piedra de toque auténtica de la actividad de la Administración pasan a ser la eficacia y la eficiencia. Desde ellas se produce la medición y la valoración del papel y de la acción del Estado, pero sin que a tales criterios se les haya otorgado un contenido preciso más allá de su simple extrapolación desde el mundo de la economía privada. Surgen, así, las tendencias a la racionalización del Estado y, más allá aún, a la desregulación y la privatización. Tendencias éstas que, en los últimos años, están determinando -cuando aún no se han digerido completamente las consecuencias del paso del Estado liberal al social- la rápida transición, a resultas del protagonismo del mercado como mecanismo de satisfacción de las necesidades sociales, desde el *Estado social prestacional* (sin abandonar completamente éste) al que la dogmática alemana ha acuñado ya como Estado de *garantía de las prestaciones* ("Gewährleistungsstaat").

El resultado es, por ahora, una situación de considerable confusión. Si, de un lado, el Estado continúa basando su organización y acción en ideas, esquemas, principios, categorías, conceptos y técnicas trabajosamente elaborados y establecidos a lo largo de varias décadas y aún de siglos de evolución histórica, por otro lado la realidad los pone diariamente en cuestión, demanda profundos cambios y una radical adaptación a las nuevas circunstancias, haciendo surgir con pujanza nuevas soluciones. La vida actual del Estado se caracteriza, pues, por un *proceso de transformación*.

Este proceso se manifiesta en la idea persistente (sobre todo en el mundo político) de la reforma del Estado o, menos pretenciosamente, de la Administración pública. En todo caso y como tiene señalado el profesor alemán Schmidt-Assmann[2], la crisis del Estado social en su forma de Estado de bienestar se proyecta sobre la Administración pública en tres formas básicamente:

1ª. La reducción de los medios personales, económicos y materiales disponibles y, paralelamente, la exigencia de productividad, economía y celeridad.

2ª. El replanteamiento crítico del número y características de las funciones y cometidos de la Administración.

3ª. El cuestionamiento del concepto básico de dirección de la sociedad, que hasta ahora se reconocía sin problemas en favor del Estado y de la Administración, por entender que las técnicas administrativas clásicas (orden, prohibición, etc.) son insuficientes, y emergen técnicas de actuación administrativa de carácter "informal" o "cooperativo".

No es, pues, sorprendente que se esté generalizando una sensación de crisis incontrolada de lo público. La acumulación de obstáculos y dificultades

---

2    Schmidt-Assmann, Das Allgemeine Verwaltungsrecht als Ordnungsidee, Heidelberg, 1998. Hay traducción española de varios autores aparecida con el título: La teoría general del Derecho administrativo como sistema. Objeto y fundamentos de la construcción sistemática, Madrid 2003.

para la determinación, reducción y control por el Estado de la complejidad de su ambiente social está provocando serias disfunciones en el sistema estatal y amenaza con desencadenar un proceso de desorganización total del mismo.

Indagando en las causas de esta situación relativas al papel y las funciones del Estado, sucede que el sistema mismo ha comenzado a ser cuestionado. Porque el Estado ha debido responder en la práctica a las nuevas funciones demandadas y generadas por la realidad misma: a las tradicionales de dirección, ordenación y prestación se han añadido, en una u otra forma, las de organización, planificación, coordinación, moderación, incentivación e intermediación en las actividades sociales y privadas. La ampliación y diversificación del papel y de las funciones estatales han debido ir cumpliéndose sin referencia a un esquema teórico coherente, y además en un ambiente de relativización de la diferenciación y contraposición clásicas entre interés público y privado, preparada y alimentada por la consolidación del Estado social (la contraposición ahora es más bien entre el interés general y el particular). Crecientemente, pues, el poder público se ve en la necesidad de inducir la colaboración de la economía privada y acudir a fórmulas de concierto, transacción y cooperación con grupos sociales y agentes privados.

La expuesta necesidad de transformación del Estado se revela con especial nitidez, en todo caso, en la crítica a las formas tradicionales de acción del poder público y su desbordamiento por la emergencia de otras alternativas de difícil encaje, pero principalmente en el incremento de la tensión entre actuación pública formal (conforme a los procedimientos y mecanismos establecidos y regulados) e informal (al margen de éstos), que amenaza con romper el equilibrio entre ambas y dificulta seriamente la continuación de la explicación del sistema desde la imagen que resulta de su formalización legal.

La renovación que se hace estrictamente indispensable encuentra su centro de gravedad precisamente en el campo propio del Derecho administrativo, en tanto las nuevas exigencias a las que se enfrenta el Estado considerado como un todo trascienden preferentemente a la Administración como instrumento primario de aquél en la acción de configuración e integración sociales. Por lo que hace a las estructuras organizativas, se advierte ya la ruptura de la imagen de unidad del Estado y de la Administración. El modelo constructivo derivado de dicha imagen, basado en la jerarquía, se ve desdibujado por la superposición de otro, en clara expansión, fundado en la descentralización del sistema y la coordinación -con mecanismos más perfeccionados- de sus piezas o elementos (modelo de Administración "en red", incluso transfronteriza); modelo este último en el que a la diferenciación y autonomización, por círculos territoriales de interés, de instancias de poder, se añade la separación o independización funcional de enteras organizaciones sectoriales. A ello se suma la progresiva afirmación, frente a la idea de la Administración rígidamente "programada" (gracias a la virtualidad otorgada al principio de legalidad), del doble fenómeno de una cierta "autoprogramación" de la Administración, y una "reserva" de espacios de acción en favor de la misma. No es por ello sorprendente el anuncio de que se camina ya hacia un *sistema policéntrico de producción, definición y ejecución del Derecho.*

La misma programación legal de la actividad administrativa está experimentando profundas alteraciones. Por un lado, la Ley ha dejado de ser siempre una norma general y abstracta con vocación de vigencia indefinida, puesto que reviste con frecuencia medidas referidas a problemas específicos y asume con normalidad una nueva relación con el tiempo: Leyes coyunturales, de vigencia temporal, etc. Por otro, la Ley también ha dejado de responder al esquema clásico según el cual aquélla era un mandato general, que provocaba un deber de obediencia directo del ciudadano. En la actualidad las Leyes establecen a menudo simples apoderamientos, encomiendas, determinaciones de fines y objetivos y mandatos de búsqueda y encuentro de la solución en cada caso más adecuada. La causa radica en que, en las actuales condiciones, es extremadamente difícil cumplir la función típica de regulación de la Ley, de una regulación definitiva de las materias y de una determinación legal precisa y suficiente del interés general o público. Su efecto no es otro que atribuir mayores márgenes de acción y de disposición en favor de la Administración.

Más aún, el propio interés general o público ha dejado de ser una categoría unívoca. Sigue existiendo un único interés general, pero la descentralización del poder público es tal, que se genera una diversificación de los puntos de vista acerca de aquel interés público. Con lo que en la realidad existe una pluralidad de intereses públicos (el local, el autonómico, el sectorial, etc.). Esto es, ha entrado en crisis la noción del interés público como categoría clara y contrapuesta al interés privado, no siendo fácil distinguir uno y otro con claridad. La interpenetración entre el Estado y la sociedad ha relativizado ese concepto, con lo cual se asume con normalidad que para satisfacer el interés público la Administración ha de cooperar con los intereses privados.

El panorama del Derecho administrativo no aparece tampoco monopolizado por la clásica relación jurídica bilateral entre la Administración y el administrado. Junto a ésta han surgido, de un lado, el diverso mundo de las relaciones de Administraciones u organizaciones públicas entre sí, y, de otro, las relaciones más complejas que enfrentan a la Administración con una pluralidad de ciudadanos con intereses incluso divergentes y de parecida entidad.

Desde otro punto de vista, la construcción de la relación jurídico-administrativa como establecida entre dos sujetos con un *status* bien definido y único, es hoy asimismo insuficiente para explicar el conjunto de las relaciones que existen entre la Administración y los ciudadanos. Y ello es así porque no es cierto que la Administración se relacione de forma invariable con los segundos en una posición constante e igual de superioridad. Las Constituciones han definido, una posición del ciudadano que cabría calificar de "fundamental" y que se concreta en los derechos y las libertades reconocidos por las propias normas fundamentales. De ahí que las posiciones respectivas de Administración y ciudadano varían y son distintas según los ámbitos en los que la relación entre ambos sujetos se materialice. Por todo ello se ha ido desarrollando un rico y variado complejo de derechos y deberes recíprocos de la Administración y el ciudadano, de contenido diferente según el tipo de relación entablada. De un lado, son frecuentes los "nuevos" deberes de la Administración tales como los de asesoramiento, ilustración, información, recomendación o advertencia. De otro, y de la parte del ciudadano, adquieren creciente importancia derechos que podemos llamar de carácter "procedimental" (intervención, iniciativa, sugerencia, participación, reclamación), así como deberes o cargas de diferente carácter y alcance.

Es, pues, de toda lógica que se hayan producido y continúen produciéndose sustanciales cambios en la ejecución administrativa de las normas y en las formas mismas de la acción administrativa. Por lo que hace a lo primero, la tarea administrativa se perfila cada vez más como organización, dirección y conducción de procesos y situaciones sociales complejos, en detrimento del arquetipo de actuación caso a caso mediante acto unilateral, abriéndose paso incluso la participación o intervención directas de los ciudadanos en la gestión de actividades administrativas (el caso de las llamadas organizaciones no gubernamentales es especialmente ilustrativo). El tipo de acción administrativa que se va delineando requiere como marco una relación más continuada y permanente que la que se expresa en el procedimiento administrativo tradicional.

Por lo mismo, las formas de acción de la Administración han sufrido también una correlativa evolución. Aunque se conservan desde luego la actuación "unilateral" (compuesta por la orden, la prohibición y la sanción) es cada vez más frecuente la utilización de formas de actuación que podríamos llamar "blandas" y cuya incidencia sobre el ciudadano es indirecta (informaciones, recomendaciones, publicidad, incentivación e, incluso, concierto y acuerdo). Todo ello, además del fenómeno, del deslizamiento paulatino de la Administración en favor de formas de acción jurídico-privadas, que se entienden intercambiables con las de carácter jurídico-público.

Volviendo al plano de la dirección social mediante regulaciones legales, no parece necesario volver a insistir en la progresiva ineficacia de la misma en un contexto social complejo, en rápida evolución y diverso según las circunstancias de lugar y los sujetos implicados. Radica aquí, sin duda, la explicación de lo que desde un enfoque tradicional ha de calificarse como déficit de ejecución de las Leyes, y desde una perspectiva nueva cabría conceptuar como "ejecución o aplicación selectiva" o "utilización o uso estratégicos" del Derecho. Se alude con tales expresiones al desarrollo de la actuación administrativa informal (conversaciones, arreglos, acuerdos, convenios), así como a la generalización de la tolerancia de situaciones irregulares o ilegales y a la inactividad de la Administración (especialmente visible en cuestiones de gran complejidad o sensibilidad social, tales como el urbanismo o el medio ambiente).

La mayor importancia de los derechos de carácter procedimental y las demandas de participación e intervención ciudadanas en los procesos administrativos de toma de decisiones adquieren, así, una connotación de contrapeso y reacción frente a los más amplios márgenes de libertad de que goza la Administración en la ejecución y aplicación de la Ley. El éxito de la acción administrativa depende cada vez más de la colaboración entre la Administración y los ciudadanos.

Todo lo anterior se inserta, además y como ha destacado W. Hoffmann-Riem[3], de la crisis actual del Derecho y, por tanto, del Estado como *sistema de control social*, de dirección o motivación del comportamiento humano en el sentido pragmático de la obtención y, al mismo tiempo, evitación de determinados efectos o resultados según que sean respectivamente deseados

---

3    Hoffman-Riem y E. Schmidt-Assmann (editores), Innovation und Flexibilität des Verwaltungshandelns, Baden-Baden, 1994.

o indeseados por las normas. Esa función tradicional, cumplida mediante el establecimiento de normas de conducta, no ha dejado de crecer en importancia a lo largo del tiempo, si se tiene en cuenta que se trata de garantizar las condiciones mínimas externas de la convivencia que son presupuesto para el libre desarrollo de la personalidad individual y del funcionamiento del cuerpo social (aspectos ambos de una misma realidad) en todas las dimensiones. Y es, en la actualidad mas esencial que nunca, por i) el pluralismo y la complejidad de la sociedad, que dificultan la determinación del orden mínimo de valores comunes de la convivencia pacífica; ii) la conversión de la sociedad, además, en una "sociedad del riesgo" caracterizada por la superación del principio, que hasta entonces la había venido rigiendo, según el cual lo deseado es hacedero y lo no deseado es soslayable; y iii) la alteración de la tensión y, por tanto, el equilibrio entre el "cambio" y la "estabilidad", en el sentido de la entronización del cambio continuo y rápido, lo que vale decir de la coyunturalidad y la incertidumbre, a lomos de los avances de la ciencia y la tecnología. Estas transformaciones no han dejado de tener obviamente consecuencias para el Estado, en su triple carácter de Estado democrático, social y de Derecho; Estado que hoy ha dejado de ser ya, además y como nos consta, la instancia de referencia última y acotadora del espacio en el que se desenvuelve por entero la vida social y política relevante.

El Estado y el Derecho experimentan así, cada vez más, una *reducción a instrumento* para la adaptación al cambio continuo y a la complejidad social. Han pasado a la condición de medios de dirección social y no sólo ni preferentemente de organización y control de situaciones y relaciones sociales y del tráfico de bienes, sino de la actuación de todo tipo de sujetos para la efectividad de los procesos sociales: un medio de evitar perturbaciones en éstos. Y ello en un contexto de quiebra del modelo de reparto de responsabilidades entre el propio Estado y el ciudadano y, en el seno de la sociedad, singularmente entre el empresario y el trabajador.

La comprobación elemental de que las sociedades de masas actuales no pueden prescindir del Derecho (en particular en su función de prevención de riesgos) no puede hacer olvidar que su capacidad de control social se encuentra hoy significativamente disminuida al menos en algunas dimensiones. Los límites que en su capacidad de control viene sufriendo el Estado no implican necesariamente, sin embargo y paradójicamente, descenso de las expectativas y esperanzas en él depositadas cara al aseguramiento del bien común. Ello explica su *activismo normativo* (incluso para reformar el elenco de sus instrumentos de acción) y las importantes transformaciones en curso, a la que no son ajenos las mutaciones del orden y las relaciones internacionales, el proceso de integración europea y la presión de la mundialización de la economía (especialmente la financiera).

Entre las causas eficientes de la aludida *pérdida de capacidad de control social* están sin duda: i) la privación al Estado por los procesos apuntados de muchas de las posibilidades para el cumplimiento de sus tareas y cometidos, muy especialmente de la de cumplimiento de éstos por sí mismo para evitar situaciones de déficit de implementación; y ii) la presión por el cambio en el instrumentario de la acción en el contexto de entronización de la confianza en el mercado y, por tanto, en la autorregulación y, por ello, principalmente en el sentido de la supresión de las normas de tipo imperativo. La reticencia al recurso a medios imperativos y de intervención, unida a la mayor dependencia de la colaboración de los particulares que implica la privatización, dificulta la influencia en los comportamientos de los actores sociales, de los que depende en definitiva la protección de los bienes jurídicos, incluido por supuesto el primario de la seguridad y el orden públicos. Y la consecuente renuncia a controles preventivos (supresión de autorizaciones; recurso a simples comunicaciones e, incluso, auto certificaciones o, al menos, certificaciones, acreditaciones u homologaciones privadas; simplificación de procedimientos; potenciación de los efectos del silencio administrativo positivo, etc…) aboca a la consecuencia indeseada del incremento o el reforzamiento de la vigilancia, la supervisión, la intervención imperativa o el control represivo *ex post*, el recurso a la tipificación de infracciones y la imposición de sanciones cada vez más severas (en su caso, a golpe de la coyuntura y sin observancia de la proporcionalidad); con la consecuencia del agravamiento del déficit en el control social por la dificultad de la implementación de tales medidas y la regresión -en búsqueda de la "eficacia"- en las conquistas alcanzadas por el Estado de Derecho como respuesta a aquel déficit y esta dificultad (especialmente por recurso al efecto intimidatorio inherente a la sobre-prevención general, en detrimento obviamente del espacio reconocido a la libertad y los derechos-garantías a ellos conectados). Esto es especialmente perceptible en los ámbitos de la seguridad pública y la lucha contra la delincuencia especialmente dañosa y el terrorismo tras los atentados del 11 de septiembre de 2001 a escala internacional y el atentado de 11 de marzo de 2004 a la nacional. Se impone, así y en cuanto a la dirección social, una actitud crítica y atenta a la salvaguarda del acervo de valores y bienes constitucionales, pero que no desfallezca en pesimismo, sino que, por el contrario, se mantenga en la búsqueda permanente del mejor instrumentario jurídico para encontrar la vía adecuada entre apertura al cambio y la innovación y precaución y responsabilidad ante ellas.

En la dimensión administrativa del Estado que aquí interesa, las repercusiones más importantes son las siguientes:

1ª. La trascendencia del *Derecho administrativo como instrumento de dirección y control de los procesos sociales* (la que los alemanes denominan "Steuerung"), exigente de una radical reforma del mismo. Y ello, como consecuencia de que la combinación de las transformaciones en curso, que se producen en un contexto de cambio continuo -generador de nuevos riesgos- basado en el alza del valor de la innovación favorecido por el avance científico y técnico, están haciendo aflorar serios problemas en el control estatal de los procesos sociales, especialmente del articulado a través del Derecho y la acción administrativos. A escala nacional no hace falta aludir siquiera al medio ambiente y el cambio climático (que es una cuestión de dimensión y responsabilidad incluso mundial); basta con remitir a la incapacidad de las técnicas de disciplina de los distintos sectores de la acción administrativa, como, por ejemplo, en el de la ordenación territorial y urbanística.

2ª. La importancia de la *incorporación al Derecho administrativo de la perspectiva del cambio y la innovación.* Pues, aunque el Derecho -y, en particular, el administrativo- se ha ocupado siempre de acompañar e, incluso, de fomentar el cambio, la rapidez, continuidad e importancia del propio de la época actual están desbordando su capacidad para cumplir eficazmente tal función. Y ello por la dificultad inherente a la cuestión de cómo pueden ser evitados los riesgos de la continua innovación social y maximizadas sus ventajas. Lo que vale decir: cómo puede anticiparse hoy si las innovaciones llevan a resultados deseados o no. De esta suerte, el Derecho, aún no adaptado a las nuevas condiciones sociales, debe operar sin contar con el soporte en la experiencia, menos aún segura, indispensable para ello, es decir, en un contexto de inseguridad e incertidumbre, pues el buen orden social depende de él incluso para la preparación del futuro.

Esta situación coloca el Derecho, además, bajo luz equívoca, pues si la perspectiva del valor innovación favorece su percepción negativa, concretamente como obstáculo, cuando no impedimento, a la creatividad y el éxito en el mercado y, por tanto, al progreso del bienestar, las actualizaciones de los riesgos generados por la innovación renuevan, reforzándolas, las apelaciones al Derecho, especialmente cuando se trata de determinar las responsabilidades por las consecuencias negativas de los nuevos procesos sociales.

El Derecho no puede, sin embargo, escapar a tal destino. Pues su papel nuclear es el de tutela y la protección, al procurar seguridad general, coarta, constriñe inevitablemente las posibilidades del o de lo protegido. Pero, al propio tiempo, debe cumplir ese papel despejando igualmente las incertidumbres cara al futuro, lo que apunta principalmente a la prevención de riesgos (lo que todavía no es realidad o actualidad), a la regulación de lo nuevo aunque todavía no sea conocido del todo. Al cumplirlo fija sin duda límites y excluye unas posibilidades, pero también abre otras posibilidades y limita riesgos. La importancia de la adecuada consideración de las consecuencias deriva de la posibilidad, en una época que, como la actual, U. Beck -el teórico de la sociedad del riesgo y de la modernidad reflexiva- ha calificado de los "efectos secundarios o colaterales", de que las no tenidas en cuenta anulen los posibles efectos positivos.

De ahí que, desde el planteamiento del Derecho como instrumento abierto y responsable de la innovación, W. Hoffmann-Riem[4] haya planteado recientemente la necesidad de que:

a) El Derecho siga construyendo confianza mediante predictibilidad, pero que, cuando no lo pueda conseguir, se reoriente en mayor medida -afrontando la inseguridad- hacia el *manejo de la incertidumbre mediante* una *mayor flexibilidad y capacidad de aprendizaje* para conseguir que las innovaciones de todo tipo se produzcan, pero lo hagan en términos que estén dentro del interés de la generalidad de los

---

4    W. Hoffman-Riem y E. Schmidt-Assmann (editores), Innovation und Flexibilität des Verwaltungshandelns, *op. cit.*

ciudadanos (lo que requiere de la ciencia jurídica una investigación sobre la innovación).

b) La Ley, aunque siga entendiéndose como límite de la actuación lícita estatal, se conciba asimismo como *encomienda de configuración y optimización de la vida social en un "corredor de lo permisible jurídicamente"* y, por tanto, instrumento normativo para la garantía de la calidad de la actuación con impregnación jurídica (y, en tal sentido, de "dirección y control sociales"). Porque de lo que se trata es de la contribución del Derecho a la consecución de efectos normativamente pretendidos y la evitación de los normativamente indeseados. Con la consecuencia de la imprescindible ampliación tanto de las formas de control social y de la actividad (administrativa esencialmente) y de las estrategias de regulación (complementación del Derecho imperativo -órdenes y prohibiciones- por el Derecho habilitante, posibilitador -incluso de la autorregulación), como de los criterios jurídicos (ampliación a fines "blandos" o "grises" tales como los de efectividad, eficiencia, aceptación social o factibilidad).

c) La *operación* con la vista puesta en el *juego* no de normas determinadas y aisladas, sino más bien del necesario *conjunto de normas*, aún pertenecientes a diferentes ramas del Derecho y niveles de jerarquía, para su complemento recíproco, incluso con carácter subsidiario o supletorio en caso de insuficiencia o deficiencia de la primariamente aplicable. Lo que vale decir: la importancia progresiva de estructuras de enteras estructuras regulatorias complejas.

## 2. El panorama español, en concreto

La situación general que queda muy sumariamente descrita es sustancialmente válida para España. La española presenta, sin embargo, peculiaridades propias, derivadas del pasado histórico inmediato y de la singularidad de la transición política hacia la democracia. En un muy corto período de tiempo se ha pasado de un Estado autocrático y centralizado a un Estado democrático avanzado y de organización territorial novedosa, habiéndose no sólo "reconstruido" el Estado a partir del nuevo orden constitucional, sino incorporado éste al proceso de integración supranacional que representan las Comunidades Europeas y la Unión Europea.

Además, no puede desconocerse que la fundación del Estado democrático y su desarrollo posterior se han realizado -hasta hoy mismo y sin perjuicio de las indispensables adaptaciones- en y desde el marco conceptual básico elaborado en el Derecho administrativo (por práctica ausencia, en la época, de verdadero Derecho constitucional) durante el período franquista y teniendo éste como referencia. Tampoco cabe olvidar que es en este período cuando se construye literalmente el Derecho administrativo actual, gracias a la labor efectuada por la doble vía -de gran tradición entre nosotros- política (representada por los administrativistas-administradores, que realizan una gran tarea en la década de los cincuenta, mereciendo destacarse la figura de L. López Rodó) y científico-dogmática (emprendida y mantenida, con gran brillantez y

271

eficacia, por la llamada generación de la Revista de Administración Pública, en la que la figura clave es la de E. García de Enterría).

En cualquier caso, el desarrollo del Derecho administrativo desde los años sesenta es calificable de espectacular, tanto que con el advenimiento del nuevo Estado democrático y de Derecho sus técnicas y principios pasan a incorporarse sin más a los que presiden e inspiran modas -en la transición política- la definición y el primer desarrollo del sistema constitucional democrático.

No puede perderse de vista que en el panorama español juegan también, además de los expuestos, los elementos de cambio y transformación generales o comunes al mundo europeo occidental. Por ello, la llamada crisis del Estado se presenta entre nosotros con especial intensidad. En el ámbito estrictamente administrativo nuestra situación no es tampoco más alentadora, como resulta de las siguientes consideraciones:

1ª. Desde el punto de vista de la organización administrativa, se continúa viviendo sobre el modelo "administrativizador" del poder ejecutivo en su conjunto, que reduce a unidad el complejo de estructuras administrativas por apelación al principio de jerarquía, a pesar de que ese modelo ha quebrado. Esta quiebra se produce por una triple vía:

1.1. En primer lugar, la Constitución diferencia entre Gobierno y Administración, lo que obliga a distinguir entre la función específica de "gobierno" y la de "Administración" y de paso altera la construcción tradicional de la "programación legal" de la actividad administrativa, puesto que ahora la administración es objeto de una dirección por el Gobierno ("dirección gubernamental").

1.2. Se ha producido una ingente descentralización territorial del poder público (de todo él, salvo el judicial), lo que rompe la continuidad del "tejido administrativo", dado que se intercalan instancias políticas de gobierno a diferentes niveles.

1.3. Finalmente, la descentralización funcional o sectorial múltiple, que -al mismo tiempo que ha hecho saltar los moldes tradicionales del fenómeno de "autonomización" de tareas y cometidos administrativos- ha comenzado a generar otro nuevo y diverso de constitución de organizaciones "independientes", que erosiona el mecanismo general de imputación de la actividad "independizada" a una Administración territorial matriz y por lo tanto a una instancia de gobierno susceptible de control parlamentario o político-representativo directo.

2ª. Se sigue entendiendo que la actividad de la Administración está perfectamente encuadrada y programada por la Ley, a pesar de que el concepto clásico o tradicional de la Ley está desfasado. Eso hace que sea muy difícil encuadrar y manejar técnicamente las nuevas formas de habilitación y ordenación de la acción del poder público administrativo. Con el bagaje tradicional no es posible continuar afrontando transformaciones tan relevantes en el papel y la acción de la Administración pública.

3ª. La teoría administrativa sigue sin poder desprenderse, en lo que hace a las formas de la acción administrativa, del esquema basado en la intervención autoritaria y del acto administrativo unilateral (producido por subsunción objetivo-jurídica del supuesto concreto en el abstracto previsto en la norma). La proliferación de nuevas formas de acción y el creciente peso de éstas en relación con el tipo o modelo resultante de aquel esquema, coloca gran parte de la acción administrativa real fuera de, en excepción a éste.

4ª. La construcción técnica de la relación jurídico-administrativa no ha experimentado un progreso sustancial a pesar de la evolución de la realidad.

## II. La necesidad de la reforma del Derecho administrativo

### 1. Planteamiento general

En suma, el análisis de la situación actual del Derecho público y, en particular, del Derecho administrativo, tanto europeo general como español lleva a la conclusión de que es necesario *revisar profundamente sus presupuestos y principales construcciones*. Esta revisión ha de reposar, sin duda, en *la recuperación de la idea de la Administración no como un mal necesario, sino como un instrumento positivo* ("benefactor" en la terminología decimonónica) *de ordenación y configuración sociales*, así como del objetivo de la articulación de un *sistema administrativo capaz de cumplir con eficacia sus cometidos propios* (cualesquiera que éstos sean). La necesidad a que ha de hacerse frente no se cubre ni con un mero cambio de perspectiva o acento, ni con un mero "revoque" de la teoría o parte general a partir de las exigencias más imperiosas de la norma constitucional. Es necesario reconsiderar el objeto y el método del Derecho relativo a la Administración pública, así como una verdadera reelaboración de su teoría o parte general, ciertamente a la luz del orden constitucional, pero teniendo en cuenta la evolución de su misma referencia y base: el complejo y vasto conjunto de la legislación administrativa sectorial (ambiental, urbanística, de telecomunicaciones, etc.)

En este sentido, la concepción subjetiva o estatutaria del Derecho administrativo, formulada por E. García de Enterría y de gran influencia en la doctrina española, ha supuesto un formidable avance y hoy mantiene su capacidad explicativa y estructurante de la entera materia, puesto que destaca lo sustancial: la Administración pública se ha institucionalizado como poder público constituido y -sobre todo- dotado de personalidad jurídica, en relación con un fin y de acuerdo con un régimen o "estatuto" jurídico específico. No obstante, su talón de Aquiles es su formalismo, que la hace incompleta como clave explicativa. Porque si tal formalismo le ha permitido adaptarse a los notables cambios que se vienen sucediendo, la ha encadenado -como contrapartida- a un mundo conceptual que ha entrado en crisis.

En dicha concepción, en efecto, lo único verdaderamente importante es la doble bipolaridad que se establece entre la Administración como sujeto público (*potentior personae*) por un lado y el administrado (sujeto privado) por otro, y, correlativamente, entre el interés público y el privado. Esta base de partida conduce a la construcción de ambos sujetos (y de su correspondiente actividad), en lo fundamental, conforme a un régimen jurídico-tipo: la Administración dispone de unos determinados privilegios, y los ciudadanos disponen de ciertas garantías o posibilidades de reacción. Ello permite definir la línea evolutiva del Derecho administrativo como una progresiva ampliación del control jurisdiccional de la acción administrativa. Más aún, lleva a erigir el control judicial en el criterio mismo, toda vez que se trata de someter plenamente al Derecho a una persona (en este caso, la Administración pública), que está singularizada por sus prerrogativas exorbitantes. Sin embargo, esa imagen o perspectiva constituye en realidad el centro de gravedad del sistema en el modelo de Administración autoritaria o de intervención (con sus elementos definitorios: poder, supraordenación, decisión unilateral y ejecutiva) por lo que se encuentra con problemas evidentes a la hora de racionalizar o explicar el rico fenómeno de la actividad prestacional así como los "nuevos" formatos de la actividad administrativa como son el arbitraje, la negociación, el consenso, la información, la disuasión, etc.

Por consiguiente, esta última comprensión de la sustancia del Derecho administrativo resulta más que cuestionable por varias razones:

a) Por un lado, en la Constitución, ni la Administración pública ni el ciudadano son sujetos articulados, en sus relaciones recíprocas, por un estatuto jurídico único. Así como la persona, en su proyección social para el desarrollo de su personalidad, encuentra articulaciones jurídicas diversas (derechos fundamentales, derechos constitucionales simples, posiciones derivadas de principios constitucionales rectores de la política social y económica convertibles, en su caso, en verdaderos derechos subjetivos, etc.), así también al poder público en general y, consecuentemente, a la Administración pública en particular, le sucede otro tanto en relación con la diversidad de ámbitos a que dirige su acción. El centro de gravedad es ahora, pues, sustantivo y no formal, en virtud de la radical servicialidad o instrumentalidad del poder público; es precisamente el orden constitucional el que moldea -según su propia estructura y lógica- el estatuto de dicho poder, cuya posición y régimen varían según los órdenes de la vida social en que pretenda ser activo. Se recupera de esta forma toda la importancia propia del interés general (art. 103 CE), que no es un concepto vacío.

b) En una sociedad como la actual, constituida en la forma expuesta y, además, desarrollada, informada, adulta y compleja, el modelo de pensamiento fundamental del Derecho administrativo no puede ser el de la Administración autoritaria o de intervención. Es claro que el poder como tal (y su capacidad de acción -incluso coercitiva- unilateral) no va a desaparecer, ni siquiera a perder importancia. Pero lo es también que ha de actuarse en forma distinta, más refinada, dosificada y sutil.

La sustancia del Derecho administrativo hace tiempo que se ha desplazado (con entera independencia de la forma de gestión) hacia la *administración prestacional lato sentido* (incluyendo, pues, la mera garantía de la prestación) y, por tanto, al concepto clave de *prestación*, con sus elementos típicos: principios de eficacia y eficiencia, servicio al ciudadano e intercambio y correlación entre prestación y contraprestación. La *vis* atractiva de esta nueva noción es tan grande que, en no despreciable medida, ha logrado colocar en su propia órbita la administración autoritaria o de intervención (ejemplo extraído del servicio público del control de la navegación aérea: el comandante de una aeronave al que dicho control señala un distinto nivel de vuelo, entiende tal señalamiento no como una orden o acto de *imperium*, sino como una información y una garantía de seguridad en el desarrollo del vuelo).

La *potencia racionalizadora* de la materia administrativa *del concepto de "prestación"* (y su garantía) *está alcanzando* ya, sin embargo, *sus límites*, por el efecto combinado de la persistencia de las tendencias inherentes a la inflación prestacional y la comprobación de la limitación y la escasez de los recursos disponibles. Va surgiendo así, cada día con mayor fuerza, la necesidad de complementar e incluso sustituir el principio prestacional con o por *principios nuevos*: información, arbitraje, coordinación, ponderación y priorización, y concordancia práctica entre necesidades, intereses, bienes y objetivos, así como planificación. La Administración pública determina progresivamente con mayor energía y claridad -en el marco de las Leyes- los límites, condiciones y términos de la acción social, especialmente de la económica. La Administración de tan novedosas características es la que el profesor alemán H. Faber[5] ha calificado ya de Administración "infraestructural". Ésta resume el núcleo central de la actual actividad administrativa, de suerte que tanto la administración autoritaria o de intervención, como la prestacional, pasan a comprenderse más bien como casos límite de aquélla. En palabras del autor que acaba de citarse, la *evolución observable conduce desde la coacción* (la administración autoritaria), *a través del consenso* (administración prestacional), *hacia la planificación* (administración infraestructural). La reconstrucción del Derecho administrativo exige la reformulación y precisión de estas categorías y su agrupación sistemática.

Si en principio la prestación puede ser definida negativamente como la acción que no suponga intervención o coerción, para determinarla de manera correcta resulta precisa su ulterior acotación respecto a la acción pública de dirección, regulación, planificación, garantía y control sociales generales; acotación que lleva al terreno de la individualización. Desde éste, la prestación se ofrece como acción (directa o de garantía) productora de medidas referidas a personas determinadas, a las que se concede un beneficio que antes no tenían. Sobre este concepto se alcanza también una satisfactoria correspondencia entre la forma de acción administrativa así delimitada, el Derecho sustantivo correlativo (vertebrado en torno a la primacía de la Ley, el deber administrativo de prestación y el margen de libertad en favor de la Administración para la prestación en forma correcta) y el sistema de tutela judicial (acción individual para exigir la prestación sólo cuando ésta esté creada; necesidad de medidas cautelares positivas).

Resta así el ámbito de acción administrativa más novedoso, por correspondiente a la última evolución social. Porque la Administración, además de todo

---

5    Faber, Vorbemerkungen zu einer Theorie des Verwaltungsrechts in der nachindustriellen Gesellschaft, en la obra colectiva editada por él mismo y E. Stein, Auf einem dritten Weg. Festschrift für Helmut Ridder zum siebzigsten Geburtstag, 1989.

275

lo anterior, hoy desarrolla cada vez más una tarea de planificación, dirección, ordenación, configuración, sostenimiento y control de la vida social sin destinatario específico, es decir, de carácter general; tarea que el profesor alemán Schmidt-Assmann ha denominado *macroconducción* de la sociedad y a la que en la dogmática alemana se alude también desde la conceptuación del Estado como de "garantía" La "Daseinsvorsorge" o procura existencial alude a este fenómeno, pero en la medida en que quedó definitivamente vinculada a la dependencia o menesterosidad del individuo, ha quedado restringida a la relación jurídica entre ciudadano (necesitado) y Administración.

Justamente a este propósito, y para remediar la insuficiencia de las construcciones establecidas, se ha intentado articular el Derecho administrativo sobre la categoría de *relación jurídica*, la cual permite aglutinar flexiblemente un conjunto variado de relaciones. Pero el concepto de relación tiene evidentes límites. Aun cuando aquí no pueda entrarse en su análisis, debe observarse que dicho concepto no es apto, en todo caso, para explicar el fenómeno que hemos caracterizado por relación a la llamada Administración infraestructural. Porque la "macroconducción" no se inscribe ella misma en una relación jurídica; antes bien, es ella el origen, la fuente de relaciones jurídicas.

Aunque se trata sin duda de una acción administrativa vinculada jurídicamente, grandes partes de la misma se despliegan en el contexto de una relación no con individuos determinados o determinables, sino con la colectividad, el "público", teniendo por objeto la realización de nuevas igualdades (como, por ejemplo, la de información en una sociedad compleja y altamente evolutiva), la procura en favor de las futuras generaciones (así, claramente, en materia medioambiental) o también el cumplimiento de deberes jurídicos objetivos (bajo la forma de deberes frente a la colectividad, deberes positivos de configuración). De relación jurídica sólo se podrá hablar aquí en términos de relación entre el poder ejecutivo y las normas, pero con ello se ampliaría de tal manera el concepto, que su utilidad como categoría básica quedaría anulada.

## 2. EL CASO ESPAÑOL

No es de extrañar, pues, que ya en el plano estricto de la actuación diaria interna del Estado para la configuración y optimización continua de las condiciones sociales de convivencia, sea apreciable, desde luego en el caso español[6], una distancia notable entre el Derecho administrativo como construcción dogmática y el Derecho administrativo jurídico-positivo y real. Entre ambos no se ha podido establecer aún una relación adecuada, normalizada y sinérgica. Y no parece que esta situación vaya a mejorar siquiera a corto plazo. Las razones últimas de que ello sea así pueden resumirse del modo siguiente:

- El Derecho administrativo general o, si se prefiere, la teoría general de esta rama del Derecho establecida o dominante en la comunidad científica española es fruto no tanto de la decantación de una labor histórica y colectiva de "construcción" sistemática a partir y sobre la base de los materiales proporcionados por el Derecho positivo, como de la labor de

---

6    Al que se refieren las consideraciones que se desarrollan a continuación.

señalados juristas preocupados por la puesta al día de España en el contexto europeo y abiertos por ello desde el principio a la influencia de los sistemas dogmáticos de nuestro entorno. Esto explica: i) la especial posición de la doctrina científica y su relación tanto con la legislación, como especialmente la jurisprudencia; ii) la ausencia de una comprensión histórica suficiente y adecuada (al servicio del presente y el futuro) de la mayoría de las instituciones y técnicas propias; iii) la notable estabilidad del edificio dogmático no obstante los cambios del Derecho positivo; y iv) la dificultad para la identificación de "sectores clave" sobre los que articular la tarea científica de actualización permanente.

-   El Derecho administrativo general establecido es, por tanto, reciente y -en su primer desarrollo- encuentra su filosofía última en la doble necesidad, en un sistema no democrático-autocrático, de i) suplir la ausencia de Constitución y Derecho constitucional; y ii) racionalizar, por tanto, la acción del poder público (todo él) desde las pautas propias del Estado de Derecho de corte europeo. Se entiende así su *énfasis en el método jurídico* (lo que lo ha desvinculado del resto de las ciencias sociales, incluso de la ciencia de la Administración), su *adhesión al modelo liberal clásico de la Administración*, su *centramiento en la actividad "formalizada"* de ésta y su *concentración en el Derecho material* desde el punto de vista del control jurídico (en último término judicial), en el caso concreto, de su legalidad (con la consecuencia de la marginación del Derecho y los problemas de la organización).

Se entiende así perfectamente el éxito del Derecho administrativo en el momento constituyente y en la primera fase del desarrollo constitucional españoles. Pero también las dificultades que atraviesa ante los primeros retos que plantea el desarrollo real del Estado bajo la fórmula constitucional de Estado autonómico social y democrático de Derecho, abierto inmediatamente, además, a la integración comunitario-europea. La reacción en el sentido simplemente de "encajar" en el edificio establecido el nuevo orden constitucional (sin consideración efectiva, además, de la importancia real del orden comunitario-europeo), conducente a una comprensión demasiado rígida de la relación entre Derecho constitucional y administrativo, ha acabado *cegando las posibilidades de generación de las condiciones para la puesta en marcha de un verdadero proceso de reforma del Derecho administrativo* como tal. La prueba está en la visible pérdida por la ciencia jurídico-administrativa de su papel orientador. El resultado está siendo la huida hacia el estudio de cuestiones concretas, con abandono de toda verdadera preocupación por la construcción sistemática de conjunto. Recientes contribuciones (como la reflexión de S. Muñoz Machado en torno al orden comunitario de porte constitucional, en la que pone descarnadamente al descubierto la distancia entre la dogmática y la realidad[7] vuelven a poner sobre la mesa la necesidad y la urgencia de que la ciencia jurídico-administrativa retome su responsabilidad de llevar a cabo una *reflexión de conjunto* que permita poner al día el Derecho Administrativo general.

---

7   S. Muñoz Machado, La Unión europea y las mutaciones del Estado, Madrid 1993.

Corrobora esta conclusión la situación apreciable en la relación con i) la jurisprudencia y la doctrina del Tribunal Constitucional; y ii) la legislación.

En este contexto no ha sido posible hasta ahora, en el sistema español, el establecimiento de una adecuada relación de alimentación recíproca entre el Derecho Administrativo general (el que contiene la teoría general e identifica las instituciones vertebradoras de la materia) y el especial (el sistematizador de las regulaciones de los diversos sectores de la realidad social "administrativizados"). El anclaje del primero en el modelo y las categorías tradicionales y la rápida evolución (con acomodación a las exigencias socio-económicas y a los requerimientos del Derecho comunitario europeo en particular y el internacional en general) que viene experimentando el segundo (y que se ha acelerado a partir de los años noventa; dinámica, que es previsible va a mantenerse e, incluso, intensificarse), sumada a su diversificación como consecuencia de la distribución territorial de la competencia legislativa, determinan: i) el carácter más que dudoso de la influencia del Derecho administrativo general en el especial y del reflejo adecuado y la capacidad de explicación y *encuadramiento del segundo por el primero*, como pone de relieve un simple repaso de la situación, por ejemplo, en los campos de la organización, el procedimiento administrativo, los bienes públicos o las ayudas o subvenciones públicas; y, por tanto, ii) la *escasa retroalimentación* por el Derecho administrativo especial del general, con la expresada consecuencia, de que éste ha ido perdiendo paulatinamente en capacidad de ordenación y orientación. Los ejemplos que aquí pueden traerse a colación son múltiples, pero el fenómeno se produce con especial intensidad en los campos de la economía, el medio ambiente, la ordenación del territorio y el urbanismo, así como la ordenación de los sectores liberalizados (electricidad, telecomunicaciones, hidrocarburos, etc…).

La disfunción comentada puede expresarse igualmente en términos de *desequilibrio de los valores de estabilidad y flexibilidad*. Las rápidas transformaciones que se han sucedido y continúan sucediéndose en los planos constitucional y legislativo, que impiden además la decantación de una jurisprudencia contencioso-administrativa de referencia, explican quizás, especialmente en su unión con excesos y desviaciones en la acción del poder público, la tendencia de la ciencia jurídico-administrativa i) al reforzamiento del modelo tradicional establecido y la insistencia en su labor de aseguramiento de la sumisión al Derecho (en el caso concreto); y ii) a la desconfianza frente a cualquier evolución o innovación que pueda poner en cuestión o riesgo lo uno o lo otro. Pero en modo alguno justifican esta posición; menos aún su permanencia.

De resultas de lo dicho, puede decirse que el Derecho administrativo general español muestra, en particular, signos de cierto "ensimismamiento" por insuficiente permeabilidad a su real e inevitable "europeización". Y ello pese a que este último fenómeno ha progresado visiblemente (aunque quizás no de manera ordenada y adecuada) en los diversos sectores administrativos concretos, como resulta de los ya abundantes estudios monográficos dedicados a éstos.

El déficit apreciable así en el desarrollo científico del Derecho administrativo general amenaza con agravarse seriamente por razón tanto del proceso de "constitucionalización" de la Unión Europea (formal, pero no materialmente frustrado), como del de reforma de la Constitución española (comprensivo del replanteamiento de la organización territorial del Estado por ésta definida), ambos en curso, el último de los cuales siquiera sea "desde abajo" y sobre la base de la reforma de los Estatutos de las Comunidades Autónomas (en realidad: más que una mera reforma). El primero multiplica y hacen más complejos los problemas ligados a la "constitucionalización" del Derecho administrativo. Y el segundo se desenvuelve sin poder contar con orientaciones claras y útiles por parte de éste.

A modo de conclusión cabe afirmar que el Derecho administrativo general ha perdido entre nosotros en gran medida su capacidad de establecimiento y garantía de un suficiente orden por lo que hace al poder público administrativo y su acción. Y desde luego *falla en su función de oferta de orden, orientación y puesta a disposición de categorías, institutos y técnicas.*

Ello explica la situación actual de desorientación en cuestiones centrales para el entero sistema y el recurso al tratamiento "sectorializado" de las novedades legislativas y administrativas (cuando no al mero comentario confeccionado colectivamente al hilo mismo de éstas); tratamiento en todo caso insatisfactorio por la insuficiencia del edificio dogmático general y carente, por ahora, de verdadera repercusión retroalimentadora de éste.

Los tímidos intentos habidos en la década de los años ochenta por suscitar en la doctrina científica un proceso de reforma desde la óptica de la constitucionalización del Derecho Administrativo[8] no han logrado cuajar, sin perjuicio de la muy meritoria tarea cumplida aisladamente por algunos autores ya en la década de los noventa y hasta hoy. En la actualidad es imperioso generar un clima propicio a la toma de conciencia por la doctrina científica de la inaplazabilidad de la reforma del Derecho administrativo general y de ésta -tomando a préstamo la expresión utilizada para Alemania por E. Schmidt-Assmann[9]- como empresa colectiva (que aúne y sistematice los esfuerzos aislados existentes en una tarea de actualización del edificio dogmático).

## A. *El punto de partida de la reforma*

La situación de partida en España es enteramente equiparable, en principio, a la de, por ejemplo, Alemania (sistema jurídico central en el proceso de europeización en curso): *permanencia, como referencia, del modelo tradicional de Administración pública correspondiente a la versión clásica del Estado liberal de Derecho* La peculiaridad propia consiste en que ese modelo aparece lastrado, a su vez, por las siguientes características (sin las cuales no puede explicarse el carácter dominante de la llamada concepción estatutaria del Derecho administrativo, a pesar de la realidad de la extensión de éste a toda acción de poder público distinto al legislativo y el judicial):

---

8    Así los realizados por el propio autor: Crisis y renovación del Derecho público, Madrid, 1991; Estado social de Derecho y Administración Pública; los postulados constitucionales de la reforma administrativa, Madrid 1983.

9    *V.* E. Schmidt-Assmann, Das Allgemeine Verwaltungsrecht als Ordnungsidee, Heidelberg, Springerverlag, 1998, *op. cit.* en nota 2.

a) *Configuración objetiva y típica de los dos sujetos de la relación jurídico-administrativa básica* conducente bien al acto (defectuosamente teorizado, a su vez, por escoramiento del lado de la perspectiva del control judicial[10]), bien al contrato; configuración, que sigue operando no obstante la subjetivización del Derecho administrativo en el Estado constitucional y con centramiento en el acto o el contrato y marginación de la realidad y la dinámica de la relación misma. Ésta tiene, en principio, un contenido típico determinado por el Derecho objetivo (el estatutario de la Administración) que, en cuanto exorbitante del Derecho común, conduce a la percepción de la posición de la Administración como un "privilegio" que demanda la normalización por el rasero del Derecho común, especialmente en el terreno definitivo de la contienda judicial, que es la que produce la única decisión final (lo que supone la paralela relativización de la decisión administrativa sólo como "primera palabra"; relativización, congruente con la identificación de la acción administrativa con la ejecución-aplicación del Derecho administrativo carente de cualquier otra legitimación distinta de la jurídica).

b) *Tendencia a la administrativización al máximo del poder público como técnica para lograr la más plena sujeción de éste al Derecho* (concretamente a través del Derecho administrativo), el entendimiento de la actividad administrativa como ejecución de éste (capaz de prefigurar todas sus aplicaciones posibles) y el control de dicha ejecución por la jurisdicción contencioso-administrativa (entendida como orden judicial cuya competencia debe extenderse a toda acción pública de porte infraconstitucional). Con la consecuencia de la concepción del Derecho administrativo como lucha por la completa sumisión del poder público al Derecho, entendiendo así los ámbitos en que la decisión está entregada a la Administración en diversa medida (cláusulas generales, conceptos jurídicos indeterminados, margen de apreciación, discrecionalidad) como "inmunidades" a batir por incompatibles con el modelo.

Específico es por ello también el *juego del modelo como criterio de referencia* (no ya de normalidad, sino de admisibilidad o corrección científicas). El criterio opera como barrera no escrita en el proceso de actualización de la dogmática. La posición básica de la comunidad científica es "defensiva" (la "creativa", dependiente del entendimiento de la función propia como generación y actualización de las condiciones para que la Administración pueda cumplir las tareas que le son propias en el Estado autonómico democrático y social de Derecho integrado en la Unión Europea, es todavía minoritaria, dispersa e insuficiente). Tomando a préstamo la imagen empleada por E. Schmidt-Assmann[11], con el que aquí se entra en diálogo: en el sistema español la doctrina científica no es tanto el precursor como el mero acólito-comentador, por no decir el furgón de cola. Ejemplos en los que se manifiesta lo dicho son fáciles

---

10     En la línea aún dominante, recientemente R. Bocanegra Sierra, La teoría del acto administrativo, Madrid 2005.

11     E. Schmidt-Assmann, El método en la ciencia del Derecho administrativo, en la obra colectiva a cargo de J. Barnes (editor), Innovación y Reforma en el Derecho Administrativo, Sevilla, 2006.

de aportar, bastando aquí con aludir al no tratamiento de la actividad real o técnica; la dificultad de la admisión del acto consensual; la desconfianza hacia la actuación administrativa informal; y la refractariedad a la permeabilidad de lo público y privado.

El resultado no es otro que una situación esquizofrénica en la que al mantenimiento del modelo se suma la continuada propuesta-aceptación de soluciones que implican la huida, la ruptura o la excepción; soluciones, que simplemente se "adicionan" y no integran -renovándolo- el edificio dogmático.

Estas circunstancias vienen impidiendo que las ventajas de la ciencia jurídico-administrativa española, entre las que es destacable el comparatismo, puedan venir traduciéndose en avances dogmáticos acordes con el espectacular desarrollo científico habido en las últimas décadas. En general, el panorama doctrinal es, a este respecto, más confuso que clarificador.

## B. *Los presupuestos de la reforma*

Ciertamente es preciso el cambio de pensamiento en la ciencia jurídico-administrativa en la línea de la autocomprensión como la que tiene por objeto el Derecho administrativo en tanto que *ciencia de la dirección o el control social* que i) ha de suministrar los idóneos instrumentos al efecto incorporando la perspectiva de la exigencia de efectividad del Derecho y que ii) es consciente de que éste opera en el seno de una compleja constelación de "relaciones sociales directivas" (con aceptación de que no posee el monopolio, pero sin renunciar por ello a las pretensiones que le son inherentes). Ese cambio aparece facilitado, además, por el desarrollo en los últimos tiempos de líneas de investigación en tal sentido, desde la economía (el análisis económico del Derecho) y la ciencia política y de la Administración, pero igualmente desde la propia ciencia jurídica, también de la jurídico-administrativa.

Es desde luego igualmente necesaria (especialmente desde la perspectiva de la integración del Estado en la estructura de poder supranacional europea) la conexión con la gobernabilidad en general y la gobernanza en particular; lo que no es, en último término, sino una específica dimensión de lo anterior (la de las estructuras multinivel, abiertas a la participación social, que operan en el concierto europeo e internacional). Hasta ahora el tratamiento de estas cuestiones por la ciencia jurídica no ha ido más allá de la toma en consideración de su existencia y desarrollo, a pesar de la incidencia que el programa de la gobernanza europeo ha tenido en el frustrado proyecto de Tratado por el que se instituye una Constitución para Europa y ha de seguir teniendo en la evolución del proceso de integración supranacional.

Pero antes de cualquier otro empeño, todo ensayo de reforma ha de acometer la tarea de la *superación* de:

a) La *separación entre Derecho material o sustantivo y Derecho de la organización*, que coloca fuera de la atención científica la estrecha relación entre el tipo de organización y la efectividad de la programación normativa. El objetivo ha de ser así: i) el reconocimiento de la dependencia del Derecho administrativo real en gran medida de la organización; y ii) la introducción de nuevas perspectivas en la cuestión de la relación entre

Derecho público y privado en la Administración, que permitan romper el bloqueo actual determinado por la ecuación "naturaleza jurídica del sujeto actuante-servicio público como giro o tráfico específico-formas de actuación-Derecho material aplicable" (el ejemplo paradigmático de la necesidad de la superación de este bloqueo lo suministra la compleja e insatisfactoria reciente nueva regulación legal de la contratación pública rebautizada ahora como contratación del sector público).

b) El *paradigma de la predeterminación normativa* (programación convencional de tipo condicional) *de la entera actuación de la Administración,* que sitúa en la sombra y en todo caso en posición marginal-anormal la programación normativa finalista (especialmente importante en los servicios de carácter personal, como todos los comprendidos en el amplio campo de la asistencia social); la actuación no vinculada a una norma concreta (en el marco del Derecho y no ejecutiva de una precisa Ley); la planificación y la programación administrativas; etc. Los resultados a que puede conducir tal posición marginal se han hecho evidentes ante la magnitud de los indeseables procesos de transformación urbanística a los que ha dado cobertura una planificación territorial y urbanística carente de guías jurídicas directivas.

c) El *centramiento del Derecho administrativo en la tarea de la limitación del poder* (reducción al Derecho) sobre la base del paradigma de la Administración como *potentior personae* vista (como sujeto con entidad propia en abstracto) desde la óptica de la incidencia unilateral en las posiciones de los sujetos privados en el curso de la relación jurídico-administrativa basada en la contraposición interés público-interés privado, cuya resolución sólo tiene una única solución justa, de modo que la legitimación de la actuación administrativa se reduce a la fundamentación jurídico-objetiva siempre reproducible enteramente y, por tanto, controlable y sustituible en sede judicial (caso a caso). El objetivo aquí ha de consistir en la recuperación de la Administración como instancia con contenido decisional y de actuación propio, cuya legitimación depende de factores múltiples (sin perjuicio de la importancia del jurídico derivado del principio de legalidad), y, por tanto, replanteamiento de la relación entre actuación administrativa y control judicial, lo que vale decir de la función y el alcance de éste (su colocación sistemática en el sistema más complejo de controles derivados de la Constitución).

d) La *teorización actual,* claramente limitativa y reduccionista, *de los términos de la transformación de los deberes-fines del Estado* (la responsabilidad de éste respecto de las condiciones de vida en sociedad) *en tareas administrativas* y, en particular, de las categorías de potestad, competencia y atribución, de un lado, y formas de la actividad administrativa y formas de gestión de ésta, de otro lado; teoría, la dominante, que viene dificultando la adaptación a los requerimientos de la sociedad actual en general y, en particular, a los de la integración comunitario-europea.

El cumplimiento de estos presupuestos (y otros que podrían aún citarse incrementando la lista) aparece estrechamente imbricado con las tareas de:

1º. *"Reconstitucionalización" del Derecho administrativo* (en el sentido que aquí se da a esta expresión, como luego se precisa). Éste, tras haber pasado por una fase de "constitucionalización" (en el proceso constituyente y en los primeros años de vida constitucional), ha digerido mal luego su relación con el Derecho constitucional. Se ha entendido indebidamente, en efecto, como mera "ejecución" de éste. Así lo revelan la sobrevaloración de los principios constitucionales -en especial el de interdicción de la arbitrariedad-; la interpretación de los derechos constitucionales desde la legalidad (como los de tutela judicial y reversión, por ejemplo); y la indefinición de la línea entre Derecho constitucional y Derecho Administrativo, que viene perturbando el sistema de control de la constitucionalidad y el de tutela de los derechos fundamentales.

2º. *"Reconstrucción sistemática"* de la llamada parte general, es decir, de *la teoría general*, sobre la base del análisis detallado de los sectores del Derecho administrativo especial identificados como idóneos para operar como «referencia».

## C. *La re-constitucionalización del Derecho administrativo*

De *re-constitucionalización del Derecho administrativo* se habla aquí en el doble sentido de i) la superación de la idea general (implícita, subyacente) de que el orden constitucional ha consagrado los pilares y postulados fundamentales de aquél y opera como norma, aunque superior, "ordinaria" del entero ordenamiento jurídico-administrativo, de modo que: a) no suscita la necesidad de replanteamiento sistemático del Derecho administrativo; y b) de ella pueden extraerse, en su caso, consecuencias directas para el control jurídico de la actuación de la Administración; y ii) la consecución de una verdadera sinergia con el Derecho constitucional y la filosofía del Derecho para formar un efectivo Derecho público del Estado.

Por orden constitucional a tales efectos no puede tenerse ya sólo la Constitución española. Como recientemente ha puesto de relieve S. Muñoz Machado[12], se viene operando en nuestro sistema, en general, "como si" el Derecho comunitario europeo primario u originario no fungiera, como, sin embargo, funge (operando verdaderas mutaciones constitucionales internas), en calidad de normativa de porte constitucional. De haberse producido la ratificación del Tratado por el que se instituye una Constitución para Europa esta situación habría sido ya insostenible: más allá del debate doctrinal en curso (lastrado por la perspectiva y las categorías del Derecho constitucional interno) sobre si a la europea debería reconocerse o no la condición de verdadera Constitución (reunión o no por ella de las notas que identifican una norma constitucional), lo cierto es que el Derecho comunitario originario viene siendo ya Derecho constitucional efectivo y la nueva Constitución -de haberse llegado a aprobar- se habría limitado a consagrar formalmente su primacía sobre los textos constitucionales nacionales. A los efectos que aquí interesan, pues, "la Constitución" de que debe partirse es la realmente operativa y "compuesta" (el

---

12    S. Muñoz Machado, Constitución, Madrid, 2004.

"Verfassungsverbund") en tanto que integrada por: i) el Derecho comunitario originario (el de los Tratados); y b) la Constitución de 1978. Desde el punto de vista de la estructura constitucional del sistema estatal español interno: i) el "bloque constitucional" formado por las piezas anteriores; y ii) el "bloque de la constitucionalidad" resultante del añadido al bloque anterior de los Estatutos de Autonomía de las Comunidades Autónomas (la importancia de este segundo elemento luce en el actual proceso de "reforma" estatutaria).

La teorización del apuntado bloque de rango constitucional, que requiere la apertura y la colaboración con el Derecho constitucional (así como la ciencia política y de la Administración) y también desde luego con la filosofía del Derecho, ha de permitir la renovación de las bases constitucionales del Derecho administrativo: un *Derecho común del Estado* (entendido éste como referido a la estructura total de poder público, con entera independencia de si éste es supranacional o nacional).

Como bien señala E. Schmidt-Assmann[13]: el objetivo es aquí la orientación del Derecho administrativo desde el sistema constitucional básico y estructural de valores sin desvirtuar la especificidad normativa del orden constitucional; orientación a triple título: marco de encuadre (límites; estabilidad) y perspectiva de evolución (fines y objetivos; flexibilidad). Pero teniendo en cuenta que la relación no es unidireccional, sino bidireccional, de alimentación e influencia recíprocas. En esta línea se ha pronunciado también en múltiples ocasiones el propio autor[14].

Si ha de destacarse un resultado capaz de justificar el apuntado objetivo, éste podría ser perfectamente el de la clarificación de los campos respectivos de la constitucionalidad y la legalidad, la difuminación de cuya frontera constituye una de las manifestaciones negativas más evidentes del estado actual de la dogmática jurídico-pública en general y jurídico-administrativa en particular. Las consecuencias se hacen especialmente evidentes en el plano procesal de la tutela de los derechos fundamentales: la desproporcionada apelación al mecanismo subsidiario del amparo constitucional. La clarificación postulada podría contribuir notablemente a corregir la verdadera causa del problema, hoy por hoy atendido exclusivamente desde la perspectiva del síntoma: bien la restricción de las condiciones de admisión, bien la reforma asimismo restrictiva (incluso distorsionadora de la regulación constitucional)[15].

En las bases constitucionales existe un notable paralelismo con Alemania susceptible de ser aprovechado con mayor intensidad por la fertilidad que

---

13  E. Schmidt-Assmann, en el trabajo incluido en la obra colectiva coordinada por J. Barnes, Innovación y Reforma en el Derecho Administrativo, *op. cit* en nota 11.

14  L. Parejo Alfonso, "Los valores en la jurisprudencia del Tribunal Constitucional", en el Libro homenaje al profesor J. L. Villar Palasí, Madrid, 1989; Constitución y valores del ordenamiento, Madrid, 1991; "Constitución y valores del ordenamiento", en Estudios sobre la Constitución española. Homenaje al profesor E. García de Enterría, Madrid, 1991; así como, más recientemente, Derecho Administrativo, Barcelona, 2003, de la perspectiva constitucional europea (la referencia sirve para ilustrar la argumentación desarrollada).

15  En este sentido es ilustrativo el trabajo de G. Fernández Farreres, El recurso de amparo constitucional: una propuesta de reforma, Laboratorio de la Fundación Alternativas, Documento de Trabajo Núm.: 58/2004, de 2 de febrero de 2005, Madrid.

promete aquí el comparatismo (fertilidad ya acreditada por la experiencia). En el caso español deben ser concretadas en la fórmula compleja "Estado social y democrático de Derecho" que, en cuanto organización y ordenamiento, es, además, simultáneamente Estado autonómico integrado en la Comunidad-Unión Europea, puesto que la primera aparece (art. 1.1 CE) ligada estrechamente al orden de valores superiores integrado por los de libertad, justicia, igualdad y pluralismo político, y la segunda está impregnada por los conjuntos de principios unidad-autonomía-solidaridad (art. 2 CE), de un lado, y soberanía retenida-soberanía cedida/compartida (art. 93 CE en relación con el Derecho originario comunitario europeo), de otro lado. Y ello, teniendo en cuenta que el fundamento del entero orden político y social (desde la perspectiva española incluso el europeo, al ser dicho fundamento una decisión constituyente "nuclear") es la persona, su dignidad y libre desarrollo de la personalidad (los derechos que le son inherentes) en el seno de la sociedad (art. 10.1 CE). Pues este fundamento tiene enormes consecuencias para el entero edificio del poder público en su doble dimensión de organización y ordenamiento: la persona está en una posición constitucional definida por los derechos reconducibles a la libertad derivada de la dignidad y, por tanto, no precisada de justificación; el Estado (lato sentido, comprensivo de la Comunidad-Unión Europea) es una mera construcción al servicio de la persona (vista como ser social y, por tanto, en sociedad), por lo que está siempre precisada de justificación: en su existencia, en su organización, en sus decisiones y, por tanto, como actividad y como ordenamiento.

No es preciso entrar aquí en el análisis de las distintas bases. Se requiere, sin embargo, poner énfasis en la relación entre, de un lado, el Estado democrático de Derecho, que es autonómico y social (quienes hacen de profesión de fe en la dignidad y libertad de la persona no son sólo los principios de Estado democrático y Estado de Derecho, sino también el de Estado social), y, de otro (en razón a que España no ha sido miembro fundador de la Comunidad-Unión Europea, con las consecuencias que de ello se han seguido), con el Estado abierto -miembro activo de la integración europea (la adecuada construcción de las bases requiere una específica integración, aún por hacer enteramente, de los valores- principios estatales internos y los comunitario-europeos).

Lo primero, porque -en el contexto de la reforma constitucional y estatutaria y a la luz de la experiencia del proceso de construcción y consolidación del Estado autonómico- es imperativo:

1°. *Recuperar la unidad del doble orden constitucional organizativo y sustantivo*: el Estado constituido no tiene entidad por sí mismo sino en cuanto instrumento cultural idóneo para la realización permanente del orden sustantivo constitucional. Éste es la formalización jurídica del proyecto de convivencia, del proyecto común "constituido", es decir, de la unidad política, social y jurídica del Estado.

En el actual proceso de reforma constitucional y estatutaria es observable la sustancial disociación entre ambos planos: i) se están proponiendo cambios organizativos sin considerar su repercusión sobre el orden sustantivo (como si para la realización efectiva de éste fuera igual cualquier organización); y ii) se están planteando reformas de porte constitucional desde las distintas piezas estatutarias del "bloque de la constitucionalidad" como si el Estado-ordenamiento total pudiera ser reformado desde cada una de las partes sin visión ni planteamiento de conjunto algunos. Por supuesto falta en el proceso la decisiva perspectiva europea, a pesar de la preocupación por formar parte de la vanguardia en la frustrada ratificación del Tratado por el que se instituye una Constitución Europea (la consulta al Tribunal Constitucional y el dictamen de éste son muy ilustrativos).

Desde este punto de vista y a la vista de la doctrina del Tribunal Constitucional, está por indagar y establecer la relación, para el Estado social de Derecho territorialmente articulado en autonomías, entre el cuadro de derechos fundamentales/libertades (capítulo II del título I CE) y los principios rectores de la política económico-social, es decir, los fines de la entera acción estatal (capítulo III del título I CE); entre el orden integrado por tales derechos y principios y el Estado social de Derecho que ha de actuar a través de varias instancias territoriales dotadas de autonomía y condicionadas por la comunitario-europea. Y ello teniendo en cuenta la especificidad que en el esquema de distribución territorial de competencias introduce la atribución a la instancia central nacional de la competencia para la «regulación» de las condiciones básicas que garanticen la igualdad de todos los españoles en ejercicio de los derechos y el cumplimiento de los deberes constitucionales (art. 149.1.1 CE).

2°. *Identificar las consecuencias para el Derecho administrativo de la libertad de la persona como fundamento del orden político y la paz social.*

3°. *Situar el poder público administrativo en el contexto del sistema de poder público diseñado sobre la base de la doble división funcional y territorial del poder* (en todos los escalones, incluido el europeo).

Debe tenerse en cuenta que el actual debate en torno a la reforma constitucional y estatutaria ha vuelto a poner de relieve cómo entre nosotros aún no existen ideas claras acerca de si el orden constitucional predetermina un poder público administrativo territorial plural o, por el contrario, permite la concentración de éste (y hasta qué punto y con qué límites) en una o las dos instancias territoriales (la autonómica y la local).

4°. *Definir y precisar el orden constitucional organizativo por lo que hace al complejo orgánico funcional "gobierno y administración":* diferenciación de "gobierno" y "administración"; elenco de tipos de organización administrativa y criterios de elección entre éstos en función de los factores de legitimación prefijados por la Constitución; compatibilidad-armonización de tales elenco y criterios con los que resultan del orden comunitario-europeo[16]

---

16     Sobre este extremo, cabe remitir a Luciano Parejo Alfonso, Constitución y valores del ordenamiento y Derecho Administrativo, *op. cit.*; entre otras obras y trabajos.

5°. *Clarificar el marco constitucional de referencia por lo que hace a las formas de actuación de la Administración pública* y la organización del cumplimiento de la responsabilidad de ésta en la realización del interés general (clarificación de las alternativas y los criterios par a su elección, en particular de la teoría del servicio público).

## D. *La reconstrucción de la teoría general con apoyo en sectores de referencia*

Como ya se ha dicho, la teoría general del Derecho administrativo se ha formado sin una adecuada relación con la ingente y cambiante normativa administrativa reguladora de los distintos sectores, siquiera sea de aquéllos merecedores de ser considerados como de referencia por suficientemente significativos, y continúa, por ello, sin beneficiarse de una relación adecuada con dicha normativa a los efectos de la actualización de las categorías y técnicas fundamentales y la incorporación de las innovaciones que resulten de la realidad de la heterogénea actividad administrativa.

En este terreno hay mucha tarea por recuperar, a cuyo efecto es perfectamente posible partir como sectores básicos de referencia los que han operado y siguen operando como tales en el entorno europeo inmediato. A este propósito tan sólo algunas observaciones:

- En materia de Derecho de la policía administrativa de seguridad o, si se prefiere, de Derecho de la seguridad ciudadana y el orden público y, en general, de la seguridad (prevención de riesgos de todo orden) se ha producido en los últimos tiempos un notable avance científico que es preciso ahora "traducir" en términos de actualización del Derecho Administrativo general. No obstante, todavía es mucho lo que queda por hacer en el análisis y sistematización del Derecho de la seguridad ciudadana y del orden público, sobre todo por razón de la última evolución, aún en curso, en esta materia.

- El régimen local no ha sido tratado entre nosotros como un sector de la parte especial, sin que por ello haya encontrado adecuado y suficiente encaje en el Derecho Administrativo general. Su revalorización a partir de la Constitución de 1978 no ha dado aún los frutos debidos. Aquí se hace precisa una sistematización completa justamente por constituir el prototipo de Derecho de una Administración con una posición constitucional propia (y legitimación democrática diferenciada) en el que confluyen el Derecho de la organización y el Derecho de la procura existencial.

- El Derecho de la ordenación territorial y urbanística, que tiene entre nos otros un gran desarrollo, ha evolucionado prácticamente al margen del Derecho Administrativo general, sin fertilizar suficientemente su tratamiento dogmático (y, de otro lado, limitando la actualización de éste, por ejemplo mediante su fijación -a efectos de la determinación del perfil de la técnica de la autorización- en la licencia de obras). Buen ejemplo lo constituye la institución del plan urbanístico: i) persiste la dificultad de su encuadramiento en el sistema de fuentes y, por tanto, de la determinación del régimen jurídico de la institución (como resulta de la aplicación

287

a su aprobación, sin cuestionamiento apreciable, del silencio administrativo positivo, a pesar de su consideración como verdadera norma jurídica); ii) se trata inadecuadamente la potestad de planeamiento (no existe u suficiente desarrollo de la ponderación de bienes-intereses; persiste la tendencia a "reglar" el ejercicio de la potestad; etc.); iii) no se diferencian debidamente los intereses involucrados en el proceso de planificación (públicos y privados); y iv) se aplican al plan las mismas técnicas de análisis y tratamiento que a los mecanismos de "microdirección social", desconociendo la naturaleza y el objeto de aquél. Pero también es significativa la ausencia de cualquier desarrollo para extraer del Derecho urbanístico consecuencias operativas para el funcionamiento del Estado autonómico.

Está pendiente, pues, una verdadera *resistematización de estos sectores clásicos* como "testigos" al servicio de la comprobación de la idoneidad de la teoría general y, en su caso, como "referencia" para la actualización de ésta.

Pero es obvio que la recuperación del tiempo perdido no puede hacer olvidar que, desde el punto de vista del estadio actual de la evolución de la sociedad y del Estado, los sectores expuestos han perdido la capacidad de proporcionar el entero elenco de las referencias necesarias. Desde dicho punto de vista, es claro el desplazamiento del centro de gravedad de la acción administrativa hacia la economía y los sectores de los que ésta y el *status* ciudadano dependen: los servicios personales y sociales (educación, salud; seguridad social; tercera edad; etc.) y el medio ambiente. La evolución del Derecho administrativo económico es bastante paralela a la del Derecho urbanístico: gran desarrollo en los últimos tiempos[17], pero sin clara, ni significativa repercusión en el edificio dogmático general, por lo que urge enjugar este déficit. Aunque en el pasado hayan sido objeto de atención y hoy se sigan realizando algunos estudios monográficos (debido al renovado interés que despiertan), los sectores educativo y, desde luego, el muy amplio y heterogéneo de los servicios personales y sociales distante de contar con el análisis y el tratamiento sistemáticos precisos para enriquecer el panorama del Derecho administrativo general. Y lo mismo cabe predicar del Derecho ambiental, a pesar del verdadero alud de trabajos monográficos que lo tienen por objeto.

---

17 Obra destacadamente, además de G. Ariño Ortiz, Economía y Estado, Madrid 1993; y Principios de Derecho Público Económico, Granada, 3ª ed., 2004; R. Martín Mateo Derecho público de la economía, Madrid, 1985; y El marco público de la economía de mercado, Cizur Menor 2004; S. Martín-Retortillo, Estudios de Derecho público bancario [Dr.]; y Derecho administrativo económico, dos tomos, Madrid, 1989 y 1991; como prueba la dedicación al tema económico del libro que le han dedicado sus discípulos: Estudios de Derecho público económico. Homenaje al Prof. Dr. D. Sebastián Martín-Retortillo, L. Coscuella (coord.), Madrid 2003. En los últimos tiempos la doctrina se ha volcado en trabajos monográficos sobre los sectores liberalizados.

III. El procedimiento administrativo como ejemplo de "sector de referencia o testigo" a efectos de renovación de la teoría general: perspectivas de cambio

1. El diagnóstico: insuficiencias y deficiencias del actual procedimiento administrativo común

A. *Orden constitucional y procedimiento administrativo*

En el ordenamiento jurídico vigente al tiempo del proceso constituyente[18], "régimen jurídico" de las Administraciones públicas y "procedimiento administrativo" eran materias reguladas por textos legales distintos[19] y por ello formalmente independientes, si bien en modo alguno claramente delimitadas[20]. Aunque no pueda decirse que el constituyente asumiera sin más tal decantación en "materias" (objetos diferenciados de normación), es lo cierto que, en su artículo 149.1.18, la Constitución (CE) emplea diferenciadamente las expresiones "régimen jurídico" y "procedimiento administrativo" para determinar uno de los títulos competenciales más complejos de los que asigna al Estado en sentido estricto o central[21] En todo caso, decisiva para la configuración de tal título competencial fue el modelo de Administración pública sin duda

---

18  El proceso constituyente acabó con la ratificación el día 6 de diciembre de 1978, mediante referéndum popular, del texto constitucional vigente.

19  De un lado, la Ley de *procedimiento administrativo* de 17 de julio de 1958 (LPA), y, de otro, la Ley de *régimen jurídico* de la Administración del Estado (LRJAE), así como, para la Administración local, el Texto Articulado y Refundido de las Leyes de bases de *régimen* local, de 24 de junio de 1955 (LRL).

20  Como muestra el cuadro I del anexo, la regulación del procedimiento incluía ya extremos típicamente organizativos o, cuando menos, ligados a la organización, tales como la regulación general de los *órganos colegiados*, de la *competencia y sus alteraciones*, de los *conflictos de atribuciones* y de la *abstención y recusación*. La regulación del llamado régimen jurídico de la Administración, como muestra el contenido de la LRJAE, aparecía más atenida al estatuto subjetivo o institucional de las correspondientes organizaciones administrativas (personalidad, estructura, funciones, funcionamiento y competencias), si bien -por su tradición y lógica propias- la del régimen local comprendía, además, otros aspectos.

21  Refiriendo ahora la primera -conectada con el estatuto de los medios personales: la función pública- *al conjunto de las Administraciones públicas* del Estado de las autonomías cuya organización territorial establece el artículo 137 CE y precisando la segunda como relativa a un novedoso procedimiento administrativo *común*, compatible, sin embargo, con las especialidades derivadas de la *organización* de las Comunidades Autónomas (que no -significativamente- de las características de las materias de su competencia); calificación ésta de *común*, obviamente relacionada, a su vez, con la determinación accesoria de imposición al régimen jurídico de las Administraciones públicas (y del estatutario de sus funcionarios) de la garantía de un tratamiento asimismo *común* ante ellas. La complejidad del título competencial resultante deriva no sólo de esta imbricación de régimen jurídico de las Administraciones y procedimiento administrativo (lo organizativo y lo procedimental), sino de la inclusión de éstas en una enumeración más amplia de materias: expropiación forzosa, contratos y concesiones administrativas y sistema de responsabilidad de todas las Administraciones públicas.
El artículo 149.1.18 de l a Constitución dispone textualmente lo siguiente:
"[El Estado tiene competencia exclusiva sobre las siguientes materias:] Las bases del régimen jurídico de las Administraciones públicas y del régimen estatutario de sus funciona-

289

subyacente a los preceptos que la CE dedica a ésta en su título IV "Del Gobierno y de la Administración". Ese modelo enfatiza los rasgos del dominante en la doctrina, en el cual el acento recae, descuidando la organización, en la actuación *ad extra* que, por incidir en el círculo de derechos e intereses de los sujetos particulares, ha de ser y es actividad jurídica o dirigida derechamente a decir lo que es de Derecho en el caso concreto, de modo que su lógica resulta ser análoga a la de la aplicación del Derecho por el Juez, es decir, exige su desarrollo en el pertinente procedimiento administrativo (equivalente en la función ejecutiva administrativa, así, del proceso en la función judicial de juzgar y hacer ejecutar lo juzgado). Se entiende pues:

a) El énfasis que el artículo 103 CE pone en la vertiente dinámica -de actuación en servicio del interés general- de la Administración pública para asegurar su plena sumisión a la Ley y al Derecho (núm. 1), en contraste con la simple y total entrega de la organización y el funcionamiento internos de la Administración del Estado[22] a decisiones infraconstitucionales desde una diluida reserva relativa a la Ley formal (núm.2)[23], la cual vuelve a contrastar con la reserva absoluta de Ley que establece para la regulación del estatuto de los funcionarios públicos (núm. 3), es decir, un ámbito ciertamente doméstico, pero en el que aparecen ya relaciones con otros sujetos -los funcionarios-, por más que la posición de éstos se ofrezca debilitada respecto de la de los ciudadanos en general[24].

b) La complementación y -desde su perspectiva- el *cierre*, por tanto, de la regulación anterior con la doble afirmación de: i) el control judicial de la potestad reglamentaria (obviamente de su *ejercicio*), la legalidad de la *actuación administrativa* y el sometimiento de *ésta* a los fines que la justifican (art. 106.1 CE) y ii) el derecho de todos los *particulares* a ser indemnizados, en los términos de la Ley y salvo fuerza mayor, por toda lesión que sufran en cualquiera de sus bienes y derechos por consecuencia del funcionamiento de los *servicios públicos*, es decir, de la referida actuación administrativa (art. 106.2 CE).

---

rios que, en todo caso, garantizarán a los administrados un tratamiento común ante ellas; el procedimiento administrativo común, sin perjuicio de las especialidades derivadas de la organización propia de las Comunidades Autónomas; legislación sobre expropiación; legislación básica sobre contratos y concesiones administrativas y el sistema de responsabilidad de todas las Administraciones públicas".

22    Y, por extensión, a todas las Administraciones públicas.

23    Lo que se traslada a las restantes Administraciones públicas territoriales a través del artículo 137, en relación con el 147 para las de las Comunidades Autónomas y con los artículos 140 y 141, todos ellos CE, para la Administración local.

      La reserva absoluta que a favor de la Ley orgánica hace el artículo 107 CE de la regulación del Consejo de Estado no hace sino confirmar lo dicho en el texto en cuanto excepción derivada de la tradición histórica de dicho Consejo y su carácter de supremo órgano consultivo precisamente del Gobierno en tanto que órgano constitucional.

24    Reserva absoluta de Ley que deja incluso de ser ordinaria para pasar a ser orgánica en el artículo 104.2 CE para el estatuto de los cuerpos y fuerzas de seguridad del Estado, precisamente por la implicación en la actuación de éstos de los derechos constitucionales y las libertades públicas.

No puede sorprender, por ello, que:

1º. En tal contexto se incluya (art. 105 CE) una reserva y un mandato a la Ley para que, además del acceso a los archivos y registros administrativos, regule i) la audiencia, directa o a través de organizaciones representativas, de los ciudadanos (ahora no particulares) en *el procedimiento* de elaboración de las disposiciones administrativas que les afecten; y ii) *el procedimiento a través del cual deben producirse los actos administrativos*, garantizando, cuando proceda, la audiencia del (ahora) interesado.

2º. A la hora de la reserva al Estado en sentido estricto o central de la competencia para el desarrollo del régimen jurídico (básico) de los sujetos de cuya actuación se trata y del procedimiento administrativo a observar en el desarrollo de ésta, el artículo 149.1.18 CE, haya *cruzado* los requerimientos de tratamiento común (de los ciudadanos) y respeto de las singularidades organizativas (de la organización propia de las Comunidades Autónomas), refiriendo el primero no al procedimiento (de suyo ya común) sino al régimen de aquellos sujetos y el segundo no a este régimen sin o precisamente al procedimiento común.

La correlación entre Administración -vista como actuación jurídica- y procedimiento -visto como cauce preceptivo de toda ella, tanto la normativa como la de caso concreto-, y, consecuentemente, la imbricación entre una y otro, es evidente. Como lo es la identificación implícita de acto administrativo con decisión, de trámite o resolutoria y expresa o presunta, recaída en el seno o como terminación de un procedimiento y, por tanto, la también implícita sinécdoque en virtud de la cual el todo -la actuación administrativa- es representado por la parte -la actuación administrativa jurídica y, en tanto que tal, formalizada procedimentalmente- [25].

Las regulaciones legales preconstitucionales ya citadas pudieron así, en lo esencial, sobrevivir a la Constitución durante casi quince años, cumpliendo la del procedimiento administrativo a secas -favorecida sin duda por la imprecisión del concepto constitucional[26]- la función del procedimiento administrativo común previsto por aquélla. Pero, al desplegarla durante tanto tiempo, consolidaron y aún reforzaron tanto la zona de fricción y solapamiento con el régimen jurídico de las Administraciones públicas, como, sobre todo, la iden-

---

25  Es lógico que así haya sido teniendo en cuenta el necesario énfasis que hubo de ser puesto, en la transición hacia la democracia, en la realización del principio de Estado de Derecho, especialmente por que hace a la Administración pública.

Lo dicho en el texto debe entenderse en el contexto y la finalidad del presente trabajo, por lo que no significa desconocer la mayor riqueza de la regulación que la Constitución dedica a la Administración. Para las posibilidades interpretativas que ofrece al servicio del complejo Estado democrático y social de Derecho postulador, en su ordenamiento, de l os valores del pluralismo político, la libertad, la igualdad y la justicia, véanse L. Parejo Alfonso, Estado social y Administración pública, Madrid, 1983; así como Eficacia y Administración. Tres estudios, Madrid, 1995.

26  De severa crítica, calificándolo de "inencontrable", hacen objeto J. González Pérez y F. González Navarro, Régimen jurídico de las Administraciones públicas y procedimiento administrativo común, 2.ª ed., Madrid, 1994, concepto constitucional de "procedimiento administrativo común".

tificación del inédito procedimiento común con regulación de la ordenación general de la tramitación de los procedimientos administrativos, entendidos éstos en la forma reduccionista de su, en verdad, más amplia función ante s expuesta. Esto último, como consecuencia del planteamiento mismo de la Ley de procedimiento administrativo de 1958 que, a pesar del esfuerzo de la doctrina más autorizada en la materia[27], condujo a su inteligencia como reguladora de una suerte de procedimiento general, tipo o modelo frente a los llamados procedimientos especiales[28].

En esta situación, el desarrollo legislativo producido en la década de los años 90 del S. XX y que renovó la normativa examinada:

a) Ha consolidado la imbricación y, por tanto, la dificultad del deslinde de las materias "régimen jurídico de las Administraciones públicas" y "procedimiento administrativo común"[29], al abordarse su regulación de forma conjunta en la Ley 30/1992, de 26 de noviembre (LRJPAC)[30].

---

27  J. González Pérez y F. González Navarro, *op. cit.*, quienes -utilizando la distinción alemana entre "Förmlichkeit" y "Nichtförmlichkeit", se esfuerzan por demostrar que la Ley de 1958 no estableció tanto la ordenación de un procedimiento general (que permitiera contraponerla a la de los procedimientos especiales), cuanto la regulación del elenco de trámites o piezas a utilizar por las ordenaciones de los diversos procedimientos. Para ellos la distinción clave en la materia es justamente la de procedimientos "formalizados" o con ordenación preestablecida y procedimientos "no formalizados" o en los que se deja en libertad al instructor para fijar esa ordenación, a partir de la cual cabe distinguir los procedimientos comunes o generales y los especiales (basados en simples especialidades orgánicas o de tramitación).

28  La clave radica en la combinación de los siguientes factores: i) la concepción de la Ley como dirigida sólo a la actuación de la Administración del Estado (a la sazón única existente junto con la Administración local) [art. 1.1]; ii) la denominación de su título (el IV) dedicado a la regulación de los trámites o las piezas procedimentales -siguiendo al efecto un orden secuencial, principiando por la iniciación y finalizando con la terminación mediante acto resolutorio y su ejecución- como "procedimiento" (seguido por el de la regulación de la revisión de los actos finalizadores de éste y de los recursos administrativos contra dichos actos, es decir, de los procedimientos impugnatorios; artículo V) y la del título VI como "procedimientos especiales"; y iii) la inclusión en el número 3 de la disposición final tercera de un mandato al Gobierno para la adaptación de las normas reglamentarias de procedimiento a las directrices de la Ley y el señalamiento de los procedimientos especiales que, por razón de su materia, habían de continuar vigentes; determinación esta última, que cuadraba con la prescripción de la aplicación meramente supletoria del texto legal respecto de las normas reguladoras del procedimiento administrativo de la Administración local, así como de los Organismos Autónomos.

29  La doctrina más autorizada en punto a procedimiento administrativo sostiene que la previsión constitucional supone una separación artificial de una única materia, pues ésta impide saber que campo semántico abarca el "régimen jurídico e y por qué el "procedimiento administrativo común" no constituye régimen jurídico de las Administraciones públicas (J. González Pérez y F. González Navarro, *op. cit.*).

30  Y ello a pesar del precedente de la Ley básica 7/1985, de 2 de abril, de régimen local, que luego influyó sustantivamente en el contenido de la Ley 30/1992, de 26 de noviembre, citada en el texto (así claramente en punto a la regulación de las relaciones interadministrativas). Pues: i) dicha Ley había circunscrito el régimen local -en el contexto del régimen

De este modo no sólo se ha mantenido, sino agravado el doble problema de la diferenciación de las expresadas materias y de su adecuada articulación recíproca, especialmente en el terreno de la gestión económico-financiera (articulación, que si se produce, sin embargo, en la legislación reguladora de la contratación administrativa[31]).

b) Ha asumido en lo sustancial -aunque incorporando, como consecuencia de lo anterior, algún contenido (la regulación de la responsabilidad de la Administración, sus autoridades y funcionarios) hasta entonces incluido en el régimen jurídico de dicha Administración- la perspectiva y el planteamiento de la LPA[32] y, con ellos, el modelo de Administración subyacente, cuya consagración legislativa viene haciendo pasar por el constitucional.

---

jurídico de las Administraciones públicas y adelantando una de sus piezas- a la organización, el funcionamiento y las competencias de las entidades locales, incluyendo además sólo las singularidades de éstas en materia de medios personales, materiales o de bienes y formas de prestación de sus actividades o servicios; y ii) tal configuración legal de la materia "régimen local", en cuanto "régimen jurídico" de uno de los tipos de las Administraciones públicas territoriales había sido declarado constitucional por la STC 214/1989, de 19 de diciembre.

Por tal razón resulta difícil afirmar que la inclusión en la vigente LRJPAC de la regulación de las disposiciones generales de carácter administrativo y la de la responsabilidad de la Administración, sus autoridades y funcionarios, que, en la legislación preconstitucional, figuraban en la LRJAE trae causa propiamente de una reconsideración del contenido y ámbito de las materias constitucionales "régimen jurídico (de las Administraciones públicas)" y "procedimiento administrativo (común)".

31 Y ello tanto en el expediente o procedimiento de contratación (art. 67.2 del texto refundido de la Ley de contratos de las Administraciones públicas, aprobado por Real Decreto Legislativo 2/2000, de 16 de junio; LCAP), como en el régimen de validez de la contratación [art. 62, c) LCAP]. Como es sabido, con posterioridad a la presentación del presente trabajo se ha producido la aprobación de la Ley 30/2007, de 30 de octubre, de contratos del Sector Público, en adelante LCSP, pero la situación descrita se mantiene de igual manera en los artículos 93.3 y 32, c), respectivamente.

32 La comparación que de los contenidos respectivos de la LPA y la LRJPAC se hace en el cuadro núm. 2 del anexo muestra que, dejando de lado cambios puramente nominales (como el de "actividad administrativa" por "actuación administrativa" y de mera ubicación sistemática (como los de la regulación de los actos, a la que se añade la de las disposiciones de carácter general; la de la información, recepción y registro de documentos; y la del procedimiento especial sancionador, complementado ahora por un conjunto de principios de la potestad sancionadora a fin de cumplir las garantías derivadas del artículo 25 CE), así como desapariciones lógicas en el contexto del nuevo Estado de las autonomías (la de la regulación de los conflictos de atribuciones), las únicas novedades resaltables consisten: i) por lo que hace al campo cubierto por el texto legal: la incorporación de la regulación de principios generales, de las relaciones entre las Administraciones públicas (más vinculada con el régimen jurídico de éstas que con el procedimiento administrativo) y de la responsabilidad patrimonial de las Administraciones públicas, de sus autoridades y funcionarios (antes ubicada en la LRJAE); y ii) la sustitución de la denominación "procedimiento" del título dedicado a la ordenación general de la tramitación de los procedimientos por la de "disposiciones generales sobre los procedimientos administrativos", sin que ello significara un enfoque verdaderamente distinto.

Para prueba bastan dos muestras: i) el mantenimiento del llamado silencio administrativo como técnica general de ficción legal de respuesta administrativa binaria (si/no) [arts. 42, 43 y 44 LRJPAC] y operando la respuesta afirmativa o estimativa tanto en los procedimientos incoados a instancia de interesado como de oficio, si en este último caso de la terminación de los procedimientos hubiera podido derivar, significativamente, el reconocimiento o la constitución de derechos u otras situaciones jurídicas individualizadas para los interesados; y ello, incluso cuando el objeto del procedimiento sea un instrumento de planificación de carácter normativo; y ii) la consignación de la prohibición de la excusa *res mihi non liquet*, paralela a la que rige para el Juez, a propósito de la regulación de la resolución de terminación del procedimiento (art. 89.4 LRJPAC).

c)  Ha posibilitado, consecuentemente[33], la persistencia del doble descuido de i) la actividad administrativa *ad extra* no jurídica (por no estar derechamente dirigida a producir actos jurídicos) y no ya simplemente de la interior a la propia Administración (íntimamente ligada a la externa), y, además, ii) la conexión de la regulación procedimental con la material-sustantiva (programa normativo concreto) de la actividad, agudizando las dificultades inherentes a la tensión entre las *disposiciones generales sobre los procedimientos* (en funciones ahora de *procedimiento común*) y los *procedimientos concretos, calificados o no como especiales*, dada su repercusión sobre la determinación de los títulos competenciales legislativos en el Estado autonómico y la relación, por tanto, entre el Derecho general o estatal en sentido estricto y el de las distintas Comunidades Autónomas[34].

La causa de que ello sea así se sitúa, más allá de la aparente acogida por la CE del modelo de Administración-actuación postulado por la doctrina sobre la base de la legislación preconstitucional, en la hasta hoy más que insuficiente interpretación sistemática del orden constitucional y la consecuente falta de determinación de sus consecuencias en el terreno de la organización y el procedimiento administrativos, sin las cuales no es posible la clarificación del sentido, contenido y alcance del título competencial previsto en el artículo 149.1.18 CE.

---

33  Al confirmar la enfatización en el procedimiento de la función de ordenación, para la garantía de los derechos e intereses por ella afectados, de la actividad administrativa *ad extra*, unilateral jurídica.

34  La ambigüedad que sigue siendo propia de la regulación estatal del procedimiento administrativo y que propicia su interpretación y manejo indebidos como ordenadora de una suerte de procedimiento general (identificándose así con el procedimiento común previsto por la CE, que queda convertido en una suerte de imposible procedimiento general, único y modélico, como han denunciado J. González Pérez y F. González Navarro, *op. cit*) contrasta con las determinaciones sobre distribución territorial del poder contenidas en el bloque de la constitucionalidad (respecto de los términos en los que las Comunidades Autónomas han asumido competencias en las diferentes materias) y no ha impedido, por ello, que la competencia para ordenar los procedimientos concretos a que dan lugar los diferentes programas de actuación administrativa se entienda lógica y necesariamente incluida en la legislativa sobre la materia sectorial correspondiente.

El resultado ha sido y sigue siendo una situación normativa, en cuanto al régimen de las Administraciones públicas y el procedimiento administrativo común, que dista de ser plenamente conforme con el orden constitucional, como demuestran i) la ampliación ulterior del control judicial a toda la actividad administrativa, comprensiva, además de las disposiciones de carácter general y los actos expresos y presuntos, de la inactividad prestacional y la actuación material constitutiva de vía de hecho[35], y la introducción, también ulterior, de peculiaridades procesales en los litigios entre Administraciones públicas[36] En particular, el procedimiento regulado en la LRJPAC no puede ser, y no es, el común querido por éste, como acredita sin más el hecho de que ni siquiera es el general para la entera actuación de la propia Administración General del Estado[37].

La necesidad de la superación de esta deficiente situación y la consecuente "constitucionalización" del procedimiento administrativo[38], deben ser ocasión propicia en todo caso para la puesta al día de la regulación legal del procedimiento administrativo, en tanto que actuación administrativa ordenada y racionalizada[39]. Y ello, a la luz de los requerimientos que a ésta plantean -en la actualidad- las transformaciones experimentadas por la organización y el funcionamiento de las Administraciones, la programación legal de la realiza-

---

35    Artículos 25.2, 29 y 30 de la Ley 29/1998, de 13 de julio, reguladora de la Jurisdicción contencioso-administrativa (LJCA).

36    Artículo 44 LJCA.

37    Conforme a las disposiciones adicionales de la LRJPAC, en efecto:

a) Los procedimientos administrativos en materia tributaria se rigen por la legislación general tributaria, siéndoles de aplicación la LRJPAC sólo con carácter supletorio (disp. ad. 5ª).

b) La impugnación de los actos de la Seguridad Social y Desempleo y su revisión de oficio, así como los actos de gestión recaudatoria de la misma, se rigen por su normativa específica (disp. ad. 6ª).

c) Los procedimientos administrativos sancionadores por infracciones en el orden social y para la extensión de actas de liquidación de cuotas de la Seguridad Social se rigen por su normativa específica, siéndoles de aplicación sólo subsidiariamente la LRJPAC. (disp. ad. 7ª)

d) Los procedimientos de ejercicio de la potestad disciplinaria de las Administraciones públicas respecto del personal a su servicio y de quienes estén vinculados a ellas por una relación contractual se rigen por su normativa específica, no siéndoles de aplicación la LRJPAC (disp. ad. 8ª).

e) Los procedimientos instados ante misiones diplomáticas y oficinas consulares se rigen por su normativa específica (disp. ad. 11ª, añadida por la Ley 14/1999, de 13 de enero).

f) Los procedimientos administrativos en materia de extranjería se rigen por su normativa específica, siéndoles de aplicación la LRJPAC sólo con carácter supletorio (disp. ad. 19ª añadida por la Ley orgánica 14/2003, de 20 de noviembre.

38    En el sentido de factor de transformación del Derecho administrativo en el que E. Schmidt-Assmann, Cuestiones fundamentales sobre la reforma de la teoría general del Derecho administrativo. Necesidad de la innovación y presupuestos metodológicos, en Innovación y reforma en el Derecho administrativo, op. cit. en nota 11, también utiliza el término.

39    Sobre la necesidad del cambio de perspectiva, en el Derecho administrativo, concretamente desde la del control judicial a la propia de la actuación administrativa: E. Schmidt-Assmann, op. cit en nota 11.

ción del interés general y, para ello, la determinación y concreción en el caso de la normativa legal aplicable, así como la evolución misma de las regulaciones administrativas sustantivas en una sociedad compleja y en permanente y rápido cambio por basada en la ciencia y la tecnología. Lo que significa: para -en la línea de lo que sucede en Alemania[40]- rediseñar las estructuras y las funciones del procedimiento administrativo desde una concepción amplia y comprensiva de la visión procedimental de la actuación administrativa. Y ello, en el sentido y con el alcance revitalizador de dicha visión que han comenzado a ser apuntados ya, en la buena dirección y con acierto, entre nosotros[41]. Por razones de prioridad en el tratamiento y de espacio, este trabajo se centra principalmente en las cuestiones ligadas a la articulación de la regulación del procedimiento administrativo de conformidad plena con el Derecho constitucional[42], sin perjuicio de hacer algunas referencias a las que suscita la aludida puesta al día.

## B. *Derecho comunitario-europeo y procedimiento administrativo*

La situación del desarrollo constitucional interno que queda descrita forzosamente había de traducirse y se traduce en una notoria falta de adaptación de la regulación del procedimiento administrativo a los requerimientos del Derecho comunitario-europeo de cuya eficacia para la mutación del ordenamiento interno[43], incluso en el plano constitucional, siguen sin tomar nota suficiente tanto el legislador interno, como la doctrina del Tribunal Constitucional. A pesar de algunas previsiones introducidas precisamente en la LRJPAC: la positivación legal del principio de confianza legítima[44] acogido primeramente en sede jurisprudencial y la inclusión de la intervención preceptiva mediante pronunciamiento previo de un órgano de la Comunidad Europea como supuesto determinante de la suspensión -en el correspondiente procedimiento administrativo- del transcurso de plazo máximo legal para resolverlo[45]. Previsiones que, lejos de desmentir, confirman la afirmación precedente.

Desde el punto de vista del propio enfoque de la LRJPAC, cabe reprochar a ésta:

---

40  *V.*, en esta misma obra colectiva recién citada, el estudio de Jens-Peter Schneider sobre, significativamente, la evolución del procedimiento estándar regulado por la Ley de procedimiento administrativo hacia un concepto procedimental comprensivo.

41  *V.*, en especial, J, Barnes, Sobre el procedimiento administrativo: evolución y perspectivas, en la obra colectiva citada en la nota 11.

42  Así como, por consecuencia igualmente de la Constitución (como inmediatamente se comprobará), con el Derecho comunitario-europeo y el Derecho internacional.

43  Sobre esa eficacia *V.* S. Muñoz Machado, La Unión Europea y las mutaciones del Estado, Madrid, 1993.

   Sobre la constitucionalización del Derecho administrativo y su función innovadora de éste con carácter general precisamente ante la evolución del Derecho administrativo europeo, *V.* E. Schmidt-Assmann, *op. cit* en la nota 11.

44  Artículo 3.1, párr. 2º LRJPAC, en la redacción dada por la Ley 4/1999, de 13 de enero.

45  Artículo 42.5, b) LRJPAC, en la redacción dada por la Ley 4/1999, de 13 de enero.

- La no extracción de las debidas consecuencias de la evolución del principio comunitario-europeo de la autonomía institucional y procedimental de los Estados miembros en sentido claramente reductor del margen de maniobra de éstos en aras de la aplicación uniforme y del efecto útil del Derecho comunitario. La entidad de esta deficiencia no puede minusvalorarse, teniendo en cuenta la falta de articulación de la regulación general del procedimiento administrativo con el Derecho interno sectorial programador de la actuación de la Administración, pues la inexistencia en Derecho comunitario de una regulación de los *elementos comunes* de todo procedimiento administrativo hace que los concretos[46] requerimientos organizativos y procedimentales de dicho Derecho se ubiquen en lo esencial justamente en las regulaciones sectoriales[47].

- La no acogida de -o, cuando menos, apertura a, y sintonización con- los principios generales *comunes* de carácter procedimental decantados por la jurisprudencia del TJCE, que guarda relación con la dificultad para la determinación del contenido y alcance del procedimiento administrativo común querido por la CE y que la aludida perspectiva comunitario-europea habría sin duda ayudado a superar.

- La no contemplación y el tratamiento adecuados y suficientes cuando menos de la vertiente estrictamente procedimental de las relaciones de cooperación y coordinación horizontales (con las Administraciones de otros Estados miembros) y verticales (con la organización administrativa comunitaria) derivadas de la integración supranacional, que guarda también relación con la escasa atención prestada a las relaciones interadministrativas internas y su incidencia sobre los procesos decisionales -y las decisiones mismas- de las diferentes Administraciones, a pesar de su importancia en el Estado de las autonomías[48].

---

46  Prescindiendo ahora, pues, de los principios generales fijados por la jurisprudencia del Tribunal de Justicia (TJCE).

47  Ejemplo significativo es la regulación general que sobre el derecho de acceso a archivos y registros aún contiene el artículo 37 LRJPAC y que, como tal, no satisface el estándar que, desde el punto de vista de la transparencia, imponen regulaciones comunitarias, especialmente en materia medioambiental y cuyo cumplimiento encuentra su sede en Derecho interno en las normas que trasponen aquéllas, con la consecuencia -vía fragmentación y pluralización de la configuración legal del derecho de acceso a la información en poder de la Administración- de la pérdida por el artículo 37 LRJPAC de la posición y función ordinamentales que le corresponden.

48  La escasa e insuficiente regulación general las relaciones interadministrativas en su incidencia en los procedimientos y las decisiones en ellos adoptadas o de ellos resultantes ha desembocado en la inseguridad de las consecuencias que deben seguirse de la intervención de una o varias Administraciones en procedimiento de la responsabilidad de otra Administración distinta y de la diversificación de las soluciones legales a tal supuesto. Ejemplo reciente, en materia tan significativa como la de la ordenación territorial y urbanística (por la pluralidad de competencias de diversas Administraciones que confluyen el destino a dar a concretas superficies de suelo), es el artículo 15.3 de la Ley 8/2007, de 28 de mayo, de suelo, que, en los procedimientos de aprobación de los instrumentos de planificación territorial contempla una fase de consultas de la Administración responsable con Administraciones sectoriales, instrumentando la intervención de éstas (las Ad-

Y todo ello, desde el simple desconocimiento del hecho capital de que la Administración pública ha dejado de ser instrumento sólo programado por el Derecho nacional y consagrado exclusivamente al servicio del interés general interno (definido según dicho Derecho), para ver su actuación programada también por el Derecho comunitario -en calidad de Administración "indirecta" de la Comunidad Europea- y extender su servicio igualmente al interés general supranacional, con la consecuencia, incluso, de la alteración radical de su posición respecto de la Ley formal interna en caso de contradicción con el referido Derecho comunitario[49].

Donde las consecuencias del ensimismamiento de la regulación procedimental se hacen notar con especial intensidad es en el régimen de validez y de revisión de los actos administrativos, así como en el de ejercicio de la potestad sancionadora, que con frecuencia dificultan, cuando no impiden, la efectividad del Derecho comunitario.

C. *Actividad jurídica formalizada y ordenación general de los procedimientos administrativos*

La LRJPAC ni siquiera satisface la pretensión que el modelo que traduce implica: ser la sede de las disposiciones generales por las que se rigen todos los procedimientos administrativos no obstante la heterogeneidad de la actividad administrativa que éstos deben encauzar. La decantación histórica de la categoría del contrato administrativo y el consecuente desarrollo de una específica legislación de la contratación de las Administraciones públicas[50] han determinado la inclusión en ésta de la ordenación del procedimiento de adjudicación de los correspondientes contratos. Es éste un nuevo, pero signi-

---

ministraciones de las aguas, las costas y las carreteras y demás infraestructuras) por el limitado cauce que proporciona (en la regulación general del procedimiento) la técnica del informe preceptivo y confiriendo a éste (conforme a dicha regulación general) el poco preciso carácter de determinante; categoría de la que la doctrina consultiva del Consejo de Estado y la jurisprudencia contencioso-administrativa únicamente han podido deducir que suponen el traslado a la Administración responsable del procedimiento y competente para su resolución una específica, pero de alcance poco determinado, carga de motivación de dicha resolución. Sobre todo ello me permito remitirme ahora a mi trabajo "Notas para una construcción dogmática de las relaciones interadministrativas", de próxima publicación en la Revista de Administración Pública.

49   Conforme a la jurisprudencia del TJCE definida a partir de la Sentencia de 22 de junio de 1986, Fratelli Costanzo SPA c. Comune di Milano y Impresa Lodigiani SPA, según la cual La Administración interna (toda ella y de cualquier nivel, incluso la local) está obligada, al igual que el Juez nacional, a aplicar las Directivas que sean de directa aplicación y, correlativamente, a inaplicar las normas, incluso legales, internas, que sean contradictorias con ellas. Pronunciamiento establecido sobre la base de la jurisprudencia sentada sobre la aplicación directa de Directivas aún no transpuestas al Derecho interno (siempre que no estén sujetas a condiciones y sean suficientemente precisas) a partir de las Sentencias de 19 de enero de 1982, Becker, y de 26 de febrero de 1986, Marshall.

50   Como se ha indicado en la nota núm. 13, en la actualidad la LCAP ha sido sustituida, y por obra justamente de la influencia del Derecho comunitario, por la Ley de contratos del Sector Público.

ficado[51], ejemplo de la tensión entre regulación general del procedimiento y accesoriedad de la de los procedimientos concretos respecto de la regulación del sector de actividad administrativa de que se trate. Pues la regulación, incluso, general, de la actividad unilateral, jurídica y formalizada, queda repartida entre la LRJPAC (la unilateral, aunque incorporando la consensuada mediante pactos, acuerdos y convenios) y la LCAP (la unilateral de adjudicación de los contratos[52]).

La situación en Derecho español difiere, así y en este aspecto, a la que existe en Derecho alemán, tal como la describe E. Schmidt-Assmann[53]: inexistencia de procedimiento administrativo específico, salvo el de gestión presupuestaria, para la adjudicación de los contratos (regidos por el Derecho privado) de las Administraciones públicas, con la consecuencia de que el proceso de formación de la voluntad de éstas para contratar se entiende como cuestión perteneciente al ámbito "doméstico" que no incide en la esfera de derechos e intereses de los interesados-licitadores[54].

Es claro que la apuntada duplicidad propia del Derecho español tiene difícil justificación tanto desde el punto de vista interno de la exigencia constitucional de un solo "procedimiento común", como desde el de la del Derecho comunitario de la actuación de todo poder adjudicador de contratos públicos conforme a unas mismas reglas básicas dirigidas justamente a garantizar la igualdad de condiciones en el acceso a dicho mercado público. Tanto más cuanto que, por efecto de la eficacia propia del Derecho comunitario coordinador de los procedimientos de adjudicación de los contratos públicos, la LCAP (hoy ya la LCSP), a pesar de tener únicamente carácter básico, cumple mejor, en su ámbito propio, la función de ordenación procedimental *común* que la LRJPAC, que la tiene constitucionalmente asignada para la entera actuación administrativa y con el carácter de legislación plena.

---

51    Por integrar el polo de tensión con el procedimiento general otra regulación igualmente transversal y no sustantiva-sectorial.

52    Los actos recaídos en el procedimiento de adjudicación de los contratos administrativos y desde luego el de la adjudicación misma reciben por ello el tratamiento de actos separables de la relación contractual en cada cas o establecida y de los dictados en el curso de dicha relación.

53    E. Schmidt-Assmann, Structures and functions of administrative procedures in German, European and Internacional Law; actualmente en prensa.

54    Lo que no exime al Derecho alemán del impacto del Derecho comunitario -europeo: para todas las adjudicaciones de contratos por la incidencia del de carácter originario relativo a la libre competencia y para las de los que quedan bajo el umbral determinante de la plena aplicación de las reglas comunitarias de coordinación por la influencia que ejercen las reglas comunitarias en todo caso. Este impacto del Derecho comunitario es nota común con la situación en Derecho español, si bien en éste caso la incidencia es directa sobre el procedimiento administrativo de adjudicación, radicando las dificultades más bien en la plena adaptación a la perspectiva puramente funcional del Derecho comunitario (concepto de poder o entidad adjudicadora) para la acotación de su ámbito de aplicación; perspectiva distinta a la interna tradicional ligada al estatuto subjetivo de la administración pública por razón de su giro o tráfico propio (exorbitante del Derecho común) y que ha dado lugar a condenas del TJCE al Estado español por infracción de la normativa comunitaria y a la necesidad de sucesivas reformas de la legislación interna sobre contratación pública, la última de las cuales acaba justamente de ser aprobada.

La innecesariedad en todo caso de esta duplicidad, por artificiosa, se muestra con especial claridad en su proyección sobre el régimen de validez de los actos. Pues aunque los artículos 61 a 66 LCAP (actualmente, artículos 31 a 36 LCSP) regulan, bajo la rúbrica "invalidez de los contratos", también la de los actos unilaterales separables, remitiendo parcialmente, por cierto, a la contenida en los artículos 62 y 63 LRJPAC, reenvía sencillamente a esta última (además de a la LJCA) en cuanto al procedimiento de revisión por nulidad y la suspensión de la ejecución de los actos de los órganos de contratación (art. 64 LCAP, hoy art. 34 LCSP).

**D.** *Inidoneidad, incluso, para ordenar adecuadamente la entera actuación administrativa unilateral jurídica y formalizada*

El modelo de Administración a que responde la LRJPAC, heredado de la legislación preconstitucional y la proyección doctrinal en ella de los requerimientos básicos del Estado de Derecho durante y frente al sistema autocrático preconstitucional, conduce a la visión del procedimiento-modelo principalmente como relación procesal entre la Administración actuante y ciudadano o ciudadanos interesados determinados en función de un objeto concreto y acotado (la o las pretensiones deducidas en la solicitud o la cuestión planteada de oficio) articulada para la racionalización de la toma de la correspondiente decisión, en aplicación de la Ley, desde la óptica predominante de la observancia de las garantías pertinentes (de ahí la analogía con el proceso judicial) y, obviamente, cara al control judicial de la regularidad procedimental y sustantiva de la actuación administrativa así cumplida. Dada esta perspectiva, en la que la relación procedimental se traba entre los titulares de intereses "contrapuestos" -interés general y particular- y que permite incluso la caracterización de la posición de la Administración en ella como la de "juez y parte", la preocupación fundamental es, pues, la validez de los actos de trámite y las resoluciones finales. Quedan asegurados así desde luego los requerimientos del Estado de Derecho (arts. 1.1 y 9.3 CE), pero:

> Convirtiendo una parte en el todo (o, al menos, el elemento caracterizador) del estatuto constitucional de la Administración pública, en el que, de un lado, los principios de servicio al interés general y eficacia de la actuación no ceden en rango al de legalidad desde la óptica del Estado social y los consecuentes mandatos a los poderes públicos de i) promoción de las condiciones precisas para la realidad y efectividad de la libertad y la igualdad de individuos y grupos sociales y ii) facilitación de la participación en la vida política, económica, cultural y social (arts. 1.1 y 9.2 CE); y, de otro lado, los principios de lealtad constitucional y colaboración (mediante la cooperación y, en su caso, la coordinación) imponen requerimientos específicos al proceso de definición del interés general y de gestión de los asuntos públicos en el sistema complejo de Administraciones derivado del Estado de las autonomías, en virtud de la tensión entre la unidad y la autonomía (arts. 2 y 137 CE).

Relegando a un segundo plano, cuando no descuidando completamente, la cuestión central del cumplimiento efectivo de la programación legal, la producción real del resultado por ésta pretendido, y, con ella, las relativas a la ponderación y armonización de los intereses públicos y privados en presencia y la adaptación a las circunstancias. Con la consecuencia del i) deficiente tratamiento o la relegación al campo de lo informal del arreglo de extremos tan importantes como la afección de intereses de terceros, la composición de una multiplicidad de intereses diversos, la participación de los ciudadanos y la intervención de otras Administraciones y la disciplina efectiva de las relaciones interadministrativas (especialmente en los procesos de planificación, programación y evaluación); y ii) la incapacidad de ordenación general efectiva de procesos de toma de decisiones o de acciones complejos (como, por ejemplo, los relativos a programas conjuntos de varias Administraciones, planificaciones territoriales, proyectos de grandes infraestructuras, etc...).

**E.** *Desfase respecto de la evolución de la organización, el funcionamiento y los instrumentos de acción de las Administraciones públicas*

La preocupación principal por la relación procedimental Administración-ciudadano limita la atención que la LRJPAC presta a los aspectos internos de organización y de funcionamiento de indudable relevancia para la actividad *ad extra* de la Administración. Sobre el trasfondo de la construcción de cada Administración pública a partir del dato de la personalidad única (justamente a efectos de su actuación *ad extra* y con entera independencia de su complejidad) y del doble principio de i) dirección por el correspondiente órgano de gobierno superior y ii) actuación eficiente y al servicio de la ciudadanía[55], se ocupa únicamente, así y sin gran detalle, de la creación de los órganos administrativos, la competencia de éstos y las condiciones para la actuación de tal competencia, especialmente en el supuesto de órganos colegiados[56]. Su escasa densidad condenó estas regulaciones, en origen, a no poder cumplir la función de encuadramiento de sus desarrollos más concretos que les correspondía en cuanto parte del procedimiento común. Su papel respecto de éstas ha sido siempre secundario, lo que explica, además, su progresivo desfase como consecuencia de erigirse la legislación sobre la organización y el funcionamiento de cada Administración o la sectorial de los medios y procesos de trabajo internos en la sede lógica de toda actualización. Inevitable consecuencia de este proceso de desfase del marco general y fragmentación de la regulación de los extremos aludidos es el paralelo ensanchamiento de la grieta entre las reglas organizativas y de funcionamiento (dimensión interna) y las del procedimiento común (dimensión externa). Este desfase especialmente evidente en lo que hace al concepto (orgánico-formal o funcional-operativo)

---

55   Junto con los principios de colaboración (en las relaciones con las restantes Administraciones) y los de transparencia y participación (en las relaciones con los ciudadanos): artículo 3 LRJPAC.

56   Artículo 11 a 29 LRJPAC.

de órgano administrativo, la constitución y la formación de la voluntad de los órganos colegiados y los medios y formas de tratamiento y comunicación de la información (en especial los actos administrativos). A este último respecto, es significativo el impacto sobre la regulación general de los medios técnicos[57] de la rápida evolución experimentada por el tratamiento normativo sectorial de éstos y su incorporación efectiva en las Administraciones públicas (en el sentido de la modificación y el vaciamiento efectivo de aquélla a favor de dicho tratamiento sectorial): primero las medidas introducidas por las Leyes 66/1997, de 30 de diciembre, y 55/1999, de 29 de diciembre, y las normas reglamentarias al amparo de ellas dictadas entre 1999 y 2003 sobre la utilización de medios electrónicos y telemáticos, y luego, definitivamente por ahora, el sistema de acceso a los servicios públicos y de comunicación y relación entre Administración y ciudadano por medios electrónicos regulado por la Ley 11/2007, de 22 de junio[58].

2. **EL TRATAMIENTO: LA NECESARIA RECONSTRUCCIÓN DEL PROCEDIMIENTO ADMINISTRATIVO COMÚN**

A. *El orden de referencia*

En el sistema jurídico español, la determinación del procedimiento administrativo (tanto más, pues, el *común*) no sólo por el orden constitucional, sino también y concurrentemente por el Derecho comunitario-europeo e, incluso, el internacional está inscrita en la propia CE, que abre sin más aquel sistema -integrándolo en él- al comunitario-europeo[59], confiere específica consistencia interna a los tratados internacionales[60] e impone la interpretación de sus propias normas relativas a los derechos fundamentales y las libertades que reconoce de conformidad con -además de la Declaración Universal de los Derechos Humanos- los tratados y acuerdos internacionales sobre las mismas materias[61] La articulación interna de la regulación del procedimiento admi-

---

57   En lo esencial: art. 45 LRJPAC.

58   El desarrollo del mencionado sistema electrónico permite a algún autor (J. Bermejo Vera, *Derecho administrativo básico. Parte General*, 7ª ed., Madrid, 2007) hablar de que "... el procedimiento administrativo telemático constituye ya un medio de relación jurídica entre las Administraciones y los administrados....". La regulación de este procedimiento (obviamente parte del común en sentido constitucional) no está, sin embargo y por lo dicho en el texto, en la LRJPAC.

59   Por intermedio de la cláusula general autorizatoria de la cesión de competencias derivadas del texto constitucional (art. 93 CE), tal como ésta ha sido interpretada tanto por el Tribunal Constitucional en sus Declaraciones de 1 de julio de 1992 y de 13 de diciembre de 2004, como por el Consejo de Estado en el Dictamen de 21 de octubre de 2004, así como en el Informe sobre modificaciones de la Constitución española de 16 de febrero de 2006.

60   Mediante la regla de la prohibición de la derogación, modificación o suspensión de las disposiciones que contengan al margen de la forma prevista en los propios tratados o las normas generales del Derecho internacional (art. 96 CE).

61   En el artículo 10.2 CE, es decir, en el contexto decisivo de la proclamación de la dignidad de la persona, su libertad y los derechos que le son inherentes como fundamentos del orden político (art. 10.1 CE).

nistrativo ha de ser consecuente, pues, con tal esquema de fuentes y los requerimientos diferenciados y compatibles de cada una de éstas.

En la CE (arts. 103.1 y 106 CE), organización al servicio del interés general (Administración pública; complejo de Administraciones públicas) y actuación para la realización efectiva del mismo con sometimiento pleno a la Ley y al Derecho (funcionamiento -sic- del conjunto de servicios públicos) son sólo dos caras de una misma realidad a la que es consustancial, así, el procedimiento[62]. Pues éste no es más que la dinámica específica de tal organización, la forma en que, por su lógica misma, se desarrolla de suyo toda actividad administrativa (interna o externa) o funcionan y se prestan los servicios públicos; lo que dice de la complejidad de la función del procedimiento y su consecuente necesaria adaptación a las características de los heterogéneos objetos y fines concretos de la actividad administrativa (los múltiples intereses públicos). Esta adaptación no significa, empero, libertad absoluta de configuración legal, al deber producirse en un marco constitucional de valores y principios ciertamente flexible, pero suficientemente significante[63].

---

62    Esta es la explicación de que el artículo 149.1.18 CE contemple al mismo tiempo una legislación básica sobre "régimen jurídico" de las Administraciones públicas (es decir, del estatuto subjetivo del conjunto de ellas), advirtiendo significativamente que ha de garantizar (efecto externo) un tratamiento común de los ciudadanos ante ellas, y una legislación sobre "procedimiento administrativo común" (y sólo del común, no de todo el procedimiento administrativo), advirtiendo que tienen como límite el respeto (desde el punto de vista de sus consecuencias o efectos internos) a las especialidades derivadas de la organización propia de las Comunidades Autónomas

63    Al igual, pues, que en la configuración de los sujetos "Administraciones públicas" se hacen presentes principios diferentes (descentralización-coordinación o legalidad-objetividad-eficacia, por ejemplo -art. 103.1 CE-, que remiten a la correcta elección de los tipos organizativos prefigurados por el orden constitucional -territorial y funcional; administración profesional-burocrática, de construcción y funcionamiento democráticos de autoadministración- en función de los factores de legitimación que derivan de las características del Estado y la posición fundamental del ciudadano -que implica el derecho de participación en los asuntos públicos -art. 23 CE-, y que permiten deducir los principios de *proximidad* y *distancia* de la organización respecto de los asuntos públicos que gestiona), en el procedimiento administrativo inciden de modo diverso diferentes requerimientos constitucionales: i) en el ámbito interno, el servicio con transparencia y objetividad del pertinente inter general, que implican la accesibilidad y consulta de archivos y registros administrativos por parte de los ciudadanos y la imparcialidad de autoridades y funcionarios en el desarrollo de sus funciones [arts. 103.1 y 3 y 105, b) CE]; ii) en las relaciones e interacciones de las Administraciones públicas entre sí (autónomas unas respecto de otras), la coordinación, sobre la base del principio constitucional implícito de la lealtad institucional (art. 103.1 CE); y iii) en la totalidad del procedimiento, de un lado, los principios generales de eficiencia y economía en la programación y ejecución del gasto público y de legalidad y eficacia en la actuación (arts. 31.2 y 103.1 CE), pero, de otro, también los específicos procesales de a) correcta integración de la relación procedimental (por relación a los afectados: los interesados, que pueden ser tanto ciudadanos titulares de derechos e intereses legítimos, como otras Administraciones titulares de competencias diferentes); b) audiencia (individual o colectiva) con entera independencia del tipo de potestad (normativa o de decisión concreta) ejercitada [art. 105, a) y c) CE]; y c) acceso, en ejercicio del derecho de la tutela judicial efectiva, al poder judicial para la realización por éste del control de la potestad reglamentaria y la legalidad de la actuación administrativa (arts. 24.1 y 106.1 CE).

De lo que resulta en el plano de las competencias legislativas: tanto la estrecha imbricación de ambas dimensiones no obstante su diferenciación; como la reproducción en el procedimiento administrativo de la misma tensión constitucional entre unidad/homogeneidad y diversidad/pluralidad que opera en el régimen jurídico de las Administraciones públicas. Esa tensión en ambos casos se resuelve mediante la previsión de sendas normas estatales o generales que, al contener la regulación unitaria, están destinadas a operar como cabeceras de los correspondientes grupos normativos y la consecuente reserva al legislador estatal o general de la competencia para establecer el régimen jurídico *básico* de las Administraciones públicas y el procedimiento administrativo *común* de todas ellas, con entrega del resto del régimen jurídico de las diferentes Administraciones públicas y de los concretos procedimientos administrativos de éstas a los legisladores competentes tanto en esas dos materias como en las diversas en que se materializa, por sectores de la realidad, la acción administrativa.

## B. *La renovación del procedimiento administrativo*

### a. *Procedimiento administrativo común y orden constitucional*

Aunque es un concepto constitucional (art. 105 CE), la norma constitucional no define el procedimiento administrativo, ni acota tampoco el procedimiento administrativo común de que, como materia objeto regulación diferenciada, habla el artículo 149.1.18 CE. Pero este último precepto sí indica su estrecha relación con dos otras materias: la de l a "organización administrativa pro-

---

Esta indiferencia del tipo formal de potestad ejercitada permite sostener que la idoneidad de las potestades formales o transversales -significativamente la expropiatoria y la sancionatoria- para proyectarse en cualesquiera sectores de la acción administrativa opera igualmente, dada la relativa accesoriedad del procedimiento respecto de la programación de la acción administrativa en cada sector, sobre los diferentes concretos procedimientos administrativos. De donde la dimensión procedimental de a) la garantía de bienes y derechos patrimoniales (propiedad privada) inherente a la institución expropiatoria (art. 33.3 CE); b) las garantías de la libertad frente al ejercicio de la potestad sancionadora derivadas de las de carácter penal (arts. 24.2 y 25 CE). Prueba la corrección de esta afirmación la garantía de cierre de la integridad patrimonial de los ciudadanos frente a la incidencia lesiva de la actuación administrativa distinta de la expropiatoria, que se contiene en el artículo 106.2 CE y que tiene obviamente también dimensión procedimental.

Por intermedio de los principios de legalidad y eficacia -y gracias a la superior vinculación de todos los poderes públicos a la Constitución (art. 9.1 CE)- penetran en el procedimiento en cualquier caso otras importantes exigencias constitucionales estructurales. Por de pronto, las que se expresan en los principios propios del Estado de Derecho (al servicio del valor de la libertad) recogidos en el artículo 9.2 CE: legalidad, jerarquía normativa, publicidad de las normas, irretroactividad de las disposiciones sancionadoras no favorables o restrictivas de derechos individuales, seguridad jurídica y responsabilidad e interdicción de la arbitrariedad de los poderes públicos. Pero, sobre todo, los referibles al Estado social consignados en el artículo 9.2 CE: promoción de las condiciones para que la libertad y la igualdad del individuo y de los grupos en que se integra sean reales y efectivas; remoción de los obstáculos que impidan o dificulten su plenitud; y facilitación de la participación de todos los ciudadanos en la vida política, económica, cultural y social.

pia"[64] se entiende de la correspondiente instancia territorial (además de la autonómica) y la de (bases del) "régimen jurídico de las Administraciones públicas[65].

La doctrina sentada hasta ahora por el Tribunal Constitucional confirma:

a) La identidad propia del procedimiento administrativo entendido como *modo de ordenación del ejercicio por las Administraciones de sus competencias sustantivas propias*[66]. Esta ordenación cubre cuanto incida en la elaboración de los actos administrativos, la validez y la eficacia o las garantías de los administrados, comprendiendo el *iter* que ha de seguir la actividad administrativa jurídica; la forma de elaboración, los requisitos de validez y eficacia, los modos de revisión y los medios de ejecución de los actos administrativos; y las garantías generales de los particulares en el seno del mencionado *iter*[67]; y formando parte de ella también, pues, las garantías "procedimentales" que -incluso bajo la forma de previsión orgánica- contengan las regulaciones de las instituciones generales de garantía de la posición del ciudadano (expropiación forzosa, Derecho sancionador, responsabilidad patrimonial)[68] u otras Leyes. El título com-

---

64   A la que hace referencia la coda "sin perjuicio" añadida por el artículo 149.1.18 CE al título competencial referido al procedimiento administrativo común.

65   Que el artículo 149.1.18 contempla, incluyendo el régimen estatutario de los funcionarios públicos, conjuntamente con la del procedimiento administrativo común, especificando que debe garantizar un tratamiento común de los ciudadanos ente las Administraciones públicas.

66   STC 157/1985, de 15 de noviembre.

67   STC 50/1999, de 6 de abril.

68   STC 251/2006, de 25 de julio (a propósito de la posibilidad o no de la deducción de la legislación expropiatoria, en cuanto desarrollo de las garantías constitucionales del artículo 33.3 CE, de garantías procedimentales "comunes" indisponibles para la legislación sectorial autonómica, incluida la "orgánica" de reserva de la fijación del justiprecio a un preciso órgano: el Jurado Provincial de Expropiación). La STC 204/1992, de 26 de noviembre, había establecido ya con anterioridad que la previsión por una Ley estatal o general de la intervención consultiva del Consejo de Estado podía considerarse como una garantía procedimental (el dictamen de dicho Consejo).

Con anterioridad, STC 37/1987, de 26 de marzo, y 149/1991, de 4 julio, para las que la expropiación, en tanto que institución de garantía de los intereses económicos privados, ha de establecerse conforme a los criterios objetivos de valoración prefijados por la Ley, *a través de un procedimiento* en el que, previa declaración de la causa legitimadora de la concreta operación expropiatoria, se identifica el objeto a expropiar, se cuantifica el justiprecio y se procede a la toma de posesión de aquél y al pago de éste. La uniformidad normativa impuesta aquí por la Constitución supone *la igual configuración y aplicación de las mencionadas garantías expropiatorias en todo el territorio del Estado* y, por ende, *el estricto respeto y cumplimiento* de los criterios y sistema de valoración del justiprecio y *del procedimiento expropiatorio* establecidos por Ley estatal para los distintos tipos o modalidades de expropiación. De este modo, la competencia exclusiva que al Estado reserva el art. 149.1.18ª CE impide que se prive a cualquier ciudadano de alguna de las garantías que comporta el procedimiento expropiatorio.

Y STC 87/1985, de 16 julio, en relación con la conexión entre el Derecho administrativo sancionador, de un lado, con los derechos y las libertades constitucionales y, por tanto,

petencial legislativo reservado en la materia al Estado central no cubre, sin embargo, la entera y completa regulación de ese campo, sino sólo aquélla precisada como común justamente por ser precisa para salvaguardar la necesaria uniformidad[69]. Se trata, así, de una regulación, la estatal, referida a la determinación de los principios o las normas definitorios de la estructura general del referido *iter* procedimental y prescriptores de las garantías de los ciudadanos y del régimen de los actos administrativos y de su ejecución e impugnación[70].

b) Aunque esté por tanto íntimamente relacionado con ella, el procedimiento administrativo se diferencia de la organización administrativa, pues ésta es el campo sobre el que se proyecta la potestad de autoor-

---

con la competencia legislativa estatal para la regulación de las condiciones básicas que garanticen la igualdad en el ejercicio de los derechos y el cumplimiento de los deberes (art. 149.1.1 CE) y, de otro, el tratamiento común ante las Administraciones públicas y, por tanto, la competencia estatal para la fijación del procedimiento administrativo común. Con la consecuencia de que sólo dentro de esos límites y condiciones, pueden las normas autonómicas desarrollar los principios básicos del ordenamiento sancionador estatal, en la medida en que tal posibilidad es inseparable de las exigencias de prudencia o de oportunidad, que pueden variar en los distintos ámbitos territoriales. De ahí que para la STC17/1990, de 7 febrero, la remisión a la Ley estatal de procedimiento administrativo suponga de suyo la adecuación al "procedimiento administrativo común" en materia sancionadora, es decir, a los principios y reglas generales que se contienen en dicha Ley, sin perjuicio de que, por razón de la materia puedan regularse y, por tanto, añadirse reglas especiales de procedimiento aplicables al desarrollo de cada tipo de actividad administrativa, lo cual no está constitucionalmente reservado al Estado, pues (así STC 227/1988, de 29 noviembre) hay que entender que ésta es una competencia conexa a la que, respectivamente, el Estado o las Comunidades Autónomas ostenten para la regulación del régimen sustantivo de cada actividad o servicio de la Administración.

69    STC 83/1986, de 26 junio.

70    STC 227/1988, de 21 noviembre, en la que se admite la coexistencia de las principales y estructurales del procedimiento común con numerosas reglas *especiales* de procedimiento aplicables a la realización de cada tipo de actividad administrativa *ratione materiae*. Al extraer las consecuencias para las competencias de las Comunidades Autónomas, sitúa ambiguamente el procedimiento común frente a los procedimiento especiales y, por tanto, a la luz del procedimiento general. Y afirma que la competencia sobre el procedimiento concreto o *especial* es conexa a las que, respectivamente, el Estado o las Comunidades Autónomas ostentan para la regulación del régimen sustantivo de cada actividad o servicio de la Administración. Así lo impone la lógica de la acción administrativa, dado que *el procedimiento no es sino la forma de llevarla a cabo conforme a Derecho* Sobre esta base, argumenta: «… De lo contrario, es decir, si las competencias sobre el régimen sustantivo de la actividad y sobre el correspondiente procedimiento hubieran de quedar separadas, de modo que al Estado correspondieran en todo caso estas últimas, se llegaría al absurdo resultado de permitir que el Estado pudiera condicionar el ejercicio de la acción administrativa autonómica mediante la regulación en detalle de cada procedimiento especial, o paralizar incluso el desempeño de los cometidos propios de las Administraciones autonómicas si no dicta las normas de procedimiento aplicables en cada caso. En consecuencia, cuando la competencia legislativa sobre una materia ha sido atribuida a una Comunidad Autónoma, a ésta cumple también la aprobación de las normas de procedimiento administrativo destinadas a ejecutarla, si bien deberán respetarse en todo caso las reglas del procedimiento establecidas en la legislación del Estado dentro del ámbito de sus competencias.»

ganización inherente[71] a la comunidad política soberana y a las comunidades territoriales dotadas de autonomía en el seno de ésta; campo, que comprende la organización política superior[72]; y la organización de la Administración correspondiente, la cual se extiende a la creación, la modificación y la supresión de entidades y de unidades y órganos de éstas. Esta última organización administrativa recibe, como materia, la denominación de régimen jurídico de la construcción y el funcionamiento de las Administraciones públicas. La competencia legislativa sobre ella se reparte entre el Estado central y las Comunidades Autónomas, reservándose al primero la fijación de las bases de dicho régimen que garanticen un tratamiento común de los ciudadanos; bases que, por ello, comprenden la fijación de principios y reglas básicas o fundamentales[73]. La finalidad de esta reserva de las bases es, pues, la de posibilitar el mantenimiento de un *tratamiento uniforme de las instituciones esenciales atinentes a las Administraciones públicas y de que el régimen jurídico de las autonómicas no discrepe del referente al Estado*[74].

Se produce así una específica tensión entre las bases del régimen jurídico de (todas) las Administraciones públicas -extraídas del alcance de la potestad de autoorganización- y régimen de cada una de las mismas -formalizador de las opciones de autoorganización-. El problema que esta tensión genera se resuelve mediante la idea de la *escala de incidencia*

---

71  No precisada, por tanto, de habilitación concreta alguna: STC 35/1982, de 14 de junio; 165/1986, de 18 diciembre; 227/1988, de 29 de noviembre; y 50/1999, de 6 de abril. La última ma Sentencia contrapone a la libre organización de la propia Administración (la estructura orgánica del propio aparato administrativo), que es una competencia exclusiva de cada instancia territorial (salvo de la local por desarrollarse su autonomía íntegramente en el marco de la Ley), el régimen jurídico de las Administraciones públicas previsto en el art. 149.1.18 CE, que entrega al Estado central la determinación de sus bases, es decir, de los principios y las reglas básicas de la organización y el funcionamiento de todas las Administraciones públicas. Lo que significa que la potestad organizatoria de cada Comunidad Autónoma para determinar el régimen jurídico de la organización y el funcionamiento de su propia Administración no tiene carácter exclusivo, al deber respetar y, en su caso, desarrollar las bases establecidas por el Estado.

72  En el caso del Estado central, los órganos a los que se atribuyen las funciones en que se traduce la división del poder constituido; en el de las Comunidades Autónomas, las instituciones de que habla el artículo 152.1 CE; y en el caso de la Administración local, los órganos en que se traduzca específicamente su "gobierno" en la concreción de la fórmula "gobierno y administración" que emplean los artículos 140 y 141.2 CE.

73  Sobre la base de las SsTC 76/1983, de 5 de agosto; 165/1986, de 18 de diciembre; 227/1988; y 251/2006, de 25 de julio.

74  STC 14/1986, de 31 enero 1986. De este modo, si existe alguna institución cuyo encuadramiento pueda realizarse del modo más absoluto dentro de la amplia rúbrica "régimen jurídico de las Administraciones públicas", «... ésta es precisamente *la personificación de tales Administraciones para su constitución, funcionamiento y actuación en cualquiera de sus posibilidades legales*».

*externa potencial* de las cuestiones objeto de regulación para la correspondiente actividad administrativa[75].

Esta doctrina constitucional permite una aproximación segura a los conceptos asimismo constitucionales de procedimiento administrativo y procedimiento administrativo común y establecer con suficiente precisión sus características, contenido y alcance.

El procedimiento administrativo es administración en tanto que proceso decisional y de acción: todo él (incluso el cumplido internamente) y cualquiera que sea la Administración y la actividad sustantiva que ésta cumpla. Donde tiene lugar aquél proceso hay, por tanto, procedimiento administrativo. Se entiende, así, la previsión conjunta del procedimiento administrativo común y de las bases del régimen jurídico de todas las Administraciones públicas como títulos competenciales estatales entrelazados desde la doble y contrapuesta perspectiva interna de la organización y externa del tratamiento común. Pues el procedimiento administrativo no es el cauce formalizado (sea general o especial) para el desarrollo, en relación con asuntos y personas ciertamente diversos, de la actividad administrativa (entendida como función única de contenido y alcance típicos); es más bien el desarrollo mismo por la Administración-organización (con sus especialidades o peculiaridades orgánicas) de la administración-actuación (el servicio al interés general) proyectada -según los correspondientes programas normativos sectoriales- en las distintas actividades sustantivas por éstos diseñadas según una ordenación establecida al efecto. Dada esta amplitud ofrece, por de pronto, dificultades de delimitación en ambos sentidos: hacia el ámbito doméstico de la organización, en cuanto ésta presenta, a su vez, dos vertientes: la estática o constructiva y la dinámica o de funcionamiento, con la consecuencia de que determinadas cuestiones de índole organizativa pueden operar como garantías procedimentales[76]; y hacia el ámbito externo, en cuanto éste cae bajo la órbita de las regulaciones de los distintos sectores de actividad de la Administración, las cuales tienden a subordinar a sus requerimientos específicos, distintos de cada vez, la ordenación del desarrollo de la administración-actuación, pero encuentran su límite en la necesaria garantía por el régimen jurídico del funcionamiento de las Administraciones-organizaciones actuantes de un tratamiento común ante éstas[77].

Es en el procedimiento administrativo así concebido en el que se diferencia constitucionalmente uno común para todas las Administraciones públi-

---

75  La escala descansa obviamente en el criterio del tratamiento común de los ciudadanos ante las Administraciones: cuanto mayor el riesgo de incidencia en tal tratamiento, más se acerca la regulación de la cuestión a las bases del régimen jurídico de las Administraciones y a la inversa. SsTC 50/1999, de 6 de abril; y 251/2006, de 25 de julio.

76  Así las reglas de atribución de las competencias, los conflictos de atribuciones y las de constitución o la formación de la voluntad de los órganos colegiados, así como la previsión de intervención de un preciso órgano administrativo.

77  Son estas regulaciones sectoriales las que dan lugar a los llamados procedimientos administrativos especiales, específicos o concretos, que no pueden así lesionar el tratamiento común ante las Administraciones competentes para su ejecución.

cas; calificación ésta que, por ello, guarda evidente relación con el tratamiento asimismo común ante ellas. Sus características definitorias son las siguientes:

a) Consiste[78] en una regulación completa, acabada y, por ello, uniforme de su objeto; regulación que no precisa de desarrollo normativo alguno y es, así, de directa aplicación a cualquier actuación administrativa.

b) Su regulación es, pues, universal, pero tiene alcance limitado. Es universal, porque rige toda actuación de cualquiera de las Administraciones públicas, es decir, del entero y complejo poder público administrativo, tal y como éste resulta de la CE y, en particular, de la organización territorial del Estado. Pero es limitada, porque sólo cae en su ámbito de aplicación la parte de aquella actuación que deba responder a la lógica de lo constitucionalmente común.

Esta lógica -la del tratamiento común ante las Administraciones- concuerda con la que, también desde la perspectiva del reparto territorial del poder, se asigna[79] a la regulación de las condiciones básicas garantizadoras de la igualdad de todos en el ejercicio de los derechos y el cumplimiento de los deberes constitucionales. Aunque el procedimiento administrativo común no sea desde luego el conjunto de condiciones básicas que garantizan la referida igualdad en el seno de la relación procedimental, constituye el correlato en esta última (los requerimientos o *garantías* procedimentales) de tales condiciones básicas[80]. La finalidad constitucionalmente perseguida es sin duda que el procedimiento administrativo común contenga todos los elementos que garanticen, cualquiera que sea la ordenación concreta del desarrollo de la actuación administrativa en los diversos sectores en que deba desplegarse, un tratamiento común por y ante ella. En modo alguno, pues, una ordenación general uniforme de la entera actuación administrativa.

Desde este punto de vista, puede estimarse correcta -con algunas significativas correcciones- la identificación de sus elementos que, a la vista de la legislación ordinaria en la materia, hace la doctrina del Tribunal Constitucional: la estructura del desarrollo de la actuación administrativa; los principios de la formación de la voluntad y el juicio en el seno de la organización administrativa actuante y de la integración de la relación procedimental que derive de su actuación[81]; los requerimientos para la validez de las decisiones y la ejecución de éstas; y las reglas esenciales para la reconsideración o revisión de las decisiones en vía administrativa.

---

78  Al resultar del ejercicio de una competencia legislativa de carácter pleno y no meramente básica.

79  Por el artículo 149.1.1 CE.

80  Tal como destaca E. Schmidt-Assmann, obra últimamente citada en la nota 53, los "derechos fundamentales" destacan entre los determinantes constitucionales del procedimiento administrativo que operan en el Derecho alemán (el procedimiento administrativo como instrumento o medio para la protección de los derechos fundamentales).

81  Cuando afecte a terceros, sea a las competencias de otras Administraciones, sea a los derechos o intereses legítimos de sujetos ordinarios del Derecho.

c) Es, por su objeto, necesariamente multifuncional[82], pues debe regir -a título de mínimo común- cualquiera que sean las características tanto de la organización actuante como de la regulación sectorial que ésta ejecute. Y, por tanto, es también instrumental, en el sentido de la idoneidad del conjunto de las técnicas y las garantías procedimentales para la realización del interés general de que en cada caso se trate conforme precisamente al orden constitucional organizativo y sustantivo.

d) De ello resulta el carácter necesariamente residual de su regulación como tal.

En efecto, la simultánea previsión constitucional[83] de títulos competenciales específicos para la regulación -completa o básica- de instituciones generales de garantía frente a la acción administrativa (en especial, la expropiación forzosa y la responsabilidad patrimonial) o formas de actuación administrativa concreta (contratos, concesiones) hace de sus respectivas regulaciones sede natural de las correspondientes garantías procedimentales[84] Las cuales deben considerarse, no obstante su fijación en normas distintas de la relativa formalmente al procedimiento administrativo común[85], parte integrante de este último.

De esta suerte la materia "procedimiento administrativo común" tiene como campo propio, además del nuclear antes establecido, el de las garantías mínimas comunes correspondientes a instituciones generales de garantía para las que la Constitución no ha previsto un título competencial específico, cual sucede con la de la libertad frente al ejercicio de la potestad sancionadora administrativa.

**b.** *Procedimiento administrativo común y Derecho comunitario-europeo*

La instrumentalidad del procedimiento administrativo común respecto del orden constitucional determina de suyo su plena apertura a, e incondicional

---

82  Sobre la diversidad de las funciones que cumple el procedimiento administrativo, *V.* E. Schmidt-Assmann, *op. cit.* últimamente en la nota 53.

83  En el mismo artículo 149.1.18 CE.

84  En virtud en todo caso de la doctrina constitucional de la pertenencia de la ordenación procedimental, por conexión, a la competencia para la regulación de la materia sustantiva correspondiente.

85  La cuestión de si son objeto o no de regulación en texto legal independiente depende tanto de la tradición normativa en la materia, como, sobre todo, del alcance de la competencia legislativa atribuida al Estado central. De ser éste mayor que el de la competencia para el procedimiento administrativo común, lo lógico es la regulación separada, cual sucede en el caso de la expropiación forzosa, tanto más considerando la significación constitucional de ésta y la tradición de la legislación en la materia. En otro caso, especialmente en el de la práctica equivalencia del alcance de los títulos competenciales, la cuestión puede depender más de la oportunidad y la técnica legislativa (así, en el caso del sistema de responsabilidad patrimonial de las Administraciones públicas).

integración de, los requerimientos del Derecho comunitario-europeo y, en su caso, del Derecho internacional.

Los requerimientos y garantías procedimentales de todo el Derecho comunitario-europeo son de aplicación directa, en los términos de la doctrina del TJCE sobre la aplicación uniforme y el efecto útil de aquel Derecho, como efecto combinado de la apertura del orden constitucional a la integración supranacional[86] y las obligaciones que derivan de la pertenencia a la CE y la UE[87]. La consecuente asignación constitucional a las instituciones generales (Cortes Generales o Gobierno, según los casos) de la responsabilidad de la garantía del cumplimiento no sólo de dichos Tratados (Derecho comunitario originario), sino también de las resoluciones de los organismos supranacionales titulares de las competencias cedidas (Derecho comunitario derivado), permiten afirmar que, a falta de mecanismos o instrumentos constitucionales específicos para cumplir tal responsabilidad, ésta debe afrontarse también mediante el ejercicio consecuente de las competencias legislativas atribuidas al Estado en sentido estricto.

Dada la transformación de las Administraciones públicas españolas en Administraciones indirectas de la CE/UE, lo dicho tiene por consecuencia que: i) el procedimiento administrativo debe ser idóneo para el servicio no sólo del interés general interno, sino también del comunitario-europeo; y ii) siendo los requerimientos procedimentales comunitario-europeos comunes a todos los Estados miembros[88], han de ser tenidos internamente como elementos componentes del procedimiento administrativo común.

Por exigencia constitucional, pues, la regulación del procedimiento administrativo común debe ser consecuente con el Derecho comunitario-europeo. Ello significa:

-Por de pronto, la extensión a la dimensión comunitaria del ya apuntado carácter residual de dicha regulación. Sin necesidad de su incorporación a la regulación legal interna, las garantías procedimentales de la satisfacción del interés general comunitario-europeo forman parte, en la medida de y en las condiciones de su eficacia directa, del procedimiento administrativo común[89]. Y cuando su efectividad dependa de la pertinente transposición al Derecho interno, las normas que la lleven a cabo completan igualmente el

---

86    Artículo 93 CE.

87    Tras su ratificación, el Tratado o Tratados de los que resulta la pertenencia aludida en el texto pasan a formar parte del ordenamiento español, a título -además- de Ley orgánica, conforme al artículo 96.1 CE. Por cierto, que la exigencia al efecto de Ley orgánica (art. 93 CE) permite entender que los Tratados relativos a la CE y a la UE, en la medida en que suponen la cesión de ciertas competencias derivadas de la Constitución, forman parte -al igual que los Estatutos de Autonomía- del bloque de la constitucionalidad cuando menos a efectos de la precisión de la distribución territorial interna del poder constituido.

88    Se entiende que en cuanto precisos para la realización uniforme y efectiva en todo el territorio de la UE del interés general comunitario-europeo.

89    Esa condición la tienen en los mismos términos de su formalización en el Derecho comunitario: Derecho escrito, originario y derivado y Derecho de origen jurisprudencial (principios generales declarados por el TJCE).

procedimiento administrativo común, a pesar de su independencia de la que formalmente lo regule.

Más aún, los componentes comunitario-europeos del procedimiento administrativo común prevalecen[90] sobre los internos, que deben ser continuamente adaptados, incluso en sede interpretativa y aplicativa, a aquéllos. No es jurídicamente posible la coexistencia de requerimientos y garantías procedimentales comunes comunitario-europeos e internos contradictorios. Toda contradicción insalvable en sede interpretativa aboca indefectiblemente en la inaplicación obligada del procedimiento administrativo común interno.

-Con la consecuencia, en la medida de la inesquivable pretensión incondicionada de eficacia del Derecho comunitario, de la necesaria interiorización por el procedimiento administrativo común de las consecuencias de tal pretensión y su regulación, por tanto, de forma flexible y abierta y, por tanto, capaz de absorber el impacto continuo y creciente de las regulaciones institucionales y procedimentales (o condicionantes de estos aspectos) establecidas por el Derecho comunitario.

El alcance de esta exigencia resulta con toda crudeza de la distinción por la jurisprudencia del TJCE[91] entre " vías de derecho" (previstas por los Derechos nacionales a través de las cuales se da aplicación al Derecho comunitario al interior de los Estados miembros y respetadas por el Derecho comunitario) y "acciones directas" (creadas por el Derecho comunitario y que proporcionan remedios frente a la inobservancia de éste), que tiene evidentes consecuencias restrictivas para el principio de autonomía institucional y procedimental de los Estados miembros[92].

Fácilmente se comprende, pues, la necesidad de una muy sustancial renovación de la LRJPAC en vigor.

La influencia comunitario-europea en materia procedimental no queda reducida al campo normativo. Además de la que sin duda pueden ejercer y ejercen las comunicaciones y, en general, la *literatura gris*, es clara, por ejemplo, la de la Carta de los Derechos Fundamentales de la Unión Europea de 7 de

---

90    Como efecto de la supremacía del Derecho comunitario-europeo, en bloque, sobre el Derecho interno.

91    STJCE Rewe Handelsgesellschaft Nord mBH y Rewe Markt Steffen c. Hauptzollamt Kiel, de 7 de Julio de 1981 (asunto 58/80)-

92    Pues, de acuerdo con la Sentencia, el sistema de protección jurídica establecido por el Tratado implica que todo tipo de acción prevista por el Derecho nacional debe poder ser utilizada para asegurar el respeto del Derecho comunitario de efecto directo en las mismas condiciones de admisibilidad y procedimiento que si se tratara de asegurar el Derecho nacional.

diciembre de 2000[93], al establecer en sus artículos 41 (buena administración), 43 (acceso a documentos) y 44 (petición) una serie de derechos que, en la medida de su sintonía con el orden constitucional español, pueden y deben contribuir a la correcta interpretación y aplicación de éste justamente a efectos del progreso en la regulación y aplicación del procedimiento administrativo común.

En sentido inverso y tanto en el curso de la interacción de las Administraciones de los diversos Estados miembros, como en el contexto de la dinámica misma del funcionamiento de la Comunidad Europea, el procedimiento administrativo común interno contribuye a la decantación de principios generales comunes y, por tanto, a la formación del *ius commune* europeo en la materia.

**3. Algunos aspectos precisados en todo caso de cambio**

**A. *La relación Administración-ciudadano***

Aunque lo propio de la regulación procedimental sean los derechos y los deberes del sujeto ordinario de Derecho en tanto que "parte" en un procedimiento administrativo, es decir, "interesado" (necesario o no), es claro que la corrección constitucional de la actuación administrativa, también en su dimensión procedimental, depende de su consecuencia con los principios de transparencia (y, en su caso, publicidad), participación y responsabilidad por la gestión[94] y, por tanto, la posición fundamental[95] del ciudadano respecto de ella. Sin embargo, el procedimiento administrativo común vigente o bien no proclama todos aquellos principios[96], o bien sólo muy restrictivamente los traduce en derechos específicos[97] o simplemente los confunde con los derechos y deberes de neto carácter procedimental, reduciendo así, en lo sustancial,

---

93 Téngase en cuenta que con posterioridad a la presentación del presente trabajo el Tratado de Lisboa viene a establecer que la Carta tendrá carácter vinculante.

94 Deducibles de la CE, pero consagrados hoy sólo en el plano de la legislación ordinaria.

95 Posición derivada de su dignidad y libertad, proclamadas en el art. 10.1 CE y traducidas en la titularidad de los correspondientes derechos fundamentales y libertades públicas.

96 El artículo 3.5 LRJPAC recoge como principios generales de la actuación de las Administraciones públicas en sus relaciones con los ciudadanos sólo los de transparencia y participación, de los que, además, luego no extrae consecuencia concreta alguna.

97 Como los derechos de i) acceso a la información [en los términos en los que el art. 37 LRJPAC, concretando el derecho previsto en el art. 35, h) LRJPAC] regula el acceso a archivos y registros, excluyendo así del mismo, en todo caso y de forma indiscriminada, la información contenida en la documentación obrante en procedimientos aún en curso, es decir, no terminados en la fecha de la solicitud de acceso a aquélla]; ii) utilización de las lenguas oficiales en la Comunidad Autónoma, previsto en el art. 35, d) y regulado en el artículo 36 LRJPAC; iii) obtención de información y orientación acerca de los requisitos jurídicos o técnicos que legalmente deban reunir los proyectos, actuaciones o solicitudes, establecido en el art. 35, g) LRJPAC; iv) trato respetuoso, deferente y facilitador del ejercicio de derechos y el cumplimiento de obligaciones, previsto en el art. 35, i) LRJPAC; y v) exigencia de responsabilidades a la Administración y el personal a su servicio, contemplado en el art. 35, f) LRJPAC.

el ciudadano a "interesado" (en un procedimiento) y la relación de éste con la Administración a la establecida con ocasión o como consecuencia de un procedimiento administrativo[98] No es casual, en efecto, que todos esos contenidos normativos se ubiquen sistemáticamente en un título cuya rúbrica se refiere a la "actividad de las Administraciones públicas" (recuérdese la alusión antes hecha a la arraigada sinécdoque de la designación de la entera actuación administrativa por la actividad unilateral jurídica y formalizada en procedimiento) y cuya regulación prosigue haciendo referencia a la obligación de la Administración de resolver todo procedimiento en un plazo máximo y las consecuencias que se derivan de su incumplimiento.

Si las condiciones básicas que garanticen la igualdad de los todos los ciudadanos en el ejercicio de los derechos y el cumplimiento de los deberes constitucionales y el tratamiento común de aquéllos ante todas las Administraciones públicas son constitucionalmente responsabilidad del Estado en sentido estricto o central, el procedimiento administrativo común[99] ha de descansar en un verdadero estatuto de la relación ciudadano- Administración, que debe establecerse desde la doble perspectiva de la posición fundamental del primero como titular de derechos y deberes constitucionales (en particular, el de participar directamente en los asuntos públicos; art. 23 CE) y de los principios que, de acuerdo con el estatuto prefijado en el artículo 103.1 CE, articulan la organización y la actuación (competencia, funcionamiento y actividad) administrativas[100]. Estatuto, que obviamente, además de actualizar su contenido en

---

98    Los derechos a i) conocer el estado de la tramitación de los procedimientos [art. 35, a) LRJPAC]; ii) obtener copias de los documentos contenidos en ellos [art. 35, a) LRJPAC]; iii) identificar a las autoridades y al personal al servicio de las Administraciones públicas bajo cuya responsabilidad se tramiten los procedimientos [art. 35, b) LRJPAC]; iv) obtener copia sellada de los documentos presentados y a la devolución, en su caso, de los originales [art. 35, c) LRJPAC]; v) formular alegaciones y aportar documentos en cualquier fase del procedimiento anterior al trámite de audiencia [art. 35, e) LRJPAC]; y vi) no presentar documentos no exigidos por las normas aplicables al procedimiento de que se trate o que ya se encuentren en poder de la Administración [art. 35, f) LRJPAC]. Y los deberes de colaboración (el de facilitar los informes, inspecciones y actos de investigación previstos en las Leyes y el de proporcionar -en calidad de interesado en el procedimiento (sic)- los datos que permitan identificar a otros interesados no comparecidos en dicho procedimiento; art. 39 LRJPAC) y de comparecencia (en las oficinas públicas y previa citación, pero sólo cuando así esté previsto en norma con rango de Ley; art. 40 LRJPAC); deberes, con los que se corresponde la responsabilidad directa de los titulares de las unidades administrativas y el personal al servicio de las Administraciones públicas de la tramitación de los procedimientos y asuntos a su cargo (art. 41 LRJPAC) y, con esta responsabilidad, el derecho de exigencia de la misma antes expuesto.

99    En cuanto en el estén en juego tales derechos y deberes constitucionales, pudiendo quedar afectados.

100   La Ley 7/1985, de 2 de abril, de bases del régimen local, establece ya, para las entidades locales, un "código" tanto de derechos y deberes de los vecinos en cuanto tales (art. 18), como obligaciones de publicidad, transparencia, información y participación ciudadana, individual y colectiva, de la Administración respecto de aquéllos (arts. 69, 70, 70 bis, 70 ter, 71 y 72).

función de los progresos en la legislación sectorial[101], ha de establecerse a la luz de los requerimientos del Derecho comunitario-europeo (ciudadanía de la UE; las cuatro libertades básicas reconocidas en la CE, etc…) y también del Derecho internacional.

A título indicativo, procede señalar además que, en concreto y como mínimo, la inmediata superación de las deficiencias de la situación actual demanda: i) la integración en el catálogo general de derechos y deberes del ciudadano de los derechos y deberes hoy establecidos separadamente a lo largo del articulado de la LRJPAC y, especialmente, en sus artículos 39, 40, 41 y 47.2; ii) el traslado al procedimiento administrativo común de los derechos de los ciudadanos -ya reconocidos en la legislación reguladora de la organización y el funcionamiento de la Administración General del Estado[102]- al auxilio preciso para resolver sus asuntos, a la recepción de información por cualquier medio técnico (incluidos los informáticos y telemáticos), a la presentación de reclamaciones (no recursos) por el funcionamiento de las dependencias administrativas y al acceso a los datos sobre la organización y las prestaciones (cartas de servicio) de los diferentes servicios públicos; iii) la extensión del derecho de acceso a la información en la disposición de las Administraciones a toda ella, cualquiera que sea el soporte en que se encuentre almacenada, con las solas restricciones que tengan fundamento constitucional; y iv) el desarrollo, en la línea de la legislación básica de régimen local[103], del derecho de petición del art. 29.1 CE.

## B.    La relación Administración-Administración

Si desde el punto de vista del Estado de Derecho es importante la relación con el ciudadano -cualificado, en su caso, como interesado-, desde el del Estado autonómico es decisiva la de la relación entre Administraciones. Ambas son imprescindibles para que el procedimiento administrativo cumpla su compleja función al servicio de la correcta determinación y realización del interés general, pues dicho procedimiento compromete no sólo derechos e intereses legítimos de los sujetos ordinarios, sino también potestades y competencias y, por tanto, intereses públicos gestionados por Administraciones distintas de la actuante. Pero la de las relaciones interadministrativas es especialmente importante dada la función coordinadora del pluralismo de la gestión administrativa (inherente a la organización territorial del Estado) que corresponde desempeñar a los mecanismos y las técnicas procedimentales.

---

101    Así, muy significativamente, por lo que se refiere al empleo de medios electrónicos en los procesos de trabajo internos de la Administración y, por tanto, el derecho de los ciudadanos de acceso por tales medios a los servicios públicos, con las garantías correspondientes, en los términos de la Ley 11/2007, de 22 de junio.

102    Artículo 4. 2 y 3 de la ley 6/1997, de 14 de abril, de organización y funcionamiento de la Administración General del Estado.

103    Artículo 18 de la Ley 7/1985, de abril, de bases del régimen local.

El procedimiento administrativo común en vigor establece ciertamente un esquema ordenador de las relaciones entre las Administraciones territoriales (y, por intermedio de éstas, de las restantes)[104]. Pero tal esquema:

a) Aunque se refiere al doble plano de las relaciones interadministrativas internas y externas o con la instancia supranacional comunitaria, se remite -en el ámbito de las primeras y por lo que hace a la Administración local- a la legislación básica reguladora de ésta[105] y se circunscribe estrictamente -en el ámbito de las segundas- a las derivadas de una obligación legal de comunicación de decisiones internas a las instituciones comunitarias.

b) Incluye, en lo sustancial, sólo principios generales[106], deberes para la efectividad de tales principios[107] y mecanismos o técnicas funcionales (los convenios de colaboración, los planes y programas conjuntos) y organizativos (los órganos de cooperación, los consorcios)[108].

Quiere decirse que el procedimiento cae, en lo esencial, fuera de su perspectiva, razón por la que las relaciones interadministrativas (la incidencia de la actuación de una o varias Administraciones en la de otra) carecen de consecuencias jurídicas precisas tanto en las técnicas de aportación de información sobre hechos o de elementos de juicio (pruebas, informes), como en el régimen de validez, impugnación y ejecución de los actos administrativos[109]. De esta suerte, el procedimiento administrativo común determina ciertamente el código de la articulación jurídica de las potestades administrativas y los derechos e intereses legítimos de los sujetos ordinarios, pero no así el de la paralela de las potestades administrativas entre sí, cuando éstas se ejercitan por Administraciones distintas y autónomas unas respecto de otras. Lo que explica la confusión que reina entre normativa sectorial reguladora del ejercicio de potestades formales y materiales por concretas Administraciones y régimen jurídico de las diferentes Administraciones (garante, en cuanto parte de la de su esfera autónoma, de la intangibilidad de sus actos por los de otras Administraciones) en tanto que destinatarias la segundas de actos adoptados por las segundas en ejercicio de las referidas potestades. Pues se admite con nor-

---

104　Arts. 4 a 10 LRJPAC.

105　Art. 9 LRJPAC.

106　El de lealtad institucional y, por tanto, los de él derivados: colaboración, cooperación y coordinación; art. 4.1, párr. 1º LRJPAC.

107　Los de i) respeto del ejercicio legítimo de sus competencias por las otras Administraciones; ii) ponderación, en el ejercicio de las propias competencias, de la totalidad de los intereses públicos implicados, incluidos aquellos cuya gestión esté encomendada a otras administraciones; iii) facilitación a las otras Administraciones de la información sobre la actividad propia que precisen para el ejercicio de sus competencias; y iv) prestación de cooperación y asistencia a otras Administraciones para el eficaz ejercicio de sus competencias (art. 4.1 LRJPAC).

108　Arts. 5 a 8 y 10 LRJPAC.

109　Al contrario de lo que sucede ya en el régimen de impugnación judicial. El artículo 44 LRJCA contempla los litigios entre Administraciones a los efectos siquiera de modular el régimen de las diligencias preliminares del procedimiento ordinario contencioso-administrativo.

malidad la validez y eficacia de la incidencia directa de tales actos, sin más, es decir, sin modulación alguna, en aquella esfera, sin necesidad del respeto de las previsiones de su régimen de garantía e incluso desconociendo la presunción de legitimidad de actos adoptados ya por la Administración afectada.

Sólo para asegurar la eficacia de los deberes que deduce del principio de lealtad institucional, así como para determinar la relación interadministrativa derivada del cumplimiento de la obligación de comunicación a la CE, aborda la LRJPAC la dimensión procedimental. Únicamente las previsiones relativas a los deberes de asistencia y cooperación tienen alguna entidad[110]. Si, de un lado, ordenan procedimentalmente la cooperación y la asistencia entre Administraciones[111], especialmente para la procura de información, documentación y elementos probatorios y la ejecución de los propios actos fuera del correspondiente ámbito territorial de competencia[112], de otro, efectúan una enigmática y en gran medida inédita remisión al acuerdo voluntario de las Administraciones interesadas para el establecimiento y determinación -en *común* y sin límites precisos- de instrumentos y *procedimientos* que determinen el desarrollo del deber de colaboración entre ellas[113]. No parece, sin embargo, que el término procedimiento esté empleado aquí de modo técnico preciso. Así parece deducirse de la exclusión de la aludida remisión de los supuestos en los que las relaciones tengan como finalidad la adopción de decisiones conjuntas, pues en tales supuestos se dispone el ajuste de las relaciones a los instrumentos y procedimientos de cooperación a que se refieren los artículos siguientes[114]; artículos que, como ya nos consta, no contemplan, en realidad, mecanismo o técnica procedimental alguno de cooperación.

## C. *Estructura del procedimiento*

La ambigüedad que, por su cuando menos apariencia de general, padece el procedimiento administrativo común actual, que dificulta -por la interferencia de la tensión procedimiento general/especial- el cumplimiento de su función ordinamental, requiere desde luego la eliminación de todo rastro de "ordenación secuencial obligatoria" de cualesquiera procedimientos administrativos para dar paso a la perspectiva de los institutos y las técnicas procedi-

---

110 Pues la obligación de comunicación de decisiones internas a la CE da lugar sólo al establecimiento del deber de remisión de la información a comunicar al órgano de la Administración General del Estado competente para efectuar la pertinente comunicación a Bruselas y del plazo en que tal deber ha de cumplirse. Es de destacar que esta regulación pretenden fundamentalmente la centralización de las relaciones con Bruselas en calidad de Estado miembro de la CE/UE:

111 Incoación sólo a iniciativa de la Administración interesada y mediante solicitud expresa; regulación de las causas de desestimación; exigencia de resolución expresa y motivación de la desestimatoria; art. 4. 3 LRJPAC.

112 Lo que, sin embargo y como ya se ha advertido en el texto, queda sin reflejo en la ordenación de la fase procedimental relativa a los informes y las pruebas, así como en la regulación de la ejecución de los actos administrativos.

113 Art. 4.5, párr. 1º LRJPAC.

114 Art. 4.5, párr. 2º LRJPAC.

mentales de obligado empleo según el carácter y objeto de los procedimientos (condicionantes de su concreta ordenación), pero también la mejora y actualización de algunos de los institutos clave como son los dirigidos a asegurar i) el acierto en la decisión y la acción: la prueba y la emisión de informes (referidos a la obtención de la información y los elementos de juicio precisos) y ii) la efectividad de garantías elementales o la participación directa en los asuntos públicos: la audiencia (del círculo de interesados en virtud de su específica legitimación *ad causam*) y la información pública (de la generalidad de los ciudadanos), a los que cabría incorporar también las encuestas y las consultas.

Más imperativo aún es, en este contexto, sin embargo, la supresión de técnicas obsoletas o inadecuadas, así como la resolución de cuestiones que, siendo esenciales, tienen actualmente un tratamiento no ya distinto, sino contrapuesto según la legislación procedimental aplicable.

Entre las técnicas a suprimir destacan: la fijación (aunque sea con carácter supletorio) de un plazo general máximo para el cumplimiento por la Administración responsable de un procedimiento de la obligación de resolverlo expresamente resolver y la conexión al incumplimiento de ésta dentro de plazo -y con independencia de la subsistencia de la obligación misma- de la producción legal de una resolución presunta (sea ficticia y a los puros efectos del acceso a la tutela judicial, sea con los efectos propios de una resolución expresa)[115]. Lo primero, porque la heterogeneidad de la actividad administrativa convierte en arbitrario cualquier plazo máximo "general" (propiciando la fijación sectorial o por concretos procedimientos de plazos irrazonablemente largos). Y lo segundo, porque i) la obligación de resolver -de forma expresa y a la vista de las características del asunto objeto del procedimiento concreto de que se trate- está al servicio de la realización del interés general, que no puede ser adecuadamente satisfecha con una respuesta legal presunta y binaria (estimatoria o desestimatoria), que cumple, además, la doble función de garantía[116] (del interesados o interesados) y "sanción" a la Administración por el incumplimiento de su obligación en tiempo[117]; y ii) el mecanismo del llamado "silencio" (desencadenante de la presunción legal de respuesta y sus efectos) es, por lo dicho, demasiado simple y tosco para los diferentes y complejos objetos de los diversos procedimientos administrativos (piénsese en un plan de urbanismo, cuya aprobación no es reductible a una respuesta binaria si/no), y, además, incapaz por si mismo de proporcionar a su beneficiario una situación mínimamente consistente y segura jurídicamente[118]. Dados estos in-

---

115    Arts. 42, 43 y 44 LRJPAC.

116    En la que se destaca, de nuevo, la focalización de la regulación legal en el procedimiento clásico incoado bien a solicitud de interesado para la adopción del acto administrativo pretendido, bien de oficio, pero del que puedan resultar la declaración o constitución de derechos a favor de interesados.

117    Función que pone de relieve la posposición del servicio al interés general en aras de la garantía de los derechos e intereses de los sujetos interesados. Pues la "sanción" a la Administración no hace sino ocultar una defectuosa realización del interés general, cuando no simplemente la dificultación de la misma.

118    No es casual que la ponderación de ventajas e inconvenientes en la función del mecanismo del silencio haya conducido a la jurisprudencia contencioso-administrativa a sentar la

convenientes, la subsistencia de la técnica del silencio sólo puede explicarse en términos de pervivencia inercial de la solución histórica decantada para superar el obstáculo del carácter "revisor" del control judicial contencioso-administrativo[119]. La extensión de su función a la obtención por los interesados, ya en vía administrativa, de lo pedido o pretendido (mediante silencio positivo), al propio tiempo que ha facilitado dicha pervivencia, ha sumido la técnica en una serie de contradicciones y complicaciones difíciles, si no imposibles, de resolver y que debilitan seriamente su utilidad. Extinto el carácter revisor del control judicial de la Administración, la solución más lógica, expedita y efectiva -además de acorde con la exigencia constitucional de "efectividad" a la tutela judicial a que tiene derecho todo ciudadano- consiste en la apertura sin más del acceso a la tutela judicial a partir del transcurso de determinado plazo desde la incoación del procedimiento, con posibilidad para la Administración de resolución expresa, no obstante, hasta el traslado para la contestación de la demanda formulada en el proceso[120]

Finalmente, entre las cuestiones a resolver merece ser destacada la relativa a la relación entre la prescripción de las situaciones individualizadas sustantivas, activas y pasivas, que integren el objeto del procedimiento y la caducidad del derecho procedimental a impugnar las decisiones (declarativas, constitutivas, modificativas o extintivas) recaídas sobre dichas situaciones (por transcurso de los fugaces plazos para recurrir en vía administrativa). Es ésta una cuestión de importancia, especialmente desde la perspectiva del respeto al *status* constitucional del ciudadano, que dista en la actualidad de tener una solución uniforme y satisfactoria.

### D.  *Régimen común de validez, eficacia y ejecución de los actos administrativos*

La categoría del acto administrativo es una de las del procedimiento administrativo común más necesitadas -y con mayor urgencia- de actualización. Está desfasada desde luego respecto de los requerimientos actuales, cada vez más complejos y diversificados, de la actuación administrativa en una sociedad del riesgo en cambio continuo y acelerado, pero también -y en especial- de los que derivan del Derecho comunitario-europeo. Lo que no sorprende, en tanto que construida sobre la imagen de la Administración-poder ejecutora-aplicadora de la Ley en el caso concreto y, por tanto, desde la referencia que supone la decisión judicial. El acto administrativo i) debe dejar de ser una categoría con contenido único, no obstante su doble variedad de actos de trámite y resoluciones, para dar lugar a tipos diferenciados (actos parciales, actos provisionales ) en función de las necesidades a resolver; y ii) su consistencia o, lo que es lo mismo, su régimen de revisión dejar de depender del

---

doctrina, firmemente consolidada, de que mediante dicho mecanismo no puede llegar a adquirirse lo que no hubiera podido ser otorgado por acto expreso de la Administración.

119   Carácter "revisor", que hacía depender el acceso a la tutela judicial de la existencia previa de un acto administrativo susceptible de impugnación.

120   De modo que, caso de que la resolución expresa sea estimatoria de lo pedido, quede terminado el proceso por satisfacción extraprocesal, y, en otro caso, pueda continuar sustanciándose el proceso -ya impugnando también la resolución expresa- hasta la sentencia.

binomio acto favorable/acto de gravamen (establecido desde la doble pers-pectiva de la garantía del particular y el carácter definitivo de lo resuelto en el instante de la decisión), no sólo por la ambigüedad de estas variedades desde el punto de vista de los destinatario de la decisión, sino porque, como ilustra el ejemplo de las ayudas públicas, el acto subvencional no representa sino el inicio de una relación Administración-beneficiario que no concluye hasta el cumplimiento del fin perseguido (momento hasta el cual la Adminis-tración debe poder seguir proyectando sobre dicha relación sus potestades formales, con variación o revisión de lo inicialmente resuelto). Es preciso ser consciente de que esto último requiere, además, la reconsideración de la línea de deslinde entre mero acto de gravamen y acto de sanción por la comisión de una infracción, cuya difuminación (en beneficio de la aplicación extensiva del régimen protector frente a las sanciones) perturba considerablemente la reconsideración y revisión de los actos administrativos.

Madrid, 1984.

# ANEXOS

## ANEXO I
### SITUACION PRECONSTITUCIONAL

| LRJAE, de 26 de de julio de 1957 | LPA, de 17 de julio de 1958 |
|---|---|
| Personalidad jurídica y órganos de la Administración del Estado | Ámbito de aplicación de la Ley |
| Competencia de los órganos de la Administración Central | Órganos administrativos<br><br>- Principios generales y competencia<br>- Órganos colegiados<br>- Conflictos de atribuciones<br>- Abstención y recusación |
| Disposiciones y resoluciones administrativas | Interesados |
| Responsabilidad del Estado y de sus autoridades y funcionarios | Actuación administrativa<br><br>- Normas generales<br>- Actos en general<br>- Términos y plazos<br>- Información y documentación<br>- Recepción y registro de documentos |
| | Procedimiento<br><br>- Iniciación<br>- Ordenación<br>- Instrucción<br>- Terminación<br>- Ejecución<br><br>Revisión de los actos en vía administrativa<br><br>- Revisión de oficio<br>- Recursos administrativos |
| | Procedimientos especiales<br><br>- Procedimiento para la elaboración de disposiciones de carácter general<br>- Procedimiento sancionador<br>- Reclamaciones previas al ejercicio de las acciones civiles y laborales |

**Anexo II**

COMPARACIÓN DE LAS SITUACIONES PRE Y POSTCONSTITUCIONALES
EN MATERIA DE PROCEDIMIENTO ADMINISTRATIVO

Ley de procedimiento administrativo de 17 de julio de 1958 y Ley 30/1992, de 26 de noviembre, de régimen jurídico de las Administraciones públicas y del procedimiento administrativo común.

| Ámbito de aplicación de la Ley | Ámbito de aplicación y principios generales |
|---|---|
| | Administraciones públicas y sus relaciones |
| Órganos administrativos<br>- Principios generales y competencia<br>- Órganos colegiados<br>- Conflictos de atribuciones<br>- Abstención y recusación | Órganos de las Administraciones públicas<br>- Principios generales y competencia<br>- Órganos colegiados<br>- ...<br>- Abstención y recusación |
| Interesados | Interesados |
| Actuación administrativa<br>- Normas generales<br>- Actos en general<br>- Términos y plazos<br>- Información y documentación<br>- Recepción y registro de documentos | Actividad de las Administraciones públicas<br>- Normas generales<br>- ...<br>- Términos y plazos<br>- ... |
| | Disposiciones y actos administrativos<br>- Disposiciones administrativas<br>- Requisitos de los actos<br>- Eficacia de los actos<br>- Nulidad y anulabilidad |

| | |
|---|---|
| Procedimiento<br>- Iniciación<br>- Ordenación<br>- Instrucción<br>- Terminación<br>- Ejecución | Disposiciones generales sobre los procedimientos administrativos<br>- Iniciación del procedimiento<br>- Ordenación del procedimiento<br>- Instrucción del procedimiento<br>- Finalización del procedimiento<br>- Ejecución |
| Revisión de los actos en vía administrativa<br>- Revisión de oficio<br>- Recursos administrativos | Revisión de los actos en vía administrativa<br>- Revisión de oficio<br>- Recursos administrativos |
| Procedimientos especiales<br>- Procedimiento para la elaboración de disposiciones de carácter general<br>- Procedimiento sancionador<br>- Reclamaciones previas al ejercicio de las acciones civiles y laborales | Reclamaciones previas al ejercicio de las acciones civiles y laborales |
| | Potestad sancionadora<br>- Principios de la potestad sancionadora<br>- Principios del procedimiento sancionador |
| | Responsabilidad de las Administraciones públicas y de sus autoridades y demás personal a su servicio<br>- Responsabilidad patrimonial de la Administración pública<br>- Responsabilidad de las autoridades y personal al servicio de las Administraciones públicas |

323

## ANEXO III

## DISPOSICIONES CONSTITUCIONALES
### CITADAS EN EL TEXTO

*Artículo 1.*

1. España se constituye en un Estado social y democrático de Derecho, que propugna como valores superiores de su ordenamiento jurídico la libertad, la justicia, la igualdad y el pluralismo político.

2. La soberanía nacional reside en el pueblo español del que emanan los poderes del Estado.

3. La forma política del Estado español es la Monarquía parlamentaria.

*Artículo 2.*

La Constitución se fundamenta en la indisoluble unidad de la Nación española, patria común e indivisible de todos los españoles, y reconoce y garantiza el derecho a la autonomía de las nacionalidades y regiones que la integran y la solidaridad entre todas ellas.

*Artículo 9.*

1. Los ciudadanos y los poderes públicos están sujetos a la Constitución y al resto del ordenamiento jurídico.

2. Corresponde a los poderes públicos promover las condiciones para que la libertad y la igualdad del individuo y de los grupos en que se integran sean reales y efectivas; remover los obstáculos que impidan o dificulten su plenitud y facilitar la participación de todos los ciudadanos en la vida política, económica, cultural y social.

3. La Constitución garantiza el principio de legalidad, la jerarquía normativa, la publicidad de las normas, la irretroactividad de las disposiciones sancionadoras no favorables o restrictivas de derechos individuales, la seguridad jurídica, la responsabilidad y la interdicción de la arbitrariedad de los poderes públicos.

*Artículo 23.*

1. Los ciudadanos tienen el derecho a participar en los asuntos públicos, directamente o por medio de representantes, libremente elegidos en elecciones periódicas por sufragio universal.

2. Asimismo, tienen derecho a acceder en condiciones de igualdad a las funciones y cargos pú9cblicos, con los requisitos que señalen las leyes.

*Artículo 24.*

1. Todas las personas tienen derecho a obtener la tutela efectiva de los jueces y tribunales en el ejercicio de sus derechos e intereses legítimos, sin que, en ningún caso, pueda producirse indefensión.

2. Asimismo, todos tienen derecho al Juez ordinario predeterminado por la ley, a la defensa y a la asistencia de letrado, a ser informados de la acusación formulada contra ellos, a un proceso público sin dilaciones indebidas y con

todas las garantías, a utilizar los medios de prueba pertinentes para su defensa, a no declarar contra sí mismo, a no confesarse culpables y a la presunción de inocencia.

La ley regulará los casos en que, por razón de parentesco o de secreto profesional, no se estará obligado a declarar sobre hechos presuntamente delictivos.

### Artículo 25.

1. Nadie puede ser condenado o sancionado por acciones u omisiones que en el momento de producirse no constituyan delito, falta o infracción administrativa, según la legislación vigente en aquel momento.

2. Las penas privativas de libertad y las medidas de seguridad estarán orientadas hacia la reeducación y reinserción social y no podrán consistir en trabajos forzados. El condenado a pena de prisión que estuviere cumpliendo la misma gozará de los derechos fundamentales de este Capítulo a excepción de los que se vean expresamente limitados por el contenido del fallo condenatorio, el sentido de la pena y la ley penitenciaria. En todo caso, tendrá derecho a un trabajo remunerado y a los beneficios correspondientes de la Seguridad Social, así como al acceso a la cultura y al desarrollo integral de su personalidad.

3. La Administración civil no podrá imponer sanciones que, directa o subsidiariamente, impliquen privación de libertad.

### Artículo 29.

1. Todos los españoles tendrán el derecho de petición individual y colectiva, por escrito, en la forma y con los efectos que determine la ley.

2. Los miembros de las Fuerzas o Institutos armados o de los Cuerpos sometidos a disciplina militar podrán ejercer este derecho sólo individualmente y con arreglo a lo dispuesto en su legislación específica.

### Artículo 31.

1. Todos contribuirán al sostenimiento de los gastos públicos de acuerdo con su capacidad económica mediante un sistema tributario justo inspirado en los principios de igualdad y progresividad que, en ningún caso, tendrá alcance confiscatorio.

2. El gasto público realizará una asignación equitativa de los recursos públicos y su programación y ejecución responderán a los criterios de eficiencia y economía.

3. Sólo podrán establecerse prestaciones personales o patrimoniales de carácter público con arreglo a la ley.

### Artículo 33.

1. Se reconoce el derecho a la propiedad privada y a la herencia.

2. La función social de estos derechos delimitará su contenido, de acuerdo con las leyes.

3. Nadie podrá ser privado de sus bienes y derechos sino por causa justificada de utilidad pública o interés social, mediante la correspondiente indemnización y de conformidad con lo dispuesto por las leyes.

*Artículo 93.*

Mediante ley orgánica se podrá autorizar la celebración de tratados por los que se atribuya a una organización o institución internacional el ejercicio de competencias derivadas de la Constitución. Corresponde a las Cortes Generales o al Gobierno, según los casos, la garantía del cumplimiento de estos tratados y de las resoluciones emanadas de los organismos internacionales o supranacionales titulares de la cesión.

*Artículo 96.*

1. Los tratados internacionales válidamente celebrados, una vez publicados oficialmente en España, formarán parte del ordenamiento interno. Sus disposiciones sólo podrán ser derogadas, modificadas o suspendidas en la forma prevista en los propios tratados o de acuerdo con las normas generales del Derecho internacional.

2. Para la denuncia de los tratados y convenios internacionales se utilizará el mismo procedimiento previsto para su aprobación en el artículo 94.

**Artículo 103.**

1. La Administración Pública sirve con objetividad los intereses generales y actúa de acuerdo con los principios de eficacia, jerarquía, descentralización, desconcentración y coordinación con sometimiento pleno a la ley y al Derecho.

2. Los órganos de la Administración del Estado son creados, regidos y coordinados de acuerdo con la ley.

3. La ley regulará el estatuto de los funcionarios públicos, el acceso a la función pública de acuerdo con los principios de mérito y capacidad, las peculiaridades del ejercicio de su derecho a sindicación, el sistema de incompatibilidades y las garantías para la imparcialidad en el ejercicio de sus funciones.

*Artículo 105.*

La ley regulará:

a) La audiencia de los ciudadanos, directamente o a través de las organizaciones y asociaciones reconocidas por la ley, en el procedimiento de elaboración de las disposiciones administrativas que les afecten.

b) El acceso de los ciudadanos a los archivos y registros administrativos, salvo en lo que afecte a la seguridad y defensa del Estado, la averiguación de los delitos y la intimidad de las personas.

c) El procedimiento a través del cual deben producirse los actos administrativos, garantizando, cuando proceda, la audiencia del interesado.

**Artículo 106.**

1. Los Tribunales controlan la potestad reglamentaria y la legalidad de la actuación administrativa, así como el sometimiento de ésta a los fines que la justifican.

2. Los particulares, en los términos establecidos por la ley, tendrán derecho a ser indemnizados por toda lesión que sufran en cualquiera de sus bienes y derechos, salvo en los casos de fuerza mayor, siempre que la lesión sea consecuencia del funcionamiento de los servicios públicos.

*Artículo 137.*

El Estado se organiza territorialmente en municipios, en provincias y en las Comunidades Autónomas que se constituyan. Todas estas entidades gozan de autonomía para la gestión de sus respectivos intereses.

*Artículo 140.*

La Constitución garantiza la autonomía de los municipios. Estos gozarán de personalidad jurídica plena. Su gobierno y administración corresponde a sus respectivos Ayuntamientos, integrados por los Alcaldes y los Concejales. Los Concejales serán elegidos por los vecinos del municipio mediante sufragio universal igual, libre, directo y secreto, en la forma establecida por la ley. Los Alcaldes serán elegidos por los Concejales o por los vecinos. La ley regulará las condiciones en las que proceda el régimen del concejo abierto.

*Artículo 141.*

1. La provincia es una entidad local con personalidad jurídica propia, determinada por la agrupación de municipios y división territorial para el cumplimiento de las actividades del Estado. Cualquier alteración de los límites provinciales habrá de ser aprobada por las Cortes Generales mediante ley orgánica.

2. El gobierno y la administración autónoma de las provincias estarán encomendados a Diputaciones u otras Corporaciones de carácter representativo.

3. Se podrán crear agrupaciones de municipios diferentes de la provincia.

4. En los archipiélagos, las islas tendrán además su administración propia en forma de Cabildos o Consejos.

*Artículo 149.*

1. El Estado tiene competencia exclusiva sobre las siguientes materias:

1ª La regulación de las condiciones básicas que garanticen la igualdad de todos los españoles en el ejercicio de los derechos y en el cumplimiento de los deberes constitucionales.

(...)

18ª Las bases del régimen jurídico de las Administraciones públicas y del régimen estatutario de sus funcionarios que, en todo caso, garantizarán a los administrados un tratamiento común ante ellas; el procedimiento administrativo común, sin perjuicio de las especialidades derivadas de la organización propia de las Comunidades Autónomas; legislación sobre expropiación forzosa; legislación básica sobre contratos y concesiones administrativas y el sistema de responsabilidad de todas las Administraciones públicas.

*Artículo 152.*

1. En los Estatutos aprobados por el procedimiento a que se refiere el artículo anterior, la organización institucional autonómica se basará en una Asamblea Legislativa, elegida por sufragio universal, con arreglo a un sistema de representación proporcional que asegure, además, la representación de las diversas zonas del territorio; un Consejo de Gobierno con funciones ejecutivas y administrativas y un Presidente, elegido por la Asamblea, de entre sus miembros, y nombrado por el Rey, al que corresponde la dirección del Consejo de Gobierno, la suprema representación de la respectiva Comunidad

y la ordinaria del Estado en aquélla. El Presidente y los miembros del Consejo de Gobierno serán políticamente responsables ante la Asamblea.

Un Tribunal Superior de Justicia, sin perjuicio de la jurisdicción que corresponde al Tribunal Supremo, culminará la organización judicial en el ámbito territorial de la Comunidad Autónoma. En los Estatutos de las Comunidades Autónomas podrán establecerse los supuestos y las formas de participación de aquéllas en la organización de las demarcaciones judiciales del territorio. Todo ello de conformidad con lo previsto en la Ley Orgánica del Poder Judicial y dentro de la unidad e independencia de éste.

Sin perjuicio de lo dispuesto en el artículo 123, las sucesivas instancias procesales, en su caso, se agotarán ante órganos judiciales radicados en el mismo territorio de la Comunidad Autónoma en que esté el órgano competente en primera instancia.

2. Una vez sancionados y promulgados los respectivos Estatutos, solamente podrán ser modificados mediante los procedimientos en ellos establecidos y con referéndum entre los electores inscritos en los censos correspondientes.

3. Mediante la agrupación de municipios limítrofes, los Estatutos podrán establecer circunscripciones territoriales propias, que gozarán de plena personalidad jurídica.

*El concepto de Derecho Administrativo* de Luciano Parejo Alfonso
se imprimió en la República Argentina en mayo de 2019.